한국해양전략연구소 총서 100

중국의
시민 군대

전랑 외교군의 탄생

Peter Martin 저 / 김유철 · 김영욱 공역

박영사

역자 서문

최근 '미·중 간 전략적 경쟁'만큼 외교·안보 전문가 공동체 내에서 과잉 소비되는 단어도 찾아보기 힘들 것이다. 이는 아마 최근 수년간 언론 국제면의 기사 및 많은 학술회의의 제목에 가장 빈번히 등장한 키워드 중 하나가 아니었나 생각한다. 물론, 두 강대국과 깊은 경제·외교 관계를 맺고 있고 양국 간 갈등의 최전선에 위치한 대한민국의 입장에서 이러한 관심은 자연스러운 일이라 볼 수 있으나, 그간 진행되어온 관련 연구 및 대중 담론에는 다소 아쉬운 대목이 있는 것이 사실이다.

무엇보다 매스 미디어를 중심으로 전개된 담론 구조가 국제정치이론의 '구조적 현실주의' 관점에서 중국의 공세적 대외정책을 지나치게 '예정된 것'으로 보고, 중국의 국력 신장이 가장 두드러지는 경제·군사적 이슈에 논의를 집중한다는 점이 필자에게는 아쉬운 점으로 남아 있었다. 이러한 시각에서는 중국 외교관들이 내뱉는 도발적 언사들은 지역 패권국으로 자리매김하려는 혹은 글로벌 패권국에 도전하려는 불만족 국가로서의 새로운 자기 역할의 선언에 지나지 않을 것이다. 그러나, 중국의 대외정책을 조금이라도 관심 있게 연구한 학자라면 이러한 단순한 해석이 상당 부분 현실에 부합하지 않는다는 것을 인지할 것이다. 중국의 대외정책은 다른 여느 국가와 마찬가지로 국내 정치와 긴밀하게 연계되어 있고, 국력 신장에 따른 변화만큼이나 강한 '연속성'을 가지는 부분 역시 존재한다.

역자의 이러한 아쉬움을 달래 준 것이 바로 중국 전문 언론인인 피터 마틴(Peter Martin)이 집필한 이 책, 'China's Civilian Army'이다. 이 책은 중국외교부의 역사, 즉 옌안에서 공산당 내부의 대외연락 담당 조직에서 출발하여, 초강대국으로 부상한 중국의 대외정책의 한 축을 담당하는 거대조직으로 발전한 경로를 상세히 담고 있다. 이러한 국제사회에서 근본적 지위 변화에도 불구하고, '당 국가'라는 국가체제의 연속성은 저우언라이가 옌안 시절부터 강조한 '시민 군대'라는 특수한 정체성이 오늘날까지도 중국외교부의 행태를 설명하는 데에 큰 설명변수로 작용하게끔 하고 있다. 피터 마틴이 밝히는 이러한 동적 과정은 중국 대외정책의 큰 그림을 이해하는 데 있어, 소위 말하는 구조적 현실주의자들이 제공하지 못하는 매우 중요한 퍼즐 조각 같은 것이라 볼 수 있다.

사실 외교정책 결정론의 이론적 시각에서 엄밀한 연구로 이러한 퍼즐을 제공하는 것이 학자의 소명이라고 할 수 있으나, 이는 미·중 양국 관계에서 미국 대외정책을 중점적으로 연구해 온 역자가 단기 목표로 삼기에는 무리가 따르는 것이었다. 이에 생동감 있는 여러 인터뷰와 포괄적 문헌 연구가 잘 조화된 피터 마틴의 저작을 번역하는 것으로나마 소임을 하고자 번역 작업 제안을 흔쾌히 수락하였다. 그럼에도 불구하고, 동시다발적으로 주어진 예기치 못한 여타 임무에 번역작업을 순조롭게 진행할 수 있는 상황은 아니었다. 혹여 번역상에 실수가 있다면 이는 전적으로 역자의 책임이며, 이러한 실수가 독자의 원저작에 대한 접근에 장애가 되지 않았으면 하는 마음뿐이다. 아울러, 번역 및 출판과정에서 헌신적 도움을 주신 김한유 과장님, 김선민 이사님 등 박영사 관계자 분들께 심심한 감사의 말씀을 드린다.

2022년 12월

역자 김유철·김영욱

감사의 글

책을 집필하려는 노력은 여러면에서 나를 겸손하게 만들었는데, 그중에서도 두 가지가 특히 두드러지는 점이다. 하나는 많은 도움을 필요로 했다는 점, 다른 하나는 이러한 도움을 주려는 사람들이 나를 둘러싸고 있었다는 점이다.

짐 맥그리거(Jim McGregor)는 10년 전에 처음 만난 이후로 친구이자 멘토가 되어 주었다. 책의 초고 작성 단계에서 "필요 없는 부분은 그냥 버려라"라고 그가 준 조언은 받아본 조언 중 가장 현명한 것이었다. 여전히 남아 있는 불필요한 부분은 전적으로 나의 책임이다. 나의 경애하는 친구 데이비드 코헨(David Cohen) 역시 이 책과 내가 하는 모든 일에 준 도움은 찬사를 보내기에 아깝지 않다.

찰스 에델(Charles Edel)이 워싱턴 D.C.의 파운딩 파머스(Founding Farmers) 레스토랑에서 같이 저녁을 하며 나에게 권고하지 않았더라면, 아마 이 책을 쓰는 프로젝트에 착수하지 않았을 것이다. 또한, 주드 블랜치트(Jude Blanhette), 켄 윌스(Ken Wills), 루시 혼비(Lucy Hornby), 팅스(Ting Shi), 제임스그린(James Green), 스티븐 리 마이어스(Steven Lee Myers), 너리스 에버리(Nerys Avery), 탐 포메로이(Tom Pomero)가 보여준 통찰력과 열정이 없더라면 이 책을 완성하지 못했을 것이다. 이들 모두 소중한 조언과 격려를 아낌없이 주었다.

이 책은 또한 크리스 앤스테이(Chris Anstey), 알렉 애쉬(Alec Ash), 앤서니 베스트(Antony Best), 맷 켐벨(Matt Campbell), 앤드류 처브(Andrew Chubb), 알렌 크로포트(Alan Crawford), 러시 도쉬(Rush Doshi), 알렉스 퍼로우(Alex Farrow), 클라라 프리먼(Carla Freeman), 채스 프리먼 2세(Chas Freeman Jr.), 칼 거스(Karl Gerth), 클라라 길리스피(Clara Gillispie), 앤디 해스(Andy Heath), 팀 해스(Tim Heath), 켄 젤럿(Ken Jarrett), 제레미아 젠느(Jeremiah Jenne), 베스티 졸스(Betsy Joles), 댄 텐 케이트(Dan Ten Kate), 제프 컨스(Jeff Kearns), 웨스 코소보(Wes Kosova), 제임스 메이거(James Mayger), 트레이 맥아버(Trey McArver), 리처드 맥그레거(Richard McGregor), 제시카 메이어스(Jessica Meyers), 윌 밀리어드(Will

Millard), 콜럼 머피(Colum Murphy), 랜스 노블(Lance Noble), 준니 오그본(Junni Ogborne), 리나 스키퍼(Lena Schipper), 브랜던 스캇(Brendan Scott), 찰리 세스 (Charlie Seath), 게리 시아(Gerry Shih), 케이티 스탤라드−블랜치트(Katie Stallard− Blanchette), 데이비드 웨이너(David Wainer), 밥 왕(Bob Wang), 데니스 와일더 (Dennis Wilder), 케이스 자이(and Keith Zhai)의 도움을 통해 스타일 및 내용의 발전을 이룰 수 있었다.

나는 또한 집필 과정에서 인터뷰에 응해주어 각주에 이름이 표기된 분들과 익명으로 남기를 원하신 많은 분들에게 큰 빚을 졌다. 나의 훌륭한 중국 교사인 왕웨이 역시 공산당 연설 중국어를 마스터 하려는 나의 이상한 열망을 인내해 주어 감사할 따름이다.

이 프로젝트에 협조해 주신 블룸버그의 정치팀에도 감사드리며, 특히 브랜든 스캇(Brendan Scott), 댄 텐 케이드, 로스 마티슨(Ros Mathieson), 웨스 코소바(Wes Kosova)에게 감사를 표하고 싶다. 크리스틴 파워스와 사만다 보이드는 시간을 내어 조언을 아끼지 않았다. 그러나 이 책 속의 모든 의견은 나의 것이다. 옥스퍼드 출판사의 데이비드 맥브라이드(David McBride)와 홀리 미첼 (Holly Mitchell)은 이 프로젝트를 담당해 주고, 완성까지 인내심 있게 많은 도움을 주었다.

나의 최고의 친구이자 영감을 주는 파트너인 알렉산드리아와 나의 형제 그레이엄에도 바위와 같이 든든하게 늘 함께해 주어 감사를 전한다. 마지막으로 형용할 수 없을 정도로 많은 은혜를 입은 부모님께 감사를 드리며, 이 책을 바친다.

저자 피터 마틴

목 차

림빙크 파토(Rimbink Pato) 파푸아뉴기니 외교장관이 문 밖에서 나는 큰 소란을 들은 것은 늦은 오후경이었다. 잠시 후, 초대받지 않은 중국 외교관 네 명이 파토 장관의 집무실에 들어와 태평양 지역의 가장 중요한 정치·경제 포럼이라고 할 수 있는 아시아태평양 경제협력체(APEC) 정상회의의 공동성명의 문구를 수정해 줄 것을 요구하였다.

파푸아뉴기니로서는 구성국들이 전 세계 GDP의 60% 가량을 차지하는 APEC 정상회의를 개최한 것 자체가 상당한 업적이라고 볼 수 있는 상황이었다. 남태평양 한 가운데에 길게 뻗어 있는 도서(島嶼)국가인 파푸아뉴기니는 인구 860만명의 지구상에서 가장 가난한 국가 중 하나이다. 또한, 850여개의 언어와 600여개의 작은 섬으로 나뉘어, 효율적 통치가 어려운 국가이기도 하다. 수도 포트 모르비즈는 불안한 치안으로 악명이 높아, 한때 식민모국이자 인접국인 호주의 전함이 유사시 항구에 정박해 안보를 제공해 주어야 하는 상황이다.

중국은 최근 수년 간, 이 자원 부국에 대한 영향력을 신중히 키워왔고, 투자 확대 및 인프라 건설에 힘을 쏟았다. 중국은 차관의 형태로 파푸아뉴기니의 병원, 학교, 수력 발전소 건설에 주요한 자금원을 제공하였다. 2018년 11월, 정상회담이 개최된 시기, 파푸아뉴기니의 대외 채무 약 25%는 중국에 진 것이었다.[1] 더욱이, 중국은 '일대일로(一帶一路)' 정책에 의거, 태평양 및 유라시아 여러 지역의 인프라 건설 관련 여러 프로젝트에 천억달러 이상을 투자하기로 공언한 상태였다.[2]

APEC 정상회담은 시진핑 주석의 외교적 승리로 비추어졌으며, 미국은 트럼프 대통령이 불참한 대신, 마이크 펜스 부통령이 짧은 시간 머물렀을 뿐이었다. 펜스 대통령은 파푸아뉴기니의 불안한 치안을 이유로 호주 북부 케언스에 머물면서 행사장을 오갔다. 시진핑 주석은 포트모르즈비에 발을 내딛은 최초의 해외 정상이었으며, 파푸아뉴기니 지역신문은 시 주석을 언급한 많은 사설·칼럼을 쏟아 놓으며, 이러한 행보가 중국과 태평양 도서국가들과의 빠른 관계 성장을 상징한다고 극찬하였다.[3]

정상회담 당일, 시 주석의 입국은 성대하게 이루어졌다. 중국에서 공수된 시 주석의 리무진은 두 개의 오성홍기를 게양하고 공항을 출발하여 중국의 자금 지원에 의해 건설된 고속도로를 달려 호텔에 당도하였다. 시 주석의 차량은 양국 국기를 흔들며 환영하는 고교생들과 시 주석이 파푸아뉴기니 총리와 악수하는 모습을 그린 광고판을 지나쳤다. 또한, 시 주석이 묵은 호텔은 홍등과 중국의 전통문을 재현해 놓았다.[4]

정상회담에서 시 주석은 시장개방과 세계화를 강조하는 표준적 연설을 했다. 시 주석은 2016년 11월 트럼프 대통령 당선 이후, 미국이 강조해 온 '미국 우선주의(America First)'와 중국의 입장을 대비시키기 위해 여러 노력을 기울여온바, APEC 회담 역시 예외는 아니었다. 세계 여러 유수 기업가 및 정치 엘리트로 이루어진 참가자들은 구체적 대상을 거론하지는 않으면서 "보복관세 부과와 공급망 차단은 근시안적이고, 실패가 예정된 것"이라고 일갈하는 시 주석의 연설에 박수를 보냈다.[5]

이 거대한 외교행사는 전반적으로 중국의 통제하에 있었으나, 정상회담의 공동성명을 둘러싼 막후 갈등은 그렇지 못하였다. 중국을 겨냥한 것으로 보이는 '불공정 무역관행'이라는 문구의 막판 조정을 위해 한 무리의 중국 대표단이 파푸아뉴기니 외교장관과 독대를 요청한 것이었다. 파푸아뉴기니 외교장관은 개별 대표단과 양자회담을 가질 경우, 주최국으로서의 중립성에 훼손을 가할 수 있다는 이유를 들어 중국측의 요청을 거절하였다. 중국측은 재차 요청하였으나, 파푸아뉴기니측은 역시 재차 거절하였다.

이러한 거절에도 아랑곳하지 않고, 네 명의 중국 외교관은 파푸아뉴기니 외교장관실로 밀고 들어가, 2분만 만나 달라고 소리쳤다. 이에 보안원들이 중국 대표단에 즉시 떠날 것을 요구했고, 사태 재발을 막기 위해 아예 장관이 머무르고 있는 상황에 이르게 되었다. 파푸아뉴기니 외교장관은 취재진들에게 별 일이 아니라고 애써 사건의 심각성을 불식시키려 하였다. 그러나, 사적 차원에서는 파푸아뉴기니의 일부 정부 관계자들은 중국측의 태도가 매우 위협적이었다고 기술하였다.[6] 중국 왕이 외교부장은 사건 자체를 부정하며, "숨겨진 의도를 가진 사람들이 퍼트린 루머"일 뿐이라고 일축하였다.[7]

취재진들이 정상회담의 결과를 기다리고 있던 순간, 쥐스탱 트뤼도(Justin Trudeau) 캐나다 총리가 공동성명 도출을 위한 협상이 결렬되었음을 확인하였다. 트뤼도 총리는 "구체적 사안에 입장차가 있었다"며 말을 아끼는 모습을

보였다. 각국 정상들이 회담을 가진 1993년 이래 처음으로 아무런 성명이 채택되지 않은 것이었다.[8]

중국에게 APEC 회의는 국가위신을 제고할 좋은 기회였다. 포트 모레스비 정상회의에 이르기까지 2년여 동안, 트럼프 대통령은 미국이 역내에서 형성해 놓은 친선관계를 상당 부분 훼손한 것이 사실이었다. 2017년 1월, 취임 후 며칠이 지나지 않아 트럼프 대통령은 중국과의 경쟁에서 유리한 고지에 서기 위해 역내 12개국 간 체결한 '태평양 경제 동반자 협정(TPP: Trans-Pacific Strategic Economic Partnership)'에서 탈퇴할 것을 선언하였다. 트럼프 대통령은 곧 이어 무역전쟁을 개시하고, 중국에 공세적 자세를 취할 여력이 없는 태평양 역내 국가들에게 미중 사이에 선택을 강요하였다. 트럼프 대통령은 또한, 역내 여러 지도자들에게 개인적으로 모욕적 언사를 하기도 하였는데, 2017년 1월 호주 말콤 턴불(Malcolm Turnbull) 총리와의 전화통화를 도중에 끊어버린 사례와 트뤼도 캐나다 총리에 대해 "정직하지 않고, 약한 사람"이라고 언급한 사례 등을 들 수 있다. 국가 위신에 대해 가장 신경 써야 할 최고 지도자가 오히려 이를 악화시키는 상황이었던 것이다.

APEC 정상회담에서의 실패는 정상회담 전후 몇 달 동안 중국 외교가 경험한 일련의 좌절 중 하나일 뿐이었다. APEC 회의 2개월 전, 태평양 군소도서국인 나우루에서 개최된 '태평양도서국포럼(PIF: Pacific Islands Forum)'에서 중국 대표는 주최측이 다른 국가의 총리에 앞서 발언권을 주지 않았다는 이유로 회담장을 박차고 나가 버렸다. 나우루 대통령은 중국 외교관들이 매우 무례하고, 공격적이라고 언급하였다.[9]

파푸아뉴기니 사건 몇 달 이후, 주 캐나다 중국 대사는 공개적으로 캐나다의 '백인 우월주의'를 비난하였다. 또한, 남아프리카공화국에 파견된 특사는 트럼프 대통령의 정책이 전 세계적으로 중국을 적으로 만들고 있다고 언급하였다. 구이충유(桂从友) 주 스웨덴 중국대사는 스웨덴 경찰을 반인륜적이라고 언급하고, 소위 표현의 자유에 대해 비난하였다. 불과 2년여의 기간 동안, 스웨덴 외교부는 구이충유 대사를 40회 이상 초치하였고, 스웨덴의 세 개 정당은 추방을 요구하였다. 이에 아랑곳하지 않고, 구이충유 대사는 스웨덴의 한 라디오 방송에서 "우리는 친구를 좋은 와인으로 대접하지만, 적에게는 총이

준비되어 있다"라고 언급하였다.[10]

　　이러한 공세적 자세는 중국 국내에서는 찬사를 받기도 하였으나, 스스로
를 평화적 강국으로 내세우려는 노력을 불식시키는 것이었다. 해외 언론들은
이러한 대립적 외교노선을 중국 특수부대의 활약상을 그린 람보물 영화 '특수
부대 전랑 2'에 빗대어 '전랑외교'라고 명명하기 시작했다. 2017년 개봉된 이
영화는 중국 국내에서만 8억 5천 4백만 달러의 수익을 올리는 공전(空前)의 히
트를 기록하였다.[11] 이 영화는 "수천 마일 떨어져 있다 하더라도, 중국에 맞서
는 그 누구라도 그 대가를 치르게 될 것이다"를 슬로건으로 내세우고 있다.[12]

　　2020년 초, 코로나-19가 확산됨에 따라 중국은 더욱더 전투적 외교행태
를 보이고 있다. 중국 외교관 그룹은 중국이 코로나 확산에 책임이 있다는 견
해에 강하게 반발하는 움직임을 보이고 있는데, 중국을 비난하는 트위터 사용
자에게 "당신은 마치 바이러스처럼 행동하는데, 바이러스와 같이 박멸될 것이
다."라는 트윗 메시지를 올린 주 인도 콜카타 중국 총영사 자리유(查立友)를
그 예로 들 수 있다.[13] 일부는 대사관 공식 홈페이지를 통해 분노를 표출하기
도 하는데, 요양원 직원들이 노인들을 죽게 내버려뒀다고 비난하는 익명의 글
이 주불 중국 대사관 홈페이지에 올라온 사건이 그것이다. 이 사건은 프랑스
국민들의 공분과 프랑스 외교장관의 비난을 샀다.[14] 가장 도발적인 언사는 최
근 임명된 외교부 자오리젠(赵立坚) 대변인이 미군이 의도적으로 코로나 바이
러스를 확산시켰다는 언급을 한 사건이었으며, 이는 트럼프 백악관의 분노와
중국의 허위 정보 유포에 대한 전 세계의 경각심을 불러일으켰다.[15]

　　중국 외교관 그룹의 행태는 전 세계적으로 중국에 대한 반발을 불러 일
으켰다. 유럽의회의 대중관계 담당 대표를 맡고 있는 독일 법률가 레인하트
부에티코퍼(Reinhard Buetikofer)는 중국외교부의 극단적 공세주의와 중국 공산
당의 강경 프로파간다의 결합은 유럽의 대 아시아 여론을 악화시키고 있다고
지적하였다. 중국의 행태는 대중 협력의지를 강화하는 것이 아니라, 중국에
대해 어떠한 노선을 걸어야 할지 명확히 인식시키고 있다고 지적하였다.[16]
2020년 10월 공개된 세계 각국의 여론조사는 미국 및 독일, 영국, 한국, 호주,
캐나다 등 8개 선진국에서 중국에 대한 부정적 여론이 사상 최고치를 기록하
였다.[17]

중국의 이러한 외교적 곤경은 중대한 의미를 지니는 것이다. 세계정치가 점차 미중 간 경쟁으로 점철됨에 따라, 외교적으로 경쟁할 수 있는 능력은 중국이 21세기 역사를 써 내려감에 있어 더욱 중요성을 지닐 수밖에 없다. 미국 전략가들은 오래전부터 외교력을 정보력·군사력·경제력과 더불어 국력의 핵심 요소로 강조하였고, 영문 앞글자를 따 'DIME(Diplomatic, Informational, Military, Economic)'이라고 표현하기도 했다.[18]

중국 외교관 그룹은 해외에서 중국을 대표하는 큰 역할을 수행한다. 중국 공산당의 최고지도자들은 '윈―윈에 기반한 협력'과 맑스주의 슬로건을 섞은 해외 청중들에게 다소 진부하고 공허하게 들릴 수 있는 메시지를 발신하는 경향이 있으나, 중국 시민사회는 스스로의 대안을 제시하기에는 상당히 통제되어 있는 것이 사실이다. 비정부기구는 규제되고 있고, 미디어 및 문화산업은 검열되고 있으며, 재계 지도자들은 정치 이슈에 대한 견해 표명을 매우 꺼린다. 비록 중국 국내적으로 외교부는 부처 간 경쟁에서 약한 행위자로 인식되는 것이 사실이지만, 여러 중대한 세계 이슈에 있어, 외교관 그룹은 중국의 얼굴이라고 할 수 있다.

중국은 외교의 중요성을 알고 있으며, 타국과 경쟁을 위해 많은 예산을 투입하고 있다. 중국은 2012년에서 2017년 사이 외교 관련 예산을 78억 달러로 두 배 이상 증액하였는데, 이는 미국마저 국무부 예산을 감축하는 가운데 이루어진 것이었다.[19] 2019년에는 전 세계 276개 공관·영사관을 갖춤으로써 미국의 외교 네트워크를 능가하기에 이르렀는데, 불과 3년 전에는 미국과 프랑스에 이어 3위에 랭크되어 있었다.[20] 이러한 노력에도 불구하고, 전랑외교를 전개하는 중국 외교관 그룹은 친구를 만들기보다 부상하는 중국이 전 세계에 가하는 위협을 상징하는 존재가 되었다.

***

무엇이 잘못되었는지를 판단하기 위해서는 중국 외교관의 입장에서 현 상황에 접근할 필요가 있다. 중국 외교관 그룹이 그처럼 비외교적으로 행동하는 데에는 무엇보다 절대적 충성과 이념적 확신을 중시하는 비밀주의적이고 편집증적인 정치 시스템으로부터 스스로를 분리시킬 수 없기 때문이다. 외부

의 시각으로 접근하면 매우 공세적이고 이상하게 보이는 중국 외교관 그룹의
행동들도 중국 국내적 시각에서 접근하면, 타당해 보이는 경우가 많다. 중국
외교관 그룹의 행태를 이해하기 위해서는 중화인민공화국 건국 초기부터 어
떻게 정치 시스템이 외교관의 행동을 조형해 왔는지 이해할 필요가 있다.

　1949년, 마오쩌둥은 수십년에 걸친 국민당과의 경쟁을 끝내고, 공산당이
지배하는 중국을 건설하였다. 중국 공산당은 수십 년 동안 체포 및 박해의 두
려움 속에서 지하 비밀 활동을 전개하였다. 1934년에는 조직이 거의 절멸 상
태에 이르러 변방 거점으로 쫓겨 갔으며, 1937년 일본의 침공을 기회로 삼아
세력을 어느 정도 재건하기까지 이러한 활동 방식은 유지되었다. 1949년 공산
당의 궁극적 승리에도 불구하고, 공산 정권은 국내의 적대적 계급에 의해 권
력이 침식될 수 있음을 우려하였다. 더욱이, 공산당 정권은 대만 섬에서 새로
운 자본을 축적한 국민당 정부와 한층 강화된 반공주의 노선을 걷기 시작한
미국이 중국을 침공할 수 있다는 두려움을 가지고 있었다.

　마오쩌둥의 신정권은 외부세계와의 연대를 절실히 원하고 있었고, 특히
자본주의 국가와의 외교적 연대는 중국 유일의 합법정부 지위를 둘러싼 국민
당과의 경쟁에서 우위를 점할 수 있게 하는 것이었다. 공산 세계와 강한 외교
적 연대는 신정권에게 군사적 보호 및 국가 현대화 실현을 위한 핵심 기술을
가져다 줄 수 있는 것이었다. 공산 중국의 외교에 대한 접근법은 당이 힘겹게
일궈 낸 승리를 지켜내면서 전 세계 여러 국가들과 관계를 설정해야 하는 필
수적 과업에 의해 형성되었다.

　중국 외교 조직의 창설 임무를 부여받은 이는 중국 공산당의 가장 경험이
풍부한 혁명가이자, 중국 외교의 아버지라고 불리는 저우언라이(周恩来; Zhou
Enlai)였다. 이러한 임무는 새 공산당 정부를 위해 일할 외교관 그룹이 부재했
다는 점을 고려하면, 매우 큰 도전이었다. 마오쩌둥의 지시에 따라, 저우언라
이는 대륙에 남아 있던 국민당 출신의 외교관 그룹을 배제하고, 밑바닥부터
완전히 새롭게 외교조직을 꾸렸다. 저우언라이가 구성한 새로운 외교조직은
대외 업무 경험이 있는 소수의 공산당원을 제외하면, 갓 졸업장을 받은 대졸
자, 전직 군인, 농민 혁명 지도자 등으로 구성되었다. 이들 대부분은 외국어를
구사하지 못했으며, 일부는 외국인을 만나 본 적조차 없었다.

저우언라이에게 맡겨진 과업은 이중으로 도전적인 것이었는데, 당시 중국 국내에서 외교는 외국 적대 세력에 대한 굴복 및 나약함과 연계되어 인식되었기 때문이다. 19세기 중엽 무렵부터 중국 외교사절은 쓰러져가는 청나라의 상징과 같은 존재로 인식되었는데, 열강들에게 중국 시장에 대한 호혜적 접근, 중국영토에서 치외법권적 특권, 홍콩과 같은 중국 영토 일부에 대한 지배권 등이 이들 외교관 그룹이 체결한 조약에 의해 이루어졌기 때문이다. 청 제국의 수도였던 베이징은 열강들에게 침탈당한 역사적 경험을 가지고 있으며, 공산당은 이러한 제국주의 침탈의 희생양이 된 역사를 되풀이하지 않겠다는 약속과 함께 집권하였다. 공산당 신정권이 굴욕적 역사의 유산으로부터 절연하기 위해서는 중화인민공화국의 외교는 타국의 존중을 얻는데 집중하여야 했으며, 이를 수행하는 외교관 그룹은 절대 나약한 태도를 보이는 것이 허용되지 않았다.

저우언라이의 해결책은 중국 공산당의 집권을 견인한 인민해방군(PLA: People's Liberation Army)을 중국 외교 조직의 모델로 삼는 것이었다. 저우언라이는 신규 채용된 외교관들에게 "사복을 입은 인민 해방군처럼 사고하고, 행동하라"고 말하기도 하였다. 이들 신입 외교관들은 필요할 경우 매우 전투적으로 행동하였으며, 엄격한 규율 속에 실수는 허용되지 않았다. 이들은 본능적으로 조직의 위계질서를 지켰으며, 상관에게 자신이 행한 모든 일을 보고하였다. 필요한 경우, 동료가 한 일에 대해 상호 보고하기도 하였다. "시민군대로 일하라"는 명령의 가장 중요한 의미는 중국 외교관 그룹의 최우선 충성 대상은 중국 공산당이라는 것이다. 모든 공산당원이 주지하다시피 마오 주석이 "정치적 권력은 총구로부터 나온다."라고 선언했을 때, "공산당이 총구를 통제하며, 절대로 총이 공산당을 통제하게 해서는 안 된다."라는 말을 덧붙였다.[21]

'시민군대'의 아이디어는 중국 외교에 대한 강력하고 지속적인 메타포임이 드러났다. 이 아이디어는 저우언라이의 핵심 그룹이 수행하는 임무에 자부심과 함께 업무수행의 방법을 어느 정도 일깨워 주었다. IT관련 스타트업 기업에 전형적으로 걸려 있는 사훈(mission statement)과 유사하게 시민군대의 아이디어는 조직을 가다듬고 실제 실질적으로 어떤 외교임무를 수행해야 하는지 모른다는 사실을 잊게 해 주었다. "외교부는 군에 적용되던 원칙들을 그대로 적용했으며, 이러한 원칙은 조직 전체는 물론이고, 구성원 개개인에게 그대로 적용 되었습니다."라고 외교부 통역관으로 근무했던 가오 즈카이(Gao Zhikai)는 설명하였다.[22]

이러한 체계를 활용하여, 위험을 최소화하며 외부 세계와 소통하는 방법을 찾았다. 저우언라이는 그가 통솔하는 외교관 그룹에게 한 간부가 '통제된 개방성(controlled openness)'이라고 불리는 독특한 스타일을 권고하였다.[23] 이에 따라, 중국 외교관들은 단독으로 해외 교섭 상대방과 만나는 것이 금지되었으며, 혹여 당의 입장에서 지나치게 일탈하지 않는지, 민감 정보를 공유하지 않는지 등을 동료가 보고하게 하였다. 모든 외교관들은 사소한 일이라도 사전 허가를 받도록 했으며, 자신이 발언한 내용 및 청취한 내용을 상관에게 보고하도록 하였다. 또한, 외국인과 데이트 혹은 결혼이 금지되었으며, 해외 청중에게 전달력이 떨어진다 하더라도 사전 허가된 발언 요지를 엄격히 지키도록 요구받았다.

70년 전의 필요에 의해 생겨난 이러한 규칙과 관행은 오늘날에도 여전히 유지되고 있다. 저우언라이의 접근법은 중국이 혁명, 기아, 자본주의적 개혁을 겪고 세계적 파워로 부상한 오늘날에도 살아남았다. "중국 외교부는 1949년부터 이어진 조직문화를 가지고 있다는 점에서 다른 부처와 다릅니다."라고 한 중국 외교관이 언급했다.[24] 비밀스러운 중국 관료세계에서도 외교부 관료들은 까다롭고 어울리기 어렵기로 정평이 나 있다. 상공부의 관료들은 농담삼아 외교부를 '마법부'라고 표현하기도 했다. (*중국어로 모파부. 외교부의 영문 약자 'MOFA'가 중국어로 마법과 동음이의어라는 점을 활용한 언어유희)

외교에 대한 중국의 접근의 특수성은 저우언라이가 수립한 무도(武道)와 같은 원칙의 지속에 있다. "중국 외교관 그룹은 시민군대이며, 당의 교육 방심과 저우언라이의 지휘하에 훈련되었다."라고 한 전직 대사는 기술하였다.[25] 2019년, 베이징의 군사박물관을 방문한 화춘잉 외교부 대변인은 인민해방군이 시민군대라 불리는 외교부의 뿌리임을 상기시켰다.[26] 중국이 미국과 전 세계 차원에서 대립하고 있는 현시점에서 중국 외교관들은 피로 얼룩진 20세기 혁명전 시기에 성립된 가정에 입각하여 일하고 있다.

중국식 외교의 강점은 목표의 수행에 있어 비교할 수 없을 정도의 규율에 있다. "중국 외교관들은 매력적이며, 전문적이다. 그들을 상대하는 것은 매우 지치는 일인데, 공식 입장에서 한 치도 벗어나지 않기 때문이다."라고 한 유럽 외교관은 언급하였다.[27] 이에 따라, 해외 관찰자들은 대만, 홍콩, 티벳과 같은 중국의 핵심 지역에 대한 중국의 입장에 일말의 의심도 가지고 있지 않다. 또한 중국의 이러한 원칙은 모든 이슈에 있어 중앙 정부 부처 전부에 적용되어, 외국 정부와의 협상에 있어 부처 간 갈등을 숨기고 통합된 전선을 형성하는 데에 유리하게 작용한다. 이는 단절과 불확실성으로 가득한 세계에서 매우 강력한 장점으로 작용할 수 있다.

중국 외교는 때로 인상적 성과를 거두기도 했는데, 50년대에 수많은 개도국들을 우방국으로 만들어 공산당 정권을 중국 대표 정부로 인식하게끔 한 것이 그 예이다. 1989년 천안문 사태 이후, 중국 외교관 그룹은 세계인의 눈에 비친 중국의 이미지를 회복하는 데 기여하였고, 그 후 20여년간의 성공은 2008년 베이징 올림픽의 유치로 그 절정에 이르렀다.

중국식 외교는 약점 역시 가지고 있다. 중국식 외교는 사절단이 특정 외교적 요구를 하는 데에 효율적이지만, 진정한 마음을 얻는 데에는 적합하지 않다. 당 지도부와 인민들에게 약한 모습을 보일까 하는 두려움은 중국 외교관들을 전략적 승리 대신 지나치게 협소한 전술적 승리에 집착하게 만들고, 공식 입장 요약의 반복은 설득력을 가지기 어려우며, 위협적이게까지 보이게 한다. 또한, 즉흥적 대처능력, 유연성, 이니셔티브를 장악하는 권한의 결여는 상이한 청중에 대응하기 어렵게 한다.

이러한 제약 요인은 외교수행의 본질에 관계된 것이어서, 큰 중요성을 가지는 것이다. 20세기 초 이탈리아 외교관 다니엘 벨레(Daniele Varè)는 "외교란 다른 누군가가 당신의 방식을 따르게 만드는 예술이다."라고 언급한 바 있다. 미국의 베테랑 외교관인 채스 프리먼(Chas Freeman)은 이를 좀 더 구체화했는데, "외교란 타국의 결정을 국내에 알리고 타국의 결정에 영향을 미치는 정치적 행위 예술이다. 외교는 타국민의 인식과 계산을 조형하여, 우리가 그들 국가가 하기 원하는 방식대로 하는 것이 그들 이익에 가장 부합하는 것이라 믿게 하는 것"이라고 지적하기도 하였다.[28]

이러한 기준에 입각하여 판단했을 때, 중국의 정치체제는 외교관들의 업무 수행에 상당한 제약을 가하는 것이다. 궁극적으로 이러한 시스템은 타국을 설득하기보다는 비난을 잠재우는 데에 효율적인 것이며, 이에 따라 중국공산 당은 국제적 영향력 확대는 이룰 수 있을지 모르나 진정한 친구를 만드는 데 에는 어려움을 겪게 되었다. 이는 국가 대 국가 수준에서도 적용되어, 중국의 대외관계에서 동맹에 가장 가까운 북한과 파키스탄 정도가 중국과 친밀한 국 가로 분류될 수 있을 따름이다. 이는 개인 수준에서도 적용되어, 40년 동안 대중업무를 담당한 유럽의 한 외교관이 "내가 정말 가까운 중국 외교관이 있 는지 모르겠다. 90년대 많은 중국 외교관과 테니스를 치며 친밀감을 쌓았지 만, 그 관계를 유지할 수 없었다. 내가 정말 친구라고 부를 만한 사람은 없었 다"라고 토로할 정도이다.

　이러한 시스템의 폐해는 직업 외교관이 국가 이미지 제고보다는 불충 혐 의를 받는 것을 더욱 두려워하게 되는 국내정치 갈등기에 더욱 두드러지게 된 다. 이러한 국내정치 갈등기에는 국가 위신에 미치는 영향에 상관 없이 중국 국내적 이념을 국제 수준에 투영하는 데에 더욱 힘을 쏟게 마련이다. 이러한 충동은 1966-1976년의 문화혁명기에 가장 두드러졌다. 이 시기 중국 외교관 그룹은 마오 주석이 그 어느 때보다 급진적으로 국내정치를 운용하는 것을 목 도하고, 외국 대표와 업무 시 혁명 슬로건을 외치거나 마오 주석의 소홍서(小 紅書)를 건네기도 하였다. 문화대혁명기에는 외교부의 엄격한 규율도 무너져 초급 외교관들이 대사급 외교관을 감금하고, 화장실을 청소하게 하거나 피를 흘릴 때까지 폭행하는 사건까지 발생하였다.

　최근 시진핑 주석이 보다 권위적 방식으로 대내 통치를 강화하고 대외적 으로 공세적 입장을 취함에 따라 중국 외교의 진전을 막았던 힘들이 다시 수 면위로 떠오르고 있다. 시 주석은 마오 주석과 달리, 급진운동보다는 안정적 질서를 선호하고, 그 무엇보다 본인의 통치 기반과 자신의 요구에 수용적인 권력기관의 안정을 희구한다. 2016년 10월, 중국 공산당은 전임자인 후진타오 주석을 제쳐두고 시 주석을 '핵심적 지도자'로 선언한바, 이는 집단지도체제의 종언을 의미하는 것이다. 2018년 3월, 중국 공산당은 국가 주석직의 연임 제 한 규정을 철폐함으로써 시 주석의 종신 집권의 길을 열어 놓았다. 이러한 변 화는 의욕 있는 외교관이라면, 공직에서 물러날 가능성이 없어 보이는 시 주석의 정치적 의제에 보조를 맞추어야 함을 의미하는 것이다. 시 주석의 노선에 반대되는 행동을 할 경우 그 대가는 너무도 명백한 것이다. 시 주석 치하의 중국 정치는 점차 탄압적이고 두려운 모습을 보이고 있다. 2012년 이후, 정치적 불복종을 정치 부패 혐의로 처벌한 관료의 수가 1백5십만명에 이르는데, 이는 아이슬랜드의 총인구보다 4배 많은 수치이다. 중국 외교관들은 외교부 내에서 이루어지는 자아비판회에 참석해야 하며, 당에 대한 충성과 명령에 대한 이행을 시험하는 '감시 순방(inspection tour)'에 참여해야 한다.[29] 이와 같이, 시 주석에 대한 중국 외교관 그룹의 순종은 두려움과 야심의 동기가 복합적으로 작용한 것이다.

중국 외교관 그룹이 시 주석의 기대에 부응하는 가장 쉬운 길은 세계 무대에서 중국의 이익을 강하게 대변하는 것이다. 시진핑은 주석 취임 이전이던 2009년 2월 멕시코 순방을 "중국의 인권 상황을 비난하는 것 이외 잘 하는 것이 없는 외국 정부"에 대해 불만을 토로하는 기회로 삼았다.[30] 공산당 서기장으로 취임한 2012년 11월, 시 주석이 내 놓은 아젠다 중 하나는 '중화 민족의 위대한 부흥'이었는바, 이는 중국이 세계에서 누린 지위를 되찾겠다는 의지의 표현이었다. 그 이후로 시 주석은 외교관 그룹에게 중국의 국익을 위해 보다 공세적 자세를 취할 것을 반복적으로 지시했는데, "투혼을 발휘하라"는 지시를 담은 메시지를 수기로 적어 보내기도 하였다.[31]

그 결과로 중국 대표단은 시 주석을 향한 충성을 증명하기 위해 공세적 자세를 넘어 호전적 자세를 보이게 되었다. 중국 외교관들은 40년 전 마오쩌둥 시대 선배들이 소홍서를 배포했던 것과 유사하게 주요 외교 행사에서 '시진핑 사상'책자를 나눠주는 일을 하였다. 또한 주요 회의에서 시 주석의 리더십을 찬양하기 시작하였고, 나약하게 보이는 것보다 해외 정치인을 향해 소리지르거나 모욕하는 쪽을 택하였다. 중국 전문가로 오바마 행정부 국가안전보장회의의 자문역을 맡은 라이언 하스(Ryan Hass)는 "중국은 자국의 시각을 공세적으로 변호하는 외교관을 포상하며, 지나치게 수동적인 외교관을 비난한다. 우리는 베이징의 분위기를 그대로 반영하는 외교관을 보는 것이다."라고 언급하였다.

세계가 점차 미국의 리더십에 의문을 가지게 되자, 이러한 경향은 더욱 두드러지게 되었다. 20년이 채 되지 않는 시간 동안, 미국의 권위는 대 중동 정책의 실패, 세계 금융위기에 대한 미온적 대응, 국내적 정치적 대립과 교착 상황, 트럼프 대통령의 미국 우선주의가 상징하는 인기 영합주의, 코로나−19 에 대한 미숙한 대처 등으로 심각한 손상을 입었다. 이와 동시에 중국 경제는 상대적 호황을 맞았고, 대부분의 서구 국가들보다는 팬데믹에 효과적으로 대처하였다. 많은 중국 외교관들은 자국의 정치 시스템 및 발전 모델이 서구 국가들보다 우월하다고 느끼기 시작하였고, 이러한 믿음은 국내 프로파간다에 의해 강화되었다. 2020년 5월, 화춘잉 외교부 대변인은 미 국무부가 중국의 홍콩 시위 탄압을 비난하자, 미니애나폴리스 경찰의 조르기 진압에 사망한 조지 플로이드(George Floyd)가 마지막으로 남긴 "숨을 쉴 수 없어(I cannot breathe)"라는 말을 인용함으로써 응수하였다.[32]

***

상기한 사실을 모두 고려하면, 중국 외교관들이 '전랑'이라는 꼬리표를 반길 것만 같지만, 사실은 그렇지 않다. 많은 중국 외교관들에게 이러한 꼬리표는 중국을 공정하게 대우하지 않는 국제 여론 재판정의 또 다른 사례일 뿐이다. 한 외교부 관료는 "우리는 진정으로 그러한 꼬리표가 부당하다고 생각합니다. 우리는 중국의 이미지를 제고하고, 정책 설명을 위해 최선을 다하지만 우리가 무엇을 말하든 미국과 그 동맹국들은 우리를 비난할 뿐 우리의 노력이 아무런 소용이 없어요."라고 말한다.[33] 러위청(Le Yucheng, 樂玉成) 중국 외교부 부부장은 2020년 12월 연설에서, 전랑외교라는 용어는 중국이 걸어 오는 싸움에 반격하지 못하게 만들기 위한 언어의 함정이라고 언급하며, 이러한 용어를 쓰는 사람들은 100년전의 미몽에서 깨어나지 못하고 있다."고 비난했다.[34]

이러한 불만은 이해가는 측면도 있는데, 능력면에서 보자면 현재 중국 외교관들은 전 세계 외교관 그룹에서도 탁월한 축에 속하며, 상당수가 조지타운대나 런던정경대와 같은 유수 대학의 학위를 가지고 있고, 체코어에서부터 바하사어에 이르기까지 많은 외국어를 습득하기 위해 다년간 노력해왔다. 이들은 주재국에 대한 여러 공부를 위해 많은 시간을 할애하였으며, 중국의 국가위신에 대해 깊은 우려를 가지고 있다. 개인적 차원에서 중국 외교관들은 상냥하며, 지적이고, 심지어 매우 유쾌할 수도 있다.

말을 아끼지만, 이들 대부분은 그들의 행태가 중국에 대한 반감을 키울 수 있음을 알고 있다. 위엔난성(Yuan Nansheng) 전 샌프란시스코 총영사는 2020년 9월, 중국 외교부 내 우려를 전달했는데, 만약 중국이 인기영합주의와 극단적 민족주의가 발흥하도록 방치한다면, 중국이 '중국 제일주의(China First Policy)'를 추구한다고 오해할 수 있다고 말했다. 위엔난샹 전 총영사는 1990년대~2000년대 초반까지 고수했던 신중한 외교로 복귀할 것을 주장하며, "중국 외교는 강해져야지, 난폭해져서는 안 된다."라고 언급하였다.[35]

2017년 초, 본 저서의 주제에 대해 관심을 갖게 한 것은 중국 외교관들의 탁월한 능력과 대중매체에서 과장된 행위 간의 대조였다. 중국 대표단이 더욱 성급하고 공세적 행태를 보임에 따라 내 호기심은 더욱 커져만 갔다. 어떻게 그렇게 지적이고 많은 정보를 가지고 있는 집단에 속한 사람들이 일관되게 국가 위신을 갉아 먹는 행동을 지속하는가? 어떻게 이렇게 부상하는 초강대국이 대전환기 세계에서 자국에 주어진 외교적 기회를 활용하지 못하는가?

여러면에서 중국 외교관 그룹은 소통 능력이 부족한 중국이라는 국가의 축소판 같았다. 이 주제에 대해 더욱 탐구해 볼수록 중국의 발목을 잡고 있는 것은 외교관 개인의 흠결이 아닌 중국의 국가 시스템 자체라는 확신을 갖게 되었다. 중국 외교관으로서 일하는 것이 어떤 기분일지 이해하고 개인 차원에서 무엇이 중국 대표단을 그토록 이상하게 행동하게 만드는지 생각해 보기로 마음 먹었다. 한 마디로 중국 외교에 대한 이해에 한층 더 생동감을 불어 넣기를 희망한다.[36]

본 저서는 그러한 노력의 결과물이다. 본 저서는 중국 특파원으로 일한 내 개인적 경험과 베이징, 워싱턴 D.C., 런던 등에서 수행한 전·현직 중국 외교관들과의 인터뷰에 기반하고 있다. 또한, 중국 정부 간행물 판매처 및 일반 서점 등에서 접근 가능한 전직 외교관들의 회고록 역시 참고하였다. 이 저서는 리자오싱(Li Zhaoxing, 李肇星)이나 탕자쉬안(Tang Jiaxuan, 唐家璇)과 같이 전직 외교부장급의 거물급 인사를 다루는 것부터 시작하였으나, 곧 100여명의 고위급 혹은 신입 외교관을 섭외할 수 있었다. 가장 큰 도움이 된 저서는 중국의 대외관계가 상대적으로 개방적 특성을 가지고 있었던 1990년대 중반부터 2000년대 중반까지 출간된 것들이었는데, 이 저서들 상당수는 중국 대외관계 연구에 활용되지 않았던 것들이었다. 설령 활용된 드문 경우에도 중국 외교정책을 집행한 내부 세계를 들여다보기보다는 큰 사건의 기술에 초점을 맞추는 경향이 있었다.[37]

참고한 저서들이 반드시 흥미로운 것만은 아니었다는 것을 고백하고 싶다. 중국의 엄격한 검열 시스템하에서 출간되어 일부 저자는 가명을 사용했고, 내용은 신중했으며, 때로는 지루했다. 긴 회의에 대해, 여행의 여정에 대해, 가족 휴가 등에 대한 기술 속에 숨겨져 있기는 했지만, 이러한 회고록은 중국의 수난의 순간을 세밀히 묘사한 것들이었다. 이 책들은 극빈 상황에서 벗어나 상당한 권력과 지위를 획득한 중국 국가의 발전 경로를 닮은 여러 개인의 험난한 여정을 담은 것이었다. 이 중에는 저자가 친구나 동료 등에게 남긴 헌정 문구가 남아 있거나 세계 곳곳의 중국 공관 도서관의 직인이 찍혀 있는 것도 있었다. 본문에 독자가 남긴 커다란 가위표가 남아 있거나, 그림에서 얼굴이 뜯겨져 나간 경우도 있었다.

종합적으로 참고한 저서 및 인터뷰는 중국을 외부 세계에 드러내려 할 때 나타나는 깊은 열등감 및 실의를 담고 있다. 이러한 자료들은 중국에서 일어난 혁명의 기운이 외교관 그룹을 덮쳤을 때, 그들이 느낀 두려움이나 스스로 변호하기 어렵다고 느끼는 정책에 대해 교섭상대에게 거짓말해야 했을 때 느낀 당혹감을 담고 있다. 무엇보다 이러한 자료들은 폐쇄된 사회와 개방된 외부세계와의 상호작용 과정에 생동감을 불어넣는다. 오만하면서, 다루기 힘들고, 특권의식이 있으면서 불안정한 중국 외교관 그룹은 여러 모로 중국이 되고자 하는 국가상(像)의 축소판이다.

1949년 11월 8일 밤, 새롭게 창설된 중국외교부를 맡게 된 저우언라이는 자신이 하나의 문제에 봉착해 있음을 자각하였다.[1] 그는 미래가 불투명한 새로운 혁명국가의 외교장관이자 총리로 막 취임한 상황이었다. 중국 공산당은 베이징에 신정부를 수립하였으나, 상당 수 국가들은 국공내전에서 패배한 국민당이 타이완섬에 수립한 정부를 합법정부로 인식하고 있었다. 더욱이 국민당 정권은 본토 수복과 공산당 격퇴를 위해 미국의 지지를 구하고 있는 상황이었다. 오래도록 스스로를 중국에 대한 자애로운 선생님으로 인식하고 있던 미국은 "누가 중국을 잃어 버렸는가"라는 분노 가득한 내부 비방에 빠져 있었다.

짙은 눈썹을 가진 핸섬한 신사인 저우언라이는 20대 중반의 상당 시간을 일본, 영국, 독일, 프랑스에서 체류했으며, 상당한 수준의 영어와 프랑스어를 구사할 수 있었다. 세련되고, 지적이며, 조용하면서도 자신감 충만한 저우언라이는 타고난 외교관이었다. 그러나, 그날 밤 저우언라이의 앞에 앉은 오합지졸과 같은 외교부 직원들은 그렇지 못했다.

강당의 작은 반원 모양의 탁자에 줄지어 앉은 170여명의 외교부 직원들은 갓 대학을 졸업한 이, 지방 행정관료들, 완고한 농민 출신 혁명가 등으로 이루어져 있었다. 그들 대부분은 외국 방문 경험이 없었으며, 상당수는 외국어를 구사하지 못했다. 심지어 외부 세계에 더욱 무지한 인민해방군 출신 장성 및 장교들이 외교부에 곧 합류할 예정이었다.

채용된 외교관 그룹의 진용은 공산당이 외교부 건물로 징발한 우아한 백색의 건물과 대조를 이루었다. 19세기 후반, 청나라 관료들이 독일 고관대작들을 영접하기 위해 만든 이 건물의 정문은 유럽 스타일의 신고전양식의 기둥 앞에 중국 전통의 두 마리 돌사자(石獅)로 장식되어 있었다. 이 건물은 이후 신해혁명으로 탄생한 공화국 정부의 외교부 건물로 사용되었다.

여하튼 이러한 오합지졸과 같은 그룹이 저우언라이가 세계에서 신정부 지위 확보라는 목표를 달성하기 위해 가진 인력의 전부였다. 급조된 연단 뒤 너머에는 마오쩌둥의 사진이 그의 어깨를 내려다 보는 가운데, 저우언라이는 앞에 놓인 도전의 험난함에 대해 솔직히 이야기 했다. "여러분들 대부분은 이제 막 대학을 졸업했으며, 우리는 혁명전을 수행하기 직전에 외국과의 제한적 교류 경험을 가지고 있을 뿐입니다. 그러나, 이제 우리가 수행할 과제는 '외교'이며, 이는 다른 특성을 가지고 있습니다."라고 말했다.

저우언라이는 목소리를 높여 "과거 백 년간 중국의 외교사는 무릎을 꿇어 외교를 수행하던 반동 정부들에 의한 굴욕의 역사입니다."라고 일갈했다. 공산당 정부는 이러한 굴욕의 유산을 결코 원하지 않았으며, 이들에게 이전 정부들은 자본가, 반역자, 겁쟁이로 가득찬 반동 정부였을 뿐이었다. 그들이 '신 중국'이라고 부르는 공산당 정부는 이전 정권들의 외교 수행 방식을 버리고 새로운 외교를 전개할 것임을 선언했으며, 바닥에서부터 외교조직을 만들었다.

조직을 완전히 새롭게 시작하려는 저우언라이의 욕망은 공산당 정권의 국내적 이해관계에 부합하였다. 이전 정권들을 반역자이자 겁쟁이로 묘사함으로써 공산당을 국가의 구세주로 내세울 수 있었다. 과거를 뒤돌아보기보다는 공산당 정권은 국공내전을 승리로 이끈 강점을 빌려와 유사한 방식의 외교를 수행하려 하였다. "무장투쟁과 외교전은 비슷한 점이 많으며, 외교인력은 사복을 입은 인민 해방군(文裝解放軍)과 같다.[2]"라고 말하였다.

저우언라이에게 이러한 표현은 단순 프로파간다 이상의 의미를 지닌 것이었다. 이는 당시 중국이 처한 상황과 세계에서의 지위에 대해 널리 퍼진 절망을 현실적으로 담은 말이었다. 저우언라이의 일생 동안, 한때 강력했던 청 제국은 멸망했으며, 중국은 수십 년간의 내전에 돌입하였으며, 영토를 외세에 할양해야 했다. "모두 학살하고, 태우고, 약탈하라"라고 명령받은 일본군의 침략으로 큰 타격을 입은 후, 중국은 공산당이 최후의 승리를 거머쥔 내전에 돌입하였다. 당시 중국의 1인당 소득은 $50 정도로, $60의 인도보다 낮은 수준이었으며, 평균수명은 36세에 불과하였다.[3]

저우언라이는 당시 중국의 상황을 공산국가의 혁명적 잠재력을 이용해 바꾸려는 열망을 가지고 있었다. 이는 중국경제의 산업화를 사회주의 근대화 프로그램과 이론상으로는 중국인민을 대표하는 공산당 일당 독재를 통해 이룬다는 것을 의미하였다. 또한 이는 중국외교에 대한 완전한 새로운 접근을 의미하였다. 이러한 노력의 일환으로 저우언라이는 중국 외교조직을 '시민 군대'의 아이디어에 기반하여 꾸렸으며, 이러한 조직문화는 중화인민공화국 건국 70년이 지난 오늘날까지 이어져 오고 있다.

J. 에드거 후버(J. Edgar Hoover)가 현대 FBI 조직을 조형한 것처럼, 저우

언라이의 개성과 정책적 선택은 오늘날 중국 외교부가 외부 세계와 상호 작용하는 방식을 형성하였다. 한 외교관의 회고록은 저우언라이를 '위대한 조타수'라고 표현하는데, 이는 통상 마오 주석에게만 사용되는 찬사였다.[4] 저우언라이는 오늘날 여전히 존경받는데, "외교부에서 마오쩌둥을 비판할 수는 있어도, 저우언라이를 비판할 수는 없다."라고 한 외교관을 언급하였다.[5]

***

저우언라이는 1898년, 한때 위대했던 제국의 힘들지만 고상한 가정에서 태어났다. 당시 청 제국은 1839－1842년의 아편전쟁을 시작으로 영국 및 기타 제국에 무역권 및 중국 영토 내 치외법권을 인정하는 굴욕적인 일련의 불평등조약을 체결하여 상당히 쪼그라든 상태였다. 저우언라이 탄생 3년 전에는 대만을 일본에 할양하는 내용을 담아 가장 굴욕적인 것으로 평가받는 1895년 시모노세키 조약이 체결되었다. 이후 이어진 일련의 내부 소요사태에 의해 수천만명 사망자 및 유민들이 발생하였다.

저우언라이의 일가는 장쑤성(江苏省)의 비옥한 평원지대에 위치한 화이안(淮安)시에 거주하였다. 저우언라이는 아이를 가지기 전에 남편을 잃은 이모에 의해 키워졌는데, 이 이모는 애정을 다하여 어린 저우를 길렀다. 이모의 가족 역시, 저우언라이의 생부와 함께 조상 대대로 내려온 저우 가문의 고향집에서 생활하였다.[6]

저우의 이모는 조카에게 큰 기대를 가지고 있었으며, 엄격한 규율을 익히게 하였고, 새벽 3시에 깨워 글 읽는법을 가르치게 할 정도였는데, 동화, 중국 역사, 당시(唐詩) 등을 읽어주었다. 어린 저우언라이는 평생 동안 간직한 지적 호기심을 이 시기 형성해 나갔다.

저우언라이의 어린 시절은 그리 순탄한 것은 아니었다. 그가 열 살이 되던 해에 이모는 결핵으로, 어머니는 암으로 사망하였다. 그의 아버지는 실직하여 가족에게 빚만 남기고 멀리 후베이성(湖北省)으로 떠나갔다. 저우언라이는 곧 나이에 걸맞지 않게 가족 부양의무를 지게 되었다. 그는 두 동생을 돌보고 먹이며, 빚쟁이들을 만나기도 하고, 어머니의 유품을 전당포에 맡기기도 했다. 저우는 가족들의 생일과 망자의 기일(忌日)을 기억하고, 이럴 때 필요한 선물을 챙기기도 하였다.

1910년에는 중국 동북지역의 산업 도시인 선양(당시 도시명은 봉천)에 살던 삼촌이 같이 살 것을 제안하여, 12세 주언라이는 짱수성의 평온한 평지를 떠나 동북쪽으로 900마일 떨어진 만주땅을 밟게 되었다. 그 북쪽은 시베리아였으며, 남쪽은 한국과 국경을 맞댄 백두산이었다. 저우언라이의 삼촌은 그를 지역 최고 명문교인 인캉(銀崗)서원에 입학시켰다.

저우언라이의 강한 남방억양은 곧 그를 괴롭힘의 대상이 되게 하였는데, 그는 이 시기 "그 누구와도 친구가 될 수 있고, 반격을 가할 때는 동지를 만드는 전략을 만들게 되었다."고 회상한다. 이러한 어린 시절 경험은 만나는 그 누구와도 쉽게 유대감을 형성하는 능력을 기르게 했는데, 1974년 CIA 프로파일은 그를 '세련된 실용주의자'라고 표현하고 있으며, 고강도 스트레스 상황에서도 듣는이와 합리적으로 대화하며, 매력을 발산하는 사람이다."라고 표현하였다.[7] 심지어 고약한 성미로 유명한 니키다 흐루시쵸프마저 주언라이를 좋아하여, "우리는 저우언라이를 매우 밝고, 유연하며, 최신 정보를 알고, 합리적 대화가 가능한 사람으로 본다."라고 훗날 적고 있다.[8] 그러나, 일부는 저우언라이가 말만 번지르르하게 한다고 느꼈는데, 국민당을 그를 오뚜기 인형이라 불렀다.[9] 유능하고 직설적 화법을 구사하던 인민해방군의 펑더화이(彭德懷, Peng Dehuai) 장군은 훗날 저우언라이의 면전에 대고 "너무 먹물이고, 무르다"라고 말했다.[10]

젊은 시절 저우언라이는 이후 그의 리더십 스타일을 결정지은 품성을 형성해 나갔는데, 이는 결벽증에 가까운 꼼꼼함과 끊임 없이 정보를 흡수하는 능력이 결합되어 절제된 방식으로 매사에 적극적으로 참여하는 자세였다.[11] 외교부장이자 총리로서 저우언라이는 매우 긴 업무시간을 소화했는데, 종종 다음날 새벽 세, 네시까지 일할 정도였다.[12] 그는 피곤 할 때면, 젖은 천을 얼굴에 올리거나, 관자놀이에 호랑이 연고를 바르기도 하고, 심지가 머리카락을 잡아 당기기도 하였다.[13] 저우언라이의 업무 스타일은 중국 외교관 그룹에 대한 정형적 이미지를 형성하게 되었는데, 그 주위의 사람들 역시 그와 비슷한 업무시간을 소화하도록 강요받았다.[14] 이러한 관행은 오래도록 바뀌지 않아 중국의 콜택시앱인 띠디추싱(滴滴出行)의 2015년 서베이 결과는 중국 외교부는 다른 어떤

중앙부처 공무원보다 외교부직원들의 업무시간이 길었음을 보여준다.[15]

개인적으로 저우언라이는 자기 통제력이 대단한 사람이었다. 지저분하다는 인상을 주지 않기 위하여 한여름의 베이징에서 항상 셔츠의 단추를 잠갔으며, 양말을 신었다고 그의 비서를 역임했던 이는 회상한다.[16] 동 세대의 여타 남성과 달리 저우언라이는 흡연을 하지 않았으며, 다른 이에게 금연을 권하는 글귀를 사무실에 걸어 두었다.[17] 술은 하되, 과음하지 않았다.[18] 때로 디저트로 아이스크림에 바이주(白酒) 몇 방울을 떨어뜨려 즐기곤 하였다.[19]

저우언라이는 모든 회의를 강박에 가까울 정도로 철저히 준비했으며, 집중했다. 외교부장으로서 통역관의 실수를 고쳐 주었으며, 어떻게 통역을 향상시킬 수 있는지 따로 불러 격려하기도 하였다. 때로는 회의실의 꽃이 자연스럽지 못하다고 불평한 뒤, 초대 손님들이 오기 전에 이를 재배열하기도 하였다. 저우언라이는 자신의 치밀한 스타일을 제도화하려 했는데, 이는 외교관 후보생들이 오늘날에도 배우는 "외교에 작은일은 없다(外交无小事)"라는 문구에 녹아나 있다.[20]

저우언라이의 깐깐함에는 깊은 배려심 역시 숨어 있었다. 외교부 직원들이 이름을 일일이 기억하고, 가족의 안부를 묻고, 심지어 연회 중에 통역가들의 접시에 음식을 놓아주며 식사를 할 수 있게 배려하기도 하였다. 때로 저우언라이는 자애로운 아버지와 같았다. 한 통역사에게는 저우 총리가 "가족계획을 실천했는가, 자녀는 최대 둘까지만 가져야 하고, 남성 동지들이 통제할 줄 알아야 한다."라고 말했다.[21]

***

저우언라이가 청년기에 접어들었 때 즈음, 중국은 유럽 중심의 외교질서에 편입되기 위한 실험을 수십년째 지속하고 있었다. 그 시작부터, 중국의 외교조직은 해외 열강들의 침탈과 국내의 혼란에 대응하기 위해 만들어진 것이었다.

제2차 아편전쟁에서 영국에 패배한 이후, 위기에 빠진 청 제국은 서구 제국의 외교 사절이 통상적으로 교섭할 수 있는 정부조직을 만들어 달라는 영국의 요구에 대응하여, 통리아문(Zongli Yamen, 統理衙門)이라 불리는 외교 조직의 원형을 창설하였다. 중국의 역대 제국들은 전통적으로 교섭 대상 국가와의 관계 및 사안의 특성을 고려하여 적절한 정부 기구가 대응했을 뿐, 해외에 상주공관을 두는 관습을 가지고 있지 않았다.

이러한 학습과정은 험난한 것이었으나, 청의 외교관들은 이에 빠르게 적응하였다. 1864년 청의 외교관들은 프러시아 군함이 중국 항구에 정박해 있던 덴마크 상선을 나포한 사건에 대한 배상을 추급하기 위해, 미국 법학자 헨리 휘튼(Henry Wheaton)이 저술한 '만국공법(Elements of International Law)'에서 발췌한 내용을 활용하였다.[22] 1870년대 이후부터, 중국 외교관들은 최초로 해외공관에 배치되기 시작하였고, 쿠바와 페루 등지에서 '쿨리(coolie)'라고 불리던 중국인 노동자의 착취를 근절하는 데에 일조하는 등의 성과를 거두기도 하였다.[23]

그러나, 중국의 외교조직은 서구 제국주의의 침탈, 청 조정의 통치실패와 기술적 후진성에 기인한 주권과 영토의 침식을 막을 수는 없었다. 1879년 청 조정의 대러 특사는 1,200스퀘어 마일에 달하는 신장의 극서(極西) 지방을 러시아에 양도했는데, 이는 훈령에 반하는 행위였다.[24] 서구 국가들의 영토 침탈이 더욱 심화되리라고 볼 여러 정황들이 존재했는데, 유럽 국가들은 아프리카에서 치열한 영토쟁탈전에 임하고 있었고, 미국은 하와이를 병합한 후, 미서전쟁 승리로 필리핀을 스페인으로부터 빼앗아 온 상황이었다.

청나라가 겪은 최대의 굴욕은 1895년에 체결된 시모노세키(下關)조약이었다. 본 조약은 1870년대~90년대 말까지 중국의 거물 정치인이자 외교관이었던 리훙장(Li Hongzhang, 李鴻章)이 서명한 것이었다. 전통교육을 받은 리훙장은 1847년 과거에 급제하였으며, 촉망받는 군 사령관이 되었다. 그는 13년간 지속되어 2천만명의 목숨을 앗아간 태평천국의 난을 진압하는 데에 일조하였으며, 여러 지역의 성장을 역임하였다. 리훙장은 애국자였으며, 서양의 군사기술과 국제법의 활용 같은 통치술을 익히자는 근대화 운동의 리더였다.

이러한 개혁 노력은 중국의 분쇄를 막기에는 충분치 못하여, 한반도에서 영향력을 놓고 전개된 1894−95년의 청일전쟁에서 패퇴하였다. 중국은 전통적으로 한반도에 강한 영향력을 행사해 왔는데, 조선의 왕은 매년 조공사절을 중국에 파견하였다.[25] 외견적으로 당시 상황은 청에게 유리하게 보였는데, 청은 해군력에 막대한 투자를 하여 일본의 2배에 달하였고, 세계에서도 손 꼽힐 정도로 강한 전함을 보유하고 있었다. 그러나, 청국 해군의 운용과 보급은 매우 부실한 것이었다. 이러한 약점들은 전투에서 패배의 결정적 원인으로 이어졌는데, 전투에서 청군은 일본군 측의 7배에 달하는 35,000명의 사상자를 기록하고, 전함은 궤멸되었으며, 아군의 오폭에 의해 심각한 부상을 입은 제독은 자살로 생을 마감하였다.[26]

1895년, 양국은 일본 혼슈의 남서쪽에 위치한 시모노세키에서 평화조약 협상을 위해 만났다. 양자 회담 자체는 양국이 단행한 개혁의 폭을 압축적으로 보여 주었다. 일본측의 이토 히로부미(伊藤博文)총리는 서양 스타일의 제복을 갖춰 입고 검과 훈장으로 장식한 반면, 중국식 의관에 특유의 흰 수염을 흩날리는 리훙장은 흡사 유학자같은 모습이었다.[27] 일본은 리훙장을 강하게 압박하여, 4월에 체결된 조약은 중국이 조선의 독립을 인정하고, 중국 동북지역의 랴오둥(遼東)반도, 펑후(澎湖)열도, 그리고 가장 중요한 타이완을 일본에 할양하는 내용을 담고 있었는데, 이후 랴오둥 반도는 러시아의 간섭으로 청에 반환되기는 하였다. 청은 또한 많은 항구를 일본에 개항해야 했고, 일본인이 청국에서 운영하는 공장들을 허가해야 했다.

일본의 전승은 동아시아 전통 국제질서를 뒤흔들어 놓았는데, 이는 중국의 힘의 우위를 종식시켰을 뿐 아니라, 타이완을 쇠약한 중국의 상징으로 만들어 놓았다. 한 세기 이상, 중국 대륙과 타이완의 재통일은 중국 민족주의자들의 성스러운 임무였다. 2003년 – 2007년까지 외교부장을 역임한 리자오싱(李肇星, Li Zhaoxing)은 회고록에서 한 선배 외교관이 술에 취하면 항상 타이완을 염두해 두고 "전 세계에 중국은 하나밖에 없다."라는 말을 되뇌었다고 한다. 리자오싱은 이에 대해, "사람은 취했을 때 진심을 말하는 법이며, 이는 중국 외교관들이 대만 문제를 얼마나 중요시하는지를 보여 준다."라고 적고 있다. 리자오싱을 포함한 중국 외교관 그룹은 대만이 중국에 돌아오기 전까지는 스스로를 진정한 강대국이라고 여길 수 없다고 본다. 리자오싱은 "다른 강대국과 달리 중국은 완전히 통합되지 못하였으며, 중국 외교관은 결코 이를 잊어서는 안 된다."라고 적고 있다.[28]

중국외교에 리훙장의 유산 역시 지속적 영향을 미치고 있다. 한평생을 중국의 국력 강화에 바쳤음에도 불구하고, 리훙장은 나약한 국가로서 중국이 한 사람에 압축된 것과 같은 상징처럼 여겨진다. 한 세기 이후 덩샤오핑 주석은 홍콩 반환을 둘러싼 마가렛 대처 영국수상과의 협상에서 자신은 또 다른 리훙 장이 되지는 않겠다고 말하였다.[29] 2019년 리우허(刘鹤, Liu He) 국무원 경제담 당 부총리가 트럼프 행정부와의 1단계 무역협정을 타결했을 때, 온라인에서는 이를 리훙장의 협상에 비유하는 평가가 나오기도 하였다.[30]

1901년 외압은 다시금 중국의 외교조직에 중대한 변화를 가져왔다. 반외 세의 기치를 내건 의화단운동(義和團運動, Boxer Rebellion)의 진압을 위해 8개국 연합군이 베이징을 약탈한 후, 서구열강들은 통리아문을 최초의 정식 외교부 서로 변경할 것을 지시하였다.[31] 이후, 신해혁명으로 수립된 공화국 정부는 최 초의 외교부를 설립하였는데, 당시 외교부 건물은 1949년 11월, 저우언라이가 굴욕의 역사를 끊어 내겠다는 연설을 한 바로 그 건물이었다.

저우언라이는 열강들의 침탈을 직접적으로 경험하였다. 러시아군은 의화 단운동을 진압한 후, 중국 동북부 국경에 계속 주둔하였다. 선생님이 어린 저 우에게 러시아의 계획(designs)에 대해 말했을 때, 저우언라이는 분노에 가득 차 "모든 중국 시민은 중국의 생사를 스스로 결정할 책임을 져야 한다."고 응 답하였다.[32]

중국의 국제적 위상은 계속 추락하였다. 중국은 미국, 프랑스, 러시아, 프 로이센, 포르투갈, 덴마크, 네덜란드, 스페인, 벨기에, 이탈리아, 브라질, 멕시 코 등 다양한 국가들과 "불평등 조약"을 체결했다.[33] 일본은 쇠락하는 청나라 의 뒷마당에서 그 힘의 공백을 메우려 하였고, 이에 아무런 제지를 받지 않았 다. 일본은 1904-5년 러일전쟁에서 놀랍게도 러시아에 패배를 안겼고, 1910 년에는 한반도를 병합함으로써 청제국 조상의 발원지인 만주 지역과 국경을 맞대는 등 중국의 전통적 세력권 안에 있던 지역을 침탈하였다.

청나라는 너무도 약화되어, 각 지방 세력들에게 다시 국력 회복을 위한 개혁을 단행하기 위한 재정 지원을 설득하기 어려운 상황에 이르렀다. 1911년 10월에 중국 중부 후베이(湖北)성 폭탄 테러 음모로 시작된 반란은 곧 전국적 규모로 확산되었다. 청 조정은 스스로를 구하기 위한 절박한 노력으로 당시 군 사령권이자 실권자였던 위안스카이(袁世凱)에게 반란진압을 명하였다. 그러나,

위안스카이는 청 조정을 전복시키고, 1912년 1월, 민족주의자이자 혁명지도자였던 국민당 총재 쑨원(孫文)을 도와 중화민국(ROC: Republic of China)의 수립에 일조하였다. 같은 해 2월, 불과 6세에 불과했던 청의 마지막 황제 푸이는 위안스카이의 강압에 의해 황위에서 물러나고, 쑨원은 군의 실권이 위안스카이에게 있음을 자각하여 신 공화국의 총통직을 위안스카이에게 넘겨 주었다.

신 공화국에 대한 기대는 곧 퇴색하였는데, 신 공화국은 여러면에서 심지어 청나라보다도 취약했다. 위안스카이는 분열되고, 재정 상황이 열악한 나라를 물려받았을 뿐이었다. 위안스카이는 그의 측근들을 정부 요직에 앉혀 권력 확장을 시도했고, 반대파를 숙청하였으며, 1915년에는 스스로 황제에 등극하기도 하였다. 위안스카이의 제정 수립 시도는 결국 실패로 돌아갔으나, 중국은 더욱 분열되어, 지방 군벌들이 할거하게 되었다. 베이징 정부의 통치력은 동북 일부지역에만 미치게 되었다. 이 시기, 한때 엄청난 위용을 자랑하던 대제국의 세계적 영향력과 위신은 계속 추락하기에 이르렀다.

저우언라이의 정치적 교육은 이러한 격변의 시기에 이루어졌다. 당시 14세 소년이었던 저우언라이는 선양의 '동관모범학단'에 재학중이었으며, 션징일보(Shenjing Daily)를 통해 당시 전개되던 정치적 격변을 이해하고 있었다. 저우언라이는 변법자강운동을 주도한 캉유웨이(康有为, Kang Youwei)와 그의 제자인 량치차오(梁啓超, Liang Qichao)의 저작을 탐독하였다. 량치차오는 중국의 물리적·정신적 나약함에 절망한 나머지 중국을 '아시아의 병자'라고 표현하였는데, 이는 훗날 서구인들이 중국을 조롱하는 말로 사용되기도 하였다.[34] 저우언라이는 특히 1905년 옥사한 혁명지도자 주룽(邹容)이 저술한 '혁명군대(The Revolutionary Army)'라는 책을 탐독하였는데, 당시 중국이 겪던 굴욕을 극복하기 위해 전 중국 인민이 분연히 들고 일어날 것을 촉구하는 책이었다. 학교에 왜 다니냐는 질문을 받을 때면, 저우언라이는 "중국이 일어날 수 있도록 하기 위해"라고 답하곤 하였다.[35]

1913년 저우언라이는 새 일자리를 찾은 삼촌을 따라 동북부의 항구도시 텐진(天津)으로 이사 갔다. 몇 달을 입시에 몰두한 후, 저우언라이는 난카이(南開) 중학교에 입학하였다. 영국·미국의 사립학교 시스템을 본딴 난카이 중학교는 매우 엄격한 규율을 강조하였는데, 아침 6:30에 기상하여 운동 후 수업

시간 및 자습이 이어져 밤 10시에 소등하는 일과가 반복되었다. 수업은 영어로 진행되었는데, 저우언라이는 모든 과목에서 A를 받는 우등생이었으며, 몽테스키외, 루소, 아담 스미스, 찰스 다윈 등 다방면의 독서를 하였다. 동시에 당시 전개되던 정치적 사건들에 깊은 관심을 가지게 되었으며, 중국은 열강의 침입으로부터 보호되어야 한다는 한 층 더 공고한 신념을 가지게 되었다.[36]

당시 저우언라이가 가졌던 신념을 이해하지 않고서는 중국 외교관들의 사고 및 행위를 이해하기 어렵다. '국치(國恥)'는 때로 여러 사건들의 영향을 증폭하거나 왜곡하는 중국 공산당의 국내 프로파간다의 핵심이었다. 그러나, 저우언라이와 동시대 사람들은 중국의 국치는 생생한 경험이었다.

이후 중국 고위급 외교관이 되는 우젠민(吳建民, Wu Jianmin)은 그의 조국에서 이등 시민으로 살아간 경험이 있다. 1940년대 난징(南京) 소재 주중 프랑스 대사관의 경비는 대사관 밖 마당에서 놀고 있던 어린 우젠민과 친구들을 개를 풀어 쫓아낸 적이 있었는데, 이 무서운 경험은 우젠민이 훗날 주불 중국 대사로 임명될 때까지도 그의 기억 속에 남아 있었다.[37]

이러한 경험은 중국 외교관 그룹의 마인드셋 형성에 큰 영향을 미쳤다. 우젠민은 "역사적으로 중국은 서구 열강들의 위협에 의해 두려움이 지배하는 건강하지 못한 마인드셋을 가지게 되었고, 이에 따라 외부 세계의 평가에 지나치게 민감하게 되었다. 누군가 중국이 잘한다고 말하면 우리는 지나치게 기뻐하고, 누군가 중국에 나쁜 말 몇 마디 하면, 우리는 슬퍼하거나 분노하였다. 이는 자신감의 결여를 말하는 것이다."라고 우젠민은 2015년에 기술하였다.[38]

과거 중국이 서구 열강에게 당한 굴욕의 역사를 되풀이하지 않겠다는 중국 외교관 그룹의 열망은 아주 사소한 일에도 민감하고, 상징적 평등에 대한 열망을 갖게 하였다. 1972년 닉슨 대통령이 방중하여 저우언라이와 건배했을 때, 저우언라이는 글래스의 높이가 닉슨 대통령의 것과 정확히 같은 높이에 위치하도록 신경썼는데, 이는 양국의 대등한 지위를 상징하는 것이었다.[39]

이와 같이 사소한 동작이나 상징에 대한 민감함은 오늘날에도 이어지고 있는데, 때로는 거의 어처구니 없을 정도이다. 1998년에서 2003년 사이에 외교부장을 역임한 탕자쉬엔은 그의 회고록에서 흥미로운 사건에 대해 밝히고 있다. 1998년 인도네시아 외교장관과 정상회담을 마친 후, 두 장관은 같이 화장실에 가게 되었는데, 인도네시아 외교장관은 세면대 쪽으로 돌아 걸려 있는 수건을 탕자쉬엔에게 건네 주었다. 탕자쉬엔 부장은 이 일이 있은 지 10년 후에, "외교가에서 이러한 행동은 극히 드문 일이다. 이는 중국에 대한 존경과 우애의 표시일 뿐 아니라, 개인적 친분을 형성하고자 하는 마음에서 우러러 나온 표현"이라고 적고 있다.[40]

***

중국의 제1차 세계대전 경험은 중국이 가진 굴욕감을 한층 더 강화시켰으며, 혁명가로서 저우언라이의 자질을 형성시킨 시기이기도 하였다. 당시 중국은 강력한 군벌과 여러 지방 정부로 분열되어, 상대적으로 늦은 1917년 여름에 참전하였다. 중국은 약 14만 명의 노동부대를 연합국측에 파견하였는데, 이는 독일에게 조차한 자국 영토를 수복하겠다는 기대에 따른 것이었다.[41] 한 연합국측은 중국인 노동자들을 환영하였는데, "그들의 막사에 한번 방문해 보기만 해도 알 수 있듯이, 중국인 노동자들은 든든한 자원이다."라고 한 영국인 장교는 설명하였다. 그러나, 당시 중국 내각이 군수 물자를 연합국측에 제공하였을 때, 영국인 장교는 "이런 것들을 실어 나르는 것은 연합국측의 자원을 소모시키며, 아무런 군사적 효용도 없는 일이다."라고 주장했다.[42]

전후 베이징 정부는 전쟁 수행과정에서 공헌이 전승국들에게 일정 정도 보상받을 수 있을 것이라 생각하고, 베르사유에서 개최된 1919년 파리 강화회의에 대표단을 파견하였다. 베이징의 대중, 특히 학생 그룹은 중국 정부의 낙관적 견해를 공유하였는데, 이는 모든 민족의 자결을 촉구하는 윌슨 대통령의 '14개 항'을 읽었기 때문이었다. 중국 공산당 창당의 주역 중 한 사람인 천두슈(陈独秀, Chen Duxiu)와 같은 지식인을 우드로 윌슨은 "세계에서 가장 좋은 사람[43]"이라고 묘사하기도 하였으나, 이러한 희망은 곧 잔혹하게 짓밟히고 말았다.

베르사유에서 중국의 지위는 처음부터 약한 것이었다. 나라 전체가 둘로 나뉘어, 강화회의에 파견된 대표단 역시 각기 남쪽과 북쪽의 경쟁적 정부를 대표하는 대표단으로 나뉘어 있었다. 더욱이 중국은 노동자를 파견했을 뿐이지만, 일본은 1914년 8월 산동반도의 자오저우(胶州)의 독일 조차지를 공격함으로써 참전하여, 동맹국을 위해 피를 흘렸다는 명분을 가지고 있었다. 가장 중요한 점은 일본이 군사적 원조를 대가로 동맹국이 영토 소유권 주장을 인정하는 비밀 협정을 맺음으로써 중국의 입장이 약화되었다는 것이었다.

그러한 상황하에서도 중국 외교관 그룹은 상당한 성과를 거두었다. 그 중 하나는 32세의 웰링턴 구(Wellington Koo)였는데, 그는 미국 선교사들이 설립한 리버럴 아츠 스쿨인 상하이의 세인트존스 칼리지에서 수학하였고, 이후 미국 콜럼비아 대학에서 법학 및 외교학 박사학위를 수여받았다. 프랑스 수상 조지 클레망소(Georges Clemenceau)는 구를 "파리지앵처럼 말하고 입는 중국 고양이"라고 표현하였다.

그러나, 중국 대표단은 강대국을 움직일 수 없었다. 결국, 웰링턴 구를 포함한 중국 대표단의 서명 거부에도 불구하고, 독일의 조차지였던 자오저우는 일본이 할양받게 되었다. 중국 대표단은 파리에서의 경험으로부터 중대한 교훈 하나를 얻게 되었는데, 당시 수석대표였던 루정샹(陸徵祥, Lu Zhengxiang)은 "약소국에 외교는 없다."라는 말을 남기기도 하였다.[44]

이들이 중국에 돌아오자, 베르사유에서의 협상에 대한 국내적 반응은 폭발적인 것이었다. 1919년 5월 14일 베이징과 전국에서 일어난 학생 시위대는 중국이 국제문제에 있어 보다 공정한 지위를 위해 싸울 것을 요구하였고, 친일 인사로 여겨지던 외무차관 차오 루린(曹汝霖, Cao Rulin)의 집을 불태우기도 하였다.[45] 학생 시위는 곧 산업계의 파업 및 일본 상품에 대한 불매운동으로 이어졌다. 이 운동은 훗날, 5.4운동으로 불리게 된다.

저우언라이는 일본에서 당시 전개되고 있던 상황을 주시하고 있었다. 1917년 가을, 저우언라이는 고교 졸업 후 일본어학교에 등록하기 위해 도쿄로 갔다. 당시 많은 중국 젊은이들과 마찬가지로 저우언라이의 일본에 대한 입장은 양가적인 것이었는데, 당시 일본은 이미 중국 민족주의자들에게 분노의 대상이었으나, 동시에 서구 제국주의자들이 지배하던 당시 세계에서 아시아 국가들이 어떻게 자강을 이룰 수 있는지를 보여 준 모델이기도 하였다.

일본은 또한 나라를 구하고자 하는 급진적 중국 젊은이들에게 하나의 안식처를 제공해 준 국가이기도 하였다. 저우언라이가 맑시즘과 조우한 곳도 바로 일본이었는데, 일본에 도착한 지 한 달이 지나지 않아 러시아에서 10월 혁명이 일어났다. 그는 마치 최면에 걸린 듯, 당시 상황에 대해 면밀히 검토하고, 일기에 전개되는 상황을 기록하였다. 저우언라이는 또한, 미국 저널리스트 존 리드(John Reed)가 당시 러시아 혁명에 대해 기술한 '세계를 놀라게 한 10일 (*Ten Days That Shook the World*)'을 탐독하였다.

저우언라이는 5·4 운동의 전야에 중국으로 돌아왔다. 그는 당시 중국 전역을 휩쓸고 있던 민족주의적 열정과 중국을 어떻게 구할 수 있을지에 대한 급진적 사조로 가득 차 있었다. 그는 곧 톈진 학생운동의 리더가 되어, 일본 상품에 대한 보이콧 및 시 당국에 대항한 시위를 주도하였다. 1920년, 저우언라이는 5,000명 학생들의 시장 집무실로의 가두 행진을 주도하여, 6개월 간 투옥되었다. 감옥에서 저우언라이는 동료 죄수들에게 맑시즘에 대한 강의를 하였고, 혁명가가 되었다.[46]

출옥 후, 저우언라이는 다른 수백명의 중국 젊은이들과 함께 학업과 공부를 병행하는 프로그램(*일종의 워킹 홀리데이)으로 프랑스로 향하였다. 동 세대 다른 젊은이들과 마찬가지로 저우언라이는 프랑스 대혁명의 유산을 이상적인 것으로 보았다. 저우언라이는 그에 앞서 출국하는 한 학생에게 헌사한 시에서 프랑스를 '자유의 탄생지'로 표현하며, "네가 중국에 돌아오게 될 때에는 자유기 기치가 올려질 것"이라고 예측했다.

실제 그가 방문한 프랑스는 충격과 실망을 안겨다 주었다. 집에 쓴 편지에서 저우언라이는 프랑스의 사회적 혼란, 실업, 노동자 계급에 대한 착취 등에 대해 언급하였다. 설상가상으로 동행한 중국인 그룹은 그들이 그 급진주의를 배우고자 한 프랑스 노동자 계급에게 차별을 경험하였다.[47]

그럼에도 불구하고, 유럽 지식인 계층의 분위기는 매우 고무적인 것이었다. 저우언라이는 영국의 온건적 파비앙 사회주의부터 급진적 무정부주의에 이르기까지 다양한 범주의 정치 사조를 접하였다. 1921년 봄, 저우언라이는 이후 중국공산당이 되는 파리의 지하조직에 가입하였다. 이 세포조직은 모스크바의 소비에트 정부의 통제 하에 있던 코민테른(Comintern: Communist International)의 감독하에 있었다.

저우언라이는 이듬해, 중국공산주의청년단 유럽지부 수립을 도왔다. 저우언라이는 선전·선동 역할을 맡았으며, 코민테른이 지급한 서양식 정장을 입기 시작하였다. 유럽 체류 중에, 저우언라이는 영국과 독일에서도 얼마 간의 시간을 보냈으며, 훗날 전설적 게릴라군 사령관이 되는 주더(朱德, Zhu De) 등 공산당의 미래 지도급 인사와 친분을 쌓아 나갔다. 또한, 당시 르노 자동차 공장에서 일하며 프랑스어 습득에 애를 먹고 있던, 청년 덩샤오핑과도 만나게 되는데, 주지하다시피 덩샤오핑은 훗날 국가주석직에 오르게 된다. 중국을 떠나기 전에 만났던 학생 운동가이자 훗날 아내가 되는 덩잉차오(鄧穎超, Deng Yingchao)에게 프랑스 혁명가 로베르스 피에르의 초상이 담긴 엽서를 보냈는데, 여기에 "우리는 언젠가 같이 팔을 얼싸안고 단두대에서 만나게 될 것"이라고 쓰기도 하였다.[48]

맑스주의가 저우언라이에게 매력적으로 다가 온 것은 사회적 평등을 위한 약속이었지만, 아마 저우언라이를 더욱 움직인 것은 중국 개조를 촉진할 수 있다는 점이었다. 그가 런던 체류중에 쓴 편지에는 르네상스, 종교개혁, 프랑스 대혁명이 서구 사회의 부상을 예비한 것처럼, 레닌의 혁명은 중국의 세계적 지위 향상에 도움을 줄 것이라고 썼다.[49]

레닌의 혁명에는 중국의 자강을 원하는 이들에게 매력적으로 다가오는 점이 있었는데, 이는 잘 훈련된 전위정당이 후진적 사회와 인민을 재탄생시킬 수 있다는 것이었다. 레닌식 접근법의 강점은 그 적들에게 분명한 위협으로 다가왔다. 국민당의 장제스는 1938년 그의 일기에서 "전 세계 공산당은 지하 활동을 하며, 다른 정당이 범접하기 힘든 강한 조직력과 규율을 가지고 있다."라고 적고 있다.[50]

레닌과 그 동시대인들에게 현대적 군조직은 엄격한 규율에 동원되는 권력의 핵심이었다. 공산주의자들은 공식행사에서 자주 군복을 입었고, 수도에 대규모 군사 퍼레이드를 위한 공간을 만들기 위해 개조하기도 하였다.[51] 이에 따라, 저우언라이가 중국 외교가 어떻게 작동해야 할 지를 생각할 때, 그는 인민해방군에서 영감을 얻었다. 1949년 11월, 저우언라이가 1등급 외교관들에게 연설을 행한 그 시점에 인민해방군은 국민당군을 패퇴시키며 오랜 내전에서 결정적 우위를 확보하였다.

***

사실, 저우언라이는 공산당의 승리 수십 년 전에 유사한 아이디어를 실행에 옮긴 적이 있었다. 1924년 늦여름 귀국한 저우언라이는 황푸 군관학교에서 정치부 주임 역할을 맡았다. 황푸 군관학교는 국민당에 의해 조직되었으며 코민테른의 지원을 받았는데, 이는 당시 국민당을 중국에 영향력을 확보하기 위한 경로로 보았기 때문이었다. 당시 볼셰비키의 기술, 무기, 자문단 등을 제공하던 소련 요원 미하일 보로딘(Mikhail Borodin)의 권고에 따라 공산당군과 국민당군은 합작을 도모하게 되었는데, 통합 국가 혁명군을 창설하여 군벌을 종식시키고 중국을 하나의 정부하에 통합시킬 계획을 수립하였다.

저우언라이는 군관학교의 정치 주임으로 임명되어, 정치적 규율을 혁명 군대에 집행하는 실질적 군 경력을 가지게 되었다. 황푸 군관학교의 교육은 소련의 붉은 군대의 교육 방식을 모방한 것이었으며, 소련 자문단이 이를 점검하였다.[52] 저우언라이가 마음과 성격을 형성하는 데 있어 군사교육의 잠재력을 확인한 것은 바로 황푸 군관학교에서의 직접적 경험이었다.

황푸 군관학교는 쑨원의 대리인이었던 장제스가 이끌었는데, 장제스는 1925년 쑨원 사망 이후 국민당의 당수가 되었다. 장제스는 1887년 상하이 남쪽에 접한 닝보(宁波)의 소금장수 가정에서 태어났다. 장제스는 동시대 사람 중에서도 전통적 유교 교육을 체득한 사람이었으며, 규율, 위계질서, 권위를 중시하는 삶의 자세를 이때 형성해 나갔다. 장제스는 일본에서 군사교육을 받았으며, 1911년 중국으로 돌아와 쑨원 휘하에서 일하였다. 열렬한 애국주의자이자 태생적 독재자인 장제스는 스스로의 운명에 흔들림 없는 신념을 가지고 있었고, 중국을 제국주의 침탈과 군벌 지배로부터 구하겠다는 뜨거운 열망을 가지고 있었다. 장제스는 점차 공산주의를 국가 장래에 심각한 위협으로 보기 시작했는데, 그가 중국 통일을 위한 군사작전을 계획한 데에 반해, 광저우의 소비에트 자문단이 신중한 태도를 보이는 데에 분개하였다. 국민당 내의 공산주의자들에 대해서는 "개방적이지 않고, 솔직하게 우리를 대하지 않는다."라고 평하였다.[53]

1925년 8월, 저우언라이와 덩잉차오는 결혼식을 올렸다. 덩잉차오는 풍부한 경험를 가진 혁명가이자 광저우 여성계의 리더였는데, 결혼 후 곧 임신하게 되었다. 그러나, 정치적 과업을 임신으로 인해 희생하기 싫었던 그녀는 행상에게 산 약을 먹어 낙태하였다. 당시 저우언라이는 지방군벌에 대항한 군사 작전에 투입되어 있었는데, 이 사실을 알고 격노하였다. 덩잉차오는 훗날 몇 번의 유산을 경험하였으며, 부부는 이후 아이를 가지지 못하였다.[54]

1926년, 마침내 군사 훈련기간이 끝나고, 쑨원 사후에 장제스가 이끄는 국민당군은 군벌 제거와 불평등 조약 종료를 목표로 북벌에 나섰다. 국민당군은 중국 동부의 인구밀집 지역 및 부유한 도시를 점령하고, 난징(南京)에 수도를 세움으로써 해당 군사 작전을 종료하였다.

장제스는 마침내 공산주의자들을 제거해도 되겠다는 생각을 가지게 되었고, 1년이 넘는 공산당 – 국민당 간 경색 국면을 거쳐, 1927년 4월, 공산당에 대한 대대적 척살 명령을 내렸다. '백색 테러'로 불리는 이 숙청에 따라, 6년 전 중국공산당이 창설된 상하이에서 간부급 공산당원 500명이 죽임을 당했다. 장제스는 공산당 지도부에 대한 전국적 수배령을 내렸으며, 그 리스트에는 저우언라이도 있었다.[55]

장제스의 숙청 노력은 공산당의 도시 조직이 파괴를 가져오는 등 큰 타격을 주었고, 이후 새로운 지도부가 전면에 나서는 계기가 되었다. 저우언라이는 그 중심인물로 부상하여, 당의 군 관련 업무를 맡게 되었다. 대숙청 이후, 저우언라이는 지하의 혁명가로 활동하게 되었는데, 다른 공산주의 활동가와 마찬가지로 국민당 비밀경찰의 체포·고문·처형의 위협 아래 살게 되었다. 저우언라이는 오후 7시 이후 혹은 새벽 5시 – 7시 사이에 당의 회의에 참석하였으나 절대 공적 자리에 모습을 나타내지 않았으며, 때로는 수염을 기르거나 비지니스맨으로 위장하여 여러 곳을 돌아다니기도 하였다.

상하이에서 저우언라이와 여타 당 지도부 인사들은 당 조직을 재건하기 위한 노력을 지속해 갔다. 저우는 도시 곳곳에 200여명의 지하 혁명가들의 은신처를 마련하고, 당의 정보 역량 구축을 위해 노력하였다.[56] 저우언라이의 상하이에서의 삶은 1927년 난창(南昌)에서 일어난 군사 봉기에 주동적으로 참여하면서 잠시 중단되었다. 공산당은 잠시 난창을 점령하기도 하였으나, 광범위한 민중봉기를 일으키려는 계획은 수포로 돌아가 굴욕적 후퇴를 해야만 했다. 이는 이후 수십년간 전개된 장제스의 국민당과 공산당 간의 첫 교전이었다. 봉기 실패 후, 저우언라이는 코텐테른의 견책을 당하기도 하였으나, 1928년

모스크바에서 열린 회의 이후 당내 가장 중요한 인물로 부상하였다.

코민테른의 전략에 대한 반발 및 당내 파벌투쟁기를 거친 후, 저우언라이와 여타 혁명 지도자들은 상하이를 떠나게 되었는데, 국민당군이 공산당 정보 조직 요원들을 체포하면서 활동이 노출되었기 때문이었다. 1931년 12월, 저우는 중국 남동부의 장시(江西)성의 외딴 산으로 위험한 여행을 떠났다. 그의 목적지는 마오쩌둥(毛澤東)이 농민 주도의 혁명을 주창하던 공산당의 근거지였는데, 이는 도시 봉기를 도모하던 공산당 전략의 전환을 의미하였다. 몇 주 후 안전한 은신처에 잠시 머무르기도 하고, 홍콩을 거쳐 장시 소비에트라고 불리는 지역에 다다랐다.

저우언라이는 훗날 '인민해방군'이라는 명칭을 가지는 홍군(紅軍)을 표준화·전문화하는 업무를 담당하였다. 저우언라이는 정치교육에 상당한 노력을 기울였으며, 엄격한 조직 규율과 전문적 정보수집을 강조하였다. 훗날, 중국 외교부를 조직할 때 채택한 바로 그 접근법이었다.[57]

장시에 도착했을 때, 저우언라이가 당의 위계질서에서 마오쩌둥보다 위에 있었으며, 때로 미래의 국가 주석이 되는 마오에게 명령을 내리고 마오가 이에 불복하는 일도 있었다. 훗날, 마오 주석은 요직에 저우언라이를 임명할 때, 이 일을 상기시키기도 하였다.[58]

공산당은 장시에서 여전히 강력한 압박하에 있었다. 1930년에서 34년 사이, 국민당군은 수차례 포위작전을 전개하였다. 공산당은 게릴라전 수행을 통해 이를 격퇴할 수 있었으나, 1934년에 이르러 압박은 더욱 거세어졌다.

같은 해 10월, 공산당은 훗날 역사에서 '대장정(大長征)'이라 불리우는 후퇴를 감행하였다. 이는 수많은 강과 산을 건너며, 배고픔과 국민당군과의 교전, 공중폭격을 견디며 이루어졌는데, 현대 중국 정치사에서는 미국사에서 조지 워싱턴의 밸리 포지(Valley Forge) 동계 주둔과 유사한 신화로 자리잡았다.

대장정의 와중에 저우언라이는 운명적인 정치 전환을 경험했다. 마오쩌둥은 대장정 기간 동안 당에 대한 장악력을 확장해 갔는데, 특히 1935년 1월의 쭌이(遵義) 당 중앙정치국회의가 결정적이었다. 정치적 환경 변화에 항상 민감했던 저우언라이는 충성스러운 보좌역으로 스스로의 역할을 재정의하였으며, 이는 1976년 그의 죽음까지 지속되었다.[59]

저우언라이는 분쟁을 조정하고 당내 관료체제를 조직화함으로써 마오쩌둥에게 없어서는 안 될 필수 불가결한 존재였다. 저우는 마오쩌둥의 정책을 집행하고, 대외 연락 역할을 하였다. 저우언라이의 재능은 때로 반감을 사기도 하였는데, 마오쩌둥에 대한 순종이 지나쳐, 때로는 아첨에 가깝게 느껴질 정도였다.[60]

훗날, 마오쩌둥이 정치적 박해를 가하자, 저우언라이는 "나는 항상 내 스스로 조타수가 될 수 없으며, 조수가 되기 원하며, 앞으로도 그럴 것이다."라고 마오에게 말하기도 하였다.[61] 중국 혁명 이후, 중국에 체류했던 미국인 공산주의자 시드니 리텐버그(Sydney Rittenberg)는 한 번은 저우언라이가 마오쩌둥 앞에서 지도의 지점을 가리키기 위해 바닥을 긴 적이 있었다고 회고한다.[62] 마오의 주치의였던 리즈쉐이(李志綏, Li Zhisui)는 저우언라이가 주석의 노예였다고 회고한다.[63]

저우언라이의 이러한 성향은 외교 수행에서도 그대로 적용되었다. 해외 인사를 만날 때면, 중국의 성공은 마오쩌둥의 리더십 때문임을 강조하며, 자신의 역할은 내세우지 않았다.[64] 저우언라이는 아주 사소한 문제까지 마오쩌둥과 상의를 거치고 결정하여, 그 측근들까지 놀랄 정도였다. 훨씬 후에 일어난 일기기는 하지만, 저우언라이가 모스크바에서 흐루시쵸프 공산당 서기장을 만났을 때, 예외적으로 자제력을 잃고 토할 정도로 과음한 적이 있었는데, 베이징에 돌아와 즉시 이 사실까지 마오쩌둥에게 보고하였다. 마오 주석은 이에 별로 개의치 않았다.[65]

관련된 또 다른 사례로는 폴란드 공산당 정부가 1954년 저우언라이의 방문 시 훈장을 수여하겠다는 제안을 한 일이 있었다. 저우는 이를 수락해도 될지를 묻는 전보를 마오 주석에게 급히 전보를 타전하였다. 한 외교관이 왜 먼저 훈장을 받고, 이를 사후 보고하지 않느냐고 묻자, "이는 규율의 문제이다. 어찌 이 일을 주석께 보고하지 않겠는가."[66]라고 저우언라이는 답했다. 저우언라이는 외교부 청사 내에 자신의 초상화가 걸리는 것을 허락하지 않았으며, 해외 공관에서 마오주석의 초상화 곁에 자신의 초상화가 걸려 있는 경우, 자신의 것은 떼라고 명령하였다.[67] 그는 자신을 너무 드러내는 것이 그리 현명한 일이 아님을 알고 있었다.

저우언라이의 행동은 계산된 것이었는데, 마오쩌둥에게 표하는 존경은 그가 중요하다고 여기는 정책의 추진을 가능케 하는 공간을 마련해 주고, 이를 보호해 주었다. 이러한 접근은 스스로의 정치적 생존을 위해서도 필요한 것이었다. 훗날 미국으로 이주하여 인권운동가로 활동하게 되는 저우언라이의 공산당 공식 자서전 집필가 가오원첸(高文謙, Gao Wenqian)은 "마오주석은 어떤 면에서는 그의 충직한 하인이었던 저우언라이를 싫어하였다. 저우언라이는 너무 똑똑하였으며, 헌신적이지만 그 속을 알 수 없는 사람이라고 여겼다. 마오 주석은 항상 눈을 반쯤 뜨고 저우언라이에게 모욕을 줄 기회를 찾았다."[68] 라고 회고했다.

저우언라이의 마오 주석에 대한 복종은 나약함과 혼동되어서는 안 된다. 공산당의 지하 활동을 성공적으로 수행한 다른 지도자와 마찬가지로 저우 역시 오싹할 정도로 무자비한 면모를 보인 적도 있다. 1931년 저우는 국민당군으로 변절한 당원의 가족의 처형을 명령한 적이 있었다.[69] 1955년에는 반둥회의 참석을 위해 인도네시아로 출발하기 전 비행기 폭파 음모를 입수하여 그만 다른 비행기로 갈아탔으나, 원래 그가 저우언라이가 탑승할 예정이었던 비행기는 폭파로 태평양 상공에서 잔해가 되어버린 일도 있었다.[70]

저우언라이와 마오쩌둥의 관계에 대한 정확한 진실은 오늘날에도 국가기밀로 취급되고 있다. 수많은 혁명 지도자들의 명성이 기근 및 정치적 탄압 등으로 얼룩진 반면, 저우언라이만은 여전히 공산당 정권이 추앙하는 깨끗한 모델로 남아있다. 가오원첸이 쓴 것과 같이 저우언라이는 '중국 공산당 최후의 완벽한 혁명가'[71]로 남아 있다.

***

중국 전역 각지를 거치며 후퇴를 거듭한 공산당 세력은 1935년 10월, 중국 북서부의 산시성(陝西省)에 도착했다. 대장정 동안, 그들은 많은 동지들을 길가의 무덤에 묻었고, 살기 위해 죽은 말 고기를 먹었으며, 배고픔을 누르기 위해 허리띠의 가죽을 씹기도 하였다.[72] 대장정에 동참한 8만명 중 8천명만이 이 황량한 서북부 지역에 도달할 수 있었고, 이 곳에서 캠프를 짓고, 실패 직전의 혁명 과업을 재건하기 시작하였다.

　　이러한 중국 공산당의 재건 노력은 세계 여러 국가가 자기 파괴적 움직임을 보일 때 진행되었다. 1935년 3월, 아돌프 히틀러는 베르사유 조약에 의해 금지된 독일 공군(루프트바페, Luftwaffe)의 재건을 선언하였다. 같은 해 10월, 이탈리아의 독재자 무솔리니는 아프리카에 몇 남아 있지 않았던 독립국가인 에티오피아에 대한 침공을 단행하였다. 대기근과 정치적 압제에 의해 약화된 소련은 수백만명을 희생시킨 스탈린의 공포정치가 막 탄생하는 시점이었다.[73]

　　이러한 배경하에서, 중국 공산당은 그 어느 때보다 약화되고 고립된 자신의 모습을 발견할 수 있었다. 혁명을 구하기 위한 일말의 희망을 가지기 위해서는 국제적 지지와 인정이 필요했는데, 이 임무가 저우언라이에게 떨어졌다. 저우의 첫 번째 성과는 때마침 역사적 소용돌이의 중심에 있었던 황화(黄华, Huang Hua)라는 이름의 학생 운동가와 관련이 있었다.

제2장
그림자 외교

1936년 어느 여름날, 황화는 기숙사에서 몰래 빠져 나왔다. 가죽 여행 가방 한 개만 손에 들고 있는데, 아무에게도 그의 출발을 알리지 않았다. 23세의 이 학생이 향한 곳은 산시성의 황무지에 있는 공산당의 외딴 혁명 근거지였다.[1]

1913년 왕루메이란 이름으로 태어난 이 학생은 밝은 빛의 눈에 넓은 이빨이 드러나는 미소를 가지고 있었으며, 북중국 평원지대인 허베이(河北)성에서 자라났다. 국공내전에 의해 고향에서 학업을 중단해야 했던 그는 동북지역으로 가 학업을 이어나가고자 하였으나, 1931년 일본의 만주 침공으로 다시금 학업을 중단하게 되었다. 황화와 그 급우들은 강력한 일본군대의 침공으로 인해 철길을 따라 남쪽으로 피난하는 학생 무리를 지켜보았다.

1932년 황화는 미국 선교사들이 운영하던 베이징의 옌칭대학(燕京大学)에 입학하여, 좌파성향을 가지고 있던 교수들과 어울리며 맑스주의에 경도되었다. 이후 얼마 지나지 않아, 일본 침략에 맞서고, 공산당에 입당하였으며, 사제 폭탄을 실험하기도 하고, 전복행위로 투옥되기도 하였다. 황화의 공산주의에 대한 지지는 혁명을 통해 국가를 개조하고, 중국의 존엄을 회복하려는 열망에서 기인한 것이었다. 지하 공산주의 활동을 전개하는 많은 동지들이 그러했던 것처럼, 그는 공산당 입당과 함께 '황화'라는 새 이름을 얻었다.

옌칭 대학의 졸업반 학생일 때, 황하는 이미 전설적 게릴라 지도자였던 마오쩌둥을 만나려는 미국인 저널리스트 에드가 스노우(Edgar Snow)의 통역사로 일하기로 하였다. 황화에게 스노우를 따라 나선 이 여행은 이후 중국 공산주의를 전 세계에 알린 그의 일생의 서막을 여는 것이었다. 그는 이후, 중국의 초대 주 유엔대사가 되었으며, 이후 외교부장직을 역임하기에 이른다. 그러나 이 여행 당시, 황화의 우선적 목표는 잡히지 않고 마오쩌둥의 근거지에 이르는 것이었다.

황화가 첫 번째로 들린 곳은 실크로드의 동쪽 끝이자, 역대 여러 중국 왕조의 도읍이었던 성벽으로 둘러싸인 도시 시안(西安)이었다. 당시 시안은 지방 군벌들의 전장터이자 국민당 스파이가 암약하던 곳이었다. 고대의 거리들은 거지, 화려하게 차려 입은 창녀, 손으로 짠 옷을 파는 농부들, 서양식 백화점에 물건을 대는 상인들로 가득차 있었다.[2]

시안으로 각기 다른 여정을 밟은 황화와 스노우는 시안의 웨스트 캐피탈 호텔에서 합류하였다. 이들은 스노우와 그 미국인 의사인 조지 하텀(George Hatem)이 군용 트럭을 타고 먼저 떠나고, 황화는 남아 지하조직의 연락을 기다리기로 하였다.

황화는 도시를 순찰하던 국민당 요원의 검문을 겨우 따돌린 일도 있었는데, 이들은 문을 두드려 시안에서의 용무와 관련 문서 제출을 요구하였다. 황화는 순간 기지를 발휘하여, 지역 유명 인사의 이름을 대며 정치적 연줄이 있는 듯한 냄새를 풍겼다. "이리 들어와 내 소지품들을 수색해도 좋소."라고 황화는 없는 자신감을 짜내어 말하였고, 국민당 요원은 "아닙니다. 아무래도 선생님은 우리 편인 것 같군요."라고 답하였다. 황화가 지역 연락책에게 이 이야기를 들려주자, "시안은 당신에게 안전한 곳이 못 되는 군요. 즉시 이곳을 떠나셔야 합니다."라고 말하였다.

열흘 후에, 시안을 떠나야 할 시간이 다가왔다. 연락책이 도시 주위의 검문소를 통과하는 것을 도울 군 관계자와 함께 황화를 트럭에 태워 길을 떠났다. 도시 외곽에 도착하자 지방 군벌의 군복을 갈아입고, 중국 농촌 지역 중에서도 가장 무법지대를 통과하는 200마일에 이르는 여정을 시작하였다.

황화와 동료들은 3일 넘게 길이 끝날 때까지 운전해 갔다. 군 관계자는 돌아가고, 황화와 그 연락책은 진흙길을 따라 걷고, 산등성이를 오르고, 맨발로 강을 건넜다. 둘은 너무나 배고프고 지쳤으나, 무장한 도적떼를 맞닥뜨릴 위험이 높아 멈추는 것은 너무 위험하다고 말했다. 한 곳에서는, 뒤쪽에서 "암호를 대지 않으면 쏘겠다."라고 외치는 누군지 알 수 없는 목소리가 들려왔다. 황화가 마침내 바오안(保安, 현재의 옌안)의 공산당 근거지에 도착했을 때, 당의 공작 담당인 리커농(李克農, Li Kenong)이 신원 및 당과 연계 여부를 심문하며 맞이해 주었다.[3] 리커농이 황화가 스파이가 아니라는 것을 확인해주자, 황화는 이 새로운 환경을 이리 저리 둘러보게 되었는데, 많은 곳이 새로웠다.

바오안을 둘러싼 지역은 중국에서 가장 가난하고 기술적으로 낙후된 지역이었다. 농부들은 일년 중 서리가 내리지 않는 다섯달 동안 건조한 들판에 의존해 근근이 살아갔으나, 7−8월 중의 홍수는 모든 것을 앗아 가기도 했다. 수세기 동안 잘못된 통치로 고통받은 이 지역은 1911년 이후, 군벌과 도적떼

에 의해 더욱 피폐해져 갔다. 많은 농민들은 도로망이 붕괴된 버려진 마을과 도시에 살고 있었다.[4]

공산당이 중국의 미래와 외교에 관한 기조를 수립한 것은 바로 이러한 최악의 환경에서 이루어진 것이었다. 생존을 위해 국제적 정당성이 필요했던 공산당은 황화를 포함하여 외교업무를 담당하는 전문가 그룹을 결성하였는데, 이들은 1949년 이후 외교부의 핵심 지도자로 자리매김하게 된다.

이 그룹이 형성한 관행 및 문화는 좋은 면에서든 나쁜 면에서든 여전히 중국 외교 정책을 형성하고 있다. 공산당 지도부는 오늘날까지 이어지는 특유의 환대를 통해 해외 귀빈들을 매료시켰다. 그들은 사실 지킬 의사가 없었던 정치적 자유화를 약속함으로써, 외국인, 특히 미국인들을 매료시켰다.

가장 중요한 점은 이 시기 들어 마오쩌둥의 절대적 영향력이 정치의 다른 영역과 마찬가지로 외교 조직의 문화를 형성하기 시작했다는 것이다. 이후 신임 중국 외교관들은 외교부 내의 강한 정치적 통제를 경험해야 했는데, 이는 문화대혁명기와 최근 시진핑 정부 들어 두드러진 것이었다. 공산당의 근거지에 먼저 도착한 에드가 스노우는 무언가 즐거운 일이 필요했다.

***

혁명 근거지에 와준 에드가 스노우는 공산당의 입장에서 오늘날 우리가 공공외교라 부르는 것과 유사한 대외선전의 기회를 준 것이었다. 저우언라이가 산시성을 방문하고자 하는 해외 언론인들의 의사를 타진했을 때, 에드가 스노우는 이상적 후보자였다.[5] 미주리주 캔자스시티 외곽의 중산층 가정에서 태어난 스노우는 '광란의 20년대(Roaring Twenties)'의 절정기에 대학을 중퇴하고 뉴욕의 광고회사에 취직했다. 스노우는 곧 아시아를 여행하기 위해 충분한 정도의 돈을 저축하여, 1928년에 항해에 오른다. 스노우는 "당시 나는 외국 사정에 대해 전혀 알지 못하였으며, 중국에 갔을 때는 카톨릭과 공산주의도 구분하지 못했다."[6]라고 훗날 회고하였다.

스노우는 아시아 각지를 여행하였으며, 1933년 베이징에 이주하기까지 작가로서 상업적 성공을 거두기도 하였다. 중국에서 스노우는 그의 미디어 인맥을 활용하여, 좌파 중국인 작가들이 서구 국가에서 출판할 수 있도록 돕기도 하였으며, 지역 노조를 위해 모금활동을 하기도 했다. 국민당 치하에서 빈곤과 불평등에 신음하는 중국을 목격한 스노우는 점차 장제스에 대해 비판적이 되어 갔으며, 마오쩌둥을 인터뷰하기 위해 노력하였다.[7]

중국 공산당은 스노우로부터 미국 엘리트계층에서 공산당의 존재감을 각인시킬 기회를 포착하였다. 공산당이 스노우를 대한 방식은 아첨과 연출이 어떻게 외국 친구를 만들 수 있는가를 보여주어, 이후에도 지속되는 하나의 모델을 형성하는 데 일조하였다.[8]

첫 단계는 아첨이었다. 스노우와 그 일행인 헤팀(Hatem)이 도착했을 때, 공산당은 그들을 국제적으로 저명한 정치인처럼 대우해 주었다. 붉은 군대가 거리에서 사열하고, 군악대는 장엄한 연주를 했으며, 군중들은 "미국에서 온 동지, 환영합니다."라고 외쳤다. 공산당 최고 지도부가 긴 여정을 마친 그들을 맞이해 주었고, 곧 연회에 초청하였다.[9]

스노우는 그의 일기에, "이러한 환영은 나에게 감정적 반향을 불러일으켰다. 정부의 모든 각료가 나와 인사하고, 도시 전체가 나를 환영하는 것은 일생 처음 있는 일이었다."[10]고 적고 있다.

중국 정부는 오늘날에도 아첨을 하나의 외교적 수단으로 활용하고 있다. 2017년 11월, 미 도널드 트럼프 대통령이 베이징을 최초 국빈 방문했을 때, 추이텐카이(崔天凱, Cui Tiankai) 중국 주미대사는 해외 인사에게는 허용되지 않는 '국빈급 이상의' 의전을 약속함으로써, 트럼프 대통령의 에고에 어필하였다. 트럼프 대통령의 방문 시, 시진핑 주석은 자금성 만찬에 트럼프 대통령을 초대했는데, 중국 황제가 500년 동안 기거한 이 황궁에 해외 지도자가 초대된 것은 이때가 처음이었다. 트럼프 대통령과 멜라니아 영부인은 오후에 보온루(寶蘊樓)에서 차를 대접받았으며, 창음각(暢音閣)에서는 한 때 황가를 즐겁게 하기 위해 공연되었던 경극을 관람하였다.[11] 트럼프 대통령은 훗날, 이를 "내 인생의 가장 진귀한 경험 중 하나였다."[12]라고 기술하였다. 사실, 트럼프 대통령은 에드가 스노우가 그랬던 것처럼 "술을 마시고, 좋은 식사를 대접하고, 아첨하는" 중국 공산당 외교의 모델을 경험한 수많은 외빈 중 하나일 뿐이었다.

스노우의 산시 도착은 공산당에게는 중대한 인정의 의미를 가지는 것이었다. 스노우와 헤팀이 홍군의 일원들에게 연설하였을 때, 참석자들은 "우리는 고립되지 않았다. 우리는 해외 맹우들의 지지가 있다."[13]라고 중국어와 영어로 적힌 깃발을 흔들고 있었다. 고립과 도피의 오랜 역사를 가지고 있는 공산당에게 스노우의 방문은 아주 드문 국제적 승인의 순간이었다.

　스노우가 도착하자, 공산당 지도부는 기지 내 여러 곳을 둘러보도록 하고, 황화가 이를 안내하도록 했다. 황화는 스노우가 군 지도부를 만나 대장정 및 재배치계획 등에 대한 이야기를 들을 때 배석하였다. 마오 쩌둥은 스노우가 머문 열흘 동안, 매일 스노우와 만나 자신의 인생사를 들려주었다.[14] 스노우의 방문 동안 행적은 공산당이 철처히 짜 놓은대로 진행되었으며, 저술 내용은 황화의 번역을 통해 마오쩌둥 스스로가 검토·검열한 것이었다.[15]

　스노우가 마오쩌둥을 처음 만났을 때, 마오는 43세였다. 그는 후난(湖南)성의 작은 시골마을인 샤오산(韶山)에서 태어났으며, 그의 아버지는 비교적 부농에 속했으며, 권위주의적 성향을 가지고 있어 마오의 반감을 샀다. 어려서부터 독서광이었던 마오쩌둥은 국가 개혁론자들의 저서들을 섭렵했다. 그는 이후 중국 공산당의 창립 회원들과 알게 되었으며, 베이징대학의 사서로 일하는 동안 공산당에 입당하였다. 헝클어진 머리칼과 두꺼운 후난 사투리를 가진 마오쩌둥은 거의 180cm로, 동시대 사람으로서는 키가 큰 편이었다. 마오쩌둥은 여러모로 저우언라이와는 대조적인 성향을 가지고 있었는데, 특히 지식인들에 대한 불신과 규율에 대한 경멸이 특히 그러하였다. 그의 정치적 경력을 통틀어, 그의 사회정의에 대한 헌신은 중국 전통 사회 경제 구조를 해체시키는 데 집중되어 있었는데, 이는 그가 이러한 전통이야말로 중국을 약하게 만든 원인이라고 보았기 때문이다. 마오쩌둥은 개인적·정치적 원한을 가지게 된 경우, 적에게 꼭 복수를 가하는 능력을 가지고 있었다.

　마오쩌둥은 초기에는 소비에트 자문단이 무시하고 동료 혁명가들에게 기피된 인물이었으나, 그의 농민주도 혁명의 아이디어는 1934년 소비에트의 지원하에 중국 공산당이 주도한 도시 봉기가 무위로 돌아감에 따라 타당한 것으로 입증되었다. 대장정이 끝날 무렵, 마오는 의심할 여지 없는 당내 유력 인사였다. 마오의 품성과 혁명에 대한 비전은 이후 수십년 간 중국 정치를 조형한 것이었다.

　스노우는 마오쩌둥과의 인터뷰를 바탕으로 1937년에 '중국의 붉은 별'을 출간하였고, 이 책은 곧 베스트셀러가 되어, 마오가 국제혁명의 아이콘으로 떠오르게 하였다. 이 책은 마오쩌둥을 "중국 인민의 인권 의식을 일깨울 수 있는 링컨과 같은 지도자"[16]라고 격찬하였다. 중국 공산당의 첫 번째 공공외교 시도는 애초에 희망한 것보다 훨씬 훌륭히 수행되었다.

***

1937년 중국 공산당이 근거지를 옮긴 작은 시골마을의 이름에서 따온 '예난시절'은 중국 공산당사에서 신화적 요소를 가지는 것이다. 이는 공산당 지도부가 대약진운동이나 문화대혁명 등 실정을 저지르기 이전의 순수한 공산주의적 이상주의를 대표하는 것이며, 이의 형성은 스노우가 일조한 것이었다.

현실은 이러한 이미지와 달라 공산당이 오늘날까지 내려오는 정치적·이념적 통제술을 발전시킨 것이 바로 이 시기였는데, 마오쩌둥은 당의 선전선동가들과 마오사상을 발전시켜, 훗날의 교조적 개인숭배의 기초를 닦았다. 또한, 이시기 마오쩌둥은 스탈린의 지시에 의해 1938년에 출간된 「전연방 공산당(볼셰비키)사 소교정」을 접하였다. 이 책은 이후 수십년 간 정치·경제 정책에 대한 마오의 접근에 형성적 역할을 하였다.[17]

스노우는 예난을 방문한 많은 외국인 중 한 사람이었을 뿐이었는데, 그 이외에도 학생, 진보정당 당원, 해외 중국인 동포 지도자등을 포함하였다. 공산당 지도부는 이들을 환영하면서, 이들의 정치적 입장을 평가하고, 얼마나 활용가치가 높은지 가늠하였다. 이들은 마오쩌둥과 저우언라이와 식사를 했는데, 당시 공산당은 제공할 수 있는 최고의 음식을 내놓았다. 한 학생은 복숭아 농장에서 칵테일 파티까지 대접받을 정도였다.[18]

스노우의 공산당 기지 방문에 대한 뜨거운 반향은 '중국의 오랜 친구(老朋友)'라는 특별한 지위를 그에게 가져다 주었다. 스노우는 공산당이 외부 세계에 전하는 메시지를 전달하는 역할을 여러 번 맡게 되었다. 여기에는 50년 대약진운동의 시기에 기근이 존재하지 않는다고 외부 세계를 설득하려 했던 것이나, 70년대에 미국과 관계개선의 의향이 있음을 전달한 것을 포함하였다.

'오랜 친구'라는 별명은 훗날 리처드 닉슨, 헨리 키진저, 싱가포르의 초대 총리 리콴유, 스페인 국왕 후안 카를로스 1세 등에게로 이어져, 현재에도 활용되고 있다.[19] 2016년 12월, 테리 브란스태드(Terry Branstad)가 주중 미국 대사로 임명되었을 때, 중국 외교가에서는 시진핑이 80년대 방미했을 때 잠시 만났을 뿐인 두 사람의 관계를 역시 '중국인의 오랜 친구'로 표현하기도 했다.[20]

중국 외교 시스템에서 이러한 명칭 부여는 정확한 의미를 지니는 것이다. 전 CIA 선임 분석관인 로버트 슈팅거(Robert Suettinger)는 "이러한 친구라는 명칭은 그들에게 이익을 가져다 줄 수 있는 사람이라는 것을 의미하며, 그렇지 않으면 말하지 않을 내용까지 공유할 수 있는 외국인이라는 것을 말한다. 이러한 명칭은 구조화되어 있고, 매우 명확하다. 공산당 지도부는 이러한 용어를 반복적으로 사용하는데, 이는 외국인들이 친구라는 용어를 다른 의미로 받아들인다는 것을 알기 때문"[21]이라고 말한다.

우정은 당 지도부의 외교 및 정보활동을 위한 교량 역할을 해 줄 수 있는 말임이 여러 번 증명되었다. 1950년대 군 무관들의 정보 수집 관련 강의에서 리커농과 여러 교관들은 돈과 여성을 활용한 정보수집을 강조하는 소련 정보 수집 관련 교과서를 보여주기도 하였다. 리커농은 그러나, 훈련생들에게 중국은 친구를 만듦으로써 정보를 수집하는 기법에 의존할 것이라고 말하였다.[22]

이러한 오랜 친구라는 명칭의 부여는 관계를 손상하지 않을 일정한 의무를 부여하는 것이기도 하다. 중국 외교행태에 관한 고전적 연구인 1985년 RAND 연구소의 보고서는 오랜 친구라는 명칭 부여가 신중한 압박을 주는 전략적 행위라고 본다. 강한 대중정책을 선거 유세 기간 동안 내세운 레이건이 1981년에 취임하자 중국은 조지 H. 부시 부통령을 압박하였는데, 이는 부시 부통령이 70년대 미중 관계 정상화 과정에서의 공헌을 자신의 주요 정치적 업적으로 여기고 있었음을 알기 때문이었다. 레이건 대통령의 취임 직후, 당시 총리 자오즈양(赵紫阳, Zaho Ziyang)은 부시 부통령에게 서한을 보내 "과거 중미 관계 정상화의 진전을 위해 귀하께서 기울인 노력을 볼 때, 향후 양국 관계 발전에도 중대한 공헌을 해 주실것으로 믿는다."[23]는 희망을 피력하였다.

***

스노우의 통역관 일을 마친 후, 황화는 잠시 베이징으로 돌아갔으나 이내 예난으로 돌아가 공산주의에 일생을 바치게 된다. 선전선동과 게릴라 전술 등을 학습하는 시간을 보낸 후, 황화는 중국 공산당 군대의 가장 위대한 장군인 주더의 비서직을 맡게 된다.[24]

벽촌에서의 공산당원의 삶은 스파르타적인 것이었다. 간부마저 기장, 순무, 때로 감자를 먹으며 연명했다. 황하는 너무도 말라 한 번은 그의 동료가 그와 부딪혔을 때 황화가 총을 들고 있다고 생각했는데, 사실은 황화의 엉덩이뼈에 부딪힌 것이었다.

황하는 훗날, 예난에서의 생활을 여유 있었다고 묘사하기도 했지만, 사실 매우 엄격히 짜여진 생활을 해야 했다. 학생들과 간부들은 아침 6시에 기상 나팔 소리에 잠을 깨서 구보를 한 후, 아침을 먹고, 일하거나 학습에 임했다. 밤에는 잠시 동안의 자유시간 이후 10시면 소등했다. "모든 조직원들이 군인과 같은 생활을 했다."고 황화는 회상했다. (오늘날에도 신임 외교관들은 외교부 입부 전 한 달 동안의 군사훈련을 거쳐야 한다.)[25]

황화가 예난에 도착했던 시점은 공산당이 외부세계와의 연대를 심각하게 고려하던 때였다. 1927년 중국 공산당은 비록 간헐적이긴 하지만 '향촌 관리부'라는 위장 조직을 통하여 소련의 공산주의 인터네셔널과 무전 교신채널을 열었고, 28년에는 해외 혁명 운동세력과 연대하기 시작하였다.

1931년, 대장정 이전 당의 주요 근거지였던 장시 소비에트에서 훗날 주소련 중국대사를 역임하게 되는 왕쟈샹(王稼祥, Wang Jiaxiang)의 리더십하에 외교부의 원형에 해당하는 부서를 창설하게 된다. 그러나 벽촌의 작은 건물에 세워진 이 조직은 가끔 지역을 방문한 외국인을 관리하는 것 말고는 많은 일이 주어진 것은 아니었다. 1935년 산시에 도착하여 항구적 근거지를 마련한 이후로 스노우를 환대한 것과 같이 다시금 외부 세계에 관심을 가지게 되었다.[26]

공산당 대외관계에 있어 진정한 전환점은 2년 후, 일본이 중국을 침공한 1937년 7월에 찾아왔다. 이후 8년 동안 중일전쟁은 장제스 군대의 초점을 공산당으로부터 일본군으로 돌리게 하여, 공산당에게 혁명 강화를 위한 숨실 공간을 제공하였다. 이미 1936년에 공통 항일투쟁에 합의한 공산당과 국민당은 최소한 이론상으로 같은 편에 속하게 되었다.[27]

항일투쟁은 공산당이 예난에서의 고립 탈피와 대외관계 확장에 도움을 주었다. 국민당과의 연립정부하에서 공산당의 공식 대표가 된 저우언라이는

전시 수도였던 충칭(重庆)에서 미국·영국·소련 외교관들과 관계 수립에 노력하였다.[28]

중일 전쟁기, 저우언라이는 고위급 외교관 양성을 목적으로 하는 대외 지향적 조직을 수립하기에 이른다. 1938년 3월, 공산당은 예난 주변의 국경 지대에 외국인 및 비 공산당 중국인들의 방문을 관리하는 연락 사무소를 개설하였다.[29] 1939년과 1940년에 저우언라이는 당의 남부지역 담당국과 양쯔담당국에 대외 선전선동에 특화된 조직 창설을 지시하였는데, 이 조직은 훗날 외교부로 명명되게 된다.[30]

저우언라이는 신입 부원의 인사관련 결정도 직접 내렸는데, 주언라이의 선택을 받은 이 중에는 공펑(龔澳, Gong Peng)도 있었다. 공펑은 입부 이전, 에드가 스노의 중국의 붉은 별을 중국어로 번역하기도 하였다. 공펑은 "신생조직의 주요 임무는 해외 국가에 대한 정보수집, 당 외교정책의 공표, 친구를 사귀고 영향력을 확대하는 것"[31]이라고 말하기도 하였다. 그녀는 초기 중국 공산당의 해외 저널리스트와의 관계 설정에 핵심적 역할을 하였다. 선구적인 해외 특파원이었던 페기 덜딘(Peggy Durdin)은 공펑에 대해 "만나본 공보 관련 담당자 중 가장 인상적이었던 사람"[32]으로 묘사하기도 하였다.

이러한 조직들이 수립되고 운영되기 시작할 즈음, 중국의 항일투쟁은 전 세계적 분쟁의 한 부분이 되어 갔는데, 이때 히틀러는 분쟁을 꺼리는 유럽을 전쟁으로 몰아갔고, 미국과 일본의 긴장은 높아갔다. 일본의 진주만 공습은 미국의 참전을 불러왔는데 이는 전쟁의 양상을 바꾸어 놓았으며, 국민당군은 든든한 동맹국을 얻게 되었다.

중일전쟁 기간 동안 공산당과 국민당은 명목상으로 같은 편에 속하기는 했지만, 양측은 중일전쟁의 종식 후에는 중국의 미래를 건 마지막 전쟁이 양자간에 전개될 것임을 예측하고 있었다. 마오 주석은 이 시기 당의 조직 장악에 힘을 쏟고 있었는데, 여기에는 외교 관련 조직도 포함되어 있었는데, 1941년 말, 마오주석은 예난과 모스크바를 잇는 무전통신에 개인적 통제체제를 확립하였다.[33] 마오주석은 보다 완전한 권위를 추구했으며, 공포를 그 수단으로 삼았다.

***

1942년 봄, 중국 공산당의 신생 외교조직은 마오 주석이 '정화 운동'을 개시함에 따라, 최초의 숙청을 경험하게 되었다.[34] 당을 마오쩌둥의 지도 아래 통합하기 위한 목적으로 전개된 이 운동은 주관주의, 교조주의, 종파주의를 타파하기 위한 운동이었는데, 역설적이게도 전문용어에 대한 탐닉 역시 그 대상으로 하였다.[35]

초기에 많은 당 간부들, 특히 젊은 신입 간부들이 이 운동에 대해 혼란스러워했는데, 여전히 상급자의 영도에 잘 따랐으며, 레닌의 기법인 비판 및 자아비판을 수행하여, 마오쩌둥의 기준에 미달하는 동료를 비판하기도 하고, 자신의 부족한 점을 자아비판하기도 하였다.[36] 당의 영도로부터 벗어나는 시각을 가진 유력 지식인 혹은 작가들은 강하고 공개적으로 비판받았다. 이들 중 일부는 노동교화형에 처해지기도 하였다.[37]

이러한 운동이 확산되던 시기, 황화는 정치적 곤경에 처해 있었는데, 동료 공산당원이 그가 상급자의 허가없이 인장을 함부로 쓴 것을 고발한 것이었다. 황화는 다행히 직속 상관인 주더 장군이 그를 감싸주어 큰 화는 면할 수 있었으나, 모두가 황화처럼 운이 좋지는 못하였다.[38]

공산당의 정화운동은 1943년 4월 이후, 마오쩌둥의 경호대장인 캉성(康生, Kang Sheng) 당 조직 내의 숨은 적을 척결하는 운동을 전개하면서 더욱 격화되었다. 몇몇은 강압에 못 이겨 거짓 자백을 하기도 하였고,[39] 이에 따른 불안과 불확실성이 예난의 공산당 캠프를 엄습해 왔다. 심지어, 스탈린의 소련이 파견한 관료마저 당시 상황에 대해 유감을 표명했는데, 언론인이자 공작원인 피터 블라디미로프(Peter Vladimirov)는 이때의 숙청이 "탄압적이고 질식할 것 같은 분위기를 만들어내었다."[40]고 회고한다.

저우언라이 역시 정화 운동에 참여할 것을 요구받고, 예난으로 돌아 왔다. 자아비판회에 참석하는 것에 더해, 공산당사에 대한 "새로운"이해를 담은 5만 자에 달하는 문서를 써야 했다.[41] 당원들이 모인 연설에서, 저우언라이는 "마오쩌둥에 반대하는 이는 그 누구라도 완전히 잘못된 것"이라고 말하기도 하였다.[42]

　　외부 세계와 관계 설정을 위해 그토록 많은 노력을 기울인 후, 중국 공산당은 초점을 내부로 돌렸다. 예난을 방문하는 외국인 방문객의 수는 줄어들어 공산당 근거지는 다시금 고립된 곳이 되었고, 외국인들이 가져다준 첩보에 대한 접근 역시 끊어지게 되었다.[43]

　　국내에서의 정치적 탄압과 대외정책의 좌절은 향후 중국에서 영속적인 것으로 자리잡게 된다. 공산당의 정화운동은 신진 외교관들에게 그들의 개인적·직업적 행보 하나하나가 면밀히 감시될 수 있다는 교훈을 일찍이 주었다. 외부 세계와의 관계는 중요하지만, 외국인들과의 관계는 신중하게 다뤄져야 했다. 중국 외교관이 안위를 보장받기 위해서는 날카로운 현실 정치 감각이 필요하다. 전직 CIA 분석관인 슈틴저는 "그 출범부터 공산당의 영향력 및 영도 이념, 내부권력 투쟁은 중국 외교관 그룹의 구성 및 행태에 영향을 미쳐왔다. 그들은 격퇴되어야 할 적이 대내외에 모두 존재한다는 생각을 한시도 버린 적이 없다."[44]고 말한다.

　　이 와중에도 마오쩌둥과 그 측근에게 대외관계는 향후 국민당과의 경쟁에서 승리를 위해 필수적이라는 사실만은 명백한 것이었다.

***

　　일본과의 전쟁이 진행될수록 미국 정책 결정자들은 장제스의 국민당 정부의 방어에 회의적으로 변해갔다. 미국은 장제스 정권의 부패와 심지어 향후 공산당과의 일전을 위해 미국이 지원한 무기를 쌓아둔다는 보고에 깊이 우려하였고, 워싱턴의 일부 그룹은 예난의 공산당을 지원하는 것이 타당한지를 검토하기도 하였다.

　　이러한 목적으로 미국은 1944년 7월, 중국 공산당의 정치적·군사적 능력을 평가하기 위해 옵저버 그룹을 파견하였다.[45] 이 그룹은 데이비드 버렛(David D. Barret) 중령이 이끌었으며, 군 관계자, 행정직원, 외교관 등으로 이루어져 있었다. 옵저버 그룹은 미군이 노르망디 상륙작전을 성공시킨 불과 한달 뒤에 중국에 도착했는데, 이때는 미국이 전후 세계질서의 모습에 대해 진지하게 고민하기 시작한 시점이었다.

　　이러한 방문이 이루어졌다는 사실 자체가 엄청난 진전이었는데, 이는 미국 정부와 중국 공산당 간 최초의 공식 접촉이었다. 황화는 "미국이 예난으로 옵저버 그룹을 파견한 것은 미국 정부가 중국 공산당을 어느 정도 공식 승인했다는 의미를 가진다."[46]라고 회상하였다.

미국의 방문은 또한 상당한 도전이기도 했는데 미국 관료들은 장제스와 깊은 관계를 가지고 있었고, 모든 유형의 공산주의자들을 불신하였다. 미국 공산당 내 중국 부서가 설립된 것은 1935년의 일이었는데, 중국 공산당의 인식의 제고와 미국 내 정치적 동향의 파악을 위한 것이었다. 중국 공산당은 또한 국민당군이 무능하다고 인식되던 배경에서 공산당의 군사적 전문성을 각인시키기 위해 미국에 대표단을 파견하기도 하였다.[47]

미 옵저버 그룹의 방문은 이전 외국인의 방문과는 성격을 달리 하는 것이어서, 저우원라이는 이 방문이 새로운 조직 창설과 외교에 대한 보다 전문화된 접근을 촉진할 계기가 될 것이라 믿었다. 결국, 옵저버 그룹을 맞이하기 위해 홍군 내에 외교업무를 담당하는 부서가 설립되었고, 황화는 통역을 맡게 되었다.

옵저버 그룹의 선발대는 7월에 도시의 동문 밖에 특별히 확장된 활주로에 착륙했다. 이들은 저우언라이를 포함한 최고 지도부의 환대를 받았고, 이후 마오 주석, 주더 등과 만났다.

공산당은 방문객들을 위해 환영 연회를 준비했는데, 잼, 우유, 스테이크, 계란 등 준비할 수 있는 모든 서양요리를 대접했다. 숙박을 위해서는 예난에서 가장 좋은 동굴이라고 생각되던 곳을 배정해 주었으며, 라디오 안테나, 발전기, 그리고 성조기로 장식해 주었다.[48]

공산당의 신임 외교관들은 미국에서 온 방문객들을 맞이하고, 질문에 답하고, 생각을 나누도록 지시받았다. 이들은 중미관계를 어느쪽이 우월하지도 열등하지도 않은 동등한 동맹관계이며, 외국인은 중국의 국가 존엄을 존중해야 한다는 설명을 들었다.[49]

미국 방문단은 공산당의 저항 근거지를 보았으며 홍군의 상황에 대한 브리핑을 들었으나, 막 일어난 정화운동에 대해서는 전달받지 못하였다. 방문을 강하게 밀어붙인 외교관이었던 존 서비스(John Service)는 마오쩌둥을 '현대적'이고 '서구적'이라고 묘사했으며, 마오의 민주주의를 지지한다는 언급을 진지하게 받아들였다. 서비스는 "제약이나 탄압의 분위기는 없었다."고 했으며, 무엇보다 놀랍게도 "당 지도부에 대한 비판이 없었다."[50]고 썼다.

저우언라이는 중국 공산당의 국제 외교 무대의 진출을 공식화하기 위해 재빠르게 움직였다. 1944년 8월, '외교업무에 관한 치침'을 기초했는데, 임무 달성에 대한 찬사 및 외교업무의 시작에 대한 선언을 담은 것이었다. 동 지침은 공산당에 대한 국제적 승인의 중요성과 미군과의 협력을 강조했는데, 이와 동시에 중국 외교는 자존감과 자신감을 잃어서는 안 된다는 점 역시 환기시켰다.[51]

***

1945년 8월, 히로시마와 나가사키에 투하된 원자폭탄은 태평양 전쟁을 종결시켰다. 일본의 패전은 일본이 장악했던 지역에서 힘의 공백을 낳았다. 공산당과 국민당은 이 기회를 잡기 위해, 1920년대 발발했던 양자 사이의 전투를 재개했다. 국공내전 기간 동안, 공산당은 민중들의 지지, 통치 경험, 일본이 남긴 전략 무기를 획득한 반면, 국민당은 점차 부패로 약화되어 가고 있었다.

국공내전이 발발한 시기는 미국과 소련이 이념적 노선에 따라 점차 세계를 분할하기 시작한 때와 맞물려 있었다. 스탈린은 애초에는 중국 공산당 지원에 주저했지만, 미국의 일본 점령을 목도하면서 점차 지원 쪽으로 기울었다. 스탈린의 만주로부터의 철병 결정 역시 중국 공산당이 군사적 요충지인 이 지역에서 전략적 우위를 점하는 계기가 되었다.

적대관계가 본격적으로 재개되기도 전에 국민당과 공산당 사이에 항구적 평화 구축 노력을 전개하였다. 미국은 궁극적으로 성공하지 못한 두 개의 중재 임무를 수행한 적이 있는데, 하나는 1944년 9월~1945년 11월 사이에 헐리 (Hurley)가 수행하였고, 다른 하나는 전쟁영웅 조지 C. 마셜(George C.Marshall)이 1945년 10월~1947년 1월 사이에 수행하였다.

마셜 장군이 충칭에 도착하자 저우언라이는 특유의 카리스마 넘치는 리더십으로 이 미국인 장군을 대하였고 공산당의 평화와 민주주의 대한 관심을 강조하였는데, '항구적 자유를 위해' 건배를 제의한 적도 있다. 마셜 장군은 몇 달 후 예난을 방문하였으며, 마오쩌둥, 주더, 그 외 여러 지도자들을 만났는데, 역시 황화가 통역을 맡았다. 마셜 장군 역시 연회에 초대되었으며, 두 시간 동안 혁명 찬가 공연을 들었다. 미국 대표단이 예난을 떠날 때, 마오쩌둥은 "우리 전 인민은 무한한 감사를 느끼며, 중미 간 항구적 협력을 소리 높여 외친다."라고 말하였다.[52]

이러한 말은 현실과는 다르게 전개되어 갔는데, 1946년에 결국 평화협상이 결렬되면서 국공내전은 재개된바, 이는 전 세계가 냉전으로 치달은 큰 구도 속에 하나의 부분에 불과했다. 미국과 유럽의 정책 결정자들은 동유럽에서 소련의 팽창에 대해 깊이 우려했고, 서유럽과 아시아가 다음 목표가 될지도 모른다고 걱정했다. 1947년 3월, 해리 트루먼 대통령은 무장 소수 세력 혹은 외압에 대항하는 자유인을 지원하는 독트린을 천명하였다.[53]

1948년에 이르면 해리 트루먼의 보좌진이 보기에도 국민당군이 공산당을 이길 수 없다는 것이 명백해 보였다. 워싱턴에 돌아와 국무장관으로 임명된 마셜은 베르사유 평화회의에 중국 대표단으로 참여했고 중화민국의 주미대사를 역임하고 있던 웰링턴 구에게 "군수 지원물품의 40%가 적에게 넘어가고 있는데, 이 수치가 50%에 이르면 지원 자체를 재고해 보아야 한다."[54]라고 언급하였다.

1949년에 이르면, 국민당 정부의 혼란은 더욱 가중되고, 공산당은 중국 대륙을 휩쓸게 되었다. 중화민국의 해외 외교관들은 6개월 동안 급여를 받지 못하고 있었고, 심지어 파리 공관의 외교관들은 타 지역 외교관들에게 충성 대상을 바꾸라고 설득하는 등 사실상 반란행위에 가담하였다.[55] 이들은 10월에 자신들은 중화민국과 관계를 끊고, 당의 지령을 기다리고 있다는 내용의 전문을 보냈다. 이들이 원하던 순간은 곧 찾아왔다.

***

국공내전에서 공산당의 승리를 예감한 저우언라이는 신생 외교조직의 결속을 다지는 데에 힘을 쏟았다. 그는 3년 전 예난에서 미국 대표단의 환영을 맡았던 외교조직을 새롭게 꾸리고, 당의 외부세계와의 접촉이 제한되어 있는 가운데서도 마오쩌둥의 저작을 영어로 번역시키거나 해외 사정을 모니터링하는 등의 임무를 맡겼다. 이때 이르러, 이 신생 외교조직은 군이 아닌 당 지도부에 직접 보고를 하게 된다.[56]

이 조직의 구성원 중 한 사람은 "저우언라이 동지는 이 간부 그룹이 외교 관련 경험과 외국어 능력을 갖추고 있다고 믿었고, 이 그룹이 외교부의 핵심이 될 수 있었다."[57]고 회상한다. 1949년 1월, 승리가 다가오자 외교 담당 조직원들을 베이징 근교 혁명 근거지인 시바이포(西栢坡, Xibaipo)에 집결시켰다. 저우언라이는 베이징의 외국 외교관들을 어떻게 다루어야 하는지, 곧 탄생할 중화인민공화국의 외교 조직에 대한 자신의 기대를 주요 골자로 하는 연설을 하였다.

"외교부의 구성원은 사복을 입은 인민해방군과 같다."고 저우언라이는 운집한 신입 부원들에게 말하며, 엄격한 규율과 중앙 지도부에 대한 절대적 충성을 강조하였다. 또한, 저우언라이는 "외교에 대한 궁극적 권한은 중앙에 있고, 그 어떤 지방정부도 스스로 외교에 관한 권한을 가지고 행동할 수 없다."고 덧붙였다.[58]

***

마오쩌둥의 군대는 1949년 4월, 국민당군의 수도인 난징을 점령하였다. 이때 마오쩌둥은 오늘날까지도 유효한 선언문을 발표했는데, 새로운 중국과 수교하기 위해서는 타이완에서 조직체계를 정비중이던 국민당과 관계를 끊어야 한다는 것이었다.

황화는 난징에서 당의 외교업무를 대표하기 위해 파견되었다. 그는 중화민국의 외교부를 접수하고, 여러 공식문건들을 베이징으로 송부하였다. 황화는 난징에서 또다른 임무를 마오쩌둥으로부터 부여받았는데, 바로 황화가 옌칭대학 시절부터 지인이자 당시 주중 미국대사였던 존 레이턴 스튜어트(John Leighton Stuart)를 만나는 일이었다.[59] 총기 가득한 눈빛의 학생으로 예난에 도착한 후 13년이 흘러, 황화는 새로운 공산당 정부와 지구상에서 가장 강한 국가 간 외교의 최전선에 서 있었다.

마오쩌둥은 이러한 임무를 부여함에 있어 황화에게 전폭적 신뢰를 보냈는데, 이는 당이 고위급 외교관들에게 기대하던 자제력을 황화가 갖추고 있었기 때문이다. 황화는 모든 상황에 능숙하게 대처할 수 있는 훈련된 사람이었다. 황화를 예난시절부터 알고 있었던 미국인 혁명가 시드니 리텐버그(Sidney Rittenberg)는 황화를 "거만하고, 상황과 동떨어져 있고, 쌀쌀맞은 사람"으로 회고하였다.[60] 1950년대 황화의 협상 파트너로 그를 상대했던 미국 외교관은 '오만함'과 '사나움'으로 그의 협상 스타일을 묘사하였으며, 미국은 이를 수인하기 어려울 정도였다고 회고한다.[61] 헨리 키신저는 이와 반대로 황화를 인간적인 따뜻함과 신뢰성을 갖춘 사람으로 기억한다.[62]

    마오쩌둥은 황화에게 레이턴 스튜어트 대사와의 만남에서 "많이 듣고 말을 적게 할 것"을 지시하였으며, 만약 대사가 우호적일 경우 황화도 이에 맞추어 우호적으로 대하되, 지나치게 따뜻하게 대하지는 말 것을 주문하였다.[63] 충분히 예측 가능하게, 두 사람의 만남은 별다른 성과가 없이 끝났는데, 중국 공산당과 소련과의 우호관계와 미국의 소련 팽창에 대한 우려를 고려하면 이들의 회담은 애초부터 성공가능성이 그리 높지 않았는지도 모른다.

    공산당의 난징 점령 이후, 상황은 빠르게 전개되어 갔다. 9월 21일, 마오쩌둥은 새로운 중국이 우뚝 섰음을 선포하였는데, 이는 내전과 외세개입의 굴욕적 역사를 종식하였음을 의미한다. 9월 30일, 외교부 창설을 위하여 외교업무단은 해체되었으나, 현실적으로 저우언라이가 자신의 "눈과 귀"라고 표현할 정도로 측근이었던 왕비난(王炳南, Wang Bingnan)이 일상 업무를 장악하고 있었다.[64]

    1949년 10월 1일, 마오쩌둥은 중화인민공화국의 건국을 공식 선포하였으며, 51세의 저우언라이는 초대 총리이자 외교부장이 되었다. 중국 건국 이후, 외교관들에게 주어진 최초의 임무는 건국을 알리는 소식지를 각국 대사관에 배달하는 일이었다.[65] 황화는 난징에 머물렀는데, 이후 상당수의 외국인이 여전히 체류하고 있었던 상하이에서 외교업무를 총괄하게 되었다. 황화는 1953년까지 상하이에 머물렀으며, 이후 한국전쟁의 휴전협상 테이블에서 다시 미국 대표단과 마주 앉게 된다.

    이 새롭게 건국된 나라는 불확실성과 이념적 대립에 시달리는 세계에 진입하게 되었다. 스탈린의 소련은 제2차 세계대전의 전승국이 되었을 뿐 아니라, 베를린에서부터 테헤란에 이르기까지 영향력 확대를 위한 압박을 가하고 있었다. 일본의 패망은 아시아에서 힘의 공백을 낳았으며, 공산주의에 대항한 전 세계적 투쟁을 개시하기 위해 확장된 역할을 수행하기 시작하였다. 유럽은 폐허가 되었으며, 마셜플랜(Marshall Plan)에 따라 재건을 위한 대외원조를 받고 있었다. 구 제국은 무너지고 있었으며, 신생국가들은 독립을 위해 투쟁하고 있었다.

베이징의 신 공산당 정부는 그 선택에 의해 백지상태에서 외교 관계를 수립하게 되었다. 봉건적 영향력과 국민당군의 외세에 순종하는 태도를 수정하기 위한 시도로 마오쩌둥은 중화민국이 맺은 그 어떤 외교관계도 승인하지 않기로 했다. 마오쩌둥은 또한, 선교사, 특파원, 외교관 그룹 등 외세의 영향력을 제도적으로 감소시키고자 하였는데, 그는 이를 "손님을 초대하기 전에 집을 청소하는 정책"66으로 표현하였다.

마오쩌둥은 또한, 수백명에 달하는 국민당 정부의 유능한 외교관을 단 한 명도 공산당 정부의 외교 조직에 포함하지 않기로 하였다. 황화가 예난에 도착한 시기부터 저우언라이를 보좌한 소수 집단을 제외하면, 11월 8일 저우언라이가 외교부 창설 연설을 할 당시 신임 외교관들은 외국인과 접촉 경험이 별로 없었다. 해외 공관 네트워크를 구축한다든지 국제협상에 임하는 일 등은 더욱 머나먼 일처럼 보였다. 그러나, 준비가 되어 있든 그렇지 않든, 새로운 중국의 외교관들이 세계를 만날 시기가 왔다는 것은 분명한 일이었다.

제3장

다른 수단을 통한 전쟁

1950년 3월, 마오쩌둥이 주중 루마니아 대사를 접견하고 있을 때, 열명의 인민해방군 장군들은 문의 장식 틈으로 이 광경을 들여다보고 있었다.[1]

루마니아는 일부 공산주의 국가들과 마찬가지로 이제 막 중화인민공화국과 외교관계를 수립하였고, 상호 간 대사에 대한 신임장을 교환할 시점이었다. 이를 공식화하는 의례는 유럽에서 발전되어 전세계적 관습으로 자리잡은 것이었는데, 지명받은 대사가 신임장을 제출하고 주재국의 국가원수가 이를 접수하면 파견국의 공식적 대표가 되는 절차였다.

장군들은 목을 길게 빼고 신임장을 제출하는 루마니아 대사를 바라 보았다. 이는 매우 당혹스러운 경험이었는데, 의식이 끝났을 때 겅뱌오(耿飚, Geng Biao)는 "누가 횡설수설하는 모든 말을 기억하겠는가"라고 말하였고, 지펑페이(姬鵬飞, Ji Pengpei)는 "말하고 싶은 것은 무엇이든 말해도 좋아요. 통역관이 통역을 제대로 하는지를 재확인할 필요가 있어요."라고 일갈하였다.

이 장군들은 중화인민공화국의 건국 이후, 최초로 해외 공관의 대사로 임명되어 파견될 사람이었고, 의례를 배우기 위해 모인 것이었다. 이들은 지난 20년을 거의 동굴에서 생활하였고, 자신들보다 잘 무장된 적들과 싸워온 사람들이었다. 외교의전을 세세하게 마스터하는 것은 물론 그들이 선호하는 일은 아니었다.

이후에 장군들은 한때 황실이 사용했던 정원이자 수년 동안 버려져 있다. 공산당이 본부로 징발한 중난하이(中南海, Zhongnanhai)에 모여들었다. 중국이 새롭게 꾸린 외교관 그룹은 이제 적대적 자본주의 그룹과 공산주의 그룹으로 나뉜 세계에 뛰어들 참이었다. 그 전년도만 해도 미 상원의원 조셉 맥카시(Joseph McCarthy)가 수백명의 소련 스파이가 국무부에 침투해 있다는 경고를 하여 미국인들 사이에 내재된 공산주의에 대한 히스테리를 건드렸다. 미국은 유럽 동맹국들을 동원하여 소련에 대항한 북대서양 조약기구(NATO: North Atlantic Treaty Organization)를 수립하였다. 소련은 그들에게 최초의 핵실험을 단행함으로써 트루먼 대통령을 자극하여, 1950년 1월, 미국은 수소폭탄 개발을 목표로 하고 있다고 발표하였다.

신임장 수여 의식이 끝나고 저우언라이는 마오쩌둥에게 장군들을 소개하며, 전투에서 그들의 공헌을 상기시켰다. 저우언라이는 왜 장군들을 선발했는지 설명하며, "중국 외교부는 다른 부처에 비해 훨씬 순수하다. 그들은 모두 프롤레타리아의 전위 부대이다."라고 말하였다. 마오쩌둥은 매우 흡족해하며, "장군 출신 대사라니, 절대 도망치지 않을 것 같아 정말 좋다."라고 말하였다.

이러한 회담 이후에는 실제 연습을 해 볼 차례였다. 장군들은 줄을 맞추어 인도 최고지도자 역할을 맡은 동료에게 신임장을 제출하는 과정을 연습했다. 그 누구도 마오 주석의 역할을 맡는 위험을 감수하지는 않았다.

***

새로운 임무에 대해 혼란스러워 한 것은 장군 출신 대사들뿐만이 아니었다. 이상하게 들릴지 모르지만, 외교부는 의도적으로 적은 수의 외교관들을 임용한 채로 조직을 구성하였다. 마오쩌둥은 "손님을 초대하기 전에 청소를 한다."는 말과 동시에 "주방을 만들어야 한다."[2]는 말 역시 남겼다.

국민당 정부 출신 관료들을 채용한 다른 부처와 달리 신중국 외교부서에는 국민당 출신 외교관을 위한 자리가 없었다.[3] 대신, 저우언라이와 예난 시절부터 함께한 동료들은 '시민 군대'로 명명할 수 있는 외교조직을 밑바닥부터 다졌다. 외교부 창설 프로젝트는 저우언라이의 규율에 대한 의식, 레닌주의적 당 건설, 중국 군대의 현실적 경험, 소련으로부터 실질적 조언 등이 어우러진 것이었다. 물론, 마오쩌둥의 혁명 비전은 모든 것에 투영되고 있었다.

마오쩌둥과 정권의 여타 지도급 인사들의 입장에서 조직을 완전히 새롭게 시작하는 것은 분명 하나의 선택이었다.[4] 이들은 대체적으로 적대적 세계에서 정당성 확보를 추구했기 때문에 정치적 순수성과 공산당에 대한 충성은 매우 중대한 문제였다. 과거 30년 동안, 당은 생존을 위해서는 비밀주의가 필수적임을 배웠다. 공산당 지도부는 외교관들이 이탈하여 국내 혁명 과업을 위해하는 위험을 안을 수는 없었다.[5]

한 군 관계자는 신임 외교관들에게 "외교업무는 고도의 전문성을 요하는 것이 사실이지만, 고도의 정무적 판단 역시 요구된다. 국민당 외교관들은 전문성에 대한 이해는 있었으나, 신중국을 위한 도적적 품성을 갖추지는 못했다. 우리가 외교 수행에 있어, 그들의 전철을 밟는다면 실패하고야 말 것이다."라고 설명하였다.

수십 년 동안 당과 함께해 온 인사들마저 의심의 대상이 되었다. 실제 마오쩌둥은 예난 시절부터 당의 대외업무에 관여해 왔고, 훗날 외교부장을 역임하게 되는 차오관화에 대해 "대사로 임명하기에는 너무나 많은 것을 안다."라고 언급하기도 하였다.[6]

중국 지도부가 이처럼 정치적 필요성에 의해 밑바닥부터 외교조직을 꾸려나갔다고는 하지만, 이는 지난 세기 동안 중국이 축적해 온 서양 외교에 대한 제도적 지식을 모두 상실한다는 것을 의미하였다. 이에 아랑곳하지 않고, 저우언라이와 그 예난 시절 동료들은 외교부 조직을 추스렸다. 예난 그룹은 대부분 베이징에 머무르게 되었는데, 이들이 그나마 외교업무와 외관상 유사한 업무를 담당해 본 경험이 있는 사람들이었고, 이는 베이징 외교부의 외교업무 수행에 꼭 필요했기 때문이었다.

이들의 활동을 황화가 산시성에 도착했을 때 그를 맞은 첩보대장 리커농과 같은 최고위급 인물들이 도왔다. 리커농은 첩보 활동 관련 조직에서 주도적 역할을 지속함과 동시에 저우언라이를 보좌하여 외교부부장직을 역임하였다.[7] 소련에서 교육받은 왕자샹(王稼祥, Wang Jiaxiang)과 장원티엔(张闻天, Jiang Wentian)은 당에서 고위직을 맡은 경험이 있었으며, 외교부에서 역시 큰 역할을 하였다. 왕자샹은 초대 주소련 대사에 임명되었으며, 장원티엔은 주유엔대표부 대사에 지명되었으나 중국 대표권 문제로 실제 임무를 수행하지는 못하였다.

저우언라이는 실무 수준에서 공산당 근거 지역에서 공산당에 복무한 경험 및 행정 경험이 있는 지역 관료들을 등용하였다. 다른 신입 부원은 대부분 베이징 지역의 대학에서 언어를 전공한 대졸자들이었다.[8] 물론, 지 차오주(冀朝铸, Ji Chaozhu)나 낸시 탕 원 셩(唐闻生, Tang Wensheng) 같이 해외에서 태어나고 자랐으나, 조국을 위해 봉사하기 위해 귀국하여 마오쩌둥의 통역까지 맡게 되는 소수파도 있었다.[9]

그리고 재외공관을 이끌기 위해 특채된 장군들이 있었다. 1949년 10월부터 1952년까지 채용된 17명의 대사 중에 12명이 군장성 출신이었고, 9명은 대장정에 참여했던 사람들이었는데, 이 중 외국 방문 경험이 있는 이는 셋뿐이었다.[10] 영·위관급 장교들은 재외공관에 정무공사, 서기관, 무관 등으로 임

용되었다.[11]

외교부 조직을 밑바닥부터 만들어가겠다는 결정과 마찬가지로 장군들을 대사로 임명한 결정 역시 정치적인 것이었다. 마오쩌둥이 루마니아 대사의 신임장 제출 의례를 지켜보고 있던 장군들은 도망갈 걱정이 없다고 했던 말은 반은 농담이고, 반은 진담이었다. 국가가 아닌 당에 충성을 맹약한 군만이 그 충성심과 기밀 엄수를 신뢰할 만한 상대였던 것이다.

장군 출신 대사의 임명은 저우언라이의 '시민 군대'요구를 현실화시켜 줄 선택이기도 했다. 한 외교관은 이러한 선택에 대해 "목표는 당과 군대의 뛰어난 전통과 스타일을 외교부 조직에 심는 것"[12]이라고 표현하였다.

그러나, 장군들 스스로가 이러한 시민적 임무에 만족한 것은 아니었다. 한 니엔룽(韩念龙, Han Nianlong) 장군이 훗날 외교부장을 역임하게 되는 천이(陈毅, Chen Yi)에게 자신은 해외에 대사로 나가길 원치 않았으며, "헛소리는 잘라 버리고, 명령을 따르고, 쉼 없이 움직이라"고 말하기도 하였다. 역시 훗날 외교부장을 역임하게 되는 지펑페이 역시 군으로 돌아가고 싶다는 희망을 품기도 하였다.[13]

이러한 결정은 그러나, 그들 스스로의 몫이 아니었다. 리커농 부부장은 군 출신 인사들에게 반복적으로 "공산당원들은 상황에 스스로를 맞추어야 하고, 당의 임무에 복종해야 한다. 당이 가라는 곳에 가야 하고, 일체의 개인적 계획을 가져서는 안 된다."라고 말하였다. 저우언라이는 성격상 좀 더 회유적 표현을 썼는데, "군에서 외교적 투쟁으로 전환하는 것은 전쟁에서 전선을 옮기는 것과 같은 것이지, 결코 투쟁을 포기하는 것이 아니다.[14]"라고 강조하였다.

***

많은 신임 외교관들은 베이징에 도착했을 때, 흥분으로 가득 차 있었다. 대학을 갓 졸업한 신입부원이든 전쟁 경험이 풍부한 군인 출신이든 대부분 수도 베이징을 방문하는 것은 처음이었고, 일부는 도시 자체를 처음 방문하는 것이었다. 고층 건물, 전기불, 전화, 수세식 화장실 등을 처음 본 부원들 역시 상당수였다.[15] 중국 남부에서 온 신입 부원은 어린 시절 들은 이야기를 들려주기도 하였는데, 베이징의 추운 겨울에는 오줌을 누었을 때 얼어버리는 것을

대비하여 막대기를 항상 지니고 다녀야 한다는 것이었다.[16]

일부 신입부원은 베이징의 좁은 길, 불편한 교통, 무너진 빌딩 등에 실망하였다.[17] 외교부 건물 자체가 여러 문제를 압축적으로 보여주는 것만 같았는데, 외교부 지하의 샤워룸과 카페테리아는 자주 전기가 나갔다.[18] 신임 외교관들이 감내해야 하는 환경은 더욱 스파르타식이었다. 혁명에 봉사하기 위해 미국에서 귀국한 지 차오주(冀朝鑄, Ji Chaozhu)는 긴 책상위에 널빤지를 깐 나무 단상 위에 20여명의 동료들과 함께 널브러져 잠을 청해야 했던 기숙사 생활을 회상했다. 심지어 바닥은 침으로 미끈미끈했다.[19]

위생은 차치하고, 혁명 후 중국에서는 이러한 문제는 사소한 것으로 치부할만할 활기가 있었다. 30여 년의 투쟁 끝에 중국공산당은 기적에 가까운 승기를 거머쥐었고, 신임 외교관들은 새로운 사회 건설에 일익을 담당할 기회를 가진 시점이었다.

혁명 이후 초기 베이징의 분위기는 상대적 개방성과 심지어 즐거움이 느껴질 정도였다. 신설 부서 관료들은 부처 건물을 왔다 갔다 하며, 다른 부처에 배속된 옛 전우들에게 인사하기 위해 들리기도 하였다. 외교부는 심지어 저우언라이가 외교부 창립 연설을 했던 장소에서 토요 무도회를 열 정도였다. 신화 통신의 한 저널리스트는 이곳에서 재즈 클래식 "In the Mood"에 맞추어 춤춘 것을 기억하기도 했다.[20]

그러나 이러한 자유로운 움직임과 재즈음악은 마오쩌둥이 그의 혁명을 위해 염두해 둔 것은 아니었는데, 그는 혁명이 "저녁 식사 파티"가 되지는 않을 것임을 약속한 바 있었다. 마오쩌둥은 중국 사회가 그의 농민 혁명을 통해 재건되고 정화되기를 바랐다. 외국 영향력을 배제하는 것은 좋은 출발점처럼 보였다. "만약 우리나라를 가정에 비유한다면, 실내가 장작더미, 쓰레기, 먼지, 벼룩, 이 등으로 더럽혀진 상황과 같다. 해방 이후, 우리는 대청소가 필요한 상황이다."[21]라고 1949년 초, 소련에서 온 방문객에게 말한 바 있다.

오래 지나지 않아 생기와 흥분으로 가득찼던 눈동자는 엄숙하게 바뀌어 갔다. 전 부처 직원들은 여러 종류의 신분증을 발급받았고, 동료들을 방문할 때는 용무를 질문받고, 어디에나 스파이가 있다는 말을 반복적으로 들었다. 외교부 및 베이징의 여러 정부 부처의 분위기는 점차 어두워져 갔다. "우리는 점차 낯선 이를 경계하게 되었고, 만남 후의 긴 보고 의무로 인해 다른 사람과 만남 자체를 꺼리게 되었다."고 재즈에 맞춰 춤을 췄던 그 신화 저널리스트는 회고한다. 관료들은 고립되었고, 주로 근무지에 박혀 지내게 되었다. "심지어 토요일 저녁의 대인 관계도 주로 부처 사람들에 제한되게 되었고, 혁명군 시절 형성되었던 전우애는 점차 퇴색되어 갔다."[22]고 그녀는 회상한다.

***

공산당 정권이 베이징에서 사람들의 사회적·정치적 삶을 단속할 필요성을 느꼈다면, 해외에 사람을 파견할 때에는 더욱 조심해야 할 필요를 느꼈을 것이다. 중국 신임 외교관이 깨우쳐야 하는 첫 교훈은 중국 정치시스템에서 자신들의 위치와 규율의 의미에 관한 것이었다.

규율이란 명령받은 것을 더도 말고 덜도 말고 정확하게 수행하는 것을 의미한다. 독일 사회학자 막스 베버는 이를 "개인에 대한 비판이 무조건적으로 배제되는 개인에 하달된 명령의 정확한 집행"[23]으로 정의한다. 프랑스 철학자 미셸 푸코는 한발 더 나아가 개인의 이해를 우회하는 자동적 반응으로 묘사했는데, "명령은 설명되거나 계획될 필요도 없이, 필요한 행동을 촉발하기만 하면 충분하다"[24]고 하였다.

이는 저우언라이 및 다른 지도자들이 초기부터 반복적으로 강조해 온 메시지이기도 했다. 저우언라이는 1949년 외교부 창립 연설에서 "자신의 자리에서 굳게 서 있어라. 우리의 정책을 마스터해라. 스스로의 일에 대해 자세히 알아라. 규율을 엄격하게 지켜라."[25] 등 신임 외교관들에게 기대하는 모토를 구체화하였다.

이러한 명령은 중국 정치시스템의 상층부에서 하부로 끊임 없이 흘러 갔다. 저우언라이는 이를 "외교 업무의 권한은 제한적(外交工作授权有限)"이라는 말로 요약하여, 그의 훈련생들에게 끊임없이 반복하였다.[26] 외교관은 외교문제에 대한 당의 노선을 전달하는 메신저였고, 이를 즉흥적으로 바꿀만한 권한은 존재하지 않았다.

이러한 접근법은 아주 자연스럽게 장군 출신 대사들에게 전해졌다. 초대 주동독대사이자 이후 외교부장을 역임하게 되는 지펑페이는 공관 직원들이 진정으로 '사복을 입은 인민 해방군'되기를 바랐다고 회고한다. 한번은 참사관 한 명이 허락없이 스키를 타러 가자, 지펑페이는 바로 외교부 본부에 보고했고, 이 참사관은 본국으로 돌아가게 되었다.[27]

모든 레벨의 외교임무 수행에 있어 당이 엄격한 규율을 유지해야 한다는 사고는 영속적인 것이었다. 1987년 자유주의적 개혁가였던 후야오방(胡耀邦, Hu Yaobang)이 공산당 서기장직에서 축출되었을 때, 그에게 씌워진 혐의 중 하나는 허락받지 않은 외교정책 관련 결정을 내렸다는 것이었고, 특히 일본 학생들을 중국에 초대했다는 것이 중요하게 작용하였다.[28]

이러한 메시지는 오늘날 외교관 후보생들에게도 반복되어 전달된다. 저우언라이가 강조한 규율에 대한 모토라든지 "외교영역에 주어진 권한에는 제한이 있다." 등이 그 대표적 메시지이다. 2003년부터 2007년까지 외교부장을 역임한 리자오싱(李肇星, Li Zhaoxing)은 2014년에 출간한 회고록에서 "수년 동안 외교부는 이러한 규율을 강조해 왔다. 모든 외교부원들은 정치, 조직, 대외 관계를 다루는 법, 첩보, 재무 문제를 다루는 '5대 규율 강령(Five Major Disciplines Handbook)'을 공부해야 한다고 요약했다.[29]

이러한 접근법은 중국 외교관 그룹의 강점이자 약점이라고 할 수 있다. 긍정적인 면으로는 일관성과 체력을 가져다 준다는 점인데, 20여년 동안 중국 고위관료들을 상대한 전 미 국무부 동아태 차관보 수잔 소튼(Susan Thornton)은 "중국의 외교정책 결정 과정은 대단히 규율이 서 있으며, 완결성이 있다. 그들은 메시지를 다층적으로 다방면에 전달하는 데 능숙해서, 마치 메시지를 담은 전파를 공기 중에 발신하는 듯하다. 그들은 특정 이슈에 대한 공식 입장을 내는 데에 실수가 없다."[30]고 말하기도 하였다.

이러한 접근법은 협상에서 중국이 우위에 서게 하기도 한다. "중국은 기밀을 엄수하고, 내부 기관 간 분쟁을 외부에 드러내지 않는 능력을 가지고 있다. 외국 협상 파트너와 테이블에 마주 앉았을 때, 그들은 매우 분명한 지침을 가지고 있으며, 개인적으로 이에 동의하든 하지 않든 이에 따라 행동하며, 결코 정보 유출은 없다."고 소튼은 말한다.

이러한 접근법에는 매우 심각한 단점 역시 존재한다. 첫째, 중국의 관료들은 장관급 이상의 인사라 할지라도 정책 이니셔티브를 가질 여지가 적으며,

대부분의 이슈에서 협상 상대방이 운전대에 앉게 만든다. 손튼은 "중국은 미국이 항상 자국에 무엇인가를 하라고 귀찮게 한다고 생각하지만, 역으로 중국이 미국을 귀찮게 하는 일은 없었다."고 말했다.

보다 중요한 점은 주요 논점의 반복이 설득력을 담보하는 것은 아니라는 점이다. 권위에 대한 복종은 중국 외교관들이 설득력 있는 논점을 잡는 것을 어렵게 만든다고 손튼은 말했다. "미국 협상가들은 특정 사안을 다른 방식으로 설명하려 노력하는데, 중국 대표단은 협상 요지를 반복해서 전달한다"[31]고 손튼은 회고했다.

또한 미래지도자들을 양성하는 것을 어렵게 하기도 한다. 리자오싱이 1980년대 초에 레소토에서 전권공사 혹은 대리대사가 되었을 때, 공관을 어떻게 이끌어야 할지 몰라 초조해 했다. "당으로부터의 수년 간 교육은 외교관들이 조직에 충성하게 했고, 조직이 시키는 일이라면 무엇이든 하였다."[32]라고 리자오싱은 기술하였다.

마지막으로 위로부터의 명령에 복종하는 것에 초점을 맞추는 접근은 또 한 가지 중요한 영향을 미치는데, 제한된 발언 요지가 실패했을 때 동료들에게 입장표명을 계속 요구한다는 것이다.[33] 협상 상대방보다 오히려 동료들의 평가에 신경을 쓰면서 중국 외교관들의 열의와 규율은 외교 기술의 핵심인 '듣기'를 놓치게 만든다.

2010년 후진타오 주석이 오타와를 방문했을 때, 중국 관료들은 그를 국제적 정치인으로 내세워야 한다는 강한 압박을 받고 있었다. 후 주석을 따라다니던 TV 카메라맨이 캐나다 총리실에 따라 들어갈 수 없다고 캐나다 관료가 말하자, 중국 외교관은 "카메라맨이 따라 들어가야 한다."라고 제지한 관료에게 요구했고, 여섯 번이나 이러한 요구와 거절이 반복되었다. 결국 그들은 그대로 들어갔고 카메라맨은 후 주석의 뒤에 서 있었으며, 보안원이 이를 제지해야 했다. 후 주석은 마치 이러한 작은 실랑이가 일어나지 않은 것처럼 회담을 이어나갔다.[34]

***

중국의 신임 외교관들은 당의 일꾼으로서의 품성과 외교부의 존재 이유에 대한 기본공식을 배우고 나서야 생각하고, 주위를 둘러보고, 행동할 필요가 있었다. 우선, 그들은 국제정치에 대해 배울 필요가 있었다. 신임대사들은 저우언라이나 리커눙 등 내부 연사들에게 국제법이나 외교의례 등에 대한 강의를 들었다.[35]

신임 외교관들이 해외 외교관들에 비해 제한된 지식과 경험을 갖고 있다는 것을 인지하면서, 한 강연자는 원초적 단어를 써가며 수강생들을 안심시키려 했는데, "빌어먹을 국제법"이라는 말을 쓰기도 했고, 강의 후에는 "우리는 오직 마오쩌둥의 법만 믿는다"[36]라고도 했다.

외교부는 이러한 강의를 보충하기 위해 소련, 폴란드, 루마니아, 헝가리 등 다른 공산국가의 대사들을 초빙하였는데, 이들의 강의는 정치, 경제, 공관의 일상업무 등의 주제를 포함하였다. 러시아어에 능숙한 마오쩌둥의 아들은 통역관 역할을 맡았다.[37]

중국이 소련의 지침에 눈을 돌리는 것은 당연한 일이었는데, 1945년부터 1969년까지 당 중앙정치국 위원 14명 중 9명이 학업 혹은 업무 수행을 이유로 소련에 체류한 경험이 있었다. 마오쩌둥의 아들 둘, 딸 하나, 동생, 부인 중 한 사람 역시 혁명 이전에 소련 체류 경험이 있었다.[38] 2대 주소련 대사였던 장 원티엔(張聞天, Zhang Wentian)은 모스크바 유학 시절부터 소련인 아내와 자식이 있었다.[39]

중국 외교관들의 그 다음 과제는 어떻게 적절한 의복을 입느냐의 문제였다. 그들은 중국혁명의 가치를 지키면서도 국제적 존중을 받을 필요가 있었다. 결국, 공산당 정권은 공식행사에서 남성은 '마오 정장(쑨원이 호를 따 중산복으로도 불림)'을 여성은 치파오 착용을 결정하였다. 서양식 정장과 원피스 의상은 비공식 행사에서 허용되었다.[40]

그 다음은 식사예절 문제였다. 빈곤한 농촌 지역에서 막 벗어난 신임 외교관들은 포크와 나이프 쥐는법과 서양음식 먹는법을 배웠다.[41] 이러한 방면의 교육은 수십년 동안 이어졌는데, 교육생들은 초기에는 상당한 혼란을 겪었다. "처음에는 혼란스러웠다. 대체 누가 먹는 것을 못한다는 말인가. 우리가 이걸 왜 배워야지"라고 1960년대 외교의례 수업을 들었던 리자오싱은 생각했다. "그러나 수업을 들은 후, 식사예절에 대해 배워야 할 것이 많다는 것을 알게 되었다."고 그는 회상했다. 특히, 식사 중에는 조용히 해야 한다는 것이 큰 도움이 되었는데, 산동에서 태어난 리자오싱은 면류를 먹을 때는 항상 큰 소리를 내었다.[42]

심지어 댄싱 레슨까지 필수과목이었는데, 넥타이 매는 법, 칵테일 파티에서 적절한 행동에 대한 지침 등을 배웠다. 외교부는 또한 모의 외교 리셉션을 개최하여, 신임 외교관들이 배운 내용을 실행하는지를 보았다.[43] 한 대사는 칼을 자신의 입에 갖다 대어 지적당했고, 상대방에게 말할 때 침을 튀기지 말라고 지적당한 이도 있었다.[44]

점차 중국이 외부 사회와 통합됨에 따라, 이러한 종류의 훈련은 점차 필요치 않게 되었다. 결국, 간단한 필기시험으로 대체되었다가 폐지되기에 이른다.[45]

외교부가 신임 외교관들에게 건설적 제안을 하는 것은 여전하다. 한 전직 대사가 집필하고 책의 뒷 표지에 다섯명의 전직 고위급 외교관의 서명이 담긴 한 가이드북은 해외 외교관들에게 무슨 차를 모는지, 급여 수준이 어느 정도인지와 같은 사적 질문을 하지 말도록 제안하는데, 이러한 질문은 중국에서는 받아들여지는 관행이었다. 이 가이드북은 또한 뷔페식 저녁에서 음식을 쌓아두지 말 것과 식사 중에 어색한 소리를 내지 말 것을 권고한다.[46]

***

직무 관련 학습은 외교관들이 임지로 떠나기 시작한 1949년 후반~1950년에도 계속되었다. 오랜 배와 기차 여행을 거쳐 임지에 도착한 외교관들은 매우 열악한 환경에 놓이게 되었다.[47] 중국의 초대 폴란드 대사인 펑 밍즈(彭明治, Peng Mingzhi)는 오래된 욕조에 널빤지를 깔아 책상으로 썼을 정도였다.[48]

더욱 당혹스러운 것은 그들이 무엇을 하고 있는지를 정확히 몰랐다는 점이었다. 주 헝가리 중국대사는 자신과 공관 직원들이 도대체 무엇을 해야 하는지 몰랐다고 말했다.[49] 모스크바에 주재한 외교관들은 곧 임지가 지루해지고, 언어문제로 곤경을 겪으면서, 공관에는 마작을 하기 위해 필요한 인원인 네 명만 있으면 된다는 농담을 하기도 하였다.[50]

일부 외교관들은 외국어 교육을 받기 전에 임지로 파견되었는데, 버마에서는 현지 화교 커뮤니티에서 버마어를 가르칠 수 있는 교사를 찾기도 했다.[51]

폴란드에 주재한 외교관들은 통역관이 없어 항상 사전을 휴대하고 다녔다.[52] 루마니아에서는 현지어를 무조건 러시아어로 통역하게 한 후 다시 중국어로 통역했는데, 당시 루마니아어–중국어 사전이 없었기 때문이었다.[53]

중국 외교관들이 시행착오를 통해 배우는 것은 아마도 불가피한 것이었을지도 모른다. 인도네시아에서 한 무관은 인도네시아 국방부에 그의 부임 사실을 사전 통고하지 않아 입국 시 큰 곤란을 겪었다.[54] 인도에서는 고위급 외교관의 부인이 미국 외교관과 우연히 악수한 일로 견책되었다. "당시에는 만약 악수해서는 안되는 이와 악수할 경우, 큰 정치적 문제가 될 수도 있어, 모두 긴장했다."고 그녀의 동료 중 한 사람은 회고했다.[55]

베이징에서도 외교부 내에서 여러 실수가 있었다. 청소부가 쓰레기를 담은 수레를 밀어 저우언라이와 회담을 가지고 걸어가는 해외 귀빈들의 앞길을 막은 적도 여러 번 있었다. 여러 부처의 장관들은 해외 귀빈들과의 회담에 늦거나 심지어 모습을 드러내지 않은 경우도 있었다.[56]

부서장급 여러 인사들은 그럼에도 불구하고, 직무관련 학습을 위해 체계적인 시도를 했다. 주소련 중국대사 왕자샹은 소련 외교관들이 국제법 및 외교의전에 대한 특강을 하도록 초빙하기도 했다. 왕대사는 특강의 원고를 본부로 보내 교재개발에 활용하게 하였다. 동유럽에 부임하는 외교관들이 모스크바에서 잠시 훈련을 받거나, 외교관 후보생들이 모스크바에 훈련을 위해 파견되는 일도 있었다.[57]

신임 외교관들은 덜 이론적인 문제에 대한 조언 역시 소련 외교관들에게 구하기도 하였다. 중국의 초대 스웨덴 대사인 겅바오(Geng Biao)는 덴마크 외교부로부터 온 서한에 답신을 해야 할지 여부에 대해 소련, 폴란드, 루마니아 대사관에 물은 적이 있었다. 중국 외교관들의 평균 연령이 30세였던 1950년대 인도에서는 주인도 소련대사관으로부터 정기적 조언을 얻는 역할을 담당하는 외교관이 있을 정도였다.[58]

중국 외교관들이 소련에 도움을 구한 것처럼 마오 주석 역시 소련에 기대었다. 1949년 12월, 마오주석은 9주간 소련을 방문하였는데, 이는 그 일생에서 첫 해외순방이었다. 몇 주 동안이나 기다린 끝에 마오쩌둥은 외부세력이 침공할 경우 소련이 지원한다는 약속을 받아 내었으나, 만주지역 주요 항구에서 소련의 주둔을 허용해야만 했다. 스탈린은 또한 중국 공산당의 대만 정복 지원 요청을 거절했으나, 중국의 산업화을 위한 경제적 지원 및 전문가 파견 은 약속하였다.

***

　　외교관계를 수립하는 것은 단순히 기술적 문제만은 아니었다. 이는 매우 미묘한 정치적 임무였다. 중국은 외부세계에 대한 교량 역할을 하는 외교관 그룹이 필요했고, 혁명을 설교하는 다른 권위주의 국가의 지도자와 마찬가지 로 그들 통치에 대한 승인의 의미로 외교적 승인에 대한 열망을 가지고 있었 다. 대외 접촉을 향한 열망은 외교관 그룹이 혁명에 충성한다는 데 대한 확신 과 균형을 이루어야 했다. 이러한 이유로 정치적 '순수성'과 '신뢰성'은 최초 로 해외에 파견된 외교관들의 선발 기준이 되었다.[59]

　　충성을 강요한다는 것의 한 단면은 외부세계에 대한 두려움을 주입하는 것이었다. 신임 외교관들은 확실히 스스로 자본주의국가들에 대한 두려움을 가지고 있었다. "자본주의 국가에서 근무하는 외교관들은 문을 나서자마자 초 긴장상태에 있었다. 누군가 당신을 납치할지도 모른다는 두려움을 항상 가지 고 있었다는 것이다."라고 네덜란드에 파견된 한 외교관은 기록했다.[60] 외교부 는 이러한 두려움을 증폭시키기 위해 최선의 노력을 기울였다. "자본주의 국 가에서 온 일부 언론인들은 겁을 주고, 나쁜 의도로 루머를 확산시키고 있다. 당신은 주의를 기울여야 한다.[61]"고 1950년에 인도로 파견된 한 외교관을 기 술했다.

　　충성심은 외교관들이 가진 정치시스템에 대한 두려움에서 나온 것이기도 했다. 중국 외교관 그룹은 허가 없이 외국인과 사소한 만남이라도 가지거나 공식 정치노선에서 벗어날 경우 엄중하게 견책될 수 있다는 사실을 잘 알고 있었다.[62] 인도네시아에 파견된 한 대사는 셔츠를 벗고 음료수를 마시고 있는 모습의 사진이 해외 언론에 실려 중국으로 소환조치 되었다. 이는 중국이 지 키려는 국가 이미지에 맞지 않았기 때문이다. "마음속 깊은 곳에서는 반대하 더라도, 사람들은 지도자와 다른 의견을 말할 수 없었다."고 한 외교관은 회 상했다.[63]

처벌은 삶 자체를 바꾸어 놓을 정도로 중대한 결과를 가져올 수 있는 것이었다. 한 젊은 외교관은 첫 임지인 루마니아로 떠나기 전 지급된 쿠폰으로 표준 스타일 정장 대신 꽃무늬가 새겨진 옷을 맞추었다는 이유로 "자본주의적 사고방식을 가지고 있다"는 외교부의 엄중한 비판을 받고, 도전적 환경을 경험하라는 이유로 전쟁으로 얼룩진 베트남으로 임지가 바뀌었다.[64]

오늘날 정치적 충성도는 외교부 선발 절차의 가장 중요한 기준으로 남아 있다. "외교부가 중시하는 첫 번째 자질은 충성심, 정치적 충성심이다."라고 2018년 최종 단계 인터뷰에서 고배를 마신 한 지원자가 말했다. 이에 대해, "지원자의 정치적 충성심과 기강은 가장 중요한 고려요소이다."라고 한 외교관은 확인해 주었다.[65]

공관 안에서는 공산당 조직이 외교관들의 행동을 감시하였다. 당 조직의 정기회의에서 외교관들은 예난에서 그랬던 것처럼 고백 형식의 자아비판을 동료들 앞에서 행해야 했다.[66]

물론 두려움에 의해서만 중국 외교관들이 움직인다고 하면, 효과적 외교 활동이 이루어질 수는 없는 노릇이었다. 이들은 업무의 본질상 중국이 세계와 소통하고 교섭상대국과 대화해야 했다. 저우언라이가 서로 다른 이를 뭉치게 하는 방식은 전 간부가 "통제된 공개성"이라고 표현한 독특한 스타일을 장려하는 것이었다.[67]

이러한 방식의 가장 가시적 면모는 "항상 두 사람이 같이 움직여야 한다 (二人同行)"는 원칙이었다. 저우언라이와 외교부 지도부들은 부서 창립기부터 이러한 원칙을 강조하였는데, 파견 준비 중인 외교관을 대상으로 한 격려사에서 외부에서는 항상 같이 움직일 것을 강조하였다.[68] 주소련대사로서 중국 최초로 해외에 파견된 최초의 대사인 왕자샹은 이러한 원칙을 엄수한 좋은 예인데, 모스크바에서 학생으로 오랜 체류 경험을 가지고 있었음에도 불구하고 일상적 산책을 위해 외출할 때조차 누군가와 항상 동행하였다.[69]

모든 국가가 외교관들의 외국인들과의 접촉에 일정한 제약을 두는 것은 사실이지만, 중국의 경우는 극단적이다. "우리를 보호하려는 것이라고는 하지만, 사실 그 개념 자체는 말도 안되는 것이다. 사실, 나는 너의 스파이이고 나는 너의 스파이이다.[70]"라고 항상 짝을 지워 여행해야 하는 규율에 대해 마가렛 아트우드의 '시녀 이야기(A Handmaid's Tale)'의 주인공인 오프레드는 말했다.

동료 동행 제도는 곧 일상적인 것이 되었다. 때로 이의 집행은 우스꽝스러운 것이었다. 1961년 베트남에서 한 외교관 훈련생은 현지 여성에게 데이트 신청을 받았는데, 그는 이 사실을 즉시 상관에게 보고했다. 대사관은 열성적으로 이 여성에 대해 조사했고, 네 명의 다른 중국인 학생이 동행한다는 조건으로 데이트를 허가했다. 그러나 이 외교관 후보생은 두번째 데이트를 할 기회를 얻지는 못했다.[71]

이러한 규율의 집행은 다소간의 변동은 있으나 오늘날에도 여전히 존재한다. 전직 외교관 장궈빈(Zhang Guobin)이 집필한 외교의전의 첫 장은 외교관은 해외방문에서 "그 어떠한" 사적 접촉도 허용되지 않는다고 기술한다.[72] 시진핑의 중국에서 동료 동행제도는 새로운 에너지를 가지고 더욱 엄격히 이행되기 시작하였다. 한 간부급 외교관은 2017년, 석사학위 공부를 위해 해외로 떠나는 신임외교관에게 "두 사람이 항상 함께 움직이는 원칙을 철저히 따를 것"[73]을 주문하였다.

외부인들에게는 이러한 규율이 매우 불편한 것으로 비춰지기 마련인데, 한 미국인 관료는 "중국 외교관들이 참 안됐다."고 말하기도 했다.[74] 그러나, 한 전직 중국외교관은 "시스템 내부에 있는 사람들에게는 좀 더 복잡한 문제이기는 하다. 이는 보호를 위한 것이기도 한데, 정보 누설로 탄핵받을 소지가 줄어드는 것이다."라고 말하기도 한다.[75]

중국 외교관들은 중국 정치시스템 속의 다른 행위자들과 같이 의도적으로 정보를 격리시킨다. 이들은 여러 사안에 대해 직접적 업무유관자들과만 자세한 내용을 공유하고, 서로 자신의 임무에 대해 이야기 하기를 꺼린다. 1980년대에 한 외교관은 "말해서는 안 되는 것은 말하지 말고, 듣지 말아야 할 것은 듣지 말 것이며, 보지 말아야 할 것은 보지 말아라."[76]라는 말을 듣기도 하였다. 이러한 관행은 잠재적 배신자나 불량한 행동을 하는 이들이 조직에 미치는 해악을 최소화 할 수 있었으나, 하급 외교관들이 그들 임무의 큰 그림에 대해 어둡게 만든다는 것을 의미하기도 했다.

동료 동행 원칙은 외교관들 업무의 효율성을 저해하기도 했다. "넓게 말하자면, 중국 외교관들은 내향적이고, 지나치게 조심스럽고, 개방적이지 못하다. 최고의 외교관들은 좀 더 자유롭게 행동하는 경향이 있다"[77]라고 중국의 전 주불대사 우지엔민은 2015년에 기술하였다. 그토록 외교에서 '우정'을 강조하는 국가가 외국인과 유의미한 인간적 관계 발전에 장애물을 두는 것은 결코 작은 아이러니가 아니다.

***

외교관들이 전 세계를 누비기 시작했을 때, 중국은 한국전쟁이라는 중대한 외교·군사적 도전에 직면하였다. 1950년 6월, 북한 지도자 김일성에 의한 남한 침공은 마오쩌둥과 스탈린과 협상에서 상정한 것보다 훨씬 더 강한 미국의 대응에 직면하였다.[78]

미군이 유엔이라는 신생조직의 역사상 처음으로 그 위임에 의해 한반도에 파병한 후, 38선을 넘어 10월에는 압록강을 압박하게 되자, 중국은 북한군이 패퇴할 시 군사 지원을 하겠다는 약속을 지키려 하였다. 마오쩌둥은 미 제국주의자들과 그 주구들을 격퇴하라고 명령을 내렸는데, 중국은 3백만명의 병력을 의용군 형태로 파병할 것이며, 숱한 게릴라전을 이끈 펑덩화이를 사령관으로 삼을 것이라는 내용을 포함한 것이었다.

중국 지도자들은 국가안보에 대한 우려를 가지고 있었으나, 지정학적 중위치에 대한 우려 역시 가지고 있었다. "동북지역에서 북한의 위치와 중국과 순망치한의 관계를 고려하면, 북한을 지원하지 않을 수 없다"고 저우언라이는 수일 후 당 회의에서 설명하였다.

1950년 11월, 한반도에서 전투는 격화되어 갔고, 중국 외교관들은 유엔에서 해당 문제를 제기할 기회를 가지게 되었는데, 이는 향후 20여년 동안 다시 오지 않을 기회였다. 장군 출신 외교관 우슈찬(伍修权, Wu Xiuquan)이 중화인민공화국을 대표하게 되었는데, 당시 42세였던 그는 저우언라이를 오래 보좌했으며, 소련 유학 경험이 있었고, 국공내전 당시 얼굴에 입은 총상을 가지고 있었다. 우슈찬은 아홉으로 이루어진 대표단을 이끌고 뉴욕에 도착했는데, 이는 중국 공산당 정부의 대표가 최초로 미국땅을 밟는 순간이었다.[79]

애초에 유엔은 베이징 정부를 승인하지 않았고, 우슈찬의 대표단은 유엔에 대한 지식이 전무하였다. 저우언라이는 자신감을 가지고 회담에 임하라고 지시하였고, 우슈찬은 이러한 도전을 즐겼다.[80] "미국의 반공주의자들은 중국 공산당을 항상 무서운 도적떼 정도로 묘사하였으나, 이제 세계가 스스로를 돌아보게 해야 할 때라고 생각했다."[81]고 우슈찬은 훗날 회고한다.

우리가 뉴욕에 도착했을 때, "이곳은 지리적으로도 정치적으로도 완전히 다른 곳 이라고 생각했다."고 우슈찬은 훗날 기록했다. 이들은 맨하튼의 월도프-아스토리아(Waldorf-Astoria)의 9개 방에 투숙했는데, 그 가격은 그들에게 놀라운 것이었다. 그들은 거의 룸서비스를 통해 식사했고, 호텔방에 도청장치가 있다고 생각하여 대화는 밖에서 했다. 뉴욕시는 이들에게 경호원을 제공하였는데, 우슈찬은 "경찰은 우리를 보호하기도 하고 감시도 하는 이중의 임무를 하고 있었다."[82]고 기억했다.

11월 28일 오후, 우슈찬은 롱아일랜드 석세스호(湖)에 위치했던 유엔안보리에서 첫 연설을 했다(맨하튼의 본부 건물은 당시 공사중이었다).[83] 검은옷을 입은 우슈찬은 말발굽모양으로 생긴 탁자에서 일어나 미국의 타이완에 대한 공세적 행위에 대한 연설을 했다. 그는 "나는 중화인민공화국 중앙정부와 중국인민의 대표로서 미국의 불법적이고 위법적인 타이완에 대한 무장 침공행위를 규탄하기 위에 이 자리에 섰다."는 말로 연설을 시작했다.

우슈찬은 고개를 아래위로 움직여가며, 또 손가락을 열정적으로 흔들어가며, 105분간의 연설을 했다. 우는 "미 제국주의자들은 중국과의 관계에서 항상 교활한 침입자였다."고 운을 뗀 후, 한반도에서 미군철수를 주장하였다. 우슈찬은 연설을 끝마쳤고, 미 타임지는 "미국이 스스로의 행위에 대한 제재를 요구하는 두 시간 동안의 독설"이라고 그의 연설을 평하였다.[84] 이후 중국 외교에서 빈번하게 일어나는 바와 같이, 우슈찬의 외교는 같은 회의실에 있는 청중보다는 본국에 있는 청중을 위한 것이었다.

1951년 중반까지 미중 양국은 한국전쟁이 발발한 38선 부근에서 치열한 교전을 이어나갔다. 전투가 교착 상태에 빠지게 되자, 교전 당사국들은 휴전을 논의하게 되었다. 이는 중국 외교관들이 전면에 나서는 시점이 왔음을 의미하였다.

하버드 수학 후 미국에서 돌아온 지 차오주는 협상을 위해 개성으로 갔다. 개성으로 가는 여정에서 그는 폭탄 매설 지대를 지나고, 기관총이 내뿜은 소음을 들었다. 한 번은 미 전폭기가 상공을 지나가 동료들과 함께 참호속에 몸을 숨기기도 하였다. 평양의 중국 대사관에 도착했을 때, 그는 대사관 건물이 벽돌 담장으로 둘러 쌓인 벙커, 흙바닥, 지붕을 힘겹게 지탱하고 있는 무거운 나무 기둥 밖에 남아있지 않은 것을 보게 되었다. 대사관 방은 촛불로 밝혀야 했다.[85]

국경 지대에서의 협상은 양측 포로 교환 문제 등 여러 이유로 2년 동안 질질 끌게 되었다. 외교단의 육체적 고난은 외교부 조직의 자긍심이 되었다. "그들은 유약한 학자 혹은 백면서생과 같았고, 총을 쏠수도 수류탄을 던질줄도 몰랐으나, 강철과 같은 의지를 가지고 있었다."고 한 외교관은 협상에 대해 회상했다. 저우언라이는 다시금 외교부 동지들을 "사복을 입은 인민해방군"[86]이라고 불렀다.

1953년 3월 5일, 회담의 방향을 바꾸는 소식을 접하게 되었는데, 이는 다름 아닌 스탈린의 사망 소식이었다. 최초의 반응은 충격과 애도였는데, 이 소련의 독재자는 많은 혁명가들에게 권력으로 향하는 여정에 있어 북극성과 같은 존재였다.[87] 이슬라마바드 중국 공관의 외교관들은 이 소식을 들었을 때 눈물을 흘리기도 하였고, 조기 형태로 걸린 오성홍기가 사흘 동안 게양되기도 하였다.[88]

스탈린의 죽음은 중국에게 기회요인으로 작용하기도 했는데, 소련은 즉시 완화된 협상 노선을 취하고, 중국과 북한에게도 이를 허용하였다.[89] 3년간의 끔찍한 전쟁 끝에, 1953년 7월, 결국 휴전 협정이 체결되었다.

중국은 20여년 동안이나 전쟁을 수행하면서 완전히 탈진상태에 빠졌다. 한국에서의 분쟁은 국공내전 이후 급선무였던 국내 경제 재건을 늦추고야 말았다.[90] 농촌 지역은 마오쩌둥의 가혹한 토지개혁 및 지주계급과 같이 당이 불충한 무리라고 여기는 이들에 대한 숙청의 상흔으로부터 회복중이었다. 1953년 여름, 중국은 심각한 곡물 부족에 직면하였다.[91]

국내 경제 재건을 위한 5개년 경제개발 계획의 이행을 위해 중국은 소련과의 긴밀한 협조를 구하였다. 저우언라이는 이 계획의 이행을 위한 통찰을 얻기 위해 소련을 방문하기도 하였고, 모스크바의 중국 대사관은 소련의 경험을 취합한 정보를 보내오기도 하였다.[92] 경제개발 계획이 이행되는 과정에서 수천명에 달하는 소련 자문단, 교사, 노동자가 중국에 와서 기술전수, 공장 건설, 인프라 건설 등에 투입되었다.[93]

스탈린의 죽음은 또한 1953년 소련이 '평화 공세'를 전개함에 따라, 중국으로 하여금 새로운 외교노선의 설정을 가능케 하였다. 소련의 이 새로운 이니셔티브는 당면한 국경분쟁의 해결과 개발도상국에 대해 덜 경직적인 노선을 걷게 하였다.[94]

이제 중국외교는 창창한 앞날이 보장된 것 같았다. 중국은 교착상태의 한반도에서 미국과 싸움으로서 국제사회의 마지못한 존중을 받게 되었지만, 서방 세계로부터는 그 어느 때보다 꺼리는 존재가 되었다. 1954년이 되자, 마오쩌둥은 "이제 우리의 집은 깨끗이 청소되었고, 손님을 초대할 수 있게 되었다."[95]고 결론내렸다.

제4장

국제사회로부터의 존중의 추구

1954년 늦은 봄, 마오식 정장을 입은 저우언라이와 중국 대표단은 스위스 제네바의 몽플러뤼 빌라(Montfleury Villa)에 도착했다. 스위스 시골에 위치한 높은 유리창과 두개의 굴뚝이 있는 이 우아한 하얀 건물은 공산주의 국가의 사절들에는 어울리지 않는 듯한 곳이었다.

그럼에도 불구하고, 몽플러뤼는 이후 몇 달 동안 중국 대표단이 머무를 집 같은 곳이었는데, 이들은 짧은 중국 공산당 역사에서 가장 중요한 국제회의인 제네바 회담(Geneva Conference)을 위해 이곳으로 온 것이었다. 소련이 제2차 세계대전의 전승국인 미국, 영국, 프랑스, 소련, 중국 간의 회의를 소집하였으며, 이는 1954년 4월에서 7월까지 진행되었다. 이 회의는 한국전쟁과 인도차이나 반도에서 전쟁을 종식하기 위한 것이었는데, 중국은 베트남의 공산주의 세력이 프랑스를 상대로 싸우는 것을 도왔고, 미국은 공산당의 승리 가능성이 높아진 상황에 경악하고 있었다.[1]

이 두 지역이 중국에게 가지는 중요성은 상당히 컸다. 중국과 베트남은 모두 한국과 국경을 맞대고 있었고, 안보환경에 즉각적 영향력을 가지고 있었다. 한반도 문제에 대한 협상과 더불어 중국은 미국의 인도차이나 반도에서 개입을 저지하고자 했고, 베트남의 공산정권이 완충지대 역할을 해 주기 원했다. 장기적으로는 미국의 타이완 불개입을 설득하기를 희망하였다.[2]

중국에게 제네바회담의 중요성은 이러한 이해관계를 넘어서는 것이었는데, 최초로 자본주의 진영의 외교에 깊숙이 들어가 본다는 의미를 가지고 있었다. 중국의 이미지 제고와 아시아에서 이해 수호를 위해 저우언라이와 중국 대표단은 미국·영국·프랑스와 동등한 위치에 서고자 했다. 중국은 이제 새로운 리그에 속하게 되었으며, 그 외교관들은 그 일부로 보고, 생각하고, 행동해야 했다.

이는 결코 쉬운 과정이 아니었다. 중국은 미국·영국·프랑스와 정식 외교관계를 맺지 않고 있었고, 이들 국가 정상들은 중국의 제네바 회의 참석을 강하게 반대했었다. 아이젠하워 미 대통령은 영국 처칠 수상에게 "피로 낭자한 중국 침략자들이 평화 애호국의 회의에 오게 할 수 없다."[3]고 말하기도 하였다. 존 포스터 덜레스(John Foster Dulles) 국무장관은 "서로 탄 차가 부딪히지 않는 한"[4] 제네바에서 저우언라이를 만나지는 않겠다고 말했다.

저우언라이는 그러나 제네바회담이 중국 외교에 기회로 작용할 수 있다는 확신을 가지고 있었다. 기밀 해제된 문서는 저우언라이가 인도차이나반도 문제에 대한 미국·영국·프랑스의 입장 간 모순을 이용할 계획을 가지고 있었다. 중국은 제네바에서 주요국과 잠정적 합의라도 타결하여, 국제사회에서의 존재감을 높여가려 하였다.[5]

저우언라이는 또한 제네바회의가 신생 외교부의 조직 차원에서도 좋은 기회라고 생각했는데, 신임 외교관을 훈련하고 중국 외교의 힘을 보여줄 기회로 보았다. 이러한 연유로, 저우언라이는 200여 명에 이르는 사람이 대표단에 관여케 하였다.[6]

외교부의 준비과정은 고통스러운 것이었다. 베이징을 출발하기에 앞서, 저우언라이는 격려 연설을 했다. "비록 우리가 과거에 국내적 협상 경험이나 미국과 논쟁한 경험이 있으나, 이는 제약조건 없는 비공식적인 것이었다. 이번은 공식적 행사이고, 일정한 리듬과 규율, 그리고 조화의 유지가 필요하다."[7]고 말하였다.

대표단 각 멤버는 서양식 정장을 맞추었는데, 대부분은 일생 처음 가져보는 것이었다.[8] 대표단은 외교의례, 스위스의 정치와 관습, 그리고 기밀 유지 등에 대한 강의를 들었다.[9] 이들은 다른 국가 외교관들을 만날 때는 단정한 복식을 유지할 것, 실내에서는 모자를 벗을 것, 기침을 할 때는 손을 가릴 것 등에 대한 당부를 받았다.[10]

이러한 자세한 지침에도 불구하고, 막상 제네바에 도착했을 때 적절한 복식을 갖추는 것은 그리 쉬운 일이 아니었다. 저우언라이와 대표단 일동은 엄중한 느낌을 주고자 마오식 인민복을 입었으나, 현지인들은 이 익숙치 않은 복식으로 인해 선교사로 오인하기도 하였다.[11]

이질성은 중국 대표단이 새로운 환경에 대한 큰 불신으로 인해 더욱 심화 되었다. 대표단은 조곤조곤 말하도록 지시받았고, 중국 정보기관이 특수기관의 정보 보안을 위해 만든 방이었음에도 불구하고, 저우언라이는 전자도청 장치에 대비해 주로 바깥에서 회의를 가졌다.[12] 현지에서 구입한 음식, 음료, 담배에 혹시 독이 묻어있는지를 검사하는 별도의 방을 만들 정도였다.[13]

몽플뢰리 빌라를 임대한 결정 자체가 서구 국가들과 일정한 거리를 두면서도 국제무대에서 스스로를 증명하려는 중국의 열망을 말해주는 것이었다. 외교부는 미국과 소련이 이곳을 빌렸다는 소식을 접하고, 중국 역시 그럴 필요가 있다고 판단하였다. 중국 외교관들은 중국 고대 문화를 보여주겠다는 심산으로 건물을 서예, 도자기, 판화 등으로 장식하였다.[14] 몽플뢰리가 회담 장소로 선정된 이유는 널찍한 정원이 있어 도청장치를 피할 수 있는 야외회의가 가능했기 때문이었다.[15]

서구 국가들의 적대적 태도와 중국이 초기에 보인 움츠러든 태도에도 불구하고, 제네바 회담은 중국에게 대성공이었다. 실질적 이슈에 관해서는 저우언라이가 남북 베트남 사이의 통제 경계선에 대해 프랑스에 타협적 태도를 보임으로써 인도차이나에 대한 합의를 가능케 하였다.[16] 이러한 과정에서 저우언라이는 소련 외교장관 뱌체슬라프 몰로토프(Vyacheslav Molotov)와 긴밀한 협의를 거쳤다. 두 사람이 중국 대표단의 거처에서 만났을 때, 수행원들은 도청을 방지하기 위해 의도적으로 주변 소음을 만들었다.[17]

타결된 합의보다 더욱 중요한 것은 중국의 이미지였다. 저우언라이는 영국, 프랑스, 그리고 더욱 중요한 미국과 대화 개시에 성공했다. 이러한 회담은 공산당 정권의 국제적 이미지를 제고하였으며, 훗날 소련 영향권을 넘는 외교적 옵션을 중국에 가져다 준 관계 구축을 가능케 하였다. 제네바에서 회담은 폴란드에서 중국과 미국 외교관 사이에 보다 빈번한 대화를 가져왔다.

제네바 회담은 중국의 공공외교에 있어 커다란 성공을 의미했다. 황화와 공펑은 기자회견을 가졌으며, 저우언라이는 인기 영화배우 찰리 채플린과 와인을 곁들인 만찬을 즐겼다.[18] 채플린은 이후 맥카시 열풍에 따른 FBI 추적의 대상이 되었다가, 스위스로 이주해야 했다. 둘은 중국 러브스토리 영화인 '양축전설(梁祝传说, The Butterfly Lovers)'을 관람하였으며, 베이징덕에 중국의 전통주인 바이주를 곁들였다. 채플린은 자신은 보통은 오리를 먹지 않는데, 오리가 걷는 모양을 자주 흉내 내기 때문이라고 말하였다.[19]

제네바 회담에서 중국의 성과에 대한 국제적 반응은 저우언라이의 성공에 대한 생생한 증거였다. 영국의 중도좌파 매체인 '뉴 스테이트맨(New Stateman)'지의 편집장 킹즐리 마틴(Kingsley Martin)은 "중국이 세계적 파워로 부상하였다."[20]라고 썼다. 국내에서는 인민일보가 "중국의 국제적 위상이 크게 제고되었다."[21]고 자랑스레 보도하였다.

제네바 회담은 또한 미래를 위한 교훈을 지닌 것이었다. 베테랑 정보요원이자 외교부부장이던 리커농은 회의에서 중국 외교관들이 만난 저널리스트와 저명인사들은 좋은 정보원이 될 수 있다고 믿었다. 베이징으로 돌아오는 길에 리커농은 "이러한 상호작용을 통해 얻은 정보는 우리 적국들의 미래 외교정책을 이해하기 위해 상대적으로 높은 가치를 가지고 있다."[22]고 선언했다. 저우언라이는 외교부 내에 해외 언론인을 상대하는 '정보국(Information Department)'의 신설을 명했는데, 이는 1949년 이미 그가 신설한 '정찰국(Intelligence Department)'을 확장한 것이었다.[23]

제네바 회담은 한국전쟁 휴전기부터 1966년 문화대혁명기까지 이어지는 매력공세의 시작이었다. 이 전략의 핵심적 부분은 전통적 외교와 소련으로부터 배우기도 하고 중국 혁명으로 갈고 닦은 전략을 통해 개발도상국의 지지를 얻는 것이었다. 중국 외교관들은 또한 부유한 산업국가들과의 관계 진전을 이루었고, 외교부는 초창기보다 훨씬 더 지식과 경험이 풍부한 외교관을 갖춘 조직으로 성장하였다.

매력공세는 향후 중국 공산당 대외관계에 지속적 테마로 자리잡은 국제사회의 존중을 향한 열의가 그것이다.[24] 국내적 정치 소요 사태로 수차례 그 노선에서 이탈한 후, 국제사회로부터 존중받기 위한 노력은 90년대 중국이 '책임 있는 주요국가'로 스스로를 이름 짓고 유엔이나 세계통상기구와 같은 국제질서의 현상유지에 필수적인 국제기구에 대한 지지를 천명함으로써 다시 대두하게 된다.

1950년대 중국 외교관들이 빈번히 활용한 수단들이 오늘날 외교에서 새롭게 조명받고 있다. 당시 중국이 개발도상국의 지지를 얻기 위해 전개한 정책은 2013년 이후 일대일로 정책하에 유라시아로 나아가려는 현재 중국의 정책을 예견하는 듯하다. 해외 핵심 지역에서 영향력 확대를 위해 활용하는 공산국가 특유의 방법은 미국, 유럽, 호주 등지에서 큰 논란을 야기했다.

1950년대 중국의 매력 공세는 그다지 큰 진전을 보이지 않았다. 당시 매력공세 시도는 외부 세계를 불순한 사상의 근원으로 보는 편집증적 국내 정치 구도 및 극단주의로 인해 성공 가능성이 제한될 수밖에 없었다. 심지어 세계 여론의 지지를 얻기 위해 외교적·군사적 공세를 전개한 적도 있었다. 제네바 회담 불과 두달 후, 중국은 타이완에 대한 영유권 주장을 미국에 환기시키기 위해 양안관계의 긴장을 높인 일이 있었다. 1954년 말과 1955년 초, 중국은 푸젠(福建)성에서 불과 수마일 떨어져 있고 국민당이 점령하고 있던 진먼(金門)섬과 마쭈(馬祖)섬에 포격을 가했다.[25]

그러나, 매력공세는 당분간 지속되었는데, 저우언라이는 1954년 제1차 전국인민대회에서 그의 외교정책을 설명하면서 "평화로운 국제환경은 중국의 경제성장을 위해 필요하다."[26]고 강조하였다. 국가의 잠재성 실현을 위해서 중국은 이웃 국가와 관계 개선 및 소련 영향권을 벗어나 여러 국가와 관계 구축을 시도할 필요가 있었다. 이를 위한 좋은 기회는 다음 해 인도네시아 반둥에서 열린 아프리카−아시아 회의에서 찾아 왔다.

***

오늘날 외교적 회합의 진부하고 반복적인 형식을 고려하면, 반둥회의를 둘러싼 흥분은 상상하기 어려운 것이다. 회의의 창립자 및 참석자들에게 회의는 세계역사의 새로운 분기점을 의미하였다. 영국, 프랑스, 그리고 여타 식민지 열강의 아시아·아프리카로부터의 철수는 서방진영 혹은 소련진영 어느 쪽에도 속하지 않은 신생 독립국가의 폭발적 증가를 의미하였다. 1955년 4월에 개최된 반둥회의에는 아시아·아프리카의 29개 신생 독립국이 참여하였으며, 이 중 6개국은 미래 G−20 국가가 된다. 인도네시아의 수카르노 대통령은 이를 인류역사상 최초의 유색인종 간 국제회의로 정의했다.[27]

반둥회의는 특히 중국에게 큰 기회로 다가왔다. 마오쩌둥은 최소한 1946년부터 일정한 정치적 공감대가 여전히 작동하는 자본주의 진영과 공산주의 진영 간 '중간지대'국가와의 협력가능성을 이론화하려 노력하였다.[28] 중국은 미국의 적개심과 소련의 영향력으로부터 자유로운 국가들에게 자국의 존재감을 알릴 기회를 가진 것이었다.

외교부는 이 회합을 통해 어떻게 이익을 극대화할지 명확한 생각을 가지고 있었다. 저우언라이의 계획은 미국 세력을 고립시키고, 평화로운 중립세력의 지지를 얻고, 친미반중 국가들을 분열시키는 것이었다.[29]

　　미국은 반둥회의에 대해 놀라움을 표시했다. 도쿄의 영국대사관이 보고한 바와 같이, 미국은 반둥회의가 "중국 공산당에게 자유세계 혹은 공산진영 어디에도 속하지 않은 국가들에게 선전 선동의 기회를 줄 것[30]"으로 우려하고 있었다.

　　장제스는 더욱 초조해졌고, 수세를 만회할 수 있는 무엇인가를 하기로 결심하였다. 타이완의 캠프에서 5년간 기회를 포착하기 위해 기다린 끝에 장제스의 공작요원은 장제스의 황포 군관 학교 시절 동료인 저우언라이를 암살하기 위한 음모를 꾸몄다.

　　1955년 3월, 타이완의 '제5연락그룹(Number Five Liaison Group)'의 공작원들은 홍콩의 카이탁 공항 직원에게 접근하였다. 이들은 60만 홍콩달러와 타이완에 망명을 조건으로 저우언라이의 인도네시아 방문시 탑승이 예정된 에어 4월 11일 인디아 컨스털레이션호에 폭탄을 설치할 것을 요구하였다.

　　공항 직원은 이 계획에 동의했고, 폭탄은 계획대로 터져 11명이 사망하였다. 중국으로서는 다행스럽게 저우언라이는 승객 속에 있지 않았는데, 암살계획에 대한 첩보를 받고 마지막 순간에 다른 비행기를 탄 것이다. 비행기를 탄 초임 외교관 그룹과 언론인들은 태평양 상공에서 목숨을 잃었다.[31]

　　저우언라이는 1955년 4월, 반둥에 도착했다. 그는 자신의 안전에 대한 위협은 뒤로 했지만, 다른 참가자들의 상당한 의심에 직면해야 했다. 특히, 태국은 미국과 가까운 관계를 유지하고 있었고, 실론(현 스리랑카)의 총리는 타이완과의 관계 강화를 수단으로 외교적 장난을 치며 '공산주의의 전복'을 경고하고 있었다.

　　스스로 직면한 도전의 심대함을 이해한 저우언라이는 회의 둘째날 그의 성격에 걸맞지 않게 위험을 감수했는데, 정성스레 준비한 연설 원고를 집어던지고 전혀 다른 내용의 연설을 하기 시작하였다. "중국 대표단은 공감대를 형성하기 위해 이곳에 온 것이지, 분열을 획책하기 위해 온 것이 아닙니다. 우리에게 공감대를 찾을 만한 기본적 토대가 있습니까? 있습니다. 아시아·아프리카의 압도적 다수 국가들이 식민주의의 참상으로부터 고통받아 왔고, 여전히 고통받고 있습니다."[32]라고 청중에게 말하였다.

　　저우언라이는 참석자들이 그가 강조하리라고 예상한 분열적 이슈에 대해서는 언급을 회피하였다. 그는 타이완의 지위나 유엔에서 중국 공산당 정부의 대표권 부재 등에 대한 비난을 삼갔다.

저우언라이의 연설은 또한 중국과 개발도상국 간의 관계 재설정을 위한 '평화공존 5원칙'의 아이디어를 제시했다. 동 원칙은 1953년~1954년 사이 티벳 지위를 둘러싼 인도와의 협상에서 처음 언급되었으며, 영토보전 및 주권에 대한 상호존중, 상호 불가침, 타국 국내문제에 대한 불가침, 평등과 호혜, 평화공존을 그 내용으로 하였다.[33]

다소 무미건조하게 들리기도 하지만, 평화공존 5원칙은 중국 국경을 너머 큰 반향을 일으켰는데, 특히 네루의 인도에 큰 영향을 미쳤다. 평화공존 5원칙은 식민지배를 벗어난 국가들이 전후 국제질서에서 스스로의 길을 모색하는 데에 큰 힘을 주었다. 저우언라이는 모든 국가들의 존엄이 존중받는 미래상을 그리는 데에 중국 공산당의 박해 경험을 끄집어 내었다.

저우언라이의 시도는 통했다. 한 중국인 참가자는 "방 안 분위기가 확 바뀌는 것을 느꼈어요. 점점 박수가 더 잦아졌고, 저우언라이 동지가 연설을 마치고 앉았을 때는 모든 청중이 기립박수를 쳤어요. 위대한 연설과 외교가 승리한 순간이었어요."[34]라고 기억했다.

저우언라이가 반둥에서 제시한 평화공존 5원칙은 점차 다른 공산주의 국가들의 관심을 끌게 된다. 개혁적 공산주의 지도자였던 헝가리의 임레 너지(Imre Nagy)는 1955년 3월 소련이 그를 축출한 후 저술한 '공산주의에 관하여(On Communism)'에서 상호불간섭 확약을 포함한 평화공존 5원칙이 상당히 매력적으로 다가왔음을 기술하고 있다.[35] 이 원칙은 오늘날에도 중국의 주요 외교발언의 핵심 요지로 남아 있다. 외교부는 심지어 2014년에 동 원칙 선포에 대한 기념식을 거행하기도 하였는데, 시진핑 주석은 동 원칙을 '중국 외교의 전환점'이라고 표현했다.[36]

저우언라이는 회담의 주변적인 면에서도 성공을 거두었다. 그는 조용히 회의실을 걸으며 다른 국가 대표들의 근심거리를 들어주었고, 중국 공산당 정부가 온기 있는 인간의 얼굴을 하고 있음을 보여 주었다. 직설적인 실론의 존 코테와라(John Kotelawala)는 저우언라이에게 어려운 질문을 하겠다고 공언하고 회의에 참석하였는데, 타이완의 자치 가능성에 대해 질의하였고, '공산

제국주의'를 비난하였다. 저우언라이는 그를 만나고, 우려를 청취했으며, 비난을 누그러뜨리도록 설득하였다.[37]

　　해외 외교관들은 저우언라이에 깊은 인상을 받았다. 필리핀의 외교관이자 반공주의 지식인인 카를로스 P. 로뮬로(Carlos P. Romulo)는 마지못해 "저우언라이는 데일 카네기(Dale Carnegie)가 저술한 '어떻게 친구를 얻고 사람들에게 영향력을 미치는가'의 핵심을 스스로 체화한듯한 사람이다."[38]라고 썼다. 주인도네시아 영국대사인 O.C. 몰랜드(O.C. Morland)는 런던에 "가장 강경한 반공 국가를 제외하면, 저우언라이가 달콤한 방식으로 증명한 합리적 태도는 중국 공산당 정부는 공세적 의도를 가지고 있지 않다고 믿게끔 만들었다."고 말하기도 하였다.[39]

　　저우언라이 외교의 영향력은 회의실 밖까지 영향을 미쳤다. 중국은 해외 언론의 관심을 독차지했고, 서방언론에 저우언라이의 이름은 네루의 이름보다 네 배 더 많이 다루어졌다.[40] 타임지는 저우언라이의 활동을 '승리'라고, 그의 연설을 '외교적 기예의 걸작품'[41]이라고 표현했다. 인도네시아의 스타 위클리(Star Weekly)지는 "사람들이 저우언라이의 검고 짙은 눈썹에서 눈을 뗄 수 없다."[42]는 표현을 쏟아 내었다.

　　이후 외교에서 여러 돌파구가 마련되었다. 중국은 1955년 네팔과, 1958년에는 캄보디아와 공식 수교를 맺었는데, 이는 저우언라이가 제네바와 반둥에서 캄보디아 국왕 노로돔 시하누크(Norodom Sihanouk)와의 우호적 만남 이후에 이루어진 것이었다. 중국은 또한 인도네시아와 파키스탄과도 관계 강화를 이루는데, 파키스탄과는 이후 인도에 대항하여 한층 더 연대를 강화해 나가게 된다.

　　반둥에서의 성공은 중동에서 주요 국가와의 관계 개선을 위한 기회의 창을 열어주었다. 당시 아랍 세계의 최강국이었던 이집트는 반둥에서 저우언라이와 가말 압델 나세르와의 회담 이후 무역협정에 서명했고, 그 다음해에 국교관계를 수립하였다. 이는 중국이 시리아와 예멘과 차례로 외교관계를 수립할 수 있도록 만들어 주었다.[43]

　　타이완은 이러한 전개에 실망할 수밖에 없었다. 저우언라이의 나세르에 대한 성공적 구애 이후, 타이완 중화민국의 주이집트 대사 호펑산(何凤山, Ho

Feng—Shan)은 직위에서 해제되어야만 했다. 호펑샨은 다음 임지였던 멕시코에서 대륙의 중화인민공화국이 멕시코의 영화감독, 배우, 작가들은 베이징에 초청하고 교역을 확대하는 것을 지켜보아야 했다. 종국에는 호펑샨은 직위해제 되어야만 했다. 그는 훗날, "나는 작은 승리를 거두기도 했지만, 상황이 너무 좋지 않았다. 나는 결국 저우언라이에게 패배했다."[44]라고 회상한다.

'반둥 정신'은 오늘날에도 중국 외교관들을 활기차게 만든다. 중국의 개발도상국으로서의 자기 정체성은 중국 지도자들이 지속적으로 개도국들과 연대하게끔 만든다. 때로 이는 중국의 대미, 대유럽 관계에 있어 논란의 소지가 되기도 한다. 예를 들자면, 세계무역기구(WTO)에서 미국은 중국의 개발도상국으로 분류에 대해 이의를 제기하였다.[45] 개발도상국가 이익의 수호자라는 이미지를 창출하기 위한 중국의 노력은 세계개발을 촉진하기 위해 2014년에 출범한 '세계인프라은행(AIIB: Asia Infrastructure Investment Bank)'을 창설하기 위한 노력에서도 구현되었다.

***

제네바, 반둥, 그리고 다른 여러 곳에서의 진전은 외교부 조직의 확장 및 방향 재설정을 필요로 하게 만들었는데, 1949년 170명으로 출범한 외교부는 1960년에 2,000명으로 그 인원이 확충되어 있었다. 신생국가들이 식민지배로부터 독립하고 베이징의 매력공세의 대상이 됨에 따라 외교부 조직의 구성 역시 변화를 겪었다. 1956년 서아시아와 아프리카를 전담하는 부서가 만들어졌는데, 이 이전에는 유럽 문제와 아프리카 문제를 같은 부서에서 전담하였다.[46]

저우언라이의 감독하에 점진적으로 관료조직의 생명과도 같다고 할 수 있는 표준행동절차(SOP: Standard Operating Procedure)가 만들어지기도 했다. 여기에는 부서별 업무분장 및 훈련 지침 등이 포함되었다.[47] 기획 부서는 관련 주제에 관한 모든 자료를 수립하였는데, 국민당 정부, 소련, 서구 국가들의 선례들을 모두 참고하여 대외업무 관련 지침 개발을 위해 노력하였다.[48]

저우언라이는 또한 중국 외교정책 수립 과정을 공식화하기 위해 노력했는데, 이는 모든 정책결정을 조직화하려는 보다 광범위한 노력의 일환이었다. 1958년 3월, 저우언라이는 여러 정부조직, 군, 공산당의 여러 정책결정자를 모아 중앙외사공작영도소조(中央外事工作領導小組)를 조직하였다. 천이(陈毅, Chen Yi)가 지휘하게 된 이 조직은 공산당 중앙정치국에 주요이슈를 직보하였다.[49]

중국의 미래세대 외교관 양성을 위해 1949년에 북경외국어대학(北京外国语大学)을, 1955년에 외교학원(外交学院)을 설립하였다.[50] 반둥에서의 승리는 저우언라이로 하여금 이러한 교육기관에서 외국어 교육의 초점을 아시아와 아프리카로 돌리게 하였다. 저우언라이는 또한 외교부의 감독을 받는 싱크탱크인 '중국 국제문제연구소(中國國際問題研究所, CIIS: China Institute of International Studies)'를 56년에 설립하였고, 외교관련 전문 출판사인 세계지식출판사(世界知识出版社, World Knowledge Press)를 57년에 설립하였다. 이러한 기관들은 오늘날에도 존속하고 있다.[51]

반둥회의 이후 채용 열풍은 보다 다양한 배경의 외교관을 채용할 필요성을 높였으며, 점차 군 출신 인사들에 대한 의존이 줄어들었다. 1954년~1966년에 임명된 77명의 신임 대사들은 타 부처, 지방정부, 대학 등에서 선발된 인사와 외교부 내부 인사들로 이루어져 있었다.[52]

이러한 변화에도 저우언라이는 외교부의 군사적 규율을 저버리지는 않았다. 그는 간부들에게 끊임 없이 행동 이전에 상부의 허가를 받아야 한다고 강조하였는데, 규율과 집중의 중요성을 설명하기 위해 종종 군사적 은유를 다시금 활용하였다.[53] 신입부원들에게는 1949년 연설을 요약한 모토를 가르쳤는데 이는 외교부의 기본 원칙을 구체화한 것으로, "자신의 자리를 확고히 지키고, 우리의 정책을 숙달하며, 본인의 일을 자세히 알고, 규율을 엄수하라."는 것이 그 내용이었다.[54]

1958년 초, 저우언라이는 유력 군인 출신이자 상하이시장 천이에게 외교부의 일상업무 통제권을 넘겨주었다. 이중턱을 가진 전 게릴라 출신의 천이는 여러 면에서 저우언라이와 다른 면모를 보였다. 선글라스를 낀 모습이 자주 사진에 담긴 천이는 스스로 외교관이 되기에는 너무나 직설적이라고 생각하였고, 실제 그렇게 행동하였다.[55] 미국인 공산주의자 시드니 리텐버그(Sidney Rittenberg)는 "그는 마오쩌둥에게 말대답을 할 수 있는 몇 안되는 사람이었다."고 회고했다.[56]

그러나, 외교장관으로서 천이는 저우언라이의 스타일을 따랐다. 저우언라이가 외교부장의 권한을 넘겨 주었을 때, "외교관련 권한에는 제약이 있다."
라는 핵심을 강조하였는데, 천이는 훗날 그의 지휘하에 있는 외교관들에게 이
말을 반복했다.[57] 저우언라이와 마찬가지로 천이는 외교정책 문제에 있어 철
저하게 마오쩌둥에게 복종했다. 1965년 신임 대사들에게 브리핑을 하면서 대
사들의 권한은 제한적임을 설명함과 동시에, "대사 직위는 잊어버리시길 바랍
니다. 저는 외교부장이지만 그 권한에는 제한이 있습니다. 마오 주석께서는
우리 국가의 외교정책과 발전에 깊은 관심을 가지고 계시며, 저우언라이 총리
께서는 이를 총괄하십니다."[58]라는 말을 덧붙였다.

***

중국 외교관들은 점차 국제외교 무대라는 신세계에 익숙해짐에 따라, 중
국 외교부의 문화와 중국 사회 전체 문화 간에 간격이 생겨나게 되었다. 물론
많은 나라들이 자국 외교관 그룹과 사회 전체 간 문화적 간극에 대해 걱정을
안고 있는 것이 사실이나, 이는 마오쩌둥의 중국에서 특히 큰 문제였다. 1949
년 농민 출신 병사들이 베이징에 입성한 지 얼마 지나지 않은 시점에서 마오
쩌둥은 중국 공산당을 승리로 이끈 "간소한 생활양식과 강한 투쟁"을 유지할
것을 간청하였다.[59] 이러한 기대는 그 일상업무가 무엇이든 외교관 그룹에도
적용되는 것이었다.

"보통 중국 인민들에게 외교부의 문은 신성하고 미스터리한 것"이라고
한 외교관은 기술하였다. 또한, "외교관들은 내부적으로 오만하고, 출입국을
빈번히 하며, 외교관 여권을 소지하고 있고, 연회에 빈번히 참석한다"[60]는 인
상을 가지고 있다.

중국 외교관들은 가족들로부터 격리되는 경향이 있다. 젊은 나이에 해외
로 파견되는 이들 상당수는 좋은 배우자감을 찾는 데 어려움을 겪는다. 이들
은 짧은 시간 고향을 방문하여 구애를 하고, 빠른 결혼을 하여, 아이를 가지는
경우가 종종 있다. 외교관들의 자녀는 출생시 규정에 의해 베이징에 머물러야
하며, 상당수는 외교부가 운영하는 유치원에 다닌다.[61]

중국 외교관들은 가족 누군가의 출생, 죽음, 졸업, 결혼 등의 소식을 이따
금 외교신서사(外交信書使)의 왕래를 통해 전해 들을 뿐이었다.[62] "저는 아버지

로서, 남편으로서 의무를 다하지 못했어요."라고 한 외교관은 회고했다.[63]

　　공산당이 다스리는 중국의 일상생활로부터 떨어지 외교관들의 삶은 때로 위험을 수반하는 것이었다. 이들 상당수는 단순히 임무수행을 이유로 자신도 모르는 사이에 정치적 범죄를 쌓아 가는 경우도 있었다. 예난 시절 저우언라이의 보조원으로서 해외언론의 호의를 샀던 공펑은 지식인 계층 및 해외국가로부터 귀국자를 외교부에 많이 채용했다는 이유로 표적이 된다.[64] 이와 유사하게, 55년부터 58년까지 주유고슬라비아 대사를 역임한 우쉬찬(伍修權)은 열렬한 독립투사이자 독재자인 마샬 티토와 깊은 친분관계를 쌓았다. 두 사람은 사냥을 함께 갔으며, 티토의 개인섬을 같이 방문하여, 티토의 개인 와인 저장고에서 고른 와인을 시음하기도 했다. 이러한 행동은 훗날 우쉬찬이 외국과 "반역적 관계를 형성하려 한"[65] 증거로 원용된다.

***

　　매력 공세의 초기 성과에도 불구하고, 중국은 여전히 세계 대부분 국가에게 버림받은 국가나 다름없었다. 당시 중국은 대부분 서유럽 국가, 미국, 일본, 라틴 아메리카 그 어느 국가와도 수교하지 못했다. 저우언라이는 이들 국가들 정부가 중국과 공식 수교를 거부한다 할지라도 이들 국가 사회 구성원들과 비공식적 관계를 가지도록 설득할 수 있다고 자신했다.[66] 이러한 그룹들을 설득하기 위하여, 저우언라이는 레닌으로까지 그 역사적 기원이 거슬러올라가는 공산주의 특유의 관행에 기대게 되는데, 이는 다름아닌 '통일전선전술(united front diplomacy)'이었다.

　　통일전선전술은 세계공산주의운동에서 깊은 뿌리를 가지고 있는 것이었다. 소련은 오랫 동안 암암리에 해외 정세에 영향력을 행사하기 위하여, 해외 전위조직 및 당이 통제하는 여러 사회 구성원들을 활용하였다.[67] 중국 공산당은 오래 전에 에드가 스노우와 같은 외국인을 활용하여, 서구세계와 소통하였다. 공산당은 1942년 통일전선사업부를 창설하기도 하였는데, 저우언라이가 49년 공산당 승리 이전 기간까지 이 조직을 이끌기도 하였다.[68] 동 사업부는 중국 내에서 공산당 지지기반을 확대하기 위하여 우호 세력과 협력하였으며, 재외 중국 동포 및 해외 시민사회와의 네트워크 구축을 위해 노력하였다.

혁명 이후, 중국 공산당의 통일전선전술 담당기구는 더욱 확대되어 전현직 외교관들로 채워지게 되었다. 이러한 담당기구 중에는 1949년에 설립된 '중국외교인민학회(中国人民外交学会, the Chinese People's Institute of Foreign Affairs)'와 54년에 설립된 '중국인민대외우호협회(中国人民对外友好协会, the Chinese People's Association for Friendship with Foreign Countries)'가 포함되어 있었다. 이 두 조직은 통일전선전술부와 함께 오늘날에도 여전히 살아 있다. 이러한 조직들은 총체적으로 공산당과 정부 여러 부처와 함께 '중국 외교 시스템(外事系统)'을 구성한다.

통일전선전술 관련 활동의 주된 목표는 재외중국인, 좌파 정치조직, 해외 예술가, 영화배우, 학자 등을 포함하였다. 관리대상 인물들은 베이징으로 초청되거나 중국에서 파견된 대표를 접견하였다. 이러한 활동의 목표는 반중여론을 고립시키고, 공식 외교 관계를 부드럽게 만들기 위함이었다.

비록 중국정부는 이를 '사람 대 사람'간 교류로 정의하기를 좋아했지만, 중국 공산당이 이러한 활동을 주도하고 있다는 것은 명백한 사실이었다. '중화전국총공회(中华全国总工会, All-China Federation of Trade Unions)'의 국제연대에 대한 공식 역사는 이 점에 대해 매우 명확하게 기술하고 있는데, 중국은 사회주의국가이므로 "노동조합은 국가와 같은 이해 관계를 가지고 있다"고 기술한다. 동 조직의 해외활동을 기술하는 부분에서는 저우언라이의 말을 그대로 반영하고 있는데, '엄격한 규율'을 강조한다든지 '외교 권한의 제한'[69] 등의 표현이 그것이다.

통일전선전술 외교의 최고 스타는 의심할 여지 없이, 청의 마지막 황제인 푸이였는데, 그의 삶은 베르나도 베르토루치(Bernardo Bertolucci)의 1987년 영화 '마지막 황제(The Last Emperor)'가 잘 묘사하고 있다.

1906년생인 푸이는 그가 태어나면서부터 이끌게 되어있었던 왕조가 무너졌을 때, 겨우 여섯 살이었다. 그는 애초에는 황궁에 계속 살며 대영제국의 관료이자 학자인 레지날드 존스턴(Reginald Johnston)의 개인교습을 받았는데, 존스턴은 이 십대 소년에게 전투에서 탱크 활용 전략, 귀족들의 티파티에서의 예절에 이르기까지 다양한 내용을 가르쳤다. 존스턴의 권고에 따라, 이 전 황제는 '헨리'라는 영어 이름도 갖게 되었다.[70]

1924년 군벌들 간의 분쟁이 격화되자, 푸이는 베이징을 떠나도록 강요받았다. 푸이는 텐진의 일본 조차지에 거처를 마련했으며, 1932년에는 일본이 청의 발원지인 만주지방에 세운 괴뢰국가인 만주국의 황위에 오르게 된다. 제2차 세계대전 이후에, 푸이는 소련이 만주지방에서 일본을 몰아내었을 때, 소련군에 의해 감금된다. 1950년, 소련은 국공내전에서 공산당이 승리한 몇 개월 후, 푸이의 신병을 중국에 인도하였다.

한때 자신이 다스렸던 땅으로 돌아오면서, 푸이가 가졌던 가장 큰 질문은 얼마나 더 살아야 하는가의 문제였다. 중·러 국경을 넘은 후, 푸이는 외교부 직원을 만나 창문이 종이로 발라진 삼등 기차칸에 태워졌다. 이들은 이동하는 내내 푸이의 곁에 앉아 이야기를 주고 받기도 했지만, 자신을 언제 죽일것인가를 묻는 푸이의 질문에는 답하지 않았다.

사실, 중국 지도부들은 푸이가 살아 있는 것이 죽는 것보다 훨씬 도움이 된다고 생각하였다. 푸이는 중국 동북 지역에서 5년 동안 정치적 재교육 과정을 겪었는데, 이곳에서 맑시즘을 공부하고 사회주의 경제를 배우기 위해 농장과 공장을 방문하였다.[71]

1950년대 말까지 푸이는 통일전선전술의 일환으로 중국을 방문하게 된 외국인들의 황금 시간대를 책임지는 역할을 맡게 되었다. 전직 외교부 스페인어 통역관 한 사람은 볼리비아, 아르헨티나, 페루, 기타 라틴 아메리카 국가들의 대표단을 수행하여 푸이를 만난 기억을 회고했다. 마오식 정장을 입은 푸이는 방문객들에게 중국이 겪은 역사적 굴욕의 무게와 공산당 정부하에 진행되고 있는 전환에 대해 이야기했다. 공산당의 지도하에 그는 스스로를 뒤돌아볼 수 있었으며, 더 이상 '기생충'이 아니라고 방문객들에게 말했다.[72]

중화인민공화국의 건국 10년이 지나지 않아, 통일전선전술은 전 지구적으로 확대되어 갔다. 중남미 우호협회는 라틴아메리카 경제학자, 문화계 인사, 언론인들의 중국 방문을 조직하였고,[73] '세계평화를 위한 중국인민위원회(全球和平華人聯合會, Chinese People's Committee for World Peace)'는 미국 흑인 인권 활동가인 W. E. B. 드보이스(W. E. B. Du Bois), 로버트 F. 윌리엄스(Robert F. Williams), 엘라인 브라운(Elaine Brown) 등을 초청하였다.[74] 중영우호협회(英中友好协会, The Britain-China Friendship Association)는 노동조합원, 언론인, 활동

가[75] 등을 초청하였고, 기타 단체들도 프랑스 정치인, 일본 국회의원 등을 초청하였다.[76]

중국 공산당은 이러한 방문을 문화활동이라고 표현하였지만, 사실 중국 정부의 엄격한 통제하에 있었고 그 목적은 정치적인 것이었다. 저우언라이가 1963년, 탁구 대표팀에 말한 바와 같이, 이러한 활동의 목표는 "스포츠 경기 기술의 승리가 아니라, 정치적 영향력"[77]이었다. 10년이 지나지 않아, 탁구대표팀은 닉슨 대통령의 미국과 관계 개선에 큰 도움을 주게 된다.

예난에서 에드가 스노우를 접대했던 방식으로 중국 공산당은 해외 영화 스타들을 극진히 대접하였다. 심지어 불명예스럽게 은퇴한 정치인이라 할지라도 자국의 귀한 대표로 대접받았고, 베이징에서 통상 외국인이 갈 수 없는 곳까지 접근을 허락받았다. 이들은 심지어 대부분 국가에서 꿈도 꾸기 힘든 정치적 접근까지 허락받았는데, 1959년에서 1966년 사이에 마오쩌둥 스스로가 최소한 수차례 남미 국가의 노조 대표들을 접견한 것이었다.[78]

은퇴한 해외 정치인들에게 중국 최고지도자에게 접근할 수 있다는 사실은 자국에서 일정한 영향력을 유지할 수 있는 길을 열어주었다. 중국정부가 이러한 방식으로 구애한 인물 중 가장 성공사례로 꼽히는 것은 헨리 키신저였다. 키신저는 제럴드 포드 대통령이 1976년 대선에서 낙선한 이래, 뚜렷한 공직을 맡지 못하고 있었으나, 마오쩌둥 시절부터 모든 중국 최고지도자를 만났다. 트럼프 후보의 2016년 대선 승리 직후, 키신저는 베이징을 방문하여 미국 정치 상황에 대한 자신의 통찰을 공유하였고, 미국에 돌아와 중국에 대한 그의 생각을 트럼프와 함께 공유하였다.

신화통신의 학생 및 기자들 역시 중국 영향력 확대의 중요한 수단이었다. 이들은 중국이 공식적 외교관계를 맺지 않고 있는 국가들에서 특히 유용한 역할을 하였다. 예를 들어, 가나, 기니아, 말리의 독립 직전에 저우언라이는 신화사 언론인을 이들 국가에 파견하여 중국과 공식 수교에 대한 입장을 타진하였다.[79] 이들은 현지사정 파악에도 유용하였는데, 헝가리에서는 신화사 기자들과 현지 유학생들이 함께 반체제 인사들의 활동을 추적하기 위해 협업하기도 했다.[80]

이후로 국영매체의 언론인들은 준외교업무를 맡게 되었다. 당시 영국령 식민지였던 홍콩에서 신화통신 리포터들은 홍콩에서 전개되는 여러 사건들을 베이징에 보고하고 베이징의 마우스피스 역할을 하는 등, 사실상 재외공관의 역할을 수행하였다. 오늘날에도 신화사 저널리스트들은 중국 재외공관의 보안이 유지된 회의실에서 공산당 지도부에 기밀보고를 한다.[81]

1950년대 중국의 영향력 행사 노력에는 보다 무서운 면모도 숨겨져 있었는데, 중국의 재래식 군사전력과 결합되어 반란군을 지원하는 위협전략이 외교에 보충적 역할을 한 것이다.

중국은 제네바회담에 이르기까지 베트남 공산주의자들에게 광범위한 군사원조·훈련을 제공하였고, 이러한 지원에는 1954년 디엔비엔푸에서 베트민이 프랑스군을 격퇴하는데 사용된 로켓포도 포함되어 있었다.[82] 중국은 프랑스령 알제리의 국민해방전선(FLN: Front de libération nationale)에 15만기 이상의 무기를 지원하였고,[83] 타이 공산당원들을 위한 훈련 과정을 베이징에서 제공하였다.[84]

이 단계에서 전 세계 혁명을 위한 중국의 지원에는 여전히 한계가 있었다. 문화혁명 이전, 중국은 집권 세력이 중국에 비우호적이라고 판단할 때는 반군을 지원하는 경향이 있었고, 중국에 우호적일 경우에는 이를 삼갔다. 1965년까지 중국은 암묵적으로 적어도 23개국의 군사적 분쟁에 지원하였고, 12개국에는 명시적 지원을 하였다. 이러한 정책은 그 대상이 되지 않는 국가들이 끊임없이 긴장을 유지한다는 장점이 있었다.[85]

2012년 집권한 이래, 시진핑은 통일전선전술 담당 조직을 강화하였다. 시진핑 주석은 2014년 연설에서 마치 마오쩌둥이 한 발언이 메아리치는 것처럼 통일전선전술을 '마술과 같은 도구'[86]로 표현하였다. 개발도상국의 무장단체가 베이징의 우대를 받았던 과거와 달리, 오늘날에는 부유한 국가의 정당 및 조직이 공산당이 주는 특혜의 대상이 된다. 중국 정부가 해외에 설립한 많은 우호 단체들은 호주와 뉴질랜드 같은 국가들에서 점차 영향력을 확대해 나가고 있다.[87] 2018년 미 전문가 단체 보고서는 중국 외교관 그룹이 중국 정부를 비난하는 대학내 행사를 취소하도록 압력을 행사하거나 미국 씽크탱크의 산출물에 영향력을 행사한 것으로 기술한다.[88]

***

저우언라이가 세계를 매료시키고 있을 무렵, 마오쩌둥은 다른 공산국가들에서 일어나고 있던 변화들로 인해 점차 곤경에 처하게 되었다. 1953년 스탈린의 사망 이후, 중국 외교관들은 소련 내부에서 관측되던 스탈린에 대한 우려할 만한 태도 변화를 보고하기 시작하였다. 주모스크바 중국대사 장원티엔은 스탈린 숭배 관습을 타파하려는 일련의 움직임을 계속 보고했고, 마오쩌둥은 이에 지대한 관심을 보였다.[89]

또한 일부 사회주의 국가들은 보다 평등지향적이라는 보고서를 상신하는 외교관 그룹도 있었다. 우 샤취엔 주 유고슬라비아 대사는 티토의 유고슬라비아에서 티토의 이미지는 중국에서 마오쩌둥, 혹은 소련에서 스탈린의 이미지와 같이 어디에나 임재하는 성격은 아니라고 보고했다. 더욱이, 마오쩌둥에게 부여된 '위대한 영도자' 혹은 '위대한 조타수' 등의 명예로운 호칭을 사용하지 않고, 티토는 단순히 '티토 동지' 혹은 '티토 대통령'이라고 불렸다.[90] 마치 훌륭한 외교관의 표상인 것처럼, 우 샤취엔은 이러한 불일치를 베이징에 보고하였다.

마오쩌둥이 이러한 변화가 중국에 어떠한 의미를 가지는지 숙고하고 있을 때, 흐루시쵸프는 1956년 2월 스탈린에 대한 폭발적인 비밀 연설을 했다. 제20차 소련공산당 전당대회에서 행해진 이 연설은 스탈린에 대한 개인숭배를 비난하고, 정치범 수용소의 활용을 비판했다.

이러한 메시지는 스탈린을 오래도록 존경해 온 국가로서는 매우 충격적인 것이었다. 더욱이 흐루시쵸프의 연설에는 무례함이 묻어나 있었다는 것이다. 중국측은 이러한 비난에 대해 소련 지도부가 구두로 덩샤오핑 및 기타 모스크바에 체류중이던 지도급 인사에게 브리핑을 해줌으로써 알게 되었는데, 연설 전문은 뉴욕 타임즈에 실리기 전까지 읽지 못했다.[91]

마오쩌둥이 연설의 모든 부분에 대해 반대한 것은 아니었지만, 이러한 연설이 공산주의 블록의 연대에 손상을 가져올 수 있다고 우려하였다. 또한, 중국 내에서 자신에 대한 우상화 노력을 약화시킬 수 있다고 보았다. 스탈린이 70%는 맞았고, 30%는 틀렸다고 마오쩌둥은 측근들에게 말하곤 하였다.

마오쩌둥은 또한 흐루시쵸프의 서구와의 평화공존정책의 적실성을 의심했다. 당시 중국은 자국의 이해관계에 부합한다면 서구 진영과의 긴장을 완화하려는 의지도 있었으나, 근본적 관계 조정은 이념적 배신에 해당한다고 믿었다.[92]

이러한 흐름속에서 중국 지도부는 흐루시쵸프가 스탈린보다 더욱 고약한 사람이라는 느낌을 가지게 되었다. 이 소련의 새로운 지도자는 중국과의 관계 개선에 진심인 듯 보였고, 중국에 군사원조를 늘릴 의향도 있었으나 마오쩌둥은 다른 여러 사람과 마찬가지로 흐루시쵸프의 성격이 매우 고약하다고 생각했다. 1961년 CIA의 주요인사 성격 분석(personality sketch)은 흐루시쵸프를 미묘한 뉘앙스를 감지하는 능력이 없는 사람으로 묘사한다.[93]

마오쩌둥과 그 측근들이 소련의 행위에 대해 논쟁했을 때, 오래 묵은 원한이 표면화되기 시작했다. 초대 주소련 중국대사인 왕자샹은 소련이 "강대국 쇼비니즘"을 가지고 있다고 말했고, 다른 대사급 인사들은 소련이 유럽을 지나치게 중시하고 아시아를 깔보는 경향이 있다고 느꼈다.[94] 마오쩌둥 및 기타 지도급 인사들은 폴란드와 헝가리에서 소요사태가 세계 공산주의 운동에 가지는 의미에 대해 우려를 가지고 있었다. 중국 국내에서 경제 불안은 이러한 두려움을 더욱 악화시켰다.[95]

마오쩌둥이 가지고 있었던 여러 근심거리 중 가장 큰 것은 중국 국내에서 혁명의 방향성에 관한 것이었다. 마오쩌둥은 제네바와 반둥에서의 외교적 성공은 산업화의 촉진을 위한 공간을 열었다고 믿었으나, 한국전쟁 후 중국의 경제복구는 지지부진했고 조심스러운 것이었다. 마오쩌둥은 측근들을 "전족을 찬 여인과 같이 느릿느릿 걷는다."[96]라고 비난하기도 하였다. 마오쩌둥은 또한 국내에서 그 권위에 대한 도전에 직면하기도 하였는데, 1956년 9월에 열린 전당대회에서 중국 공산당은 집단지도체제를 강조하며, 당헌에서 '마오쩌둥 사상'에 대한 언급을 삭제하기도 하였다. 국영매체는 개인에 대한 우상화 및 숭배를 비판하기 시작했다.[97] 이러한 현상은 마치 흐루시쵸프가 중국 국내정치를 조형하는 듯한 것처럼 보일 정도였다.

마오쩌둥은 이러한 움직임에 대해 '백화제방 백가쟁명(百花齊放 百家爭鳴)' 운동으로 응수했는데, 이는 인민과 관료들이 당과 국가 상황에 대해 자유롭게 의견을 개진할 수 있게 하는 것이었고, 그 목적은 정부 업무의 질 향상에 있었다. 외교관 그룹 역시 이러한 운동에 참여하게 됨에 따라 커다란 대자보가 외교부 건물에 붙기도 하였다.[98]

그러나 이러한 운동은 마오쩌둥이 바란대로 전개되지는 않았다. 이 운동의 일부 참여자들이 정권에 강한 불만을 표출한 사실에 상처를 입고 놀란 마오쩌둥은 1957년 여름에 기조를 바꾸기 시작했다.[99] '백화제방 백가쟁명'운동은 곧 이념적 정통성과 비판을 표출한 이를 처벌하는 반우파 운동으로 변해갔다.[100]

이 운동은 외교부에 큰 타격을 주었다. 중국 내 여타 다른 직장과 마찬가지로 외교부에도 색출하고 처벌해야 하는 우파 무리의 할당량이 주어졌다. 외교부의 할당량은 5%였는데, 이는 저우언라이가 모집한 외교관 그룹 스무명 중 한 명은 불과 8년 만에 표적이 되어야 한다는 의미였다.

곧 공포와 편집증적 분위기가 조성되었다. "그 시점부터 공산당 내 일상은 점차 비정상적이 되어 갔다."[101]고 한 외교관은 회상했다. 최고 경제기획가였던 보이보(薄一波, Bo Yibo)는 새롭게 형성된 '비 정상적 정치 무드'라고 당시 상황을 표현하였는데, 마오쩌둥이 극단적 노선을 압박함에 따라 이러한 분위기는 전 정부조직과 관료들이 마오와 상호작용하는 방식에 심대한 영향을 미쳤다. "그 어떤 당원이나 일반 인민들도 다른 견해를 피력할 수 없었다."라고 보는 당시를 회상하였다.[102]

외교부 내에서는 여러 명의 고위급 관료들이 표적이 되었다. 장한푸 부부장이 탄핵 대상이 되었으며, 예난 시절의 베테랑 출신 공평과 그녀의 남편인 차오관화 역시 같은 상황에 처했다. 당시 "그 누구도 이러한 표적이 대상이 된 관료에게 말조차 건네지 못했다."고 한 관료는 기술하였다.[103] 이들은 일시적으로 따돌림을 견뎌야 했지만, 셋 모두 살아남을 수 있었다. 1950년 유엔 회의에서 우 샤오춘의 통역 역할을 맡았던 푸샨과 그의 아내는 앞서 언급한 세 사람보다는 운이 좋지 못했다. 푸샨은 '부르조아 우파'로 낙인찍혀 외교부에서 축출되었고, 이후 한 연구기관에 배치되었다.[104]

예난 시절 경험했던 '정화 운동' 시기처럼 일부는 의사에 반하여 비난 대열에 합류해야만 했다.[105] 일부는 열성적으로 동료들을 비난하였는데, 한 외교관은 동료에게 "우리는 당신과 같은 지식인 계층을 무디게 만들려 노력한다"

라는 말을 듣기도 하였다.[106] "이러한 극악한 환경에서, 수백만 인민들은 스스로를, 심지어 가족과 친구들을 끊임없이 의심해야 했다. 불평함으로써 얻을 수 있는 이익은 없었으며, 불평을 늘어놓을 만한 상대도 없었다"라고 귀국 통역가인 지차오주는 말했다.[107]

1957년 11월, 마오쩌둥은 국내 정치를 급진화시키는 와중에 그의 두 번째 소련방문을 감행하였다. 이전 방문에서 마오쩌둥은 스탈린과의 접견을 위해 수주 동안 대기해야 했으나, 두 번째 방문에서는 흐루시초프가 직접 마오쩌둥을 이전 왕조시절 황후의 거처였던 크렘린궁으로 안내하였다. 마오쩌둥은 중소관계의 권력 관계가 바뀌었음을 느꼈다. "우리를 어떻게 지난번과 다르게 대접하는지 봐라. 심지어 이런 공산국가 땅에서도 누가 더 강하고 약한지를 안다. 정말 속물이지 않은가."[108]라고 마오쩌둥은 그의 수행원에게 말했다.

마오쩌둥은 이 방문을 급변하는 국제정세에 대한 그의 견해와 중국 혁명에 대한 그의 커지는 야망을 보여줄 기회로 활용하려 하였다. 한달 전 소련의 스푸트니크 위성 발사에 한껏 고무되어, "동풍이 서풍을 압도하고 있다."라고 선언하기도 하였다. 1인당 국민소득 측면에서 1970년까지 미국을 추월하겠다고 선언한 소련에 대응하여, 마오쩌둥은 15년 이내에 중국은 영국을 추월하겠다고 선언하였다.

소련측은 그러나, 국제 분쟁 가능성에 대해 마오쩌둥이 냉담하게 뱉은 말 한마디에 경악하고 말았다. 마오쩌둥은 핵전쟁 가능성에 대해 언급하며, "인류의 절반이 죽는다 할지라도, 나머지 절반은 살아남는 가운데 제국주의는 땅 속에 묻힐 것이다."라고 발언하였다.[109] 마오쩌둥의 이러한 발언은 소련측을 동요케 하였는데, 이는 소련이 1959년까지 원자탄을 중국에 제공하겠다는 비밀협정을 맺었기 때문은 아니었다. 밀약과 달리, 원자탄은 중국에 이전된 적이 없었기 때문이었다. 사실 소련은 비밀 협정이 맺어진 채 1년이 되지 않은 시기부터 마오쩌둥의 정신 상태를 의심하게 되었다.

제5장

진실과 거짓의 사이

1961년 가을, 리자종(Li Jiazhong)은 생애 첫 정장을 맞추었다. 24살의 이 청년은 베이징 왕푸징 상점가에서 정장을 구매할 수 있는 구폰을 지급받았으며, 어떠한 옷을 구매해야 하는지 명확한 지침을 하달받았다.[1]

리자종은 최근까지 프랑스어를 전공하였으나, 보다 많은 아시아 전문가가 필요하다는 외교부의 결정에 따라 베트남어 전공으로 재배치되었다. 언어 학습 후, 리자종은 베트남에 신설되는 중국 대사관에 배속될 예정이었다. 그는 애초에는 이러한 급작스러운 변화를 달가워하지 않았으나, 그가 읽은 트랙터 보관소에 관한 러시아 소설에 나온 "당이 배정하는 곳에 서 있을 뿐이다."라는 문구를 떠 올리며, 스스로를 다잡았다.

리자종의 정장을 맞춘 재단사는 젊은이들 상당수가 해외에 있으면 몸무게가 늘어나니 넉넉하게 옷을 맞추라고 말하였다. 사실, 중국의 남쪽에 위치한 빈곤한 국가인 베트남으로 향하는 사람에게는 이상하게 들릴법한 말이었다. 그러나, 재단사의 말은 두 사람 모두 이해하고 있었지만 감히 소리 내어 말할 수는 없는 사실, 즉 중국이 극심한 기근 가운데에 있다는 사실을 표현한 것이었다.

사실을 있는 그대로 인지할 수 없다고 느낀 것은 리자종과 재단사만은 아니었다. 베트남으로 떠나기 전, 리자종과 동료 학생들은 베이징 관료들의 격려사를 들어야 했는데, 이들은 "중국의 상황은 완전히 양호하다."고 강조하였다. 중국을 산업화시키기 위한 마오쩌둥의 대약진 운동은 급속도로 진행되고 있었다. 리자종과 재단사는 중국 전역을 휩쓸고 있었던 슬로건과 거짓말 가운데 조용히 인간적 연대를 형성하고 있었던 것이었다.

대약진운동이 엄청난 고난과 기근을 야기하는 가운데, 중국 정부는 한국 전쟁중에 개시한 매력공세를 여전히 전개하고 있었다. 이러한 목표를 달성하기 위하여 중국 외교관들은 해외 교섭 상대방에게, 서로에게, 심지어 스스로에게 거짓말을 해야 했다. 1962년 까지 무려 4천5백만 명에 이르는 사람들이 기근, 구타, 처형으로 목숨을 잃었다.[2]

***

대약진운동은 1957년 저수(儲水) 캠페인에서 시작되었는데, 이는 농업생산성 향상을 위한 것이었으며, 수백·수천만 명의 농민들이 댐과 저수지를 만드는데 동원되었다. 이는 곧 농민과 노동자들의 혁명 열기에 기반한 산업화 촉진 노력으로 발전되어 갔다.[3] 이 캠페인에 박차를 가하는 시점에서 마오쩌둥은 새로운 정책에 의구심을 가졌던 저우언라이와 일부 관료들을 공격하였다.

1958년 여름 동안 마오쩌둥은 대약진운동의 목표를 계속 바꾸었는데, 철강 생산량의 면에서 중국이 영국과 소련을 능가하려는 목표 시점을 수정하였다. 중국은 또한 산업, 농업, 군수 물자들을 소련 및 우방국으로부터 구매하기 위해 차관을 도입하기 시작하였다.

1958년 6월에서 8월까지 농업공동체(agricultural communes)가 도입되었고, 일반 주민들은 철강 생산량을 늘리기 위해 공동 급식소 및 뒤뜰 천막 등에서 냄비와 주전자 따위를 녹이도록 요구받았다. 외교학원의 연수생들은 고철 수집을 위해 학업을 일시 중단해야 했다.[4]

마오쩌둥은 대약진운동이 성공하기 위해서는 전 중국 인민의 열성적 동원이 필요하다고 믿었다. 이를 달성하기 위해, 그는 의도적으로 대외적 위기를 조장했다. 1958년 8월과 9월 사이, 마오쩌둥은 다시금 대만의 진먼섬과 마츠섬에 대한 포격을 지시했다. 이러한 위기는 미 제국주의자들의 위협에 대한 대응이라는 구실로 대중 동원을 정당화시켰다. 또한, 마오쩌둥의 포격 지시는 흐루시초프에 사전 통고 없이 이루어진 것이었다.[5]

당시 저우언라이가 주중 소련대사에 한 설명은 마오쩌둥의 의도에 대해 많은 것을 말해주는데, "타이완 섬에서 장제스의 존재와 미국의 개입은 전 중국을, 특히 중국 인민을 교육시키는 면이 있다."[6]라고 언급한 것이다. 외부의 위협이 대내적 혁명을 위해 봉사하도록 기획된 것이다.

위기는 두 달 동안 지속되었고, 미국은 중국 해안도시에 전술핵을 사용하는 방안을 포함한 긴급 대책을 수립하였다. 이러한 위기는 또한 타이완의 해방과 미 제국주의에 대한 저항을 촉구하는 대중 프로파간다를 수반한 것이었다.

국내적으로 이러한 위기는 마오쩌둥이 기대했던 효과를 가져왔다. 전국적으로 중국 정부는 전시 동원의 일환으로 코뮌 프로그램을 실시하였으며, 1958년 겨울까지 3억 명의 인민들이 의용군에 지원하였다. 그러나, 중국은 국제적으로는 상당한 비용을 치루어야만 했다. 안보 위기는 미국 내에서 일반

대중과 엘리트 그룹의 대중 인식을 악화시켰으며, 유엔에서 승인을 획득하고자 한 중국의 노력에 위해를 가하였다.

1958년에는 전국적으로 기근이 덮쳤다.[7] 많은 가축들이 굶어 죽었고, 사람들은 초근목피로 연명해야 했다. 당시 스촨헤서는 훗날 외교관이 되어 힐러리 클린턴 국무장관의 전령 역할을 했던 다이빙궈가 대학에서 공부하고 있었는데, 영양실조로 얼굴이 누렇게 뜨고 머리카락이 잿빛으로 변했다. 몸은 비쩍 말라 고향의 집으로 돌아 왔을 때, 그의 어머니가 알아보지 못할 정도였다. 다이빙궈의 시력은 이 시기 너무도 악화되어, 다시는 그 이전 수준으로 회복되지 못했다.[8]

***

마오쩌둥은 1958년 11월과 1959년 6월, 대약진운동의 속도를 조금 늦추기는 하였으나, 기본 정책은 그대로 유지하였다. 그 어느 때보다 강한 기강이 확립되어 있었던 중국 외교관 그룹은 공개적으로 대약진운동을 지지하였다. "노동자들의 희생이 있었던 것은 사실이지만, 이는 우리가 멈추는 이유가 될 수는 없다. 이는 우리가 치루어야 하는 대가이다. 몇몇 소수의 질병 및 사망 사건이 있기는 하지만, 이는 정말 아무것도 아니다."[9]라고 1958년 11월 당시 외교부장 천이는 발언하였다.

이러한 위기가 전개되는 시점에, 저우언라이는 물론 그가 공들여 쌓아놓은 대외적 성과들을 수포로 돌리고 싶지는 않았다. 저우언라이는 따라서 산업 및 농업생산이 기대에 훨씬 못 미치는 상황하에서도 외채 상환의 속도를 늦추고 싶어하지 않았다. 1958년 11월, 저우언라이는 "우리가 외국인들과 일종의 계약을 맺은 이상, 차라리 덜 먹고 덜 소비하는게 낫다."고 발언하기도 했다.[10]

1959년 전반기 기아는 더욱 확산되었다. 베이징 거주민과 특히 정부 관료들은 기근으로부터 어느 정도 보호되었지만, 그들 역시 배고픈 것은 마찬가지였다. 베이징의 외교관들은 에너지를 허비하지 않기 위해 스포츠 활동이 금해졌고, 여분의 식량을 비축하기 위해 낚시에 나서기도 하였다.[11] 일부 그룹은 내몽골 지역으로 가 지프를 타고 총을 들어 사냥에 나서기도 하였다.[12] 외교부 간부들은 조직원들에 규율을 지키고 불평불만을 늘어 놓지 말 것을

주문하였다.[13]

　해외 귀빈은 추가로 얻을 수 있는 칼로리를 의미했다. 중국에 주재하는 해외 사절을 접견할 때면 음식을 얻어 먹었고, 부서로 복귀할 때면 외교부 내 동료들은 살이 붙은 동료들을 알아챘다.[14] 한 외교관은 자녀들에게 먹이기 위해 외교 행사에서 냅킨에 포테이토칩을 싸 오기도 했다.[15]

　많은 외교부 직원들은 뼈가 보일 정도로 말라 갔는데, 침대에 눕는 것이 아플 정도였다고 한 외교관은 회상하였다.[16] 일부는 가족들을 먹일 음식을 사기 위해 옷을 팔기도 하였다.[17] 일부는 외교부의 엄격한 규율을 깨고 식당에서 음식을 훔치기도 하였는데, 붙잡힌 사람들은 해고되었다. 외교부 주방에 식용유가 떨어져 다른 부처에 빌리려 했으나 역시 여분이 없다는 것만을 확인한 적도 있었다.[18]

　마오쩌둥은 기근에 대한 보고를 받았음에도 불구하고, 대약진운동을 계속 밀어붙였다. 1959년 3월, 상하이에서 개최된 회의에서 더 높은 수준의 농산물 생산 목표치를 설정하였다.[19] 해외 주재중인 중국 외교관들은 "대약진운동은 여전히 훌륭히 진행되고 있다."라는 업데이를 계속 받았다. 외교부는 여러 대사들을 사전에 짜여진 국내 농촌지역 순방에 참여시켜 곡물 및 철강 생산량 증대 현장을 보게 하였다.

　다시금 중국의 대표단은 두 개의 세계 사이에 갇혀 있음을 발견하였다. 왕궈찬(Wang Guoquan) 주동독 중국대사는 동독으로 귀임하기 전 이러한 순방 프로그램에 참여했고, 동독 관료들에게 중국이 만들어내는 엄청난 진전에 대해 말했다.

　말을 들은 동독 관료는 침묵을 지켰으나, 그의 부인이 목소리를 내었는데, 그러한 결과는 과학적으로 불가능해 보인다는 것이었다. 왕대사는 이 대사 부인의 말이 아마 맞다는 것을 자각하고, 대사관 밖에서는 대약진운동의 성과에 대해 침묵하기 시작하였다.

　왕대사는 이후 초기의 순진함에 대해, "중국은 당시 막 반 우파 투쟁 상황에서 벗어난 상황이었다. 누군가 반대의견을 표명하면, 그 즉시 공격받는 상황이었다."[20]고 기술하였다.

***

1959년 7월, 중국의 일부 고위급 지도자들은 마오쩌둥의 정책에 맞서기로 결정하였다. 중국 지도부는 장시성 북부의 울창한 삼림지대인 루산에서 회합하였다. 19세기 말 유럽 선교사들의 휴가지로 개발된 루산은 장제스와 마오쩌둥이 모두 좋아한 장소였는데, 당시 시점에서 마오쩌둥이 정적의 별장을 뺏은 상황이 되었다. 한국전쟁의 영웅이었던 펑더화이가 마오쩌둥의 정책에 반대를 주도한 것은 이러한 조용한 환경에서 일어난 일이었다. 이후 전개된 상황은 마오쩌둥이 다스리는 중국에서 권력에 대한 진실을 말했을 때 따라오는 엄중한 경고 같은 것이었다.

마오쩌둥이 거리를 두고 지켜본 소그룹 토론에서 펑더화이는 본래 기질대로 직설적으로 말했다. "마오쩌둥 주석을 포함하여 우리 모두가 책임을 함께 지는 것이다. 1천 70만톤이라는 철강생산량 목표는 마오 주석 스스로가 설정한 것인데, 어떻게 책임을 회피할 수 있는가?"[21]라고 발언하였다.

마오쩌둥은 7월 10일 연설에서 자신의 정책을 방어하였다. "우리는 열 개의 손가락을 가지고 있지 않은가? 열 개 손가락 중 아홉 개가 성공을 가리키고 있고, 오직 하나만이 실패를 가리키고 있다."고 언급했다. 저우언라이는 중국공산당이 소련 지도부보다는 훨씬 빨리 문제를 발견하고 해결할 수 있을 것이라고 마오쩌둥을 안심시켰다.[22]

그러나, 펑더화이는 이러한 견해에 반대했다. 그는 후난성 고향으로 가는 길에서 기근을 직접 목격하였다. 펑더화이는 또한 당시 상황이 매우 심각하다는 인식을 같이하는 인물들, 예를 들어 정원티엔 외교부부장과 같은 사람들과 해당 문제를 논의했다.[23] 그 정확한 의미를 파악하기는 어렵지만 펑더화이가 폴란드 방문중에 남긴 말은 예언적이었는데, 한 젊은 외교관이 "언제 다시 만날 수 있을까요, 펑장군님?"이라고 말했는데, 이에 펑더화이는 "아니. 우리는 다시 만나기는 힘들걸세"라고 답하였다.[24]

펑더화이는 직접 마오쩌둥에게 편지를 쓰기로 결심하고, 7월 14일 서한을 마오쩌둥의 관저에 남겼다. 둘은 대장정 이전부터 서로 알던 사이였고, 펑더화이는 스스로가 마오쩌둥이 좋아할 만할 순종적인 인간이 아니라는 것을 알고 있었다. 펑더화이는 "저는 단순하고, 순수하고, 계략을 모르는 사람입니다. 따라서, 과연 이 편지가 가치 있는 것인지는 스스로 판단하셔야 합니다." 라고 마오쩌둥에 보낸 편지에 썼다. 펑더화이는 일단 마오쩌둥에 대한 찬양을 늘어 놓은 후, 대약진 운동의 무용성, 생산량에 대한 과장, 좌파의 실책 등을 지적했다.[25]

마오쩌둥은 이에 격노했다. 마오쩌둥은 예난시절부터 펑더화이가 건방지다고 했고, 그의 충성심을 의심했다.[26] 마오쩌둥은 회의 참석자들에게 편지를 회람하고, 천이를 비롯한 모든 고위 간부가 참석하도록 명했다. 회의에 참석한 이들은 소수 예외를 제외하고 하나같이 펑더화이를 비난하고, 마오쩌둥의 정책을 찬양하였다.

이런 상황에서 7월 21일 장원티엔의 수시간에 걸친 개입이 이루어졌다. 장 외교부부장은 대약진운동의 목표치가 지나치게 높았고, 생산량 수치는 날조되었으며, 뒤뜰에 설치된 용광로는 비용만 소요되는 실패작이며, 생산물은 저질이라는 점을 조목조목 지적하였다. 농민들은 기아로 죽어가고 있는 상황이었다. 장 부부장은 "폐혜가 업적을 9대 1로 압도한다."[27]고 언급했다.

장원티엔은 펑더화이와 마찬가지로 마오쩌둥의 예스맨이 아니었다. 그는 당내 지식인들의 목소리를 대변했으며, 1920년대 소련 유학 경험이 있었을뿐 아니라 한때 당의 총서기장 역할을 담당하였다.[28] 주소련 중국대사로 임명된 1951년에는 정치국 상무위원을 겸하고 있었다. 주소 대사 재임기인 1953- 1955년 시기 스탈린의 개인숭배 경향에 대한 비판 및 역진 경향에 대해 보고하였고, 이는 마오쩌둥의 주목을 끌기도 하였다. 그는 루샨 회의 수개월 전부터 대약진운동에 의구심을 가지고 있었다.[29]

마오쩌둥은 펑더화이에게 그래했던 것처럼 장웬티엔에게도 원한을 품게되었다. 장웬티엔은 1930년대부터 마오쩌둥이 잘난체한다고 느낀 간부 중 한 사람이었다. 마오쩌둥은 1938년 장칭과의 결혼식에 장원티엔을 초대하지 않았는데, 개인 비밀 노트에 장칭과 결혼한 것은 옳은 선택이 아니었음을 고백하기도 했다.[30] 예난의 정풍운동 시기 마오쩌둥이 그를 표적으로 삼자, 장웬티엔은 이의 부당함을 지적하기도 하였다.[31]

마오쩌둥이 국내적으로 저항에 직면해 있을 때, 해외에서는 음모의 냄새

를 맡게 되었다. 7월 19일, 마오쩌둥은 외교부로부터 소련 관료들 사이에 퍼
진 대약진운동에 대한 우려를 보고받았다.[32] 마오쩌둥은 별다른 첨언 없이 이
를 지도부 인사들에게 회람시켰다. 그 며칠 후에는 흐루시초프가 폴란드에서
형성된 코뮌에 대해 비판 연설을 한 사실을 알게 되었다. 대약진운동에서 코
뮌이 차지하는 중요성을 고려하여, 이 연설을 자신의 정책에 대한 비난으로
받아들였다. 마오쩌둥은 다시금 관련 자료를 지도부에 회람하였다.[33]

마오쩌둥은 흔들리는 듯 보였다. 7월 23일 세 시간에 걸친 격동적 연설에
서 펑더화이의 진언을 부정하고, 위협적 메시지를 던졌다. "우리가 당 지도부
에서 물러나야 한다면, 농촌으로가 농민을 이끌어 정부를 전복하려 노력할 것
이다. 만약 인민해방군이 우리를 따르지 않는다면, 홍군에 기댈 것이나, 모두
나를 따를 것이라 본다"고 일갈하며, 자신과 펑더화이 중 한 사람을 선택해야
할 것이라고 지도부를 압박했다.[34]

이후 몇 주간, 고위 간부급 지도자들은 펑더화이와 장웬티엔을 비난하기
위해 회합하였다.[35] 일부는 이 둘이 연대하여 마오쩌둥에 도전하려 하였다고
주장하기도 하였다.[36] 주유고슬라비아 대사직에서 귀임한 우샤춘을 비롯한 많
은 고위급 외교관들은 그의 동료들에게 동정적이었으나, 이들에게 쏟아지는
비난에 감히 대항하지는 못하였다.[37] 저우언라이는 물론 마오쩌둥의 노선을
따랐다.

며칠의 시간이 지난 후, 심지어 펑더화이까지 자아비판에 굴복해야 했다.
펑더화이는 "본질적으로 우파기회주의적 속성을 가진 반 정당, 반 인민, 반
사회주의적 과오"[38]를 저질렀음을 고백하는 서한을 써야만 했다.

루샨회의는 마오쩌둥의 정적들이 당, 국가, 인민에 대항한 음모를 꾸몄다
는 사실을 담은 결의 통과로 마무리되었다. 펑더화이는 좀 더 순종적인 것으
로 비춰지던 린뱌오로 교체되었는데, 사실 린뱌오는 자신의 일기장에는 대약
진운동에 대해 비난하였으나, 공식적인 자리에서는 마오쩌둥에 아첨하였다.[39]
마오쩌둥은 당내 우파 반동주의를 배격하기 위한 운동을 전개하였으며, 이에
따라 장웬티엔은 외교부장 자리에서 물러나야 했다. 수천명의 사람들이 우파
기회주의의 명목하에 비난받았고, 장웬티엔의 외교부내 오랜 동료들은 강등·
근신 되거나, 해고 되었다.[40]

이러한 일련의 사건들은 속마음을 말로 옮겼을 때 외교관에게 일어날 수 있는 일에 대한 엄중한 경고였다. "대약진운동이 잘못되었다는 것은 명백했지만, 감히 이에 대해 말하지 못하였다. 누군가를 만났을 때 대략 마음에 있는 이야기의 30% 정도만 한 것 같다."고 한 대사는 기억했다.[41] 9월에는 주북한 중국대사가 주북 소련대사에게 중국이 겪는 곤경은 자연재난의 결과라고 말하기도 하였다.[42]

***

대내적으로 마오쩌둥이 반대파를 맹렬히 비난하고 있을 때, 소련과의 관계는 한층 악화되었다. 1959년 6월, 흐루시초프는 원자탄을 중국에 인도하겠다는 약속을 이행하지 않고, 미국과 우호관계를 지속하였다. 마오쩌둥은 심지어 '평화공존 정책'으로 대표되는 흐루시초프식 사회주의 사상이나 미국적 사상 모두 중국 공산당 통치를 갉아먹는 것으로 인지하였다.[43]

흐루시초프는 1959년 베이징을 방문했는데, 중국은 당시 기근에도 불구하고 해외 귀빈들을 맞이하기 위한 국빈관인 댜오위타오를 개관하였다.[44] 소련이 이 국빈 방문을 통해 격화되어 가는 중국－인도 간 국경 관련 갈등을 중재하려 하자, 회담을 둘러싼 긴장은 높아져 갔다.

1960년 중소 양국은 공개적으로 비난전을 전개하는 상황에 이르렀다. 6월에는 덩 샤오핑이 마오쩌둥의 사냥개 역할을 했는데, 베이징에서 개최된 노조 회의에서 소련 대표를 앉혀두고 한 시간 반 동안이나 흐루시초프의 수정주의에 대한 비난 연설을 행한 것이다. 흐루시초프는 루마니아 공산당 인민대회에서 중국대표 펑젼을 앞에 두고, "스탈린을 그토록 원한다면, 관 채로 가져 가라. 기차칸에 실어 보내 주겠다."[45]라고 응수했다. "나는 마오쩌둥을 보면, 마치 스탈린을 보는 것 같다. 그는 완전 스탈린의 판박이다."[46]라고 모스크바에 돌아와 측근에게 이야기하기도 했다.

바로 그 달에 저우언라이와 여타 당 지도부는 중국의 대소 무역 의존도를 줄이기 위한 정책 수립에 착수했다. 지도부는 겨우 마오쩌둥을 설득하여, 캐나다와 호주 등 자본주의 국가에서 곡물 수입을 단행했는데, 이로 인해 외화보유고는 바닥이 났다.

당 지도부는 조용히 경제정책의 조정에도 착수했다. 1960년 10월, 경제기획자였던 리푸춘(Li Fuchun, 李富春)은 허난성 신양현에서 발생한 대규모 기근사태에 대해 보고했는데, 훗날 단행된 조사에 따르면 주민 여덟에 하나는 아사한 것으로 나타났다.[47] 11월에 이르러 공산주의 집단공동체(코뮌)는 약화되었고, 농민들이 사유 경작지 소유 및 부업을 허용할 수밖에 없는 상황에 이르렀다. 중국은 또한, 국내 기근 문제를 완화하기 위해 곡물 수출을 줄일 수밖에 없었는데, 이는 저우언라이 및 여타 당내 지도부가 알바니아, 북베트남, 쿠바, 몽골 등 공산권 형제 국가들에 대한 의무를 다해 외교관계를 원활히 해야 한다고 주장 했음에도 불구하고 이루어진 것이었다.[48]

대약진운동의 후퇴가 진솔한 대화를 위한 시간이 왔다는 의미는 아니었다. 대기근이 국제적 평판에 손상을 입힐 수도 있다는 우려에서 중국 정부는 다시금 오랜 친구인 에드가 스노우에게 눈을 돌렸다. 스노우는 당시 맥카시즘에 시달린 다른 미국인 사회주의자들과 함께 스위스에서 살고 있었다. 중국 공산당은 당시 중국 국외에서 널리 유포되어 있었던 대기근 관련 보고를 불식시키기 위해 스노우를 공산주의 집단공동체, 공장, 학교 등 중국 전역 곳곳을 방문하게 했다. 스노우는 공산당의 기대에 부응했는데, "나는 기아 상태에 있는 사람이나 구걸하는 사람들의 사진을 찍기 위해 진지한 노력을 기울였으나, 이러한 사람들을 찾을 수 없었다."라고 기술한 것이다. 그는 나아가 "확실하게 말할 수 있는 한가지는 이전 정권에서 거의 연례적으로 일어났던 대량 기근이 이제 더 이상 일어나지 않는다는 점이다."[49]라고도 썼다.

스노우는 개인적으로 의심을 품기는 했다. 그는 일기에서 "중국 방문시 가졌던 여러 만남들에 이상한 점이 있었다. 분명 예의 바르게 맞이해 주었고 가능한 모든 협력이 이루어졌으나 친밀감이 형성되거나 인간적 따뜻함이 느껴지지 않았다. 마치 다시는 보지 않을 사람을 대하는 것으로 느껴져 우정이 쌓일 것 같은 느낌을 주는 만남이 없었다."[50]라고 술회하였다.

스노우의 의심은 타당한 것이었다. 역사가인 줄리아 로벨(Julia Lovell)이 분석한 외교부 기획문서에 따르면, 중국 공산당은 스노우의 직업적 곤경에 대해 냉담한 평가를 내린 것으로 보인다. 해당 문서는 "최근 몇 년 동안 스노우는 직업적으로 여러 번의 실패와 좌절을 겪었다. 그는 중국에 대한 책을 써서

부와 명성을 추구하는 것으로 보인다."[51]라고 적시하고 있다. 외교부는 또한 스노우가 중국에 도착했을 때 명확한 행동 지침을 가지고 있었는데, "표면적으로는 느긋하되, 속으로는 긴장해야 한다. 우리는 우리가 허락하는 몇 군데 장소를 둘러보게 할 것이며, 이는 우리가 이해시키려고 준비한 몇 가지를 그가 이해하게 하려 함이다."라고 한 외교문서는 적고 있다.

당시 외교학원 학생이자 훗날 환경관련 업무를 담당하는 외교관이 되는 샤쿤바오는 스노우가 자교 식당을 방문했을 때 그 자리에 있었다. 샤쿤바오는 소량의 곡물배급으로 겨우 연명하고 있었는데, 굶주림으로 배와 팔다리가 부어 올랐고 학교에서는 힘을 아끼기 위해 체육 시간에 달리기나 농구를 금지시켰다. 그런데 스노우가 교정을 스쳐 지나간 날에는 곡물 배급이 고기와 큰 그릇에 담긴 쌀로 바뀌었다. "스노우는 중국 대학생들의 행복한 생활상에 만족한 듯 보였다."고 샤쿤바오는 훗날 회상했다.[52]

정부의 장담에도 불구하고, 중국 전역에서 수백만 명의 사람이 굶주리는 것이 1961년의 현실이었다. 2년 전 어머니를 기아로 잃은 젊은 외교관 지앙벤량은 고향인 허베이성에 돌아가 육체노동에 참여하라는 명을 받았다. 지앙은 고향에서 필사적으로 먹을 것을 찾는 농민들을 보게 되었고, 그 역시 그 대열에 곧 합류하게 되었다. 혈관에서 팔다리로 타액이 흘러나와 몸이 부풀어 올랐고, 배를 채우기 위해 초근목피를 입에 넣었다.[53]

오랜 전술은 쉽게 죽지 않는 법이다. 2010년 티베트에서 분신 사건이 발생한 후, 해외 언론인들을 초청하여 가이드 투어를 진행하면서 해당 지역이 얼마나 조화로운 모습으로 변했는지를 보여 주었는데, 언론인 단독으로 여행하는 것은 금지하였다.[54] 2019년 유엔을 포함한 국제사회의 비판가들이 중국 정부가 수백만 명의 위구르족을 "재교육"하기 위해 신장의 수용소에 감금했다는 보고가 이어지자, 중국 정부는 역시 해외 언론인들을 철저한 기획하에 해당 지역을 방문하도록 하였다.[55] 이를 위해 검문소는 철거되고, 수용소에서 감시탑이 사라졌다. 외교부 관료들 역시 신장 정부가 기획한 방문 프로그램에 참여하였다.[56]

***

공산당의 대외연락부를 맡게 된 왕쟈샹은 당시 기근이 번지는 것을 지켜
보고 있었다. 1951년 주소 대사직에서 면직되어 모스크바에서 돌아온 왕쟈샹
은 대외연락부의 초대 수장이 되었다. 해당 부서는 전 세계 공산당과의 관계
구축을 위해 만들어졌으며, 연합전선부에서 인력을 충원하였다. 1956년에 이
르면, 전 세계 60여개의 공산당과 관계 구축에 성공하게 되는데, 이러한 과정
은 관영매체에도 보도되지 않았다.[57] 오늘날에도 공산당 대외연락부는 북한과
베트남 공산당 및 사회민주당으로부터 극우정당에 이르기까지 여러 정당과의
연락 업무에 큰 역할을 수행하고 있다.[58]

왕쟈샹이 보기에 중국정치는 잘못된 방향으로 흘러가고 있었다. 점증하
는 소련과의 갈등에 더해 인도와 국경분쟁이 있었고, 미국과의 대리전 양상을
띤 베트남 개입은 점차 위험한 방향으로 흘러가고 있었다. 왕쟈샹은 또한 마
오쩌둥의 악명높은 경호담당자인 강성이 대외연락부 업무에 개입하고 그를
쳐내기 위해 부서 내에서 그와 그의 아내에 대한 루머를 유포하는 등의 일로
점차 좌절감을 느끼게 되었다. 마오쩌둥의 주된 관심이 소련과 점증하는 갈등
에 돌아가게 되자, 당과 당 관계에 대한 영향력 증대는 정치적 선물처럼 왕쟈
샹에게 돌아갔다.[59]

왕쟈샹은 이제는 목소리를 내야 할 때라고 결정했으나, 이는 결코 쉬운
결정은 아니었다. 훗날 마오쩌둥이 회상했듯이, 왕쟈샹은 마오쩌둥의 권력장
악에 큰 역할을 했고, 예난 시절 '마오쩌둥 사상'의 발전에 중심적 역할을 하
여 이후 마오쩌둥의 개인숭배에 기초를 놓는 데 공헌하였다.[60]

그럼에도 불구하고 왕쟈샹은 상황이 매우 급박함을 느꼈고, 대외연락부
차원에서 중국외교 방향성에 대한 연구를 수행한 후, 저우언라이, 천이, 덩샤
오핑에게 대안적 중국외교 정책에 대한 서한을 보내는 전례 없는 행보를 보였
다. 왕쟈샹은 중국 정부가 항상 평화정책을 추구해 왔음을 밝히는 성명을 발
표해야 한다고 주장했다. 왕쟈샹은 또한 흐루시초프가 미국과 타협하여 중국
을 고립에 이르게 하는 상황을 막아야 한다고 주장했다.[61]

왕쟈샹의 양심에 기반한 행동은 충분히 예측 가능한 결과를 가져왔다. 마
오쩌둥에게 왕쟈샹의 주장은 마오쩌둥이 국내외적으로 퇴치하려 한 흐루시초
프 스타일의 수정주의와 같은 것이었다. 1962년 공산당 전당대회에서 마오쩌

둥은 왕자샹을 통일전선부 리웨이한(Li Weihan, 李维汉)과 함께 수정주의자로 몰아 비난하였다. 왕자샹과 그 일가는 이후 공산당 지도부의 관저 밀집지역인 중난하이(中南海)에서 퇴거할 것을 명받았다.[62]

왕자샹의 바람과 달리 마오쩌둥은 중국 외교를 더욱 대립적 방향으로 몰고 갔고, 이는 특히 대소관계에서 뚜렷한 대립양상을 보였다. 흐루시초프는 중국이 인도와 국경분쟁에서 승리한 1962년 10월, 양측의 자제를 촉구함으로써 마오쩌둥이 승리를 자축할 틈을 주지 않았다. 마오쩌둥에게 소련의 이러한 행태는 인도를 편드는 것이나 마찬가지였다.[63]

중소간 분쟁은 흐루시초프가 미소간 양국을 핵전쟁 위기로 몰아넣은 쿠바미사일 위기를 종식시키기 위해 케네디 대통령과 타협한 시점에 일어났다. 중국은 이를 소련을 바늘로 찌르는 것과 같은 방법으로 자극하는 기회로 활용하였다.[64] 공산당 기관지는 소련 지도자가 미 제국주의자들을 다루는 방식이 1938년 뮌헨회의에서 영국이 히틀러에게 전개했던 유화정책에 비유하였다.[65] 베이징에서 소련측이 개최한 외교 리셉션에서 천이는 외교정책이 우유부단해서는 안 된다고 조언하기도 하였다.[66]

단순히 바늘로 자극하는 것만으로는 마오쩌둥의 소련에 대한 분을 풀기에 충분하지 않아 이번에는 뺨을 때리는 것과 같은 방법으로 대응하기로 했는데 이데올로기적 대응이 그것이었다. 1962년을 시작으로 인민일보는 마오쩌둥 및 그 외 지도부가 편집한 소련의 수정주의 노선에 반대하는 연재물을 게재하였다.[67]

중국은 또한 점차 이상한 방향으로 흘러간 소련과의 당대당 대면회의에서 소련측을 비난하기 시작했다. 이러한 형식의 회의는 소련이 반소련 유인물 유포 혐의로 중국 외교관 3인을 추방한 직후인 1963년 7월 마지막으로 모스크바에서 개최되었다. 덩샤오핑이 중국 대표단을 이끌었고, 중소 양국은 15일 동안 11차례의 회담을 개최했는데, 회담 동안 여러 격한 언사들이 오갔다. 7월 19일, 마오쩌둥의 오랜 경호책임자인 강성은 베이징 지도부가 승인한 연설문을 읽어 내려 갔는데 스탈린을 훌륭한 공산주의의 동지로 치켜세우고 흐루시초프는 이러한 스탈린을 "독재자, 도적, 도박꾼, 공포의 이반과 같은 폭군, 바보, 똥덩이, 바보 같은 놈"이라고 욕한 흐루시초를 맹비난하였다. 이를 지켜본

이는 이러한 이상한 대화는 "차마 협상이라고 부르기도 어려운 것"이라고 말하였다.[68]

중국이 세계에서 가장 강력한 공산국가인 소련과 분열하자, 공산권 다른 국가와의 관계 역시 악화되었다. 1960년대 이미 소련과의 갈등을 경험한 알바니아만이 중국에 지지를 보냈다.[69] 본래 중립을 지키려 했던 쿠바와 같은 국가 역시 궁극적으로 어느 한편에 지지하도록 강요받아 결국 중국의 '분열주의'를 비난하였다. 공산권 국가 여러 중국 공관은 마치 외로운 섬과 같았다고 한 중국 외교관은 회고하였다.[70]

이념분쟁은 항상 높은 긴장상태를 유지해야 한다는 것을 의미하였다. 주쿠바 중국 대사관은 얼마 전까지도 피델 카스트로가 중국 음식을 시식하기 위해 깜짝 방문하는 등 우호관계를 유지하였으나, 중국에 대한 비판이 있는 곳이면 그 즉시 자리를 떠나라는 본국의 훈령을 받게 되었다.[71] 한 번은 지나치게 열성적인 한 중국 외교관은 '중국'이라는 단어를 듣자마자 자국을 비난하려 하는 것으로 착각하고 행사장을 박차고 나가는 일이 발생하기도 했다.[72]

***

소련과의 분열은 중국이 그 어느 때보다 우방국을 필요로 하게 만들었다. 1962년 이후에는 마오쩌둥이 정치전면에서 물러나고 기술관료들이 개입하면서, 기근상황이 어느 정도 가라 앉게 되고, 이전과 같이 발전을 위해 효과적 외교관계를 필요로 하게 되었다.

저우언라이는 1963년 말부터 1964년 봄까지 아시아·아프리카 13개국 순방에 나섰다. 저우언라이의 방문은 훗날 중국이 탄자니아−잠비아 간 고속도로 건설에 관여하는 데 기여했는데, 해당 고속도로는 잠비아의 해안 항구 접근성을 확보하기 위한 것으로 세계은행의 거절 이후 이루어진 것이었다. 케네스 카운다 잠비아 대통령은 초기에는 중국에 대한 의심을 품었으나, 이후에는 중국을 '전천후 우방국'으로 표현하게 되었다. 아프리카 대륙에서 새롭게 수립한 국교관계는 유엔에서 타이완을 대체하기 위한 한 표를 의미했다.[73]

당시 시점에서 가장 큰 외교적 성과는 1964년 1월 이루어진 프랑스와의 국교수립이었다. 우선 경제·문화 교류 개시 이후, 중국은 독자 외교노선을 과

시하려는 샤를드 드골의 열망을 잘 활용하였다. 중국과 프랑스는 미국·영국·
소련이 1963년 체결한 '부분적 핵실험 금지조약(LTBT: Limited Test Ban Treaty)'
에 대한 불만을 공유했는데, 양국은 동 조약의 국제사회에서 자국의 역할을
축소시키는 것이라 보았다.[74]

프랑스와의 국교수립은 중국에게 큰 승리였고, 중국은 이를 인지하고 있
었다. 이는 주요 자본주의 국가와 첫 수교였고, 기타 다른 서유럽 국가와의 수
교 및 프랑스어권 아프리카 국가와의 수교 가능성을 여는 쾌거였다. 1964년
외교부 내부 문건은 "이제 우리는 고립된 상태에서 벗어나, 상당한 진전을 이
루게 되었다."고 적고 있다.[75]

1964년 10월의 어느날에는 중국에 좋은 소식이 하루에 두 번 이어서 전
해졌는데, 하나는 흐루시초프가 실각했다는 것이었고, 다른 하나는 중국이 핵
실험에 성공했다는 소식이었다. 외교부는 이러한 소식에 한껏 고무되었는데,
"마치 보이지 않는 힘이 우리를 이끌어 주고 돕는 것 같았다."고 한 대사는
회고하였다.[76]

흐루시초프의 실각은 마오쩌둥의 오랜 숙적이 제거되었다는 점뿐 아니라
공산권 다른 국가 및 소련에 대해서도 예전의 매력공세를 재개할 수 있다는
점에서 기쁜 일이었다. 결국 북베트남이나 북한과 같은 일부 사회주의 국가들
은 소련이 강요한 국가 모델보다 중국의 주권 강조 및 국가발전 모델에 경도
되는 모습을 보였다.[77]

오래 지나지 않아 다른 공산권 국가 주재 외교관들은 변화를 감지하게
되었는데, 프라하 주재 중국 공관은 "현지 사람들이 우리와 이야기하고 경청
하려 하기 시작했다"[78]고 보고하였다. 일부 국가들은 중국을 소련의 공세에
대비한 방어벽으로 인식하기도 하였다. 루마니아를 예로 들면, 1966년 초에
저우언라이의 조속한 방문을 요청했는데, 이는 소련과의 관계가 악화되고 중
소간 분열을 하나의 기회로 인식한 데 따른 것이었다.[79]

이 시기 외교부 건물은 1966년 지진 피해로 피해를 입어 자금성 동쪽의
동자오민(東交民) 노선에 접해 있는 건물로 이전하였는데, 이후 4년간 같은 위
치에 소재하였다.[80] 외교부는 이제 49개국과의 관계를 관리하고 있었으며, 미
래는 매우 밝아보였다.

***

기근이 완화되면서 중국정치도 상당 부분 정상적으로 돌아왔다. 신임 외교관들은 계속해서 외교부에 입부했는데, 혁명이 그렇게 많은 중국인들의 희생을 가져온 시점 이후에도 보인 열정은 그 어떤 정치 운동을 지탱하는 데 개인적 동기가 깊게 작용한다는 방증이기도 하다.

대기근 동안 굶주림으로 누렇게 뜬 얼굴을 하고 있던 러시아어 전공 학생이었던 다이빙궈에게 인생을 바꾸는 기회였다. 귀저우성 작은 산골마을의 가난한 가정에서 태어나 오남매 중 넷을 성인이 되기 전 잃었으며, 대학 학비를 마련하기 위해 마을과 마을을 돌아다니며 친척과 관리들에게 돈을 꾸어야 했다.

외교관이 된다는 것은 이전에는 상상할 수 없는 기회를 다이빙궈에게 가져다 주었다. 외교부에서 근무하기 위해 베이징으로 왔을 때, 그는 평생 처음 머리카락이 검게 변한 것을 느꼈는데, 이전에는 영양실조로 머리카락 색깔이 누렇게 떠 있었다. "고위 간부의 자제는 없었고, 대부분 보통 가정 출신이었다."[81]고 훗날 다이빙궈는 외교부 입부 동기들에 대해 기술하였다. 마침내 베이징으로 진출한 다이빙궈와 같은 학생들을 위해 공산당은 사회적 평등과 기회를 약속하였다.

다른 이들에게 외교관이 된다는 것은 세계로 가는 모임이 시작되는 길이었다. 당내 활동의 비밀주의와 엄격함 마저 매력으로 다가왔다. 대학을 갓 졸업하고 1962년에 입부한 초임 외교관은 중인 국경분쟁 중에 통역관으로 비밀리에 티벳지역에 파견되었다. 그녀는 행선지를 누구에게도 알리지 말라는 것과 당과 국가 기밀을 엄수할 것 등의 지시를 출발 전 두 시간 전에야 받았다. 이 초임 외교관은 그녀의 남편에게 "지도부가 처음으로 나를 사복을 입은 인민해방군의 일원으로 대우해 준다."[82]고 자랑스럽게 쓴 글을 남기기도 했다.

많은 신임 외교관들은 외교관이 되는 것을 국제 공산주의를 위해 봉사할 기회로 보았다. 수자원·전력 관련 부처에서 근무하던 한 관료는 1965년에 대사직을 제안받고 "사복을 입은 인민해방군"이 될 수 있다는 데에 흥분을 느꼈으며, 당 지도부의 눈과 귀가 되겠다고 생각했다"고 술회한다.[83]

외교부의 강한 조직문화는 해외 공관의 끈끈한 동료애와 결합되었다. 주알제리 중국대사를 역임한 정타오(Zeng Tao)는 공관이 하나의 큰 가족과 같았다고 이 시기를 기억한다. "대사부터 모든 직원이 같은 식당에서 밥을 먹고, 새벽부터 밤까지 같이 지냈다. 공관 직원들을 상관을 존경했으며, 상관은 직원들을 돌봤다. 우리는 해변에 같이 여행을 가기도 했다."고 회상한다.[84]

이러한 좋은 시간은 오래 가지 못했다. 베이징의 마오쩌둥은 관료들이 너무 안락하게 지낸다고 생각했다. 대약진운동이 외교부의 엄격한 기강을 느슨하게 만들었다고 한다면, 문화대명혁은 이를 깨드려 버렸다.

제6장
외교의 후퇴

1966년 6월 천이 외교부장은 젊은 외교관 그룹을 중난하이의 지도부 관저로 불러들였다. 이들 중에는 훗날 힐러리 클린턴 국무장관의 교섭 상대방이 되는 25세의 소련 전문가 다이빙궈도 있었는데, 그는 중국 남부 시골 마을에서 참혹한 가난에서 벗어나 외교부에 입부한 인물이었다.

천이는 수도 베이징을 휩쓸기 시장한 긴장감에 외교부의 활동에 애로를 느끼기 시작했으며, 이들에게 다시 확신을 주고자 했다. 천이는 당시 앞에 놓인 어려움을 보기 시작했으며, 이 또한 지나가리라는 확신을 가지고 있었는데, "나는 커다란 폭풍을 수천 번이나 보았는데, 내가 탄 배를 흔드는 작은 폭풍을 두려워해야 할 이유가 있는가?"[1]라고 말하기도 하였다.

확신에 찬 천이의 말에도 불구하고, 사태는 더욱 악화되어 갔다. 중국은 막 십년 동안의 정치적 혼란에 빠져들기 시작했는데, 이는 테크노크라시로 후퇴하는 혁명 과업을 구하고 중국 정치의 중심에서 스스로의 중심성을 강화 하려는 마오쩌둥의 열망에 기인한 것이었다.

이 시기는 중국 외교사에서 가장 파괴적인 시기의 출발점이었다. 문화대혁명은 그간의 외교성과를 무위로 돌리고, 국가 전체에 그러했던 것과 마찬가지로 여러 세대의 외교관 그룹에 지울 수 없는 상처를 남겼다. 외부세계와 외교관계를 수립하기 위한 중국의 진전은 1966년 중반부터 1969년 말까지 완전 중단 상태에 있었다.[2] 1969년 말에 이르면, 마오쩌둥 스스로가 "이제 우리는 완전히 고립되었다. 아무도 우리 말을 들으려 하지 않는다."[3]고 말하기에 이르렀다.

문화혁명기에 천이를 포함한 수많은 이들이 죽거나, 감금당하고, 폭행당하고, 공개적으로 모욕 당했다. 다이빙궈와 그의 많은 동료들은 노역지로 하방되었는데, 마오쩌둥의 통역관은 이 시기를 소설 '파리대왕'[4]에 비유하였다. 한 외교관은 "당시 많은 외국인들은 중국이 미쳐 돌아간다고 표현했는데, 이는 사실이었다. 중국은 정말 미쳐 돌아갔다."[5]고 회상한다.

***

문화대혁명은 1966년 5월 중순에 시작되었다. 마오쩌둥은 이때 당내 '부르주아 독재'를 획책하는 수정주의자들에 대한 경고를 담은 훈령을 내렸다.

몇 주 지나지 않아 '중앙문혁소조(中央文革小组)'가 중국 전역의 문화 정책을 장악하여 과격한 방식으로 현상 타파를 밀어 붙였다. 이 그룹은 마오쩌둥의 부인인 장칭이 주도했고, 중국공산당 중앙위원회 부주석, 정치국 상무위원이었던 왕훙원(王洪文), 정치국 상무위원이자 국무원 부총리였던 장춘차오(張春桥), 문예비평가 겸 정치국 위원 야오원위안(姚文元)과 함께 훗날 '4인방(四人帮)'으로 불리게 된다.

대부분 중국 외교관들은 이러한 전개가 스스로에 얼마나 중요한 일이 될지 이해하지 못하고 있었다. 외교부 관료들은 처음에 당의 지침을 따르는 척을 하느라 형식적 연구모임 같은 정도로 별다른 관심을 두지 않았다. 그러나 외교부 내 정무담당 외교관들은 무엇인가 더 큰 일이 진행되고 있다고 느끼고 외교부 내 지도부가 좀 더 깊은 관심을 가지도록 촉구했다.[6]

점차 외교부 내 여러 사람들도 변화를 감지하기 시작했다. 정보관련 부서장이었던 공펑과 그녀의 남편인 차오관화는 오래된 책, 잡지, 기록물, 맵시있는 신발 등 혹 중세적이거나, 자본주의적이거나, '수정주의적'으로 오인받을 수 있는 모든 것들을 버리기 시작했다.[7] 천이는 개인적 의구심에도 불구하고, 간부들이 새롭게 전개되는 정치적 상황에서 보다 적극적인 역할을 하도록 장려했다. 6월 하순경에 이르면 외교부에서만 무려 18,000여개에 이르는 대규모 시위를 상징하는 수기로 작성한 큰 대자보가 내걸렸다.[8]

이러한 표식들은 재외공관에서 일하는 외교관들이 해석하기에는 더욱 어려운 것이었다. 유고슬라비아 공관에서 재직중인 중국 외교관들은 공식 문건 및 언론보도를 통해 여러 정보를 취합하려 노력하였다.[9] 외교부는 해외 근무 중인 외교관들의 집중력이 너무 분산되지 않도록 대자보 게시를 금지하는 지시를 내렸는데, 다른 긍정적인 일들에 집중할 것을 권고하는 것이었다.[10]

그러나, 8월에 이르면 문화대혁명은 일상적 삶을 완전히 중단시키기에 이른다. 중국 전역에서 홍위병들은 학교, 대학, 기타 '중세적'인 것이라고 판단되는 모든 곳을 공격했다. 8월 중순에는 당 중앙위원회가 당내 권한을 틀어쥐고 자본주의 길을 가는 이들을 전복하도록 공식적으로 요청했다.

이때 마오쩌둥은 외교부의 운명을 결정지은 한통의 편지를 오스트리아로부터 받았다. 공산당 당원 중 한 명이 오스트리아 주재 중국 외교관들이 메르

세데스 승용차를 타고, 서양옷을 입고, 여성들은 하이힐을 신는다는 투서를 한 것이다. 비슷한 비판을 담은 서한이 탄자니아에서도 전달되었다.[11]

9월 9일, 마오쩌둥은 천이에게 "혁명에 따르지 않으면, 위험에 처할 것"이라는 서면 지시를 내리게 된다. 천이는 그 즉시 재외 공관에 회의나 의전에서 행태를 바꿀 것을 지시하였다. "그 누구도 감히 9월 9일의 훈령을 어길 생각을 하지 못했다."고 한 대사는 회상했다.[12]

재외공관들은 마오쩌둥 사상과 문화대혁명을 진작시키도록 명 받았다.[13] 또한, 마오식 정장을 입고 마오의 배지를 달도록 요구받았으며,[14] 정치학습은 강화되었다.[15] 북베트남 공관은 구체적으로 대미항쟁에서 함께한 고통을 상징하기 위한 제복 형태로 제작할 것을 명했다.[16] 몽골의 중국 공관은 지역 건설 회사를 고용하여 외벽을 붉은 간판으로 덮고 마오쩌둥의 어록을 황금색 글씨로 새겨 넣었다. 또한 이들은 외교행사에서 마오쩌둥의 소책자를 배포하기 시작하였다.[17]

이러한 이념적 열정은 그 즉시 중국 외교관들을 해외 교섭 상대방으로부터 격리시키는 결과를 가져왔다. 하달된 새로운 규칙은 중국 외교관들이 다른 국가 공관이 주최하는 격식 있는 연찬회, 무도회, 사냥 등의 행사에 참여하는 것을 상상하기 어렵게끔 만들었다. 국제 외교무대에 적응하기 위해 오랫동안 노력해 온 외교관 그룹에게 이러한 변화는 당혹스러운 것이었다. "교섭 상대인 외국인들의 눈에 의복이나 외관에 신경 쓰지 않는다는 것은 문명화되지 않았다는 것을 의미했다. 이는 우리 개개인의 존엄과 국가의 위신을 손상시키는 것이었다."[18]고 한 외교관은 말했다.

세계 곳곳의 중국 공관에서 중국 국내의 여러 학교, 가정, 정부 청사에서와 마찬가지로 이념적으로 부적절하다고 여겨지는 모든 것들은 파괴되었다. 주파키스탄 대사관에서는 무관이 공관 내에서 '중세적' 물품을 파괴하도록 공관 직원에게 지시하고, 대사를 엄중히 꾸짖는 일이 일어나기도 했다.[19] 네팔에서는 혁명세력에 가담한 외교관 그룹이 서예 작품 및 고미술품 등 오래된 것이면 모두 부숴 버리기도 하였다.[20] 주쿠바 대사관의 동상 역시 철거되었는데, 이는 혁명세력이 파괴하려는 공산사회 이전을 상징했기 때문이었다.[21]

종교적 광기에 가까운 '마오 쩌둥 사상'이 중국 전역을 휩쓴 것과 마찬가지로 외교부를 휩쓸었다. 그 어떠한 전문적 훈련을 받은 바 없는 관영매체의 기자들은 마오쩌둥 사상이 장님이 눈을 뜨게 했다든지, 잘린 손을 붙이게 했다든지, 멈춘 심장을 다시 뛰게 했다든지 하는 등의 이야기를 유포하였다.[22] 외교부 내 통역부서의 러시아어 담당 한 젊은 외교관은 동료에게 그 어떤 의료 관련 지식이 없음에도 불구하고 수술을 실행했다고 말하며, "정말 쉬웠다고" 말하기도 하였다.[23]

중국에서 재난과도 같은 상황이 전개되자, 외부세계는 놀람과 혼란이 뒤섞인 반응을 보였다. 중국 최고위급 외교관들은 문화대혁명의 영향을 평가 절하하려 노력했다. 1966년 11월 천이는 프랑스 대사에게 전개중인 역사의 소용돌이를 프랑스 혁명, 러시아 혁명, 신해혁명, 1871년 파리코뮌 등에 빗대어 설명하기도 했다. 이러한 역사적 사실들을 언급하는 것이 홍위병들에 대한 회의론자들에게 어느 정도의 확신을 주는 데 도움이 되리라 생각한 것이다.[24]

그러나, 사실은 공산권 우방국가 마저도 당시 전개되고 있던 상황을 납득하지 못했다. "우리 역시 중국 국내에서 벌어지고 있는 상황에 대해 충분히 알지 못한다. 우리 공관은 예외적으로 힘든 상황하에 있다."[25]고 소련 지도자가 폴란드 지도자에게 말한 적도 있다. 북한마저 당시 상황에 당혹감을 느꼈는데 1966년 11월, 김일성은 소련대사에게 "위대한 프롤레타리아 문화혁명은 우리를 크게 놀라게 했다. 조선노동당은 중국 국내의 일을 샅샅이 이해할 정도의 관록이 있지는 않다."[26]고 말하기도 했다.

인정하는 것 자체가 위험천만한 일이었지만, 베이징의 외교관 그룹 역시 우려를 가졌는데, "나와 내 친구들은 전개되는 상황에 깊은 우려를 가지고 있었고 외교부 내에 홍위병 동조세력이 있다는 것에 동요했다. 우리는 그 누구도 표적이 될 수 있다는 것을 알았다."[27]고 한 외교부 관리는 기억했다.

1966년 겨울, 외교부 내 홍위병 동조세력들은 '외교부 혁명 기지'를 선포하고 외교부 내 당 위원회를 전복할 것임을 선언하였다.[28] 사태가 이렇게 전개되자 천이는 자연스레 집중적 관리대상이 되었는데, 이는 천이가 마오쩌둥의 부인 장청의 표적이기도 했고 외교부 내 홍위병 세력의 영향력을 제한하려 했기 때문이다. 천이는 항상 저우언라이에 비하면 자신의 의견을 표출하고 싶어했고, 그의 이러한 솔직함은 쉽사리 공격 대상이 되게 만들었다.[29] 천이는 또한 저우언라이를 대신할 만한 표적이기도 했으며, 저우언라이는 이런 상황을 고려하여 1967년 1월경에는 천이에게 꼭 필요한 일이 아니면 외출을 삼가라고 조언했다.[30]

***

1967년 초, 외교부는 문화대혁명 참여를 위해 대사들을 베이징으로 소환하기 시작했다. 이들이 베이징에 거의 도착했을 무렵, 외교부의 기강은 거의 무너지는 시점에 있었다.

주유고슬라이바 대사이자 군인 출신이었던 캉마오자오(康矛召, Kang Maozhao)도 이들 중 하나였다. 1967년 초, 그와 공관직원 반수 정도가 기차로 귀국하였다. 그들은 무탈하게 여정을 밟았으며, 초급 관료들은 예우를 갖추었다.

캉마오자오가 베이징에 도착하자 온 도시가 정치 포스터로 뒤덮인 것을 보았다. 평소와 달리 외교부에서 영접하러 온 이는 아무도 없었다. 그의 집은 빈채로 있었는데, 자녀들은 문화대혁명에 참여하기 위해 집에 있지 않았다. 귀국 후 얼마 지나지 않아, 동료들이 그에게 몰려와 그를 비난하기 시작했는데, 캉마오자오가 천이와 가깝고 "자본주의 노선을 걷는 사람"이라는 것이었다.[31]

캉마오자오의 경험은 전혀 특별한 것이 아니었으며, 여러 대사 및 고위급 외교관들이 감금되고, 그들의 집은 털렸으며, 저금은 도둑 맞았다. 이들은 변기를 닦도록 강요받고, 동료들이 보는 앞에서 발길질 당하고 폭행당했으며 저지른 죄를 고백하도록 협박당했다.[32] 제네바에서 외신 기자들을 담당했던 탁월한 외교관인 공펑은 몇 시간간에 걸친 자아비판 끝에 혼절했는데 젊은 외교관들은 그녀에게 침을 뱉고 "죽은척 한다"[33]고 그녀에게 소리쳤다.

1967년 여름에 이르자 이집트에 파견된 황화가 유일하게 해외에 체류중인 외교관이 되었는데, 이는 이집트—이스라엘 간 전쟁이 발발함에 따라 상황 모니터링을 위해 저우언라이가 그의 체류를 주장한 덕분이었다. 이와중에 카이로에 있던 중국 학생들은 대사관 내 동상을 부수었고, 저항 세력 외교관들은 천이의 퇴진을 요구함과 동시에 황화에게 그가 수행하는 업무를 감시하겠다고 말했다. 항상 성실한 공산주의자였던 황화는 저항 그룹 행동가들과 마오쩌둥의 소책자에 나온 문구를 이야기하며 나름의 권위를 확인하려 시도했다.[34]

　　수장이 없는 텅 빈 재외공관은 다음에 어떤 일을 해야 할지 상상해야 하는 처지에 놓였다. 라오스 공관의 핵심적 공관원은 혁명 의지를 증명하기 위해 대자보를 붙였으며, 그간 "수정주의적" 외교에 탐닉해 오지 않았는지를 논의하는 회의를 가지기도 하였다. 한때는 생산활동에 종사한다는 것을 보여주기 위해 스스로 야채를 기르기도 하였다.

　　라오스 주재 외교관들은 베이징으로부터 모순적이고 혼란스러운 메시지를 받기도 했다. 그들의 급여가 끊길 것이라는 전문을 받았다가, 다시 정상으로 돌아갈 것이라는 통보를 다른 이로부터 받은 것이다. 또 한번은 사전통고 없이 외교 행사에 참석 결정을 한 데 대한 비난 전화를 받기도 했다. 외교관들은 공관 건물을 탐색하기 시작했으며, 머무는 관저의 지붕 지지대, 공관 건물 벽, 사무실 책상 램프 등에서 도청 장치를 발견하기도 했다.[35]

　　수도 베이징의 상황은 더욱 심각해져 통제 불능의 상황에 빠지게 되었다. 8월에는 저항 외교관 그룹이 천이를 비난하는 여러 회의를 열었다. 8월 11일에는 수천명의 학생들이 천안문 광장이 내려다 보이는 인민의사당에 천이를 비난하기 위해 모였다. 한때는 풍채 좋은 장군이었던 천이는 이제 수척하고 창백해 보였다.[36]

　　8월 중순에 이르면 저항 그룹은 외교부 내 권력 장악을 시도했고, 2주 이상이나 정무 담당 부서를 마비시켰다. 이들은 천이를 필두로 한 상층 지도부에게 근심거리를 안겼고, 지펑페이와 차오관화가 양심 고백문을 쓰도록 했고, 심지어 길거리에서 신문을 팔도록 했다.[37] 한번은 너무 심하게 폭행당한 나머지 기침에 피가 섞여 나오기도 했다.[38]

　　8월 26일 또 다른 투쟁 대회에서 저항 그룹은 천이가 외교부에서 도망가지 못하도록 자동차 타이어에서 바람을 빼 버렸다. 천이는 샤워실에 숨어 있다가 뒷문을 통해 도망 나갔다. 그 다음 날 저항군은 천이를 잡아 거리에서 끌고가는 행진을 하려 계획하였으나, 저우언라이가 개입하였다. "당신들이 천이를 잡아가려 한다면, 대강당 문에서 내가 막을 것이다. 내 가슴팍을 밟고 지나가야 그를 끌고 갈 수 있을 것이다."라고 일갈했다.[39] 당시 미 중앙정보국의 내부 문건은 "중국외교─과연 누가 장악하고 있는가?"를 물었다.[40]

　　1968년 봄, 이번에는 부부장 장한푸의 차례가 왔다. 장한푸는 1949년부터 외교부에서 근무했으며, 일종의 최고운영책임자 역할을 해왔다. 막 병에서 회복한 장한푸는 홍위병과 저항 외교단에게 집에서 끌려져 나왔는데, 가족들에게 작별인사를 할 틈조차 주지 않았다. 그는 4년 뒤 감옥에서 누더기 차림으로 세상을 떠났다.[41]

저우언라이는 멘티가 멘토에게 등을 돌리고 자신의 안위를 위해 친구를 배반하는 시국에서 외교부를 하나로 뭉치기 위해 최선의 노력을 다했다. 당시는 다음날에는 또 어떤 일이 일어날까에 대한 두려움이 이어지는 시기였다. 다른 여러 동료들과 마찬가지로 인사부 부국장이었던 푸하오는 수면제 도움 없이는 밤에 잠을 이루지 못할 정도였다. 푸하오의 외교부 내 오랜 친구가 자살한 일이 생기자 저우언라이는 푸하오 역시 같은 선택을 할까 우려하여 긍정적 생각을 가지라고 격려하였다.[42] 당시 저우언라이는 하루 18시간씩 일하고 있던 상황이었다.[43] 측근들을 보호하려는 노력의 일환으로 저우언라이는 당의 공식 문건에 나온 말을 그대로 흉내 내도록 권고하였다.[44]

자신들을 둘러싼 세계가 무너지는 것을 목도함에 따라, 중국 외교관들은 그들이 견재했던 기본 신념 역시 흔들리는 것을 느꼈다. "그처럼 참혹한 문화대혁명의 소용돌이 속에서도 많은 동지들이 마오 주석이 틀릴 수 있다는 것을 받아들이기 어려워했다.[45] 당시 몹시 불편한 감정을 가졌으나, 아무말도 할 수 없었다."[46]고 예난 시절 저우언라이가 외교 담당자로 발탁한 한 대사는 회상했다.

*****

외교부 지도부에 가해진 폭력과 모욕보다 더 고통스러운 일은 그 가족에게 가해진 야만적 행동이었다. 감히 마오쩌둥의 외교정책에 의문을 제기한 왕자샹의 경우 그의 아들이 표적이 되는 상황에 직면하게 되었다. 왕자샹의 아들은 투쟁대회에서 공개적으로 비판받고, 안경이 부서져 나갔으며 수시간 동안 원산폭격 자세를 유지해야 했고, 결국 스스로 목숨을 끊었다. 왕자샹 스스로도 19개월 간 수감당했고, 수많은 군중들이 천번 이상 그를 이리저리 밀치는 상황을 견뎌야 했으며 그의 집을 그가 저지른 죄를 적은 포스터로 장식하도록 강요받았다. 그의 손자·손녀 중 셋이 홍위병이 되어 그와 거리를 두게

되었다.[47]

유고슬라비아 티토와 관계 구축에 기여한 전 장군 우샤오취안은 그의 자녀들이 그가 저지른 '죄'로 인해 처벌받는 상황을 지켜보아야만 했다. 그의 딸은 임신한 상태에서 강제 노역을 해야 했고, 구순의 노모는 정치 포스터를 몸에 감은 채 확성기를 통해 흘러 나오는 정치적 구호를 들어야 했다. 우샤오취안은 폭행당하고, 공중 화장실을 청소하도록 강요받았으며, 베이징의 추운 겨울에 장작을 패야만 했다. 애초에는 공산당 국제부서 사무실에 감금되었다가 이후 비공개 장소의 닫힌 방에서 무려 7년 동안 감금되었으며, 이 기간 동안 가족들과의 연락은 일체 금지되었다. 방문의 창은 판자로 덮여 있었으며, 24시간 동안 불이 켜져 있었다. 그는 다른 제소자들과 대화를 하고 싶어 교도관이 제지할 때까지 일부러 기침을 한 적도 있었다. 교도관들은 절대 그의 이름을 부르지 않고, "42번"으로 지칭할 뿐이었다.[48]

폴란드에 미국과 대사급 대화를 주도한 왕빈난(Wang Bingnan, 王炳南) 역시 비슷한 처지에 있었다. 왕빈난은 문화대혁명 시작 이전에 이미 스파이 혐의로 구금 상태에 있었으며, 외교부 저항세력은 그의 부인 왕위원에게 초점을 맞추었다. 이들은 날마다 왕위원을 비난하고, 폭행하고, 모욕을 주었다. 그녀는 강인했고, 두 번이나 탈출을 시도했으나 결국은 인내의 한계점에 이르러 욕실에서 허리띠로 목을 메었다.

왕빈난은 그의 아내의 시신을 확인하기 위해 잠시 풀려나기도 했는데, 시신이 온갖 상처와 멍 투성이가 되어 있고 머리카락은 반쯤 깎여 있었다. 아내의 시신을 안아 보려는 충동을 정치적으로 위험하다는 판단에 가까스로 억누르고, 감옥으로 돌아올 때까지 눈물 역시 참아야 했다. 저항세력은 철처한 감시하에 왕빈난이 10분 동안 자녀들에게 어머니의 죽음에 대해 이야기하도록 했다.[49] 왕빈난의 자녀 중 하나인 왕보밍은 중국 주식시장의 아버지 중 한 사람이었고, 혁신적 탐사보도 전문 매체인 차이징에 자금 지원을 하였다.[50]

고위급 외교관들만 위험에 처한 것이 아니라, 외국인과 접촉이 많은 사람들은 모두 위험에 빠졌다. 외교부와 긴밀한 관계를 가진 외교학원의 교수 한 사람은 외국인과 수상한 접촉으로 비난받았다. 3개월간 구금 이후에 자백을 강요당했고, 자백 후에는 마오쩌둥의 소책자를 손에 쥔 채로 운하에 던져졌다. 그 다음날 저항 그룹은 그녀의 남편을 시신이 발견된 장소로 데려가 시신에 대고 마지막 비판을 가하도록 강요했다.[51]

***

홍위병들은 수도 베이징에서, 또 세계 각지에서 학생 운동가들과 급진화된 관료들이 해당 지역 사법당국과 충돌하면서 중국이 매우 어렵게 성취해 낸 외교적 성과에 손상을 가했다. 이러한 충돌이 가장 극적인 형태로 전개된 곳이 런던이었는데 젊은 외교관들은 상부의 지시를 어기고 공관 밖에 진을 친 시위대와 육박전을 벌였다. 영국 텔레비전 뉴스는 도끼를 휘두르는 중국 외교관의 모습을 방영하기도 하였다.[52] "마오쩌둥 사상으로 무장한 붉은 외교군단은 두려움이 없다."고 기관지 베이징 리뷰(Peking Review)는 그 다음달 자랑스레 보도하기도 하였다.[53]

이러한 도발은 다른 공산주의 국가 및 중국이 새롭게 관계를 맺은 개발도상국에까지 확대되었다. 베이징의 소련 공관은 홍위병들에게 포위되었고, 독일 외교관이 폭행당하는 일도 일어났다.[54] 저항군은 폴란드 대사의 관용차를 망가뜨렸으며,[55] 체코슬로바키아 대사는 공항에 억류되었으며, 몰던 차의 차문을 열고 국기를 내리도록 강요받았다.[56] 가나와 인도네시아에서는 도발적 행위로 인해 중국 대표단이 추방당하기도 하였다.[57]

이러한 일들이 전개되고 있던 당시 고위급 외교관들은 협상 상대국 대표를 만났을 때 아무런 일도 없는 것처럼 행동해야 했다. 1967년 여름 주헝가리 중국대사는 주중 헝가리 대사의 차량 파괴에 대한 항의의 표시로 초치되었는데, 대사에 대한 법적 비호권을 규정한 국제법 원칙에 정면으로 반하여 차에서 내려 경찰서까지 걸어가도록 강요받은 일이 발생한 것이다. 주헝가리 중국대사는 이러한 사실에 대해 파악하고 있지 못했으나, 중국에서 전개되고 있는 일들에 대해 전해 들은 바로는 이러한 보고서는 충분히 신뢰할 만한 것으로 보였다. 우방 사회주의 국가와 우호 관계를 유지해야 할 필요성과 개인 안전을 지키는 보다 강력한 동기가 충돌하는 상황에 놓인 대사는 "우리 홍위병들은 매우 잘 훈련 교육된 사람들이라 무엇을 해야 하고 하지 말아야 할지 잘 알고 있습니다."[58]라고 단순히 답했다.

폭력사태가 격화될 무렵, 중국외교를 정상궤도에 돌려 놓기 위해 노력하였는데, 해외 순방 대신 베이징 내 해외 대사관들을 돌아다녔다. 소련의 1968년 체코슬로바키아에 대한 무력침공으로 인해 동유럽 국가들의 우려가 점증하는 상황을 포착하여, 저우언라이는 그해 베이징에서 개최된 루마니아 건국 기념일 행사에 참석하였다. 저우언라이의 해당 행사에서 연설은 "반동적 수정주의파 소련"59의 침공을 비난하는 것이었다.

***

1968년 말, 마오쩌둥은 사태가 걷잡을 수 없게 만든 결정을 내린다. 수백만의 도시 거주 젊은이들이 재교육을 위해 농촌지역으로 하방을 가야 했고, 도시 지역에서 질서 회복을 위해 군대를 불러들였다.

문화대혁명으로 급진화된 중국 외교정책은 재출발이 필요한 시점이었다. 문화대혁명은 중국의 가장 기본적이고 오랜 정책 목표를 무력화하고 국가안보에 위협을 가하는 요인이었다. 중국은 북베트남에 대한 중국의 군사지원으로 인해 곤경을 겪던 미국과 1962년 국경전쟁 이래 지속적 적대관계에 있던 인도 등과 적대관계를 가지고 있었다. 1969년 3월, 중국·소련 군대는 국경지대에서 포격전을 벌였고, 소련은 선제적 핵공격까지 검토하였다.60

저우언라이는 정상으로 돌아가기 위한 계획을 세우기 시작하였다. 중국외교 재건을 기대하면서, 저우언라이는 1969년 '베이징 외교 프로젝트'에 착수했는데, 이는 국제클럽의 개소, 일반 중국인이 구할 수 없는 해외 상품을 판매하는 '우정 상점,' 티엔안먼 광장에서 3km 정도 떨어진 지엔구어먼(Jianguomen, 建国门)외곽 지역에 외교 종합 청사를 건립하는 등의 계획을 포함하는 것이었다. 중국 국내정치 분위기에 맞추어 이 종합청사 건물은 소련 스타일 대신 국제적·현대적 스타일로 꾸며졌다.61

막후에서는 보다 심대한 변화가 일어나고 있었다. 1967년 말, 언제나처럼 외신요약을 읽던 마오쩌둥은 전 미국 부통령이자 일생의 정적이었던 리처드 닉슨이 기고한 글에 주목하게 되었다. 외교전문지 포린 어페어스지에 게재된 닉슨의 기고문은 "지구라는 이 좁은 공간에 엄청난 잠재력을 가진 십억 명의 인구가 고립 속에 살아가야 할 이유가 없다."는 주장을 전개하였다. 흥미를

느낀 마오쩌둥은 해당 글을 일독하도록 저우언라이에게 권고하였다.[62]

1969년 1월 취임연설에서 닉슨은 또 다른 힌트를 던졌다. 닉슨은 "현행 행정부하에서 모든 국가와의 대화 채널은 열려 있을 것이다."라고 말한 것이다.[63] 중국 관영매체는 이 연설에 대해 보도하면서 "안달하는 미 제국주의의 수괴"로 표현하였으나, 마오쩌둥의 지시로 전례 없이 연설 전문을 게재하기도 하였다.[64] 마오쩌둥은 조용히 대미관계의 강화가 소련위협에 대항하여 중국을 보호하기 위한 방법이라고 보기 시작한 것이었다.

마오쩌둥의 지시를 받아 저우언라이는 천이, 예젠잉, 쑤시앙치엔, 니에롱전 네 사람의 장군으로 이루어진 위원회를 발족하여, 국제정세를 평가하게 하였다.[65] 저우언라이는 신변안전을 위해 베이징 외곽 공장에서 일하고 있던 천이를 다시 불러들였다.[66] 저우언라이는 천이와 다른 장군들에게 매주 만나고 대승적으로 생각하라고 말하였다. 수개월 간에 걸친 회의와 설득 끝에 위원회는 중국의 프로파간다와 달리 미국과 소련 모두 중국을 침공하지는 않을 것으로 보았고, 해외에서 중국 외교활동의 확대를 권고하였다.

1969년 말, 저우언라이는 일부 외교관들을 다시 해외로 파견하기 시작하였다. 쿠바로 향하는 대표단을 환송하면서, 저우언라이는 "좌파"들을 비난하고, 중국 외교가 큰 곤경을 겪었음을 인정하기도 하였다.[67] 이는 긍정적 신호였지만, 많은 이들은 마오쩌둥의 외교정책에 대한 재구상에 대해 명확히 알지 못하는 상황이었다. 그들이 확실히 알고 있었던 것은 해외 임지에는 여전히 극좌주의자들이 도사리고 있다는 것이었으며, 임지로 돌아가 이들을 맞닥뜨리는 것에 불안을 느끼고 있었다.[68] 실제 그해 여름 콩고에 부임한 대사는 부하 외교관들이 콩고 엘리트들을 만나는 것마저 꺼려하는 상황을 목도하게 되었다.[69] 물론 이들 대사에게 해외 임지로 가는 것이 수용소로 가는 것보다는 훨씬 좋은 선택이었다.

***

1968년 중국공산당은 관료들의 사상 재교육을 위해 중국 전역에 재교육 캠프를 만들기 시작했다. 마오쩌둥이 명령을 내린 날짜를 따서 '5·7 간부학교'로 명명된 이 기관에 70~90%의 중앙정부 관료가 보내졌는데, 실상은 노동

수용소에 가까웠다.[70] 이들이 도착했을 때, 앞으로 어떤 일들이 전개될지 몰랐고, 아마도 평생을 시골에 박혀 살아야 할지 모른다고 생각했다.[71]

1969년 봄 39세의 외교관 장빙은 이 캠프에 보내졌다. 중국 북부 임대 오두막에서 태어난 장빙은 언젠가 바다를, 나아가 세계를 보리라 꿈꿨다.[72] 그녀는 대학 졸업 후 중학교에서 교편을 잡았는데, 남편이 1965년에 외교부에 입부한 이후 3개월된 아기를 수업에 데리고 오기도 하며 남는 시간에는 공부에 전념하였다. 1년여의 준비 끝에 장빙은 결국 외교부에 입부하게 되었다.

아기를 팔에 안고 베이징으로 가는 기차에 올랐을 때, 장빙은 베이징과 전 세계의 수도에서 펼쳐질 미래를 상상했다. 그러나 외교부에서 몇 년 일한 후, 시베리아에 접한 헤이룽장의 타이핑 마을의 '321 간부 학교'로 보내졌다. 외교부 고위 관료, 외교부의 싱크탱크인 댜오위타오 국빈관, 산하 출판부 등에서 근무하던 500여 명의 외교부 관료들이 타이핑 마을 및 인접 지역에 재배치되었다.

20여 명의 사람들이 장빙이 머무는 기숙사에 몰려들었다. 이들은 중국 북방의 시린 추위를 이겨내기 위해 중국식 구들 침대인 '캉(炕)' 두 개를 나눠썼다. 장빙과 그 동료들은 바닥을 부드럽게 만들려 짚섬을 깔고 남녀를 분리하기 위해 커텐을 쳤다. 동료들이 코를 골거나, 방귀를 끼거나, 모기를 찰싹치거나, 잠꼬대를 하여, 밤은 아주 괴로운 시간이었다. 이들은 또한 늑대의 습격을 걱정해야 했다.

낮시간은 더욱 힘들었는데, 들판에 볼일을 보고, 지역사회를 위해 다리, 도로, 집을 지어야 했다. 일은 고되었으며, 그 누구도 정확하게 그들 스스로 무엇을 하는지 알지 못했다. 일이 없을 때면 재교육 및 자아비판회에 참석하여 마오쩌둥의 업적을 학습하고 수정주의 사상의 단점을 해부했다.

노동은 특히 나이든 고위 외교관에서 고된 것이었으며 노동중에 다치기도 하였다. 베테랑 혁명가이자 사회과학자였던 천한성(陈翰笙, Chen Hansheng)은 신문을 배달하고 학교 화장실을 청소해야 했다.

음식은 끔직한 수준이었는데 신선한 야채가 없어 염장한 채소를 가능할 때 먹어두어야 했고, 특별한 날에 콩나물을 먹었다. 어떤이들은 설사를 앓았고, 또 다른 이들은 심각한 변비를 앓았는데 구더기 가득하고 아래도 빠질 수도 있는 재래식 화장실에서 많은 시간을 보내기 싫어 설사약을 먹지는 않았다.

이러한 곤경 가운데 즐거움이라곤 찾아보기 어려웠다. 훗날 대사가 되는 쉬위샨은 고기 한 캔을 몰래 캠프로 들여왔는데, 동료들과 고기를 먹은 후엔 빈캔에 돌을 넣어 강물에 버림으로써 증거를 감추었다. 마오쩌둥에게 충성심을 보일 경우 상을 받는 경우도 있었는데, 동료 한 사람이 홍위병들이 지펑페이 부부장의 집에서 압수해 온 아코디언을 얻어 마오쩌둥을 찬양하는 음악을 연주하자 캠프를 떠나 주변 마을에서 찬양곡을 연주하게 했다.

1969년 11월에는 소련과의 갈등 심화와 아무것도 경작할 수 없는 동북지역의 황량함으로 인해 장빙과 캠프 전체를 마오쩌둥의 고향인 후난성으로 옮겨 가야 했다. 이곳에서 전개된 삶은 예사롭지 않은 것이었는데, 한 외교관의 회상에 따르면 매 끼니마다 당근만 먹어 영양실조를 겪어야 했다. 이들은 공중화장실 옆에 뚫린 구멍을 통해 물을 마셔야 했는데, 홍수 때면 흘러넘쳤다. 배고픔으로 개를 죽여 고기를 먹기도 했고,[73] 일부 캠프에서는 소를 몰아 쟁기를 갈아야 했다.[74] 천지아캉 부부장과 같이 결국 5·4 캠프에서 목숨을 잃은 사람도 있었다.[75]

장빙과 그 동료들은 추가 인력이 필요할 때면 외교부로 다시 불려 가기도 했다. 그러나 이러한 순간 역시 모멸감으로 가득찬 시간이었다. 장빙이 다시 외교부로 불려 갔을 때, 파키스탄 고관들을 위한 연회가 열렸는데, 장빙은 돼지고기를 대접하는 실수를 저질렀다. 그 누구도 장빙에게 무슬림에게 돼지고기를 대접해서는 안 된다는 것을 말해주지 않았다. "나는 가장 기초적 외교의전 지식마저 가지고 있지 않았다. 나는 외교부와 중국 인민을 당황하게 만들었다."고 장빙은 훗날 이날의 일을 기록했다.

1971년 캠프는 해체되기 시작했으나, 장빙은 병으로 1972년에 베이징으로 돌려보내기 전까지 캠프에 머물렀다.[76] 몇 달 후, 외교부 내 새로운 직위를 맡기 위해 기차에 올랐을 때, 장빙은 외교부에서 공헌할 만한 것이 없다는 느낌을 받게 되었다. 장빙은 "외교부로 다시 돌아간들 내가 할 수 있는 일이 무엇인가? 슬로건을 외치고, 대자보의 큰 글씨를 쓰고, 밭에서 노동이나 하던 사람이 외교관 일을 할 수 있는가?"라고 스스로 물었다.

장빙은 당시 34세에 임신 6개월째였다. 장빙은 "순식간에 6년이라는 내

인생의 황금기가 지나가 버렸다."라고 당시를 회고했다. 장빙과 수백만 명의 중국 젊은이들에게 문화대혁명은 그들이 건설하던 중국사회에 대해 고통스러운 질문을 안겼다.

장빙은 스웨덴, 캐나다, 뉴질랜드 등 해외 임지에서 근무했으며, 세계를 둘러보겠다는 꿈을 어느 정도 이루었다. 그러나, 캠프에서 경험은 여전히 장빙에게 힘든 기억으로 남아 있었다. 은퇴 후 당시를 회고하면서 "당시 시기를 수백 번도 더 생각해 보았다. 역사는 진실인가, 아니면 이야기일 뿐인가? 평당원으로서 당의 역사를 어떻게 다루어야 하는가? 라는 물음을 남겼다. 장빙은 또한 5·7 간부학교로 향할 때 들었던 슬로건을 뒤돌아 보았는데, "5·7 군대는 영광스럽다. 5·7의 길은 영웅적이다. 이러한 구호는 사람들을 현혹하는 거짓이었다."라고 그녀는 기록했다.

물론 마오쩌둥은 전혀 다르게 당시 상황을 인식했다. "외교부는 한달 반 동안 완전히 엉망이었고, 통제권은 반동분자에게 넘어갔다. 대부분은 좋은 사람들이었으나, 일부 나쁜이들이 섞여 있었다."[77]고 마오쩌둥은 당시를 회상했다. 당시 마오쩌둥은 다른 일에 정신이 팔려 중국외교는 이들 없이 진척되었다.

***

1971년 7월 16일, 마오쩌둥의 조카손녀인 32세의 왕하이롱과 미국 태생의 탕원성은 스스로에 만족하여 외교부 간이식당으로 걸어 들어왔다. 외교부 내에서는 헨리 키신저 미 국무장관이 비밀리에 방중했으며, 이 젊은 두 여성이 파키스탄에서부터 키신저와 동행했다는 소문이 돌았다. 이 둘은 갑자기 외교부 내 마오쩌둥의 눈과 귀가 되었으며, 외교부 내 여러 사람들에 둘러싸이게 되었다.[78]

외교부 동료들이 좀 더 상세하게 키신저의 방중에 대해 알고 싶어 했다는 것은 그리 놀라운 일이 아닌데, 이는 중국 외교정책 담당자에게는 커다란 충격을 안겨준 일이었다. 중국과 미국은 공개적 적성국이었으며, 불과 20여년 전에 한국전쟁에서 교전 경험이 있었고, 베트남에서 대리전을 수행하고 있었다. 세계 외교무대에서 중국외교관들이 미국 외교관을 만났을 경우, 등을 돌리고 자리를 떠나는 것이 일상일 정도였다.[79] 베이징은 "미 제국주의의 몰락"

을 염원하는 정치 구호로 가득차 있었다.

　닉슨 당선 이후 공개적 구애에 이어 양국 사이에 효과적 채널을 통해 적극적 대화 시도가 이루어졌다. 수십 년간 이어진 적대관계로 인해 이는 매우 민감한 정치 사안이었다. 당시 양측 사이에는 작동하는 실무 대화채널이 존재하지 않아, 대화 장소를 정하는 일 역시 쉬운 것은 아니었다.

　기대치 않았던 진전은 1969년 12월, 바르샤바에서 열린 유고슬라비아 패션쇼에서 이루어졌는데, 해당 행상에 징즈청이 이끄는 중국 공관 직원들이 대거 참석하였다. 이들은 행사장 반대편에서 그들을 가리키는 미국인 두 사람을 보았다. 베이징에서 전략적 재조정이 이루어지는 것을 알지 못한채, 중국 대표단은 닉슨의 미국과 지나치게 가깝게 보이는 것을 꺼려하여 자리를 박차고 떠나려 하였다. 매우 놀랍게도 이 미국인들은 쫓아와 폴란드어로 닉슨이 중국과 대화 재개를 원한다고 소리쳤다. 징즈청과 측근들은 뛰기 시작했으나, 주폴란드 미 대사였던 월터 스토젤(Walter Stoessel)은 징츠청의 통역관 한 사람을 붙잡고는 중국 공관에 전할 중대한 메시지가 있다고 말하였다.[80]

　2주 뒤, 주폴란드 중국대사 레이양은 스토젤 대사와 만나 제네바 회의 이후 수립된 대사급 대화를 재개하자는 제안을 접수했다. 1970년 2월에 양측은 다시 만나 대화를 재개하였으나, 양측이 바라는 진전은 이루지 못하였다. 미군이 베트남전 수행의 일환으로 캄보디아에 진입하자 마오쩌둥은 회담을 전면적으로 취소하였다.[81]

　마오쩌둥에 대한 의심 만큼이나 관료조직에 대한 큰 의심을 가지고 있던 닉슨은 막후외교에 의존했다. 1970년 7월, 닉슨은 해외 순방을 계기로 파키스탄 아야 칸 대통령 및 루마니아 니콜라 차오세스쿠 국가원수에게 중국과 고위급 회담을 희망한다는 뜻을 전달했다. 같은 시기 헨리 키진저는 전 프랑스 고위 관료를 통해 주불 중국대사 황전에게 같은 내용의 메시지를 전달했다. 베이징 역시 오슬로와 카불의 공관을 통해 미국에 메시지를 전달하려 하였으나, 양측에 뚜렷한 진전은 없었다.[82]

　이러한 상황에서, 8월이 되자 마오쩌둥은 아주 익숙한 대화채널을 가동하려 했는데, 바로 에드가 스노우를 베이징에 초청한 것이었다. 이제 65세가 된 에드가 스노우는 수술에서 회복중이었으며, 30여년 전 산시성의 황무지에서 그러했던 것처럼 황화가 그를 영접했다. 5·7 간부학교에서 재교육을 받은 황화와 그 동료들은 중국사회가 재창조되었다고 말했다. "우리는 돈과 소유를 경멸하며, 사회주의 사회와 고귀한 인간을 만들려 한다."고 이들은 말했다.[83]

10월 1일 중국 건국기념일에 스노우는 천안문 광장에서 마오쩌둥의 옆자리에 서 있었다. 마오쩌둥은 3개월의 엠바고를 조건으로 스노우와 인터뷰를 허락했는데, 인터뷰에서 중국을 방문하는 그 어떤 해외 고위급 인사를 만날 수 있다고 말했다. 마오쩌둥은 아마도 스노우가 이 메시지를 미 정부측에 전달해 주기를 원했던 것으로 보인다. 그러나, 스노우는 이 메시지를 미국측에 전달하지 않았고, 미국은 스노우를 "베이징의 선전선동가"[84]로 표현하며 마오쩌둥과 공개 행사에 그가 같이 등장한 의미를 크게 두지 않았다.

12월이 되자 마오쩌둥은 막후채널이 아니라 직접 신호를 발송할 시점이라고 판단하였다. 저우언라이는 직접 수기로 된 서한을 파키스탄을 통해 미국에 발송했다. 서한은 타이완 문제를 논의하기 위해 베이징에 특사파견을 요청하는 것이었다. 한달 후에는 루마니아 채널을 통해서도 비슷한 메시지가 왔고, 키신저는 특사파견 아이디어를 환영하는 의사를 전달하였다.[85]

모든 채널은 1971년 4월 중국측이 미 탁구 대표팀을 중국에 초청할 때까지 잠잠했다. 저우언라이는 인민의사당에서 미 대표단을 맞이했고, 그들의 방문이 "중−미 양국 인민들의 역사에 새로운 장을 장식했다"고 말했다. 저우언라이는 키진저를 베이징에 초대하는 또다른 서한을 파키스탄을 통해 전달했고, 5월에 미국측이 이를 수락했다.

키신저가 도착하기 이전, 저우언라이는 닉슨과 키신저의 삶의 작은 부분까지 면밀히 검토하였다. 저우언라이는 닉슨의 저술인 '여섯번의 위기(Six Crises)'를 탐독했는데, 이 책은 의회에서 '반미국 활동 위원회(Un−Amercian Activities Committee)'활동부터 흐루시쵸프와 '키친 대화'에 이르기까지 닉슨의 행적을 자세히 기술한 것이었다. 저우언라이는 심지어 닉슨이 좋아하는 영화로 알려진 신작영화 '패튼 대전차 군단'까지 관람하였다.[86]

1971년 7월, 키신저는 파키스탄 방문 중 아프다는 핑계로 여러 사람들의 눈을 따돌리고 베이징으로 향하는 비행기에 올랐다. 공항에서 왕하이룽과 탕원성을 비롯한 다섯 명의 외교관 그룹과 만났는데,[87] 베이징은 여전히 미 제국주의의 타도를 요구하는 정치 포스터들이 널려 있었다. 노동자 의용군의 경우 심지어 미국인 형상을 사격연습의 표적으로 삼기도 하였다.[88]

7월 9일-10일 양일 간 이루어진 키신저의 방문 동안 저우언라이는 정성 스레 그를 대했고, 역사 및 외교원칙에 대해서만 이야기를 나누었다. 해외 외교관들은 종종 중국 외교관들의 이러한 원론적 이야기에 초점을 비켜난 대화라고 짜증을 내기도 하지만, 중국측은 키신저의 자아와 지성에 호소해 보기로 했다. 키신저는 훗날, "저우언라이는 우아하게 움직였으며, 마오쩌둥이나 드골과 같이 육체적 위압감이 아닌 통제된 긴장감, 규율, 자기절제의 분위기로 방을 채웠는데, 마치 웅크린 스프링과 같았다."[89]고 당시 장면을 회고했다.

치밀한 사전조사와 계획된 아첨은 오늘날에도 중국외교의 주요 수단으로 남아있다. 2017년 1월, 중국 외교관 그룹은 트위터를 차단해 버리는 중국 방화벽을 우회하기 위해 VPN 네트워크를 이용하여 트럼프의 전략에 대한 정보를 수집했다.[90] 왕치샨 국가 부주석은 베이징 주재 기업가들에게 밝히길 트럼프 지지층의 정서를 파악하기 위해 '쓰리 빌보드(Three Billboards Outside Ebbing, Missouri(2017)'를 봤다고 이야기하기도 했다.[91]

키신저의 방중은 얼마 남지 않은 중국의 우방국에 뺨을 때리는 격이었으며, 저우언라이가 이들을 달래려는 시도를 했음에도 충격은 쉽게 가라앉지 않았다. 북베트남은 이를 거의 익사 상황에 있는 닉슨에게 구명대를 던져 주는 격이라고 표현했으며, 알바니아는 전세계 프롤레타리아에 대한 배신으로 이를 규정했다.[92]

미국과의 관계 강화 노력은 외교전략의 전반적 재조정 시기와 맞물렸다. 1969년 가을, 저우언라이는 베트남의 조정하에 베이징 공항에서 소련 대표를 만났는데, 양측은 적개심을 억누른 존경의 표현인 '동지'라는 말을 사용하기는 했다. 1970년 1월, 네팔 왕가의 결혼식에 특사를 파견했으며, 저우언라이는 4월에 북한을 방문했다. 같은 해 6월 인도네시아 전 대통령 수카르노가 사망하자 조의를 표현하는 전문을 보냈다.[93] 이는 작은 움직임 같아 보였지만, 문화대혁명의 맥락에서 중대한 움직임이었다.

그러나 정상으로 돌아가는 것은 그리 간단해 보이지 않았는데, 중국 내부 정치가 매우 경직되어 있기 때문이었다. 1971년 가을, 해외 임지로 돌아간 한 외교관은 예전과 같이 보신책을 취하기로 결정하였다. "교섭 상대방이 무엇이라 말하든, 상대방이 말한 것이 옳든 그르든, 이들이 중국이 잘못했다고 말하거나 행동을 바꾸어야 한다고 말할 경우, 예외 없이 이에 반박했다. 이후 중앙의 지침에 따라 필요한 행동을 취했다."[94]고 한 외교관은 말했다. 이는 오늘날까지도 중국외교관들의 전략으로 남아있다.

중국 국내정치가 경험한 혼란을 가장 극명하게 보여 준 것은 마오쩌둥이 후계자로 지명한 린뱌오가 중국을 떠나 망명을 시도한 일이다. 린뱌오는 오랫동안 마오쩌둥에 아첨한 대가로 1959년 펑더화이를 대신하여 국방장관에 임명되었다. 린뱌오는 후계자로 지명되었다 문화대혁명기에 숙청당한 류사오치 다음으로 잠시 마오쩌둥의 후계자로 부상하기도 했다.

오늘날에 이르기까지 린뱌오의 행동은 의문과 비밀에 부쳐져 있다. 공식 문건은 린뱌오와 그의 아들이 마오쩌둥에 대항한 쿠데타를 획책한 것으로 기록한다. 혹은 적어도 마오쩌둥이 그를 체포하려 한다고 판단한 것으로 보인다. 1971년 9월 13일 린뱌오는 부인과 아들과 함께 군용기에 올라 북쪽으로 비행하라고 지시했다. 린뱌오의 목적지가 불분명한 상황에서 저우언라이는 외교관들에게 모든 해외 라디오 전파를 수신하라고 지시했다. 마오쩌둥과 저우언라이는 밤을 지새우며, 소식을 기다렸다.

9월 14일, 울란바토르의 외교관은 막 아침을 끝냈을 즈음 몽골측으로부터 이례적인 보고를 받았다. 중국 국경으로부터 약 350킬로미터 떨어진 작은 탄광 마을에 비행기가 추락했다는 것이다. 베이징과 몽골 당국의 허가를 기다린 후, 중국 외교관 그룹이 사고 현장으로 파견되었다. 이들은 몽골 초원의 검게 탄 땅바닥에서 비행기 잔해와 형체를 알아볼 수 없는 아홉 구의 시신을 발견했다. 이후 진행된 베이징에서의 조사에서 당국은 시신 5번이 린뱌오의 시체임을 확인했다.[95]

린뱌오의 망명 시도는 마오쩌둥에게 정치적 문제를 안겼다. 마오쩌둥은 한때 그의 후계자였던 이의 배신이라는 추악한 현실로부터 사람들의 관심을 돌리기 위한 계기를 필요로 했다. 노쇠해 가는 독재자에게 운 좋게도 좋은 소식이 기다리고 있었다.

***

키신저가 1971년 10월 26일 키신저가 두 번째 방중을 마치고 비행기에 올랐을 때, 뉴욕으로부터 중화인민공화국이 유엔 가입을 승인받았다는 소식을 타전받았다.[96]

외교부 내 간부들은 중대한 진전이 이루어질 것임을 짐작하고 있었다. 일군의 외교관들은 공관 보고서 및 언론보도 수집을 통해 중국 대표권에 대한 표결을 분석·예측해 왔는데, 1971년에 이들은 상부에 표결에서 승리가 가능하다는 보고를 상신했다.[97]

중국 외교관들은 이것이 커다란 진전임을 알고 있었다. 유엔가입은 새로운 차원의 정당성을 중국에 부여했으며, 강대국 지위를 공식화해 주었다. 이는 또한 반둥회의 이후 개발도상국에 구애해 온 노력이 성과를 거두었음을 의미했다. 그러나, 한 가지 장애물이 있었는데, 마오쩌둥 스스로가 유엔가입을 그다지 서두르지 않았다는 점이었다. 사실, 중국측은 키신저의 방중시 유엔가입문제를 선제적으로 꺼내지는 않았다.[98] 고위급 외교관들이 차후 무엇을 해야할지 고뇌할 때, 문화대혁명기 복잡한 중국 내부정치는 선택 가능한 옵션을 흐려 놓았다.[99]

오직 마오쩌둥만이 교착상태를 타개할 수 있었다. 마오쩌둥을 구슬려 중국을 유엔에 가입케 하는 것은 저우언라이가 가진 외교역량과 다른이의 환심을 사는 능력을 동원해야 하는 일이었다. 린뱌오 사건 이후, 마오쩌둥이 새로운 승리를 필요로 한다는 사실과 모든 승리의 영광은 마오쩌둥에게 돌아가야 한다는 사실을 인지하면서, 저우언라이는 주석 관저로 향했다.[100]

가장 안전한 방법은 마오쩌둥의 과거 발언을 그에게 되돌려 주는 것이었다. "지금 당장 가입하는 것은 준비되지 않은 싸움을 하지 말라는 주석의 말씀과는 맞지 않는 일입니다."라고 측근들과 주석관저에 도착한 저우언라이는 말했다. 보다 안전한 선택지는 대표단 전원을 파견하는 것보다 사전 준비팀을 파견하여, 뉴욕의 현지 상황을 면밀히 분석하는 것이었다.

마오쩌둥은 이에 "유엔 사무총장이 우리에게 팩스를 보내지 않았는가. 우리는 대표단을 파견할 것이다."라고 답했다. 저우언라이의 전략이 통한 것이다.

마오쩌둥은 중국 유엔 가입에 찬성한 국가의 목록을 확인하는 것에 즐거움을 느낀 듯했다. "영국, 프랑스, 네덜란드, 벨기에, 캐나다, 이탈리아 모두 미국에 대항하여 우리에게 표를 던짐으로써 홍위병이 되었다."고 말했다.

마오쩌둥은 의기양양하며, 삼국지에 나온 문구들과 자신의 어록등을 인용하며 측근들과 세 시간 넘게 이야기를 나누었다. 마오쩌둥은 "내가 준비되지 않은 싸움은 하지 말라고도 했지만, 전쟁을 하면서 싸우는 방법을 배우라고도 말했다. 총리는 이제 급히 준비해 주시겠는가?"[101]라고 말하였다.

대표단이 출발할 것으로 예정된 2주 남짓한 시간 안에 저우언라이는 그러한 준비 작업을 진행하였다. 저우언라이는 1950년 이후 최초로 중국인이 미국땅을 밟는 최초의 여정을 준비하기 위해 소조를 꾸렸다. 52인으로 구성된 대표단은 차오관화가 이끌었고 황화는 주유엔대표부 대표로 임명되었다. 대표단은 유엔 본부 건물 안에서는 마오식 정장을 입고, 뉴욕 시내를 돌아다닐 때는 서양식 정장을 입기로 했다.

준비 시간이 너무도 부족했던 대표단은 개인 물품을 최소화라고 참고자료를 가득 실어 항공기 허용 적재량을 초과하지 않으려 했다. 이들은 사전, 관보, 베이징 리뷰 10년치 등을 챙겼는데, 혹시 참고해야 할 일이 생겼을 때를 대비한 것이었다. 저우언라이는 차오관화의 연설 초안을 직접 편집하며, 마오쩌둥의 지시사항을 반영했다.[102]

대표단은 11월 9일 아침에 출발하기로 되어 있었으나, 마오쩌둥은 대표단 지도부와 면담을 원했다. 이는 관계자 모두에게 큰 행사였으며, 낮은 관등으로 행사에 참석할 수 없었던 2등 서기관 한 사람은 혹시나 최고지도자가 마음을 바꾸어 모두를 만나려 할 때를 대비해 정장을 입은 채로 잠들기도 했다.[103]

면담에 참여할 수 있었던 고위급 관료들은 오후 8시에 중난하이 마오쩌둥의 서재에 들어갔다. 이들은 흰색 플라넬 가운을 입고 있는 마오주석을 만나게 되었는데, 이는 주석과 오래 일한 사람이라면 자주 볼 수 있는 모습이었다. 대표단을 인사로 맞이한 뒤, 마오 주석은 팔걸이 의자에 앉아 차를 한 잔 마신 뒤, 담배를 피고, 역사에 대해 이야기하기 시작했다.

밤 열시 즈음 면담이 끝났을 때, 마오쩌둥은 다음날 아침 대표단 출국에 관한 몇 가지 지시를 하달했다. 정치국 상무위원, 당 지도부, 군 간부를 포함하여 대략 수천의 군중이 이들을 환송하라는 것이었다.

저우언라이는 대표단을 인민대회당으로 데려가 국수를 먹이고, 다음날 티엔난먼 광장에 해가 떠오를 때까지 격려사를 이어갔다. 대표단이 공항에서 뉴욕으로 이틀간의 여정에 오를 때, 군중들은 "마오쩌둥 주석의 혁명 외교노선, 만세! 마오쩌둥 주석의 만수무강을 빕니다!"[104] 등의 구호를 외쳤다.

대표단이 중국 영토를 떠나기 직전, 차오관화는 "규율을 엄격히 지키고, 기밀유지에 만전을 다할 것"[105]이라는 마지막 훈령을 하달했다. 차오관화는 대표단이 느낄 충격을 예견하고 있었다.

제7장

선택적 통합

1971년 중국의 대표단이 뉴욕에 도착했을 때, 그들은 다른 행성에 도착한 것과 같은 느낌이 들었을 것이다.

미국에서 그들을 가장 먼저 충격에 빠트린 것은 뉴욕의 색채였다. 공산주의 느낌의 단색이 짙은 베이징과 달리 중국 대표단은 뉴욕사람들의 옷의 색깔, 뉴욕의 가게 간판과 네온사인을 통해 그들에게 도덕적으로 불편한 세상을 보게 되었다. 대부분 중년의 나이인 대표단 남성 일원들은 뉴욕에서 생애 처음으로 포르노 극장, 매춘부, 스트립 클럽, 그리고 "구토를 유발할 정도로 놀라운" 성인용품 가게를 직접 눈으로 보게 되었다.[1]

미국 뉴욕의 모습은 마오쩌둥의 중국과 거리가 있었다. 이곳은 '샤프트(Shaft: 그 해 개봉한 범죄 액션 스릴러 영화)'와 '예수 그리스도의 슈퍼스타(Jesus Christ Superstar: 당시 뉴욕 브로드웨이에서 막을 올린 록 오페라)'의 뉴욕이었다. 세계 최초 전자 주식거래소 나스닥이 2월에 개장하였고, 그리고 새롭게 건설된 세계 무역 센터의 쌍둥이 빌딩이 뉴욕의 스카이라인을 상징했다. 또한 뉴욕은 살인율이 수직상승하였고 범죄율이 급증하였다. 이어 콜럼버스 서클(Columbus Circle)에서 뉴욕 소재 조직의 두목인 조셉 콜롬보(Joseph Colombo)가 중국의 외교관들이 도착하기 몇 개월 전, 총격을 입었다.

중국 외교관들은 그들이 이곳에 어울리지 않는다는 것을 잘 알고 있었다. 외교사절단 중 한명은 "미국인들은 우리를 외계인처럼 인식하는 것 같았다"고 당시 상황을 기억했다.[2]

중국 대표단의 충격은 그저 개인적인 수준에 그치지 않았다. 당시 상황은 중국 외교에 있어 중대한 순간이었다. 중국은 국제연합(United Nations)에 가입하였고 이 순간 이후 중국은 세계의 거의 모든 나라들과 수교를 맺게 된 과정의 시작이었다. 또한 이후 중국은 다수의 조약과 국제기구에 가입하면서 국제 체제의 현상 유지에 기여하였다.

중국은 비범한 속도로 국제사회의 일원이 되었다. 1971년 기준 중국은 단 하나의 정부 간 국제기구에 가입한 상태였지만, 1989년 기준 중국은 37개 정부 간 국제기구의 회원국이며 125개 이상의 국제 조약에 서명했다.[3] 이러한 과정이 중국의 정치경제 체제에 지대한 변화를 촉발하였고 결국 중국은 공산주의 국가가 세계무역기구(World Trade Organization)에 가입할 수 있다는 것을

2001년에 보여주었다. 추후 2008년 중국은 당국의 국방백서를 통해 국제사회에서 자국의 역할에 대해 "중국은 뚜렷이 국제적 위치 및 영향력을 증대시키고 있다"고 서술하였다.[4]

국제연합에서 중국의 참여도 급격히 증가했다. 2019년에 중국은 일본을 제치고 회원국 중 두 번째로 국제연합 예산에 가장 많이 기여하는 국가가 되었다.[5] 중국은 러시아와 함께 국제연합에서 평화유지활동 관련 인권 보직을 감축하길 노력하면서도 여전히 평화유지활동을 위해 안전보장이사회 이사국 중 가장 많은 인력을 제공하고 있다.[6] 또한 중국 외교관들은 시진핑(Xi Jinping, 習近平) 주석의 슬로건을 유엔 결의안에 포함시키고자 추진하고 있다.[7]

국제경제 및 제도와 통합된 중국에 대하여 서방세계는 중국이 서양과 비슷하게 시장경제를 받아들여 언젠가는 자유민주주의 국가로 탈바꿈할 것이라고 희망적인 사고를 품게 되었다. 하지만 베이징에 있는 대부분의 공산당 지도층은 그렇게 인식하지 않았다. 사실 단 한 명도 없었다. 마오쩌둥, 그리고 저우언라이부터 시진핑까지 중국 지도자들은 국제기구 및 협력체에서 중국의 참여를 지도자 자신의 통치를 검증하는 도구로 인식했을 뿐, 결코 중국의 국제사회 참여를 통해 중국 공산당이 약해지도록 두지 않았다. 천안문 사태에 이어 2008년 베이징 올림픽 이후 벌어진 중국의 인권 운동가들에 대한 탄압을 통해 서방세계의 기대감과 중국의 인식 간 괴리감이 나타나며 서로의 혼란, 상처, 그리고 실망을 남겼다.

1971년은 방금 언급한 사건들이 발생하기 수십 년 전이다. 뉴욕에 처음으로 도착한 중국 외교관들은 중국 정부에 의해 면밀히 관찰되었고 심지어 억류되기도 하였다. 그들이 당면한 최우선적 임무는 낯선 뉴욕에서 적응하는 것이었다.

대표단은 뉴욕에 공관 건물이 없어서 국제연합 본부 근처에 있는 루즈벨트 호텔(The Roosevelt Hotel)의 14층 전체를 빌려 상주하며 업무를 보았다. 작고 밀폐되어 대표단만을 위한 이 공간은 최대한 바깥 세계와 분리되었다. 최고위급 간부들을 제외한 모든 사람들이 짝을 지어 트윈 룸에 배치되었다. 직원 모두 공식 회의를 제외하고 호텔을 떠나는 것이 허락되지 않았다. 심지어 호텔 주변 산책도 특정 기간에는 금지되었다.

뉴욕에서 당연시 되는 일상에 대하여 대표단은 힘들어 했다. 중국 외교관들은 창문 밖의 도시 소음으로 힘들어 했고 그들과 함께 뉴욕에 온 세 명의 운전기사들 중 유효한 운전면허증을 가진 사람은 아무도 없었다. 따라서 대표단은 이동을 위해 노란 뉴욕 택시에 의존해야만 했다.[8]

중국 외교관들은 텔레비전을 통해 뉴스를 접했고 뉴욕타임스를 읽었지만 문화적 격차를 극복하기 어려워했다.[9] 서방 외교관들은 "새로 개봉한 영화, 새로 출시된 음악, 엔터테인먼트, 패션, 그리고 여성"에 대해서 논하였다고 중국 대표단의 통역원은 당시를 회상했다. 통역원은 "중국 대표단은 엄격한 규율을 준수했고 해외에 체류하고 있음에도 영화 또는 텔레비전 쇼를 보지 못했다. 그들과 현대 서양 문화와 거리가 있었다. 따라서 서방 외교관들이 언급하는 주제들이 나왔을 때 우리는 할 말이 없다는 것을 알게 되었다"라고 당시 중국 대표단의 모습에 대해 설명하였다.[10]

중국 외교관들이 국제연합에서 일하는 것은 1949년에 중국이 첫 외교 활동을 위해 외교관을 파견한 이래 가장 강도 높은 일이었다. 그 중 한 명은 중국 외교관을 양성하는 학교에서 배웠던 개념인 국가들의 국익이 모여 하나로 통합되는 현상을 UN에서 실제로 볼 수 있었다고 당시 상황을 설명하였다.[11]

당시 베이징에서 외교부 및 정부 관료들은 대표단이 보낸 보고서를 읽기 위해 기다렸고 보고서가 도착하자마자 열람하였다. 각 보고서들은 외부 세계에 대한 새로운 정보를 포함하였다.[12]

중국의 UN 가입은 당국의 국제적 위상과 관련된 중추적인 사건이었다. 차오관화(Qiao Guanhua, 喬冠華)가 국제연합에서 중국의 첫 연설을 했을 때, 한 참가자는 "우리는 중국의 국제적 위상이 격상되는 것을 느낄 수 있었다"고 회고하였다.[13]

실제로 중국은 UN 가입을 통해 국제적 위상이 높아졌다. 많은 국가들이 중국을 공식 승인하였고 이는 중국-대만 관계에서 중국의 우위를 상징하였다. 중동 지역 국가들과 중국은 1971년에 이란, 쿠웨이트, 레바논과 수교를 맺었다. 1977년에 요르단은 대륙의 공식 국가로 중화인민공화국을 승인하였고 이후 1978년에 리비아와 오만이 그 뒤를 따랐다.[14] 중국은 유럽 국가인 이탈리아, 오스트리아, 벨기에, 그리스, 서독, 스페인, 포르투갈, 그리고 아일랜드와의 관계를 확대하였다. 70년대가 지나기 전에 중화인민공화국은 캐나다, 호주, 뉴질랜드, 일본 그리고 아시아, 아프리카, 중남미 지역에 걸쳐 있는 수십 개의 다른 나라들을 포함한 총 120개국과의 관계를 정상화했다.[15] 이 중 가장 중요한 사건으로 1979년 미국은 중화인민공화국을 공식적으로 승인하였다.

***

중국 외교관들은 뉴욕 외 세계 각지에서 그들이 여전히 배울 것이 많다고 느꼈다. 그들은 세계 각지로 돌아다니면서 문화대혁명으로 손상된 대외관계를 재건하고 대만과 수교한 국가들이 대만과의 관계를 우선시하지 못하도록 노력하였다. 다만 성과를 이루기 어려웠다. 그들은 매번 중국이 얼마나 뒤쳐졌고 중국이 과거 사용하였던 "혁명" 수사들이 신뢰 회복에 얼마나 제약을 주었는지 느낄 수 있었다.

1970년에 중국과 수교한 캐나다에서 중국 외교관들은 자신들이 선전과 실제 진실을 분리하는 것에 어려움을 겪었다. 캐나다에서 문제가 될 필요가 없었던 일이 발생하였는데, 주 캐나다 중국 대사관 바로 옆 건물인 요양원 형태의 건물로 보이는 곳에서 나타났다.

대사관 직원들은 몇 주 동안 밖에서 그 건물을 호기롭게 관찰한 후, 조사하기 위해 과감히 안으로 들어갔다. 건물 내부 상태는 좋아보였다. 방들은 따뜻하고 깨끗했다. 방은 소파, 카펫이 깔린 바닥, 그리고 직원을 부를 수 있는 버튼이 구비되어 있었다. 건물의 승강기는 밤낮으로 작동하였고, 거주 지역과 작은 술집, 레크리에이션실, 그리고 도서관을 연결하였다.

그 건물을 살펴본 후 대사관 직원들의 결론은 명확했다. 대사관 옆 요양원은 서방의 자본주의 상황을 전시하고 중국을 속이기 위해 고안된 계략이었다. 나중에야 진실이 밝혀졌는데 중국 외교관들이 캐나다 전역에 걸쳐 있는 비슷한 요양원 시설을 발견했을 때, 그들은 바로 이러한 요양원의 모습이 캐나다인의 일상인 것을 알게 되었다.

"처음에는 그 요양원이 외국인을 대상으로 설치된 선전용인 줄 알았다" 라고 대사관에 주재하던 무관이 당시를 회상하였다. 그는 이어 "하지만 나중에 우리는 모든 캐나다 도시에 이와 같은 요양원들이 있고 캐나다 전역에 걸쳐 이 정도 요양원의 공급이 지역 주민의 수요를 충족시키기에 충분하다는 것을 알게 되었다"라고 말했다.[16]

위에 서술한 중국 외교관의 행동은 다른 국가의 정부가 중국을 다루는 방식과 유사하다. 보통 국가들은 자국의 정치 시스템에 내재된 가정을 타국에 투영한다. 이는 외교 정책적 용어로 "거울 이미징(mirror imaging)"이라 불린다. 거울 이미징을 방지하기 위한 훈련을 CIA 애널리스트들이 받고 있으며 해당 현상은 서방과 중국과의 관계에서 거의 영구적으로 나타난다.[17]

1980년대에 중국 외교관들은 미 국무부 중국 담당국과의 회담에서 미국 의회 의원들이 중국에 대해 민감한 내용을 발언하는 행위에 대해 국무부 직원들이 "조치해 달라"고 부탁하였다.[18] 2008년 하계 올림픽 선정 과정에서 중국은 당시 최고위급 외교관인 다이빙궈(Dai Bingguo, 戴秉国)가 프랑스 상대측에 프랑스 언론이 티베트에 대해서 중국을 비방하는 것을 막기 위해 프랑스가 더 많은 노력을 하지 않은 것에 대해서 비판하였다.[19] 중국은 미국과 프랑스 외교관들이 그 정도의 권력을 가졌다고 생각했던 것이다.

개발도상국에서도 중국의 상황은 다르지 않았다. 베네수엘라에 도착한 중국 외교관들은 수없이 많고 높은 빌딩들을 보고 충격을 받았다. 케냐에 파견된 중국 외교관들은 에어컨, 택시, 상업용 주차장을 생애 최초로 목격하였다.[20]

더 과하게 얘기한다면 중국 외교관들은 그들이 외교의 기본조차 이해하지 못한다는 것을 깨닫기 시작했다. 중국 고위관료의 대부분은 나이가 많은 혁명가 출신이었고 외국어 구사를 할 수 없었다. 반대로 젊은 직원은 문화대혁명으로 인하여 외국어 구사능력이 훌륭하지 못했다. 문화대혁명을 통해 중국을 공세적으로, 위협으로 인식한 나라에 이런 사람들이 중국을 대표하기 위해 파견되었다.

나중에 중국의 외교부 장관이 되는 리자오싱(Li Zhaoxing, 李肇星)의 경험을 통해 당시 문제의 심각성을 알 수 있었다. 30세의 리자오싱이 1970년에 케냐에 도착했을 때, 케냐 당국은 주 케냐 중국 대사관의 직원 수를 8명으로 제한했고 파견국 외교관으로의 지위에도 불구하고 공관 수색을 실시했다.

사실 이 정도는 놀랍지도 않다. 1963년 중국과 케냐가 외교관계를 수립한 이후 불과 몇 년 만인 1967년에 베이징에 주재하는 케냐 외교관들이 베이징 거리에서 위협을 받았다. 그 해 케냐는 중국으로부터 자국의 외교관들을 철수시켰고 마오쩌둥의 저서인 "소홍서"를 나이로비에서 배포한 사유로 중국 외교관 한 명을 추방했다.

　케냐에서 정기적으로 방문하는 현지 세무서에 들린 리자오싱은 주 케냐 중국 대사관이 수년간 케냐 정부에 토지세를 납부해 왔다는 사실을 알게 되었다. 해당 상황은 리자오싱이 대학에서 배웠던 외교관계에 관한 비엔나협약 (Vienna Convention on Diplomatic Relations)에 명시된 외교공관 재산에 대한 접수국의 세금 부과 금지에 저촉되는 상황이었다. 문제는 대사관의 그 누구도 이 기본적인 원칙을 현장에서 적용할 생각을 하지 않았다는 것이다. 케냐 현지 세무서에서 근무하는 직원은 "세금을 내라고 하지 않았는데, 당신들이 와서 세금을 내서 받은 것뿐이다"라고 답변하였다.[21]

　대사관 내부에서도 상황이 좋지 않았다. 중국의 외교관은 물론 타국의 외교관들도 비슷한 경험을 하지만 중국 외교관들은 문화대혁명으로 인한 내부 파벌 싸움과 인신공격을 견디면서 시간을 보냈다. 문화대혁명 이후 그들은 어떠한 일도 없었던 것처럼 일터로 돌아와야 했다.

　4인방(四人幇)이 베이징에서 여전히 권력을 잡고 있는 상황에서 아직 문화대혁명에 대한 공식적인 평가가 이뤄지지 않았기에 중국 외교관들은 각자 겪는 어려움을 스스로 해결해야 했다. 주 가나 중국 대사가 1972년에 다시 가나로 복귀하였을 때, 그를 베이징에서 공격했던 당 간부 중 한 명이 그의 부하로 파견되었고 그 간부는 과거 일에 대해 대사에게 사과하며 아무 일도 없었던 것처럼 대사관에서 업무를 시작했다.[22]

　그래도 베이징에서 최악의 상황은 끝났을지도 모른다는 조짐이 있었다. 정치적인 기반을 잃어버렸던 천이(Chen Yi, 陈毅)가 1972년 1월 6일, 암 투병 끝에 사망했다. 그를 담당했던 의사들은 천이를 환자로 받는 것이 정치적인 요소와 무관하다고 거듭 강조하며 치료에 전념했다. 며칠이 지난 1월 10일, 정치적 논란이 된 그의 과거 행보로 인해 천이의 장례식은 조용히 거행될 예정이었다. 마오쩌둥이 장례식에 참석할 예정이 아니었기 때문에 천이와 같이 오랫동안 일한 경험이 있는 대다수의 고위급 외교관들도 참석하지 않을 예정이었다.

　　그러나 천이의 장례식 당일, 78세의 마오쩌둥은 그의 오후 낮잠 시간을 포기하고 장례식에 참석하기로 결정하였다. 그는 여전히 잠옷을 입은 상태에 외투만 걸친 채 장례식장으로 출발했다. 마오쩌둥의 경호원은 그의 머리를 정리해줄 빗이 없어 그의 기름진 머리를 손가락으로 정리해주며 천이의 묘지로 출발하였다.

　　저우언라이도 행동을 개시했다. 그의 직원들을 통해 참석 계획이 없던 모든 사람들에게 이제 장례식을 참석할 수 있다고 알리도록 하였고 기자와 사진 기자들이 묘지에서 마오쩌둥을 맞이할 수 있도록 신속히 준비하였다. 저우언라이는 급히 준비한 사항들이 문제없이 진행될 수 있도록 마오쩌둥보다 먼저 도착하였다. 급작스런 상황의 변화, 즉 마오쩌둥의 장례식 참석에 대해서 관영 매체들은 모호하게 발표하였다.[23] 그 이후 벌어진 일들은 덜 모호하였다.

***

　　1972년 2월 21일, 미국 리처드 닉슨(Richard Nixon) 대통령이 베이징에 도착하였다. 그를 맞이할 군중들이 없었지만 저우언라이는 회색의 마오 슈트(Mao suit)를 입고 약 25명의 관료 및 연주악단과 함께 닉슨 대통령을 맞이하였다. 저우언라이는 닉슨 대통령에게 안부를 물은 후 헨리 키신저(Henry Kissinger)를 발견하며 "아, 오랜 친구여"라고 말했다.[24]

　　저우언라이는 닉슨 대통령과 함께 차를 타고 베이징 시내로 들어오면서 다음과 같이 말했다, "서로 25년 동안의 연락이 없다가 대통령님은 세계에서 가장 넓은 바다를 건너왔다."[25] 닉슨 대통령은 흐루쇼프(Nikita Khrushchev)가 중화인민공화국 수립 10주년을 위해 머물렀고 지금도 외교회담을 위해 사용되는 댜오위타이 국빈관에 머물렀다.

　　오찬 이후 저우언라이는 키신저에게 다가가며 마오쩌둥이 닉슨 대통령을 "즉시" 만나고 싶어 한다는 말을 전했다. 이후 닉슨 대통령과 키신저는 저우언라이와 함께 중난하이에서 마오쩌둥을 만나기 위해 출발했다. 이 만남은 원래 15분 동안 지속될 예정이었는데 실제로 한 시간 이상 지속되었다.

　　마오쩌둥은 "닉슨 당신의 책, 6개의 위기(Six Crises)는 괜찮은 책입니다"라고 말하면서, "저번 선거에서 나는 당신을 지지했어요, 나는 우파를 좋아합니다."라고 덧붙였다. 이후 닉슨이 미중 양자관계에 대한 논의를 시도했을 때 마오쩌둥은 저우언라이를 소개하며 "지금 이 질문들은 저우언라이와 논의할 문제입니다. 저는 철학적인 질문에 대해 응답하겠습니다."라고 말했다.[26]

이후 닉슨 대통령은 베이징 시내 관광지를 방문하였고 상하이와 항저우 또한 방문하였다. 위대한 도약 당시 중국을 방문했던 외국인들이 느낀 것처럼 닉슨과 미국 사절단은 방중을 통해 '과하게 꾸며진' 중국을 발견했다. 함께 방중한 미국 기자들은 그 현장에서 명나라 황제의 무덤과 만리장성을 방문하며 접한 관광객들이 정부에 의해 준비되었고 이들을 배치하기 위해 버스가 동원되었다는 것을 발견하였다.[27] 상하이에서는 도시가 더 정돈되어 보일 수 있도록 닉슨의 방문 기간 동안 외부에 빨래를 말리는 행위를 금지하는 명령을 하달하였다.[28]

위와 같이 표면적인 모습에 신경 쓰는 중국의 본능은 오랜 전통을 가지고 있다. 2017년 5월, 시진핑 주석이 준비한 '일대일로' 국제협력 고위급 포럼(Belt and Road Summit)에서 당국은 행사 전 베이징 주변 공장의 가동을 멈추었다. 따라서 회의 참석자들은 베이징에서 비정상적으로 완벽한 푸른 하늘을 회의 기간 동안 보게 되었다. 중국 인민무장경찰부대와 붉은 완장을 두른 은퇴한 베이징 원로들은 회의 기간 동안 보안을 위해서 베이징 시내 관광지, 주요 교차로, 지하철역에서 치안을 관리하였다. 베이징 내 나이트클럽은 폐쇄되었고 싼리툰(Sanlitun) 지역의 유흥가는 포럼이 끝날 때까지 스트립쇼를 금지하는 명령을 받았다.[29] 헨리 키신저는 자신의 방중 경험에 대해서 "방문할 때마다 중국의 모습은 모든 것을 조심스럽게 연습한 연극처럼 느껴졌으나 동시에 자연스럽게 표출되었다"라고 말했다.[30]

위와 같이 중국의 꾸민 모습의 존재 여부와 관계없이 닉슨 대통령의 방중은 저우언라이의 일생 아래 옌안에서 제네바까지 수십 년에 걸친 그의 외교적인 노력 중 최고의 성과였다. 닉슨 대통령의 방중은 중국 내부가 매우 혼란스러운 가운데 성사되었고 닉슨의 방문을 통해 냉전의 역사 또한 바뀌었다. 또한 닉슨 대통령의 방중을 통해 소련과 투쟁하던 당시 중국의 태도 역시 변화할 수 있었다.

다만 닉슨의 방중을 성사시킨 중국의 외교적 성과는 마오쩌둥이 건재한 중국에 문제를 야기하였다. 국영방송사인 신화통신사(Xinhua News Agency)는 닉슨 대통령의 방중을 성사시킨 저우언라이의 역할을 칭찬한 세계 언론의 기사들을 중국에서 재보도하였다. 신화통신사의 재보도 이후 저우언라이는 본인의 위험을 직감하고 해당 언론사를 질책하였다.[31] 마오쩌둥 단 한명만을 숭배하는 중국 정치체제에서 마오쩌둥보다 더 빛나는 사람이 있어서는 아니 되었다.

저우언라이가 위험을 감지한 것은 현명한 판단이었다. 이번 닉슨 대통령 방중의 여파로 마오쩌둥 사촌형의 손녀인 왕하이룽(Wang Hairong, 王海容)과 마오쩌둥의 통역을 담당한 탕원성(Tang Wensheng 또는 Nancy Tang, 唐闻生)은 외교부 구내식당에서 헨리 키신저의 극비 방중 후 우쭐대는 저우언라이의 모습이 나타나길 기다리며 앉아있었다. 마오쩌둥은 또한 세계 혁명을 이룩하기 위한 자신의 철학을 외교부가 충분히 이행하고 있지 않다고 불평하기 시작했다.[32] 얼마 지나지 않아 외교부 내 불길한 소문이 퍼졌는데, 마오쩌둥이 외교부를 "독립적인 왕국"으로 표현했다는 것이다.[33]

***

저우언라이의 위상이 격상되는 것을 보며 마오쩌둥은 화가 끓어올랐지만, 닉슨의 미국과 중국의 관계는 계속 개선되었다. 비밀 외교채널을 통해 역사적인 데탕트를 논의한 이후 미중관계는 더 확대되고 있었다. 1973년 2월, 양국은 각 수도에 연락사무소를 설치하겠다고 발표했으며 이는 완전한 외교 관계 수립의 서막으로 볼 수 있다. 중국은 초대 대표로 황진(Huang Zhen, 黃鎮)을 임명하였고 미국은 초대 대표로 데이비드 브루스(David Bruce)를 임명하였다.[34]

양국의 정보기관들도 기회를 감지했다. 중국은 미국이 연락사무소에 한 명의 정보요원을 파견하는 것을 허락하였고 미국 역시 중국의 정보요원을 미국에 파견하는 것에 대해 동의하였다. 미국은 베테랑이자 중앙정보국(Central Intelligence Agency)의 중국통이며 추후 주중대사가 되는 제임스 릴리(James Lilley)를 임명하였다. 릴리에 따르면 중국은 영어구사가 가능한 관료를 파견하기 위해 셰치메이(Xie Qimei, 謝启美)를 중국의 정보요원으로 임명하여 주 미국 중국 연락사무소의 문화과에 배치되었다. 실제로 지금까지도 중국은 국가안전부 요원들을 대사관 문화과에 배치하고 있다.[35]

중앙정부 간 미중관계 개선과 더불어 하위 레벨에서도 미중경제위원회 (US−China Business Council)와 미중관계전미위원회(National Committee on US− China Relations)의 설립과 같이 미중관계는 발전하고 있었다.

미중관계 개선에 대하여 가장 열광하는 사람들은 미국의 사업가들이었다. 그들은 수백만의 고객이 존재하는 중국 시장에 대하여 매력을 느끼고 있었고 중국 시장 진출을 목표로 다양한 전략을 준비하였다. 그중에서도 가장 끈질기 게 물고 늘어져 중국 시장 진출을 도모한 사람은 아마도 전설적인 사업가인 코카콜라의 존 폴 오스틴(John Paul Austin)이다.

황전 대표가 워싱턴 D.C.에 도착하자마자 오스틴은 그를 만나기 위해 연 락사무소를 찾았고 황전 대표에게 코카콜라 제품을 시음해 보라고 권하였다. 황전 대표는 차를 좋아한다고 말하며 코카콜라 제품을 거부했지만 오스틴은 워싱턴 D.C. 소재 코카콜라 사무소를 통해 매주 중국 연락사무실로 코카콜라 음료를 배달했다. 그는 중국 외교관들에게 제공되는 코카콜라 음료를 차갑게 유지하기 위해 냉장고를 제공하기도 했다.[36]

***

중국 외교가 정상화되기 시작했지만 외교부 조직 자체는 여전히 문제투 성이였다. 외교부 내부의 정치적 투쟁은 "차오 교주(Lord Qiao)"와 "젊은 소녀 (young girl)"간의 파벌로 축약되었다.

"차오 교주"는 언론인 출신 외교관인 차오관화를 의미하였으며 그는 1940 년대부터 중국 외교에서 중요한 역할을 수행하였고 궁펑(Gong Peng, 龔澎)의 남편이었다. 천이의 사망 이후 외교부를 담당했던 지펑페이(Ji Pengfei, 姬鵬飛) 에 이어 차오관화는 1974년에 외교부장으로 임명되었다. "젊은 소녀"란 마오 쩌둥의 최측근이자 저우언라이에 대하여 수시로 마오쩌둥에게 보고하였던 왕 하이룽과 탕원성을 지칭하는 말이었다. 그들은 마오쩌둥을 직접 접견할 수 있 었기 때문에 정치적으로 무적인 상황이었고, 이러한 상황을 통해 외교부장인 차오관화는 영향력을 행사하는 데 어려움을 겪었다. 결국 그는 마오쩌둥에게 도움을 간청하는 편지를 쓰기도 하였다.[37]

한 외교관은 당시를 회상하며, "당시 일하는 것은 살얼음판을 걷는 것과

같았다. 어떤 사소한 행동도 비난 받을 수 있었기 때문이다"라고 말했다.[38]

소련에 머물렀던 중국 외교관들의 삶이 가장 복잡했다. 마오쩌둥의 "소련식 수정주의"를 타파하려는 중국 내부의 움직임으로 인하여 중소관계는 정체된 상황이었다. 모스크바에 있는 대사관 직원들은 외부 행사에서 중국이나 그 지도부를 비판하는 발언을 듣는 즉시 그 자리를 떠나도록 요구되었고 직원들이 해당 명령을 불이행할시 이는 "심각한 정치적 실수"를 초래한 것이라 여겨졌다. 전직 장군이자 주소대사인 류쉰칸(Liu Xinquan, 刘新权)이 어떤 행사에서 중국 관련 비난을 들은 후 장소를 나가면서 인사를 했다는 사실을 언론이 보도한 사례가 있었다. 중국 외교부는 류쉰칸 대사에게 전보를 쳐서 그 보도 내용이 사실인지 물어보았고 그는 "나, 류쉰칸은 전투에서 내 머리를 잃는 것을 두려워하지 않았다, 내가 어떻게 소련식 수정주의 앞에서 절을 할 수 있겠는가?"라고 말하며 격노하였다.[39]

외교부 내부의 파벌에 더하여 부처 내 다른 문제가 존재하였다. 중국의 외교정책, 특히 대미정책에 대해서 외교부는 반으로 갈라졌다. 미국과의 관계 강화를 반대하며 더 실용적인 미중관계를 희망하는 마오쩌둥의 아내인 장칭(Jiang Qing, 江青)과 "4인방"의 의견을 지지하는 사람과 반대하는 사람으로 외교부는 싸움을 거듭하였다. 당시 내부에서는 사소한 문제가 단 하나도 없었다.

장칭은 외교부 업무의 아주 미미한 세부 사항들에 대해서 개입하기 시작했다. 1973년에 중국의 한 사절단은 미국의 텔레비전 스크린 공장을 시찰한 이후 공장측으로부터 유리 달팽이를 선물로 받았다. 장칭은 미중관계를 훼방하기 위한 목적으로 유리 달팽이 선물은 중국에 대한 의도적인 모욕이라 칭하며 중국이 천천히 기어가는 국가라는 의미를 내포한다고 주장하였다. 외교부는 미국 문화에 실재하는 달팽이의 의미에 대한 조사를 실시하였고 해당 선물은 부정적인 의미가 없다고 결론을 내렸다. 이후 마오쩌둥은 외교부 조사 결과에 대해 동의하였다.[40]

저우언라이는 점점 마오쩌둥의 악의 대상이 되고 있었다. 1972년 5월 저우언라이가 방광암으로 진단받았을 때 마오쩌둥은 그의 치료를 허락하지 않으면서 그의 주치의에게 암은 치료될 수 없다고 발언하였다. 그는 "환자는 홀몸이니 혼자서 행복하게 살도록 내버려두라"고 말했다.[41]

그럼에도 불구하고 저우언라이는 계속 업무에 열중하였고 그는 심지어 암이 진행되면서 일상적으로 그의 대변에서 피를 발견하면서도 외국 대표단과도 계속 접견하였다.[42]

암을 발견하기 전 해에 저우언라이는 미중관계의 미래를 계획하기 시작했다. 탁월하고 전략적인 통찰력을 갖고 있던 그는 소규모의 학생 집단을 구성하여 학생들의 영어구사능력 향상 및 서방에 대한 이해 증진을 위해 그들을 배스대학교(University of Bath)와 런던정치경제대학교(London School of Economics and Political Science)에 보냈다.

중국의 첫 유학생 그룹은 1972년 가을에 영국에 도착하여 국제정치학, 역사학, 개발학 관련 수업들을 수강하였다. 마오 슈트를 입고 수업에 들어간 학생들은 학기 초반 역사학 수업을 통해 좌절감을 경험하였다. 마이클 야후다(Michael Yahuda) 런던정치경제대학교 명예교수는 사우스차이나모닝포스트(South China Morning Post)와의 인터뷰에서 "중국 학생들은 비권위적인 지도 방식을 받아들이기까지 시간이 걸렸습니다"라고 말했다. 수업 이후 몇몇 중국 유학생들은 중국 내에서 일어나고 있는 상황으로 인해 불편하다고 속마음을 내비추기도 하였다.[43]

나중에 이들은 외교부에서 미국을 담당하는 부서에 배치되며 부서 내 중추적인 역할을 하였고 이 중 양제츠(Yang Jiechi, 杨洁篪)는 외교부장이 되었고 장예수이(Zhang Yesui, 张业遂), 그리고 저우원중(Zhou Wenzhong, 周文重)은 주미대사, 그리고 왕광야(Wang Guangya, 王光亞)는 주유엔대사가 되었다. 양제츠는 특히 외교부에서 영향력 있는 인물로 떠오르며 나중에는 공산당 중앙정치국(Politburo)까지 진출하게 된다. 의도하지 않았지만 저우언라이는 저승에서 중국 외교 최고위급 인사에 계속 영향을 미친 것이다.

저우언라이가 직면하는 정치적인 문제는 계속 커져만 갔다. 1973년 6월, 그는 과거 국공내전이 끝나갈 때 즈음 공산당원들이 옌안시를 떠난 이후 처음으로 베트남 대표단을 이끌고 옌안시를 방문하였다. 방문을 통해 그는 과거 그가 생활하던 구역이 폐쇄되어 일반인이 출입할 수 없게 된 사실을 알게 되었다.[44] 그는 마오쩌둥의 심기를 건드린 죄로 벌을 받고 있었던 것이다.

같은 해 11월에 공산당 중앙위원회는 저우언라이를 비판하는 회의를 열었다. 마오쩌둥은 저우언라이가 키신저와의 만남을 통해 "우파적 실수"를 저질렀다고 주장했다.[45] 위원회 의장은 점점 더 소득적인 입장을 취했다. 결국 그는 지도부의 입장을 왕하이룽과 탕원성을 통해 저우언라이에게 전달하였고 반대로 저우언라이의 입장 또한 왕하이룽과 탕원성을 통해 전달받았다.[46]

1974년에 마오쩌둥은 정계 복귀 이후 1년이 지나지 않은 덩샤오핑(Deng Xiaoping, 鄧小平)을 저우언라이를 대신하여 국제연합에 보내기로 결정했다. 저우언라이의 공식전기 집필자인 가오 웬치안(Gao Wenqian, 高文謙)은 비록 저우언라이가 암으로 투병 중이었다고 하더라도 당시 마오쩌둥의 결정은 고의적이고 잔인한 행위라고 묘사하였다.[47]

해외에 주재하는 중국 외교관들은 실제로 중국 내에서 무슨 일이 일어나고 있는지 일부 정보를 알아서 수집하여 추측할 수밖에 없었다. 국제연합 중국대표부에서 최근 일하기 시작한 외교관은 전보를 통해 덩샤오핑의 국제연합 방문에 대한 정보를 접한 후 흥분을 감출 수 없었다. 그는 덩샤오핑의 방문이 중국 외교의 긍정적인 변화를 의미한다고 생각했다.[48]

UN 방문을 통해 덩샤오핑은 소련의 패권에 대항하는 마오쩌둥의 "세 개의 세계론"을 포함한 마오주의 노선을 매우 정확하게 전달하였다. 또한 그는 짧은 기간 동안 뉴욕 교외를 방문하였고 심지어 월가(Wall Street)도 방문하였다. 그는 그의 수행원들에게 중국이 미국에게 배울 수 있다는 거침없는 제안을 하였다.[49]

동 시기에 덩샤오핑을 견제하는 행보가 포착되었다. 1974년 말, 4인방은 주 캄보디아 중국 대사를 모리타니아 이슬람 공화국으로 파견하며 그가 공자비판운동 당시 저우언라이에게 과도하게 공손했다는 사유로 모리타니아에서 "모기 밥이 되어라(feed the mosquitoes)"는 벌을 내렸다.[50] 같은 시기에 4인방은 덩샤오핑의 정계 복귀를 반대하며 중국 외교관들을 대상으로 반드시 "덩샤오핑을 비판하는" 운동에 참여해야 한다는 지시를 내렸다. 이에 따라 워싱턴 D.C.에서 중국의 연락사무소는 덩샤오핑을 비판하기 위해 회의를 열었지만, 아무도 일어서서 말하기를 원하지 않았다.[51]

1975년 베이징에서 마오쩌둥은 미국 제럴드 포드(Gerald Ford) 대통령과의 회담에서 공개적으로 중국 외교부 내부 싸움에 대해 언급하였다. 포드 대통령은 워싱턴 D.C. 소재 중국 연락사무소의 역할을 높이 평가한다고 주장하며 황진 대표가 계속 대표의 역할을 수행하길 바란다며 공손히 마오쩌둥에게 말했다. 이에 대해 마오쩌둥은 "일부 중국 젊은이들은 황진에 대해 비판적이며 여기 이 두 사람(왕하오룽과 탕원성)은 차오관화에 대해 비판적인 시각을 갖고 있다. 그리고 여기 이 두 사람을 우습게 보아서는 안 된다"고 말했다.[52]

이는 지치고 당황스러운 악순환이었다. 어떠한 사건을 정치적으로 악용하여 한 사람을 정치적으로 무너뜨리기 위해 많은 사람들을 위험에 빠트리더라도 손해를 감수하며 벌어지는 일련의 소소한 부정부패 행위가 관계자 모두를 지치게 만들었다. 1975년 중반기에 들어서 저우언라이는 외교 활동에 참여할 수 없을 정도로 쇠약했다.[53] 변화가 필요한 상황이었다.

***

1976년 1월부터 1978년 12월까지의 기간 동안 중국은 정치적인 혼란의 연속을 경험하였다. 우리는 나중에 이러한 경험을 통해 중국 외교가 안정되고 시장 개혁을 통해 중국이 초강대국의 지위에 도달하는 것을 알고 있다.

지금 중국의 부상은 당연한 것처럼 보이기도 하지만 당대 중국 외교관들에게는 있을 수 없는, 어쩌면 생각조차 할 수 없는 일이었다. 위태로운 나라의 운명과 지난 10년간 경험한 중국의 비참함을 통해 그들은 그들이 직면한 상황에 대해 의심의 여지가 없었다. 그들은 스스로의 신념과 이에 대치되는 행동 사이 균형을 유지하며 그들이 할 수 있는 유일한 행위는 베이징에서 하달되는 정치적 지침에 대응하는 것이었다.

첫 번째 충격은 저우언라이가 마침내 세상을 떠난 1976년 1월 8일에 발생하였다. 그 날 아침 외교부에 저우언라이 사망 소식이 전해지자, 빌딩 내 소식을 접한 많은 관료들은 울음을 터트렸다. 사망 소식이 해외에 주재하고 있는 중국 외교관들에게 전달되면서 그들 역시 슬픔에 잠기었다.[54]

슬픔은 당연했다. 저우언라이는 중공외교의 창시자였고 중화인민공화국 설립 이전부터 외교와 관련된 모든 운영을 감독해왔다. 그는 친절한 사람이었고 심지어 중공에 대하여 종종 위협을 느꼈던 외부세계도 그를 온화한 사람으로 기억하였다.

그러나 마오쩌둥의 중국에는 무고한 행위란 존재하지 않았다. 저우언라이 사망에 대해 애도하는 행위는 정치적인 입장을 취하는 것으로 간주되었다. 심지어 눈물을 보이는 행위는 정치적 교리를 표현하는 것을 의미했다. 이 점을 강조하기라도 하듯 4인방은 즉각 외교관들이 천안문 광장에서 저우언라이에게 경의를 표하지 못하도록 조치하였다. 그럼에도 불구하고 많은 외교관들이 천안문 광장을 방문했다. 외교부장 차오관화, 주미 중국 연락사무소 대표 황진, 그리고 수십 명의 초임 외교관들이 광장에서 저우언라이를 조문하였다.[55]

외교부 내 공산당 위원회 또한 명령을 하달하며 저우언라이를 기리는 시 또는 헌사를 받아 적거나 전파하는 행위를 금지하였고 대사관 국기를 조기로 게양할 수 없도록 조치하였다.[56] 심지어 4인방은 저우언라이의 사망 소식을 인민일보 4페이지에 게재하고자 시도하였고 공식 사망 기사에 저우언라이로부터 "배워야 한다"는 문구를 삭제하고자 노력하였으나 실패하였다.[57]

전 세계의 중국 외교관들은 중앙정부로부터 하달된 명령을 무시했다. 이탈리아에서 중국 외교관들은 허용된 시간보다 더 많이 저우언라이를 애도했다. 일본 그리고 몰타에서 그들은 국기 자체를 게양하지 않기로 결정함으로써 그들의 입장을 표출하였다.[58]

위 사례가 중요하지 않은 것처럼 보일 수 있지만 사실 그들의 행보는 용기가 필요했다. 대사관 직원들은 지난 10년간의 일을 통해 오해할 만한 정치적인 신호를 보내는 것이 얼마나 큰 위험을 감수해야 하는지 잘 인지하고 있었다. 이제 저우언라이가 떠난 후 그들을 지켜줄 사람이 아무도 없었다.

1976년 4월, 덩샤오핑은 다시 한 번 정치적인 입지를 잃었고 가택 연금 상태에 머물렀다. 같은 해 7월, 마오쩌둥의 게릴라전 전술에 기여한 중화인민공화국 공신인 주더(Zhu De, 朱德) 장군이 사망하였다. 그리고 얼마 이후 중국 북부의 탕산시에서 강력한 지진이 발생하였다. 해당 지진은 히로시마에 투하된 원자폭탄이 일으킨 규모의 약 400배와 같은 지진 파동을 일으켰다.[59] 지진 발생 지점으로부터 약 100마일 떨어진 외교부 건물은 심하게 파손되어 중국을 방문 중인 고위 인사들과의 회의는 본관 밖에 설치된 텐트에서 개최되어야 했다.[60] 외교관들이 외교부 건물 안으로 들어갔을 때마다 그들은 천장에 위태롭게 매달린 불빛을 지켜보곤 했고 여진으로 인해 발생하는 이상한 소리를 듣

곤 했다.[61]

이 모든 것은 이제부터 발생할 엄청난 수준의 정치적인 사건에 비하면 아무것도 아니었다.

**

1976년 9월 8일, 장빙(Zhang Bing)은 사모아의 국가원수인 말리에토아 타누마필리(Malietoa Tanumafili) 2세 방중을 기념한 연회 도중 웨이터들이 음식을 옮기면서 뛰고 있다는 것을 알아챘다.

자수성가한 이 외교관은 몇 년 전 노동 수용소에서 시간을 보내며 천안문 광장 근처에 인민대회당 건물을 건설한 공사에도 참여한 적이 있다. 이 공사에 역시 참여했던 다른 젊은이는 바로 영국에서 유학을 마치고 귀국하여 공사 당시 외교부에서 통역관으로 근무한 26세의 양제츠이다.

연회에서 웨이터들이 뛰어 다니는 것은 매우 이례적인 일이었다. 중국 공식 연회에서 식음료는 매우 정밀한 순서로 제공되며 고통스러울 정도로 길어서 3시간 정도 지속되는 경우도 있다. 하지만 어떤 이유에서인지 오늘 웨이터들은 서둘러야 한다는 말을 들었다. 결국 연회는 한 시간 이내 종료되었다.

이날 밤 초임 외교관들은 뭔가 이상함을 감지하였다. 연회에 참석한 고위급 인사들은 뭔가 걱정스러워 보였다. 특히 화궈펑(Hua Guofeng, 华国锋) 부총리가 그래보였다. 그들은 마오쩌둥이 위중하다는 사실을 알고 있었지만 장빙과 다른 초임 관료들은 다음 날이 돼서야 알게 되었다.[62]

당시 82세였던 마오쩌둥은 이미 1975년에 운동신경원성 질환 진단을 받은 이력이 있다. 그는 이미 백내장으로 반쯤 눈이 멀어 있었고, 수많은 성병과 돼지고기 과대섭취로 인해 심장병으로 고통받고 있었다. 9월 2일 그는 심장마비를 겪었고 9월 7일이 되서야 그의 맥박이 돌아왔다. 공산당 중앙위원회 위원들은 마오쩌둥 병상 옆에 대기하였다. 마오쩌둥은 9월 9일 00시 10분에 사망했다.[63]

다음날 아침, 사모아 국가원수의 방문을 담당하는 중국 외교관들이 사모아 지도자를 배웅하기 위해 준비하던 중 무슨 일이 있었는지 듣게 되었다. 그들은 놀라서 멈칫하다가 울음을 터뜨렸다.[64]

마오쩌둥은 자신을 화장하라는 지시를 남겼지만, 그의 존재는 국가의 존립과 직결되었기 때문에 관료들은 고민하기 시작했다. 공산당 중앙위원회는 레닌(Vladimir Lenin)의 사례처럼 마오쩌둥의 시신을 보존하기로 결정했다.[65] 문제는 아무도 시신을 보존하는 법을 모른다는 것이었다.

중국과 소련 간의 험악한 관계로 인하여 소련 의료진에게 레닌의 시신 처리 방법을 문의하는 것은 불가능했다. 대신 소련 외교관들은 레닌 도서관을 두 번 방문하여 레닌의 시신을 보존한 방법이 명시된 서적을 뒤졌지만 그들은 빈손으로 돌아왔다.[66] 오히려 베트남 공산주의자들이 더 도움을 주었다. 하노이에 주재한 중국 외교관들이 베트남 현지 관료를 찾아 호치민(Ho Chi Minh)을 방부하기 위해 사용했던 방법에 대해 문의하였다.[67]

또한 중국은 차선책을 미리 준비하기 위해 연구원들을 전 세계에 파견했다. 영국 런던에서 중국 연구원들은 밀랍인형 기술을 공부하기 위해 마담 투소(Madame Tussauds) 박물관에 파견되었지만 중국의 밀랍 가공 능력이 이미 영국을 앞질렀다는 실망스러운 결론을 가지고 돌아왔다.[68] 결국 중국 의료진이 스스로 방법을 알아냈지만 마오쩌둥의 몸에 포름알데히드가 너무 많이 주입되어 모공에서 액체가 나오고 그의 목이 머리 너비까지 부풀어 오를 정도로 지저분한 실험 과정을 거쳤다.[69]

마오쩌둥이 지명한 후계자인 화궈펑과 4인방 간의 권력 다툼으로 인해 당시 중국 정부의 의중을 해석하는 것은 훨씬 더 어려웠다. 마오쩌둥의 고향인 후난성 출신인 화궈펑은 존재감이 약한 부총리 겸 공안부장이였으며 그를 후계자로 임명한 것은 좋은 선택처럼 보이지 않았다. 하지만 그는 적어도 4인방의 일원으로 합류하지 않은 미덕을 보유하였다. 리콴유(Lee Kuan Yew)는 마오쩌둥 사망 전 화궈펑을 만난 이후 그에 대해 "그는 카리스마를 보유하고 강인한 공산주의 국가의 지도자처럼 보였지만 그의 거칠고 진부한 미사여구는 거슬렸다"라고 말했다.[70]

이탈리아 로마에 있는 중국 대사관은 10월 6일, 베이징으로부터 4인방이 몰락하였다는 소문을 접하였지만 이에 대한 공식적인 발표는 없었다. 이후 매일 밤 외교관들은 국내외 라디오를 듣기 위해 한자리에 모였다. 그들은 라디오를 통해 북경에서 일어난 소식에 대해 모든 것을 기록하였다. 그들은 기록들을 모아 대사관 벽에 붙이며 고향에서 벌어지고 있는 일을 어느 정도 파악하고자 노력하였다.

11일 후, 마침내 4인방이 무너졌다는 소식이 전해졌다.[71] 화궈펑은 공산당의 핵심 원로들과 장군들의 지지를 모으는 데 성공했다. 그들에게 충성을 바친 중국군은 4인방을 한명씩 체포하였다.

중국 전역과 외교부 내부의 반응은 희열로 가득했다. 워싱턴에서 파리까지 중국 외교관들은 금전적인 여유가 있는 다른 중국인들처럼 4인방의 몰락을 기념하기 위해 수컷 게 세 마리와 암컷 게 한 마리를 먹었다.[72] 이들이 게를 먹었던 이유는 종종 중국에서 사람들의 길을 막는 불량배로서 게가 묘사되었기 때문이다.[73] 저우언라이를 옌안에서부터 그의 임종까지 따라온 베네수엘라 주재 중국 대사 링칭(Ling Qing, 凌青)은 "문화대혁명은 악몽과도 같았다. 그리고 마침내 모든 것이 끝났다"라고 말했다.[74] 그의 발언을 통해 그날의 분위기를 알 수 있었다.

외교부장 차오관화는 4인방의 몰락으로 인해 물러나게 되었다. 과거 그는 외교부를 자신의 통제 하에 두고 덩샤오핑의 2차 숙청으로부터 살아남기 위한 필사적인 시도로서 장칭과 동맹을 맺고자 하였다. 차오관화의 측근이 그의 태세 전환에 대하여 실망했다는 입장을 표명하니 차오관화는 "현인은 변화에 적응해야 한다"고 답했다고 한다. 차오관화가 자리에서 물러난 이후 과거 에드거 스노우(Edgar Snow)를 옌안으로 데리고 간 급진주의자였던 황화(Huang Hua, 黃华)가 12월에 외교부장이 되었다.[75]

4인방이 부재하더라도 중국의 향후 방향은 불투명해 보였다. 비록 덩샤오핑이 1977년 7월 정계에 복귀하였지만, 상부로부터 새로운 명령이 없는 상황에서 많은 대사관들이 그에 대한 비판을 계속 선전하였다.[76] 1977년 8월, 국제연합 사무총장과의 만남에서 황화는 중국인들은 화궈펑의 리더십 아래 마오주의 혁명 노선을 고수할 것이라고 언급하며 아무것도 변하지 않을 것이라고 주장하였다.[77]

하지만 화궈펑의 시간은 결코 길지 않았다. 그는 변화를 갈망하는 중국을 물려받았으나, 마오쩌둥과 차별화한 미래지향적인 비전을 제공해주지 못하였다. 그의 핵심 슬로건인 "양개범시(two whatevers, 兩個凡是)"는 "마오쩌둥이 결정한 모든 정책"을 추구하고 "마오 주석이 내린 모든 지시"를 이행하는 것을 의미했다. 이렇게 상상력이 부족한 정치적 접근으로 화궈펑은 4인방을 제거하도록 도왔던 온건파 당 인사들의 지지를 빠르게 잃었다. 동시에 그는 카리스마가 부족하여 온건파 당 인사 외 사람들의 마음을 빼앗는 데에도 실패하였다. 이때 덩샤오핑은 전 부처에 포진된 저우언라이의 오랜 측근들을 접촉하며 실용적 접근 중시와 변화를 약속하였다. 덩샤오핑은 마오주의 슬로건를 교묘하게 사용하며 중국은 "진실로부터 진리를 찾아야 한다"고 말했다.

덩샤오핑 앞에 놓인 과제는 거대했다. 최근 10년간 중국은 정치적인 분쟁으로 인하여 상처투성인 상황이었다. 따라서 중국은 지난 수십 년간의 외교적 노력으로 획득한 많은 외교적 자산을 잃은 상황이었다. 1978년 중국은 세계에서 가장 가난한 나라 중 하나였다. 중국의 1인당 GDP는 미국의 40분의 1, 브라질의 10분의 1에 불과했다.[78] 당시 중국은 세계 경제의 4.9%를 차지하였는데, 이 수치는 1949년 기준 세계 경제의 4.2%에 불과했던 중국의 경제규모가 겨우 0.7%p 상승했다는 것을 의미하였다.[79]

1978년 12월, 중국은 이날 매우 중요한 회의를 통해 추후 20년 동안 빛나는 경제 개혁의 발판을 마련했다. 중국은 제11차 공산당 중앙위원회 "3중전회"를 통해 "실천만이 진리의 유일한 기준"이라고 선언하였는데, 이는 중국의 정책 결정 과정에서 실용주의로의 결정적인 전환을 알리는 비밀스러운 방법이었다.[80] 여전히 화궈펑이 공식직함을 유지하였으나 실질적인 권력은 덩샤오핑이 행사하였다. 덩샤오핑의 최측근인 개혁가 후야오방(Hu Yaobang, 胡耀邦)을 포함하여 그의 측근들은 중앙위원회 정치국 위원으로 승격되었다. 저우언라이의 미망인 덩잉차오(Deng Yingchao, 鄧穎超) 역시 정치국 위원으로 임명되었다.[81]

덩샤오핑은 1904년 쓰촨성의 상류층 가정에서 태어났다. 그는 젊었을 때 프랑스에서 유학했고, 그곳에서 저우언라이를 만났다. 이후 중국으로 돌아가 긴 장정을 견디기 전까지 그는 모스크바에서 유학하였다. 마오쩌둥은 기술관료에 적합한 덩샤오핑의 능력과 그의 정치적 무자비함을 높이 평가해왔다. 1951년 마오쩌둥은 중국 남서부에서 덩샤오핑이 실시한 "반혁명분자"에 대한 잔인한 학살을 말리기도 했다. 키가 겨우 5피트인 덩샤오핑은 문화대혁명 기간 동안 여러 차례 숙청당했다. 그의 막내 동생은 자살했고, 그의 아들 덩푸팡 (Deng Pufang, 鄧樸方)은 4층 창문 밖으로 스스로 몸을 내던졌거나 누군가에 의해 밀려난 후 하반신이 마비되었다.[82]

점진적으로 베이징의 정치적 변화는 외교부 조직 내 스며들기 시작했다. 정부로부터 대사관들은 1970년대 중반에 저우언라이가 공개적으로 제안했고 나중에 덩샤오핑이 승인한 경제 발전 프로그램인 "4대 현대화"를 강조하라는 지시를 받았다. "현대화" 강조를 통해 중국은 농업, 산업, 과학, 기술 분야에서 세계와의 격차를 줄이기 위한 청사진을 제시하였다. 이러한 목표를 달성하기 위해 대사관은 주재국의 경제와 기술 개발과 관련된 조사를 시작하라는 지시를 받았다.[83]

추후 주중 미국대사이며 당시 중간급 외교관이었던 스테이플턴 로이 (Stapleton Roy)는 1976년, 1977년, 1978년 매해 미국 의회 대표단을 중국에서 수행하면서 달라진 중국의 정치 지형을 직접 목격하였다. "매년 중국의 정치적 노선은 완전히 달랐다"라고 로이는 말했다. 그는 이어 "1976년인 첫해에 덩샤오핑은 자본주의의 앞잡이였다. 다음 해에 4인방은 숙청되었고 덩샤오핑은 더 이상 비판을 받지 않았다. 1978년 봄, 덩샤오핑은 중국에서 좋은 사람으로 평가받았다"라고 당시를 회상하였다.[84]

덩샤오핑은 중국 외교의 최종 결정권자로서 마오쩌둥의 자리를 대신하였다. 그의 리더십을 바탕으로 과거 10년간 격동의 시기를 통해 정체된 중국의 외교와 모호했던 외교관의 역할이 더 명확해졌다.

중국 정부가 어려웠던 과거를 잊고 새로 도약하고자 할 때 중국 외교관들은 지난 10년간 무슨 일이 일어났는지 논의할 수 있는 제한된 기회를 제공받았다. 1979년 6월, 베이징에서 열린 대사 회의를 통해 그들은 그나마 과거에 대해 평가할 시간을 가질 수 있었다. 외교부는 문화대혁명의 과오를 비판하기 위해 대사 회의를 조직하였고, 문화대혁명의 일부 가해자와 피해자들은 결국 동 회의 소규모 그룹 토론을 통해 얼굴을 마주하게 되었다.[85]

국내 정책과 마찬가지로 덩샤오핑의 외교는 실용적이었다. 저우언라이의 훌륭한 역량으로 인하여 수십 년간의 전쟁과 혁명을 거쳤음에도 불구하고 1950년대 중국 경제를 재건할 수 있도록 그가 기회를 창출한 것처럼, 덩샤오

핑의 외교는 이후 중국이 경제적으로 발전할 수 있는 공간을 창출했다. 소련
으로부터 5개년 계획에 대한 노하우를 습득했던 과거와 달리 중국은 시장 경
제와 자본주의적 관행을 습득하여 일련의 실험을 시작할 예정이었다.

    1978년 12월, 3중전회가 끝난 직후, 중국은 마침내 미국과 공식 외교관계
를 수립하였다. 미중 간 공식 외교관계 수립에 대한 합의가 발표된 지 일주일
도 안 되어, 코카콜라는 중국에서 탄산음료를 판매하기 시작하기로 중국정부
와 자체적인 합의에 도달했다고 발표했다.[86] 미중 간 외교관계 수립은 상징적
인 의미가 컸으나 코카콜라의 중국 시장 진출은 중국을 향한 자본주의와 서구
의 정치사상이 유입되는 거대한 물결의 시작에 불과했다. 이러한 변화는 중국
사람들을 부유하게 만들었으나 중국의 가장 신성한 건국 신화가 거짓이었다
는 것을 의미하기도 했다.

제8장
자본주의에 대한 재고찰

1979년 1월, 황화는 전세기를 이용하여 워싱턴 D.C.로 향했다. 그는 중국의 실권자인 덩샤오핑을 동행하였고 그들은 몇 주 전 벌어진 미중 수교 이후 처음으로 미국을 공식 방문하는 길이었다.[1]

중국 대표단이 태평양을 횡단할 때 덩샤오핑은 평소와는 달리 말이 많았다. 그는 그의 보좌관에게 "생각해보면 미국과 함께한 모든 나라들이 부유해졌고 미국과 등을 진 모든 나라들은 여전히 가난하다"라고 말하며 지금 이 순간을 기회로 인식하였다. 그는 이어 "우리는 미국과 함께 할 것이다"라고 덧붙였다.[2]

당시 중국 대표단의 미국 방문은 황화 그리고 중국 모두에게 특별한 전환을 의미했다. 황화는 젊었을 때 중국을 위해서 동굴에 살면서 에드가 스노우와 같은 비공식 채널을 통해 미국을 접촉했었다. 이후 제네바에서 그리고 문화대혁명 기간에도 황화는 왕따 국가로 전락한 중국을 대표하고 있었다. 하지만 지금 그는 30년 동안 건재한 국가를 대표하며 헨리 키신저의 표현을 빌리자면 미국과 "암묵적인 동맹"을 맺고 있는 국가의 외교부장이다.

미국이 준비한 덩샤오핑을 위한 환영의 규모는 엄청났고 이를 통해 사람들은 표면적으로 미중관계의 지대한 변화를 느낄 수 있었다. 미국 지미 카터(Jimmy Carter) 대통령은 백악관 사우스 론(South Lawn)에서 덩샤오핑과 그의 보좌진을 맞이하였다. 그들은 레드카펫을 카터 대통령과 함께 따라 걸으며 그들의 국기가 미국의 수도에 게양되었을 때 자부심을 느꼈다. 덩샤오핑은 이후 미국 의회 하원의원들과 인사하였다. 하원의원들은 덩샤오핑이 표지에 실린 타임지(Time)에 덩샤오핑의 사인을 요청하였고 그는 기꺼이 직접 사인해주었다. 이후 카터 대통령은 오벌 오피스(Oval Office)에서 덩샤오핑과 대면하였다.

국제정세가 정체된 상황에서 덩샤오핑의 미국 방문은 귀한 돌파구를 제공하였다. 미국과 영국은 저성장과 인플레이션에 시달리고 있었다. 소련은 흐루시초프의 개혁적인 정책을 폐기하였고 레오니트 브레즈네프(Leonid Brezhnev)의 집권 이래 장기 침체에 안착한 상황이었다. 캠프 데이비드 협정(Camp David Accords)은 이집트와 이스라엘 사이에 평화를 가져오며 국제정세의 돌파구처럼 보였으나 곧 이란 혁명과 소련의 아프가니스탄 침공으로 인해 그 노력이 물거품 될 예정이었다.

덩샤오핑은 중국을 발전시킬 의지가 강했다. 방미 몇 주 전 덩샤오핑은 3중전회를 통해 "진리의 유일한 기준은 실천"이라고 발표하며 중국 역사에서 가장 극적인 변화를 만드는 국내적 토대를 마련했었다. 중국이 미국과 관계를 강화하는 지정학적 변화도 덩샤오핑에게 국내 개혁을 추진할 수 있는 숨통을 터주었다.

덩샤오핑은 미국 방문을 통해 이미 중국의 경제를 개혁하는 방법과 관련된 교훈을 얻으려 노력하고 있었다. 그는 방문 기간 동안 시애틀 소재 보잉(Boeing) 공장을 방문하며 "중국은 미국의 혁신적인 산업 문화로부터 많은 것을 배울 수 있다"고 말했다. 또한 덩샤오핑은 미국 측에 국영기업을 방문할 수 있는지 문의하였고 미국 조폐국을 방문하고자 계획했지만 그가 방문하고자 했던 주말에는 조폐국이 닫혀 있었다. 그는 또한 휴스턴에서 카우보이 모자를 직접 착용하며 미국 대중을 매료시키는 재주가 있음을 보여주었다.

이러한 덩샤오핑의 국내 경제 개혁 의지와 서방과의 접촉은 중국의 신문물 습득과 새로운 실험의 시작을 상징하였다.

***

중국 외교관들은 이 과정의 선봉에 자리잡고 있었다. 베이징에서 가장 강한 권력을 갖고 있는 최고위급 간부보다 훨씬 더 많이 서양문물에 노출된 그들은 불편한 진실을 직면한 상황이었다. 그들이 꾸준히 비판해왔던 자본주의가 공산주의보다 더 큰 번영과 더 높은 삶의 수준을 가져다주었기 때문이었다. 일부는 심지어 1당 체제에 대해 의문을 갖게 되었다.

그 중 가장 진보적인 인사는 나중에 시진핑의 장인이 되는 커화(Ke Hua, 柯華)였다. 1978년 그는 영국 런던으로 파견되었는데, 당시 영국은 제임스 캘러헌(James Callaghan) 총리를 비롯한 여당인 노동당이 궁지에 몰린 상황이었다. 커화는 세계가 신자유주의 시대로 접어드는 바로 그 순간에 있는 자신을 발견하였다. 영국을 포함한 전 세계에서 발생한 전후 유례없는 경제의 번영과 안정이 새로운 경제적 위험으로 대체되면서 서방의 정책결정자들은 케인스 경제학에 대한 신뢰를 잃기 시작하였다. 노동자들은 파업하였고 때때로 거리에서 폭동을 일으켰다. 이러한 상황에 권위적인 싱크탱크인 정책 연구 센터

(Center for Policy Studies)와 애덤 스미스 연구소(Adam Smith Institute)는 영국이 작은 정부를 추구하고 시장 개입을 최소화하길 조언하였다.[3] 1979년 5월에는 마가렛 대처(Margaret Thatcher)가 영국 총리가 되었다. 얼마 지나지 않아 아우구스토 피노체트(Augusto Pinochet)는 시장 개방 정책을 펼쳤고 로널드 레이건(Ronald Reagan)은 대선을 앞두고 있었다. 레이건은 높은 인플레이션과 낮은 경제성장, 즉 "스태그플레이션"을 초래한 지미 카터(Jimmy Carter)의 정책에 반대하는 입장을 갖고 있었다.

혁명가로서 커화의 명성은 흠잡을 데가 없었다. 그는 학생 신분으로 정치 운동에 참여하였고 옌안으로 건너가 홍군으로 복무하였다. 1949년 이후 지방 정부에서 공직 활동을 시작한 이후 그는 외교부로 이전하였고 대약진과 문화대혁명을 거친 이후 런던에 발령을 받았다. 발령받은 그 시점은 바로 중국의 개혁이 시작될 때였다. 이후 그의 딸 커링링(Ke Xiaoming 또는 Ke Lingling, 柯玲玲)은 고위 간부인 시중쉰(Xi Zhongxun, 習仲勳)의 아들인 시진핑과 결혼한다. 이 부부는 결혼 후 "거의 매일" 다투었고 커링링이 영국으로 돌아왔을 때 시진핑은 중국에 남기로 결정하면서 결국 둘은 이혼했다.[4]

외부에서 봤을 때 커화가 무엇인가를 진지하게 꾸민다는 낌새는 거의 없었다. 그가 영국 관료들을 만나서 식사했을 때 그는 인간적이고 예의바른 사람이면서 발언할 수 있는 범위 내에서 대화하였다.[5] 오히려 대사관 내에서 그는 이단적인 실험을 하고 있었다.

커화의 영국에 대한 관찰은 처음에는 매우 개인적인 수준에 불과하였다. 그의 아들이 병에 걸렸을 때 그는 그와 가족구성원이 영국 시민권자가 아님에도 과일과 우유를 포함한 모든 치료비용이 영국 정부에 의해 지불된다는 것을 알게 되었다. 이후 그는 그가 직면한 자본주의 체제가 과연 그가 평생 믿어온 것과 같이 정말로 사악한지에 대해 재고하게 되었다. 그는 "우리는 자본주의에 대해 다시 생각해 볼 필요가 있는 것 같았다"며 이후 당시를 회상했다.[6]

당에 대한 도전이 위험할 수 있는 나라에서 온 공무원 치고는 다소 용감한 생각이었다. 비록 덩샤오핑이 국내에서 시장 개혁을 추진하기 시작했지만, 아무도 이 실험이 어떻게 될지 몰랐고 그가 얼마나 오랫동안 권력을 유지할 수 있을지조차 몰랐다.

전 세계의 중국 외교관들은 비슷한 경험을 하고 있었다. 몇몇은 자본주의 체제에서 사회적, 경제적 관습이 자신들과 얼마나 다른지에 대해 생각했다. 시카고에서 외교관들은 상시 열어있는 24시간 상점, 쇼핑 카트, 물품 바코드, 부패하기 쉬운 상품으로 가득찬 차량의 트렁크를 생애 처음으로 목격하였다.[7] 그들은 중국 전통 혼례에서 신부가 보통 빨간 옷을 입는 경우와 달리 뉴욕에서 처음으로 서양식 혼례인 "흰색 결혼식"을 목격했다.[8]

또 다른 외교관들은 중국이 이러한 경험으로부터 얻을 수 있는 교훈에 초점을 맞췄다. 노르웨이에서 중국 외교관들은 해외로 나가 새로운 아이디어를 가지고 귀국하는 수많은 노르웨이의 학생들을 보고 충격에 빠졌다.[9] 네덜란드에 머물렀던 첫 여성 대사인 딩쉐쑹(Ding Xuesong, 丁雪松)은 로얄 필립스(Royal Phillips) NV사의 공장 방문과 로열 더치 셸(Royal Dutch Shell Plc)사의 가스장을 방문한 이후 중국이 현대화를 이룩하기 위해 필요로 하는 기술에 대한 보고서를 베이징에 보냈다.[10] 최초의 주 아일랜드 중국대사인 공퓨셩(Gong Pusheng, 龔普生)은 나중에 심천 등에 있는 중국 경제특구에 영감을 주게 되는 아일랜드의 자유 무역 특별 구역에 대한 보고서를 베이징에 송부하였다.[11]

커화는 자신이 목격한 사실에 대하여 단순히 베이징에 보고하는 것만으로 충분하지 않다고 느꼈다. 대신 그는 베이징에 보내는 전문을 통해 마르크스주의 교리에 정면으로 도전했다. 그는 "우리가 책에서 배운 것과 달리, 자본주의자들은 노동의 잉여를 착취하여 이익을 창출하지 않은 지 오랜 시간이 지났다"라고 서술하였다. 그는 영국 및 다른 유럽 국가에서 혁명의 가능성은 없다고 덧붙였다.

진실을 말하는 것이 항상 쉽지만은 않았다. 사실 이와 관련 런던에 있는 대사관 직원들은 종종 힘들어했다. 커화 자신의 신념이 바뀌기 시작하자, 그는 부하직원들 역시 같은 과정을 거치도록 격려하였다. "너희들은 항상 진실을 말해야 해"라고 그가 후배 외교관들에게 말했다. 커화는 이어 "문화대혁명 이후 진실을 말하는 것은 쉽지 않다. 모든 사람들은 깊게 고민하지도 않고 거짓을 말하는 것을 좋아한다. 만약 진실을 말하는 것이 너무 어렵다고 생각한다면 적어도 거짓은 적게 말하라, 아니면 아무 말도 하지 말라"고 말했다.

커화가 갖고 있던 경제와 관련된 개방적인 생각에 대해 베이징에서는 크게 문제 삼지 않았다. 하지만 분명히 선은 존재하였다. 커화는 "자본주의적 민주주의"의 이점에 대한 그의 관찰을 담아 베이징에 전문을 보내고 싶었지만 그의 동료들 중 누구도 이렇게 민감한 내용을 담은 전문에 그들의 이름이 함께 실리길 원하지 않았다. 따라서 커화는 이러한 관찰을 혼자만 간직하게 되었다.

동료들의 걱정은 옳았다. 1979년 덩샤오핑 정부는 베이징과 중국 전역에서 자유선거를 외친 활동가들을 체포했다. 1981년 중국 정부는 중요한 발표를 통해 덩샤오핑과 당의 지도부는 당의 권위에 도전하는 어떠한 행위도 용납되지 않을 것이라고 밝혔다.

커화는 기죽지 않고 계속해서 당쟁과 언론의 자유 등 민주주의 원리가 소개된 정보 수집을 통해 여가 시간을 보냈다. 그는 "나는 개인적으로 민주주의에 대한 질문은 이 세대, 그리고 다음 세대에서 계속 등장할 것으로 생각한다"라고 나중에 글을 통해 그의 입장을 밝혔다. 사실 1980년대의 많은 중국인들은 조용히 커화와 비슷한 결론에 도달하고 있었다. 그러나 현재로서 중국 외교관들은 미중관계를 어렵게 만들고 있던 백악관의 새 주인을 직면해야 했다.

***

1981년, 미국의 전 캘리포니아 주지사인 로널드 레이건은 공산주의 세계에 대해 더 공세적인 접근을 약속하며 대통령에 취임하였다. 중국에 대한 정책 역시 마찬가지였다. 레이건은 취임 2년 전에 대만을 방문했고 그 당시 대만의 대통령이자 마오쩌둥의 오랜 라이벌인 장제스(Chiang Kai-shek, 蔣介石)의 아들 장칭궈(Chiang Ching-kuo, 蔣經國)를 만났다. 미국 대선 기간 동안 레이건은 심지어 대만과의 "공식적 관계" 재수립을 지지할 것이라고 언급하기도 했다.12 당시 공화당, 그리고 특히 당내 우익세력은 대만을 공산주의 진영에 대한 방어벽으로서 인지하며 여전히 "자유중국"에 대한 애착을 갖고 있었다.

레이건이 1981년 1월 대통령에 취임했을 때, 레이건 행정부는 대만에 전투기를 판매하는 정책을 고려하기 시작했다. 이에 대하여 중국은 과격한 반응을 보이며 네덜란드가 대만에 잠수함을 판매한 이후 중국과의 관계가 악화된 것처럼 미국과의 관계 역시 그렇게 될 수 있다고 위협을 가하였다. 레이건 행정부 내 오랜 중국통인 조지 H. W. 부시(George H. W. Bush) 부통령과 키신저의 제자인 알렉산더 헤이그(Alexander Haig)는 미국이 지난 10년 동안 이룩한 것들이 지금 위험에 처하였다고 생각하기 시작했다. 이러한 상황은 중국이 미국에 대한 영향력을 행사할 수 있는 기회가 생겼다는 것을 의미했다. 결과적으로 중국의 외교관들이 강하게 나섰다.

황화는 같은 해 10월, 멕시코 칸쿤에서 글로벌 빈곤 퇴치를 위해 개최된 남북정상회담(North-South Summit)에서 헤이그에게 최후통첩을 보냈다. 황화는 미국이 대만에게 무기 판매를 종료하는 날짜를 설정하거나 아니면 중국과의 악화된 관계를 받아들이라고 입장을 전달했다. 황화는 미국이 대만에게 공급하는 무기의 규모를 모두 카터 행정부 수준으로 제한해야 할 것이며, 매년 무기 판매를 통해 창출한 매출을 감소시켜야 한다고 말했다. 중국 관영 매체들은 황화의 압박 전술을 칭찬하며 미국에 대한 적대적인 내용을 보도하였다.[13]

헤이그가 카터 행정부 수준으로 무기 판매를 제한하겠다고 약속했을 때, 중국은 더 많은 것을 요구했다. 추후 몇 달에 걸쳐 벌어진 짧은 협상 이후 황화는 헤이그에게 "여전히 진전이 없다"라고 말했다. 1982년 5월, 부시 부통령이 베이징을 방문했을 때 황화는 미국이 "양면주의"를 추구한다고 그를 "신랄하게 비난"했다. 황화는 계속해서 미국 정부가 대만에게 무기 판매를 종료할 날짜를 정해야 한다고 주장했다.[14]

중국 외교관들은 헤이그와 미국 국무부 관계자들을 거듭 설득하며 미국은 중국의 요구를 들어줘야 한다고 강조했지만 헤이그가 백악관 관계자와의 마찰로 인해 같은 해 6월에 해고된 이후 중국과의 합의는 백지화되었다. 그 대신 레이건은 중국에게 애매한 서면 형식의 합의문을 제시하며 무기 판매 문제에 대한 "최종 해결"의 필요성을 명시하였으나 애초에 중국이 요구했던 무기 판매 종료에 대한 날짜를 제공하지는 않았다. 이러한 내용은 1982년 8월, 미중 공동성명(Sino-American communique)에 포함되어 있고 오늘날까지 미중 간 활발한 논쟁거리로 남아 있다.

위에서 언급한 협상 관련 황화는 고전적인 중국식 협상 전술을 택했다. 그는 상대방에게 압력을 강하게 가하며 본인의 분노를 적극적으로 표현하는 방법을 택했다. 오바마 행정부의 중국통인 제프 베이더(Jeff Bader)는 이러한

"언어적 폭행"을 "분노의 표현"이라고 표현한다.[15] 황화는 헤이그에게 이러한 협상 전술을 가하기 전에 수십 년 동안 그 전술을 사용한 이력이 있다. 1953년 12월, 미국측은 중국측과 제네바 회담(Geneva Conference)까지 이어지는 협상을 경험하며 황화의 협상 전술을 "계산된 열변(harangue)"이라 칭했다. 당시 협상에 참석한 한 미국 외교관은 협상 전 CIA 보고서를 통해 황화를 "좋은 사람"으로 알고 있었지만, 황화가 무려 6시간 동안 미국에 대해 "음해하는", "간악한 행동", "기만하는 설계"와 같은 언어를 사용하자 같은 미국측에 협상을 중단하고 퇴장하자고 제안하기도 했다.[16]

황화는 방금 설명한 그 분노를 또 다른 중국식 협상 방법과 결합시켰다. 중국식 협상 방법이란 외교 관계에서 중국이 항상 상대방에게 책임전가를 하는 방식을 의미한다. 덩샤오핑은 다소 뻔뻔하게 "무언가 실행해야 한다면 그것은 미국의 몫이다"라며 1989년 천안문 사태 이후 방중한 리처드 닉슨에게 말했다.[17]

1973년에 영국으로 유학을 갔던 젊은 통역관 양제츠는 부시 부통령의 티벳 방문을 위한 가이드 및 수행 임무를 담당했다. 또한 그는 당시 황화 외교부장의 해외 방문을 다수 수행하게 되었다.[18] 시간이 지나 양제츠는 결국 위에서 언급한 중국의 두 가지 협상 전술에 능한 실무자가 된다.

중국─소련 간 관계의 침체기 동안 몽골 외교부는 추후 중국과의 관계를 어느 정도 예상할 수 있었다. 몽골의 한 외교관은 "중국의 마오주의식 외교정책은 변함이 없다"라고 중국의 외교정책을 평가하였다. 그는 이어 "위에 놓인 거품을 걷어내고 맥주 자체만 봐야 한다"라며 중국 외교를 묘사했다.[19]

미국의 대만에 대한 무기 판매 제한을 다룬 1982년의 미중공동성명 이후 중국과 미국의 관계는 안정되었다. 그러나 이후 두 나라의 지도자들은 과거 덩샤오핑이 표출한 미중관계에 대한 낙관적인 모습을 다시는 보여주지 못했다. 어찌되었든 동구권에서 발생하고 있는 무언가는 이제 중국에게 다른 선택지를 제시하게 되었다.

***

1982년 3월 24일, 레오니드 브레즈네프는 우즈베키스탄 타슈켄트에서 연설을 통해 중국의 관심을 끌었다. 브레즈네프는 소련에서 지속해온 중국에 대한 비판을 유지하였으나 동시에 중소관계의 개선을 희망하였다. 그는 "우리는 소련과 중국이 우정과 동지의 유대로 단결했던 때를 잘 기억하고 있다"라고 말하며, "우리는 결코 두 나라 사이의 적대감과 소원함을 정상적인 상태로 인식한 적이 없다"라고 덧붙였다.[20]

위와 같이 브레즈네프는 다소 기계적이고 사회주의 방식으로 발언하였다. 덩샤오핑은 즉시 소련의 신호를 감지하며 소련이 중소관계를 개선할 준비가 되었다고 판단하며 중국 외교부에게 대응할 준비를 갖추라고 지시를 내렸다.[21] 그 임무는 외교부 정보국장인 첸치천(Qian Qichen, 錢其琛)이 맡았다.

1954년에 26세의 학생으로 모스크바에 유학길에 오른 첸치천은 지난 30년간의 중소 관계로 대표되는 감정적이고 정치적인 채찍질을 몸소 현장에서 경험했다. 그는 모스크바에 처음 도착하며 레닌 혁명의 "성스러운" 현장을 방문할 수 있다는 사실에 흥분하였지만 그는 사회주의 낙원인 소련에 사는 사람들이 힘들어 하는 것을 직접 목격했다. 그는 1956년에 흐루쇼프의 "비밀 연설"로 촉발된 중소 분열의 시작을 직접 소련 현지에서 목격하였다. 1972년에 그가 본국으로 돌아온 이후 그는 중국이 과거와 비교하여 발전을 거의 이룩하지 못한 것으로 느꼈다.[22]

외교부는 브레즈네프의 발언에 대응하고자 기자회견을 개최하기로 결정했다. 브레즈네프의 발언 이틀 후에 외교부는 기자회견을 예정하였지만 면밀히 준비되지 못했다. 외교부는 과거에도 이와 같은 언론 대응에 노력한 적이 있지만 기자회견은 여전히 익숙하지 않은 일이었다. 기자회견을 개최하기 위한 공식 장소도 없어 첸치천은 현장에 참석한 80명 정도 되는 기자들 앞에서 단상 없이 서 있었다. 기자들은 앉을 수 있는 의자가 없는 상황에 어쩔 수 없이 서서 첸치천을 바라보았다. 첸치천은 브레즈네프의 발언을 인지하였다고 언급하면서 "우리는 브레즈네프의 발언에서 언급된 중국에 대한 내용에 대하여 동의하지 않는다"라고 말했다. 그는 이어 "중소 관계 및 국제관계 개선을 위해 소련이 진정성 있는 행동을 보이길 바란다"라고 발언하며 중소관계를 희망한다는 중국식 메시지를 전달하였다.[23] 나중에 외교부장이 되는 리쟈오싱이 당시 현장에서 첸치천의 발언을 영어로 번역했다.

　이 기자회견은 중국 외교관들이 점차 외신을 대응하는 데 익숙해지기까지 걸린 세월의 시작을 상징한다. 1983년 중국 정부는 언론 대응을 해야 하는 모든 부처가 공식 대변인을 지정해야 한다고 결정했다.[24] 외교부의 기자회견은 일주일에 한 번으로 시작한 이후, 일주일에 두 번, 그리고 결국 오늘날처럼 월요일부터 금요일까지 매일 개최되고 있다.[25] 비록 지금 기자회견은 의자가 구비되어 있고 보통 7분보다 더 길지만, 관계자들은 여전히 같은 방식으로 메시지를 전달한다. 2019년 미중 무역전쟁 휴전에 따른 중국의 농산물 산업에 대해, 화춘잉(Hua Chunying, 華春瑩) 대변인의 발언은 거의 30년 전 첸치천의 발언과 매우 유사했다. 화춘잉은 "우리는 미국이 나서서 약속을 지킬 것을 희망한다"라고 말했다.[26]

　이러한 전형적인 외교부의 언론 대응 방식은 의도적으로 계속되고 있다. 2005년에 외교부 공보담당 부서의 한 관계자는 기자회견을 위한 매뉴얼을 제작했다. 보편적인 대외협력 전략과 다소 진부해 보이는 전형적인 중국 외교의 내용을 혼합하여 동 매뉴얼은 애매모호하게 질문에 대해 답하는 방법과 질문을 다른 이슈로 회피하는 방법에 대해 소개하였다. 전형적인 예시를 하나 소개하자면, 매뉴얼에서는 "우리의 입장은 명확하고 일관적이다"와 "우리는 적절한 시기에 관련 정보를 공개할 것이다"라고 모범답안이 제시되어 있다.[27] 이렇게 공식화되어 있는 그들의 언어는 항상 행동하기 전에 상부의 허락을 구하는 외교부의 문화 때문에 존재한다. 우젠민(Wu Jianmin, 吳建民) 전 대변인은 "이렇게 모범답변이 제시되어 있는 매뉴얼이 존재하는 이유는 대변인이 부서와 관련된 사안에 대해 다 파악하지 못하기 때문에 존재하는 것이 아니다. 매뉴얼에 소개된 답변들이 상부에서 공식적으로 승인한 답변이기 때문이다"라고 중국식 답변에 대해 평했다.[28]

　일전에 소개한 첸치천은 브레즈네프 발언에 대응하는 기자회견을 담당한 이후 몇 주 만에 동유럽과의 관계를 감독하라는 임무를 맡고 부부장으로 승진했다. 외교부는 소련을 담당하게 된 첸치천이 모스크바를 방문하는 명분이 존재하도록 그의 폴란드 출장을 명하였다(2017년 시진핑 주석과 미국 트럼프 대통령의 만남이 플로리다 마러라고(Mar-a-Lago) 사유지에서 개최되도록 중국 당국이 시진핑 주석의 핀란드 방문을 급히 준비한 것과 같은 상황이다). 첸치천의 출장은 중소

관계 개선을 상징하는 다년간의 과정을 의미한다. 다만 덩샤오핑은 첸치천에게 본인은 중소관계 개선이 급하지 않다고 말했다.[29]

1982년 가을에 중국은 제12차 당 대회에서 미국 및 소련과의 새로운 관계를 정립하기 위한 조치들을 발표했다. 당국은 미국 또는 소련 중 어느 편에 서지 않고 "독립적인 외교 정책"을 추구할 것이라고 발표했다. 저명한 개혁가이자 정치가였던 후야오방(Hu Yaobang, 胡耀邦) 공산당 주석(덩샤오핑은 공식적으로 국가주석에 임명되지 않았다)은 중국이 "강대국이나 강대국 집단에 소속되지 않을 것이며 어떠한 강대국의 압력에도 굴복하지 않는다"라고 발표했다.[30]

후야보방은 저우언라이의 평화 5원칙을 언급하며 중국의 입장을 강조했지만 동시에 그는 중국의 변화를 갈망했다. 그는 외교부의 일부 사람들이 중국이 필요한 변화를 따라가지 못하고 뒤쳐져 있다고 생각하게 되었다.

***

후야오방의 외교부에 대한 불만은 일흔이 다 된 외교부장 황화의 나이와 함께 축적되었다.

황화가 1981년 칸쿤에서 개최된 남북정상회담 참석을 위해 개혁주의자 총리 자오쯔양(Zhao Ziyang, 趙紫陽)을 동행했을 때, 자오쯔양은 소련에 대해 적대적인 '토킹 포인트'를 자제하라는 지시를 황화에게 하달하였다. 자오쯔양은 미국의 영향력이 지대한 칸쿤에서 그들의 의견이 잘 전달되지 않을 것이라고 느꼈다.

자오쯔양의 지시는 황화와 부부장인 푸수창(Pu Shouchang)을 걱정하게 만들었고 그 둘은 원래 중국이 하던 대로 반소련 노선을 고수하기로 결정했다. 외교관이자 추후 학자가 되는 류샤오홍(Liu Xiaohong)에 따르면 자오쯔양은 그들의 결정을 상부 권위에 대한 공개적인 도전으로 판단하였다.[31]

젊은 외교관들 또한 점점 더 좌절감을 느끼고 있었는데, 지금 소개되는 사례를 살펴보자. 당 간부의 아들이자 주 모잠비크 중국 대사관에 근무하는 젊은 외교관인 탕젠성(Tang Jiansheng, 唐健生)은 외국어를 구사하지 못하는 원로 외교관에 대해서 불만이 많았다. 탕젠성과 원로 외교관은 실제로 자주 충돌했다. 선배들에 대한 존경심 부족에 대해 비판받던 탕젠성은 대사관 내에서 "자기비판"을 실시하라는 명령을 받은 후 정신을 놓아버렸다. 그는 대사관 근처 군부대에서 총을 빌린 후 그의 상관 및 8명의 외교관을 살인하는 일을 저질렀다.[32]

외교부에 내재된 마오주의식 '토킹 포인트'와 침체된 분위기는 중국의 새로운 개혁주의 지도자들이 용인하기에 너무 벅찼다. 후야오방은 고위 외교관들과 회담을 갖고 외교부의 "개혁"을 요구했다. 원래 과거부터 요구되어지던 외교부의 "개혁"과 달리 이번에는 그 부서를 이념적으로 덜 강인하고 새로운 아이디어에 더 개방된 모습을 만드는 데 초점을 맞췄다.

외교부 내부 시스템에 대하여 좌절감을 느껴왔던 다른 사람들은 변화를 감지했고 이 기회를 잡았다. 당시 워싱턴 D.C. 주재 중국 대사관에서 일하던 덩샤오핑의 딸은 "후야오방 삼촌"에게 편지를 써서 중국 대사관의 허술하고 서투른 운영방식에 대해 비판하며 알렸다.[33]

외교부 내 황화의 시간이 끝나가고 있었다. 그는 거의 5년 동안 외교부장이었고 무려 1936년에 에드거 스노우가 마오쩌둥을 만났을 때 스노우를 동행하며 시작된 그의 외교 경력이 막을 내리고 있었다. 외교부장으로서 황화의 마지막 임무는 1982년 11월, 모스크바에서 열린 브레즈네프의 장례식에 참석하는 것이었다. 이번에 파견된 중국 대표단은 저우언라이가 1964년에 소련을 방문한 이후 최고위직의 소련 방문을 상징하였다. 소련은 황화를 위해 모터케이드를 제공, 본국의 외교차관이 황화를 수행하도록 지시하였고 장례식에서 황화는 특별한 대우를 받았다.[34] 황화는 베이징으로 돌아온 이후 외교부장에서 물러나며 본인보다 8살이 어린, 그리고 후야오방 및 개혁주의 지도부와 가까웠던 우쉐첸(Wu Xueqian, 吳學謙)이 외교부장에 임명되었다.[35]

황화는 은퇴 후에도 그의 생애 마지막 날까지 "우호 외교"에 적극적이었다. 아흔여섯 살에 그는 2008년 베이징 올림픽에서 그의 "오랜 친구" 헨리 키신저를 만났다. 이후 황화는 건강 악화로 인해 2년 후에 사망하였다. 그의 장례식에는 후진타오(Hu Jintao, 胡錦濤) 주석과 나중에 중국을 이끄는 시진핑을 포함한 고위 인사들이 참석했다.[36]

중국의 지도자들은 또한 외교 정책 결정 과정을 개혁하였다. 당과 정부의 광범위한 개편 차원에서 중앙당외교위원회(Central Foreign Affairs Leading Small

Group, 中央外事工作委员会)가 1981년에 부활하였다. 이 위원회는 1958년에 저우언라이에 의해 창설되었으나 문화대혁명 기간 동안 운영되지 않았다.[37]

외교부 역시 전문성 및 효율성을 향상시키고자 개혁적인 정책을 도입하였다. 1982년에 외교부는 부부장의 수를 10명에서 6명으로 줄이며 최고위층의 평균 연령을 65세에서 58세로 낮추었다.[38] 이어 외교부는 부내 은퇴제도를 손대기 시작했다. 1983년부터 60세 이상의 외교관들은 부부장급이 되지 않는 한 자동적으로 은퇴해야 했다. 군 출신 대사들이 은퇴함에 따라 고위직은 점점 더 군 출신 외교관보다 직업 외교관들에게 주어졌다.[39] 또한 결정적으로 임금 인상은 해외에 거주하는 외교관들의 수입을 증대시켰고 더 큰 책무를 가진 사람들에게 적절한 보상을 제공하였다.[40]

중국 외교관들은 점진적으로 문화대혁명으로 초래한 피해를 복구하기 시작했다. 1983년 장원진(Zhang Wenjin, 章文晉)이 대사로 워싱턴 D.C.에 도착했을 때, 그는 대사관저가 비어 있는 것을 발견했다. 정치적으로 옳지 않다는 꼬리표가 붙을까봐 아무도 감히 그 안에서 살 수 없었다. 관저 내 정원은 잡초로 가득차 있었고 카펫은 매우 지저분하였다. 관저 앞 벽은 조잡한 잉크로 칠해진 마오쩌둥의 초상화가 그려져 있었으나 이제는 형태를 알아보기 어려웠다. 관저의 이웃들은 "같은 거리에 있는 어떤 집도 저 정도로 더럽고 지저분하지 않다"라고 불평하였다.[41]

장원진과 그의 아내는 대사관을 청소하는 것뿐만 아니라 대사관 업무의 전문화를 추진하였다. 당시 미국 정보기관들은 그 변화를 알아차리기 시작했다. CIA는 1986년에 보고서를 통해 "미중 양자 관계를 관리하기 위한 대사관에서 1983년 이후 중국의 국익을 더욱 효과적으로 추구하기 위한 새로운 공관으로 탈바꿈되었다"고 기록하였다. CIA는 대사관 내 정무부서로부터 상업 및 과학기술 부서가 독립한 사실을 통해 이는 중국 대사관 업무에서 기술 관련 이슈가 중요해지고 있다는 것을 상징한다고 평가하였다. CIA는 또한 대사관이 점점 본부에서 하달되는 '토킹 포인트'에서 벗어나고자 노력한다고 언급하였다. 당시 일부 외교관들은 심지어 공산당 회의에 불참하는 것도 허용되었다.[42]

더 나아가 외교부는 조직의 전문화 과정을 시작했다. 당시 중요했던 전문 분야는 군비통제였으며 1980년대 초부터 국제관계 부서에서 몇몇의 직원들이 군비통제 분야에 전임으로 일하기 시작했다. 외교부는 또한 외교관들과 정부 소속 학자들을 제네바군축회의(Geneva Conference on Disarmament)에 파견하기 시작하며 그들이 세계적인 전문가로부터 배울 수 있는 기회를 제공하였다. 이러한 진보적인 조치에도 불구하고 1980년대 중반 외교부의 변화는 여전히 상무부와 정치군사부에 비해 모자랐다.[43]

능률적이고 전문화를 추구하는 외교부의 개혁이 부내 오래된 문화인 규율 및 비밀 중시의 문화까지 바꾸지 못했다. 1983년 외교부에 입부한 가오즈카이(Gao Zhikai)는 신입 외교관을 교육하는 교관이었다. 그는 교관으로서 새로 입부하는 신입들에게 "하지 말아야 할 말은 하지 말고 듣지 말아야 할 말은 듣지 마라. 보면 안 되는 것은 보지 말라"라고 가르쳤다. 그는 이어 만약 다른 동료들이 당신이 무엇을 하고 있는지 물어본다면, 너희들은 "나는 하고 있는 일이 있어"라고 답하라고 가르쳤다.

규율의 범위는 외교부 직원의 외모까지 포함하였다. 가오즈카이는 대학 시절 머리를 길게 길렀으나 그는 "정치적으로 옳지 않은 헤어스타일은 용납할 수 없다"고 생각하며 그는 외교부 직원과 똑같은 머리스타일을 갖기 위해 본부 뒷마당에 있는 이발소로 향했다. 외교부는 심지어 규모가 큰 해외공관에 그들이 고용한 이발사를 파견하며 두발 규정이 충족되었는지 확인하였다. 가오즈카이는 이러한 조치들에 대해 "이것은 준군사적인 행위였다"고 나중에 당시를 회상했다.[44]

이러한 긍정적인 변화에도 불구하고, 외교부는 여전히 오랜 기간 동안 축적된 약점과 한계를 직면하고 있었다. 1984년 CIA 보고서에 따르면 UN에 파견된 중국 대표단은 UN을 포함한 다자외교 무대에서 국제사회의 "불청객"과 같은 존재였다. 외교관들에게 "재량권이 거의 주어지지 않았고" 그들은 "베이징의 지시에 의존"하였기 때문이라고 보고서는 평가하였다.[45]

***

미국도 소련도 어떠한 강대국도 중국의 길을 막지 않았으니 현대화된 외교 군단을 보유한 중국은 계속해서 그들의 길을 나아갈 수 있었다. 중국에게 모든 외교적 관계는 기회를 의미했다. 과거 1950년대에 모스크바에서 중국 외교관들이 소련의 경제 계획 방법들에 대한 전문을 본부로 보냈듯이, 1980년대에 그들은 본국에서 자본주의를 접하는 과정 속에서 미국의 제도에 대해 학습하였다.

1980년대 미국 국무부의 중국 데스크에서 일했던 행크 레빈(Hank Levine)은 "중국 외교관들은 기본적인 시민이란 개념에 대해 문의하며 이 개념을 이해하기를 원했다"라고 말했다. 이어 그는 "중국 관료들은 미국의 사회보장제도가 어떻게 구성되었는지, 어떻게 도시계획이 이루어지는지 배우기를 원했다. 또한 그들은 법률 시스템, 의료 시스템, 주 정부와 연방 정부 역할의 구분에 대한 질문을 갖고 있었다. 미국이 어떻게 운영되는지 파악하고자 하는 노력이었고 미국의 제도 중 중국에 적용 가능한 제도를 찾는 노력이었다"라고 당시 중국 외교관들의 행보를 평가하였다.[46]

중국 외교관들의 출장 그리고 사소한 순간들 모두 중국이 배울 수 있는 기회였다. 그들은 전문외교 역량을 갖춰야 한다는 것을 의식하고 있었고 중국은 1985년에 새로 꾸린 환경 사절단을 덴마크로 파견하며 선진국의 쓰레기 처리 방법을 습득하였다.[47] 짐바브웨의 외교관들은 운전 연수를 받았다.[48] UN에 파견된 외교관들은 폴 새뮤얼슨(Paul Samuelson)의 경제학 교과서를 들고 다녔고 그들이 경제학개론 수업에서 뒤쳐지고 있다는 것을 깨닫고 퇴근 후 밤에도 경제학 공부에 매진하였다.[49]

자본주의에 대해 배운다는 것이 마르크스주의가 더 이상 중요하지 않다는 것을 의미하지는 않았다. 중국의 외교관들은 마르크스주의에 대한 그들의 믿음을 유지했다. 런던에서 마가렛 대처 주도 하에 혁명적인 변화가 전개되는 것을 보는 동안에도, 중국 대사관의 1등서기관은 조용히 하이게이트 묘지(Highgate Cemetery)를 1984년 5월 5일에 방문하며 카를 마르크스(Karl Marx)의 166번째 생일을 기념하였다.[50]

중국의 지도자들은 대중 앞에서 그들의 마르크스주의 교리를 옹호할 필요성을 느꼈다. 1986년 런던에서 마가렛 대처는 후야오방을 맞이하는 환영사를 통해 마르크스도 마르크스주의자가 아니었다고 농담을 하며 이데올로기가 "실용적 생각"을 억누르는 위험에 대해 경고했다.[51] 대처 총리에게 그 발언은 충분히 선의의 농담처럼 보였겠지만, 중국인들은 대처의 발언을 심각한 이데올로기적 도전으로 받아들였다. 대처 총리의 공식 연설 초안을 미리 받아온 후야오방과 그의 외교관들은 후야오방의 연설 내용을 변경하기 위해 새벽까지 연설 내용을 수정하였다. 새로운 연설문을 통해 중국은 "특색이 살아있는 사회주의"에 대한 중국의 확고한 의지를 강조했다.[52]

자본주의의 새로운 도전에 대처하기 위한 중국 지도자들의 노력이 계속되었을 때, 외교적 발전은 계속되었다. 북한과의 양자조약이 존재하고 있음에도, 그리고 최근까지 중국 외교관들은 한국 외교관들을 공식석상에서 그들을 무시하는 태도를 취했음에도 불구하고 1980년대 후반이 되어 중국은 한국과의 수교를 위한 토대를 마련하고 있었다.[53] 1988년에 덩샤오핑은 양국이 수교를 맺을 때가 되었다고 선언했고 결국 일련의 사건들을 거쳐 1992년 한국과 중국은 공식적인 외교 관계를 수립하였다.[54] 이와 같이 수십 년간의 투쟁과 수많은 좌절 후에 중국은 전 세계에서 존경과 인정을 받는다는 목표를 향해 빠르게 움직이고 있었다.

미국과 소련과의 관계도 계속 개선되었다. 대만을 둘러싼 미중 간 긴장이 완화된 이후인 1984년에 미국 레이건 대통령은 중국을 방문했다. 중국의 "오랜 친구"인 조지 H. W. 부시가 1988년에 대통령으로 선출되며 양국 간 좋은 관계가 지속되었다. 두 나라는 아프가니스탄에서 계속해서 협력했고, 캄보디아에서도 협력 관계를 형성하였다. 두 나라는 캄보디아에서 친 폴 포트(Pol Pot) 세력을 지지하며 베트남이 지지하는(따라서 소련의 지지를 받는) 캄보디아 정권과 대립각을 세웠다. 양국 간 호의적인 관계는 하위 레벨에서의 협력까지 스며들었다. 1980년대 후반, 워싱턴 D.C.에 있는 중국 대사관의 정무부서의 부장이 국무부 중국 데스크 관료들의 집을 방문하여 같이 마작을 둘 정도로 관계가 가까워졌다.[55]

미중 간 따뜻한 감정과 친밀한 접촉은 최근까지 소련과의 관계를 관리감독하고 있던 중국 외교의 떠오르는 스타인 첸치천과 미국이 깊은 유대관계를 형성하는 데 도움을 주었다.

밝은 눈과 굳은 악수를 하며 위엄 있고 교양 있는 남자인 첸치천은 느리고 신중한 말투를 가진 사람이었다. 그는 매우 표현력이 능한 사람이었다. 그는 중국 특유의 '토킹 포인트'를 미국인들이 이해할 수 있는 수준에서 제시하

였다. 그는 또한 상대방의 말을 잘 들어주는 사람이었다. 그는 외국 사절단의
대표를 만난 후 사절단 일원에게 "대표님의 진짜 요점은 무엇이었나요? 그는
정말 무엇을 원하고 있었습니까?"라고 묻기도 했다. 그는 자기 의견을 제시하
기 전에 사절단 일원의 의견을 들었다.[56]

첸치천이 차기 외교부장이 될 것이라는 소문을 들은 후 미국 백악관 국
가안전보장회의(National Security Council) 직원은 존 애덤스(John Adams)가 연출
한 오페라인 "닉슨 인 차이나(Nixon in China)"에 첸치천을 인솔하기 위해 워싱
턴 D.C.의 포토맥 강가에 있는 케네디 센터(Kennedy Center)로 향했다. 중국
대사관에서 온 사람들 대부분이 오페라에서 배우들이 묘사한 문화대혁명과
마오쩌둥의 부인인 장칭의 모습을 본 이후 망연자실하여 침묵 속에 앉아 있었
다. 장칭을 연기한 배우는 심지어 마오쩌둥의 관심을 끌기 위해 섹시한 포즈
를 짓기도 했다. 첸치천은 오페라가 지속되는 동안 끝없이 웃었다.[57]

1988년 첸치천은 외교부장으로 승진한 후, 그는 1957년 이래 공식적으로
소련을 처음으로 방문한 중국의 외교부장이 되었다. 그의 임무는 덩샤오핑과
미하일 고르바초프(Mikhail Gorbachev)와의 역사적인 만남을 성사시키기 위한
토대를 마련하는 것이었다.[58] 그는 1989년에 중소정상회담을 개최하기 위해
그가 보유한 모든 외교 기술을 사용해야 했다.

***

1989년은 마르크스주의자에게 쉽지 않은 해였다. 공산주의 블록 전체에
불안감이 맴돌고 있었다.

1980년대 초부터, 중국 대사관들은 동구권 내 사회주의 정권이 불안정하
다는 내용의 전문을 본부에 보내기 시작했다. 1984년에 동독 소재 중국 대사
관은 동독 내 "탈 동구권 블록화 경향의 증가"에 대해 주목하였다. 동유럽 블
록 관련 소련의 통제는 과거에 비해 훨씬 약해 보였다. 동유럽 공산주의의 존
립은 1985년 중국 대사들이 모인 회의의 주요 의제였다. 동구권의 "모순"을
기록한 대사관의 전문들이 점점 더 많아졌기 때문이다. 모범적으로 마르크스
주의를 맹신하는 베이징의 관료들은 이러한 사회주의의 정치적, 사회적 "모
순"이 중대한 역사적 변화를 초래할 수 있다는 것을 알고 있었다.

중국 지도자들은 1968년에 체코슬로바키아에 대해 무자비함을 보여주었던 소련 지도부가 이제 비슷한 상황인 폴란드 내 발생한 연대운동에 대해 강경하게 대응하지 못하는 것을 혼란스럽게 지켜보았다. 전직 대사였던 한 사람에 따르면 당시 베이징의 지도부는 동구권에서 벌어지는 "원의 중심에서 멀어지려는 원심력"을 목격하고 크게 실망했다고 한다.[59]

동시에 베이징 내 정치적 분위기는 점점 더 악화되고 있었다. 급격한 인플레이션, 부정부패에 대한 분노, 그리고 불확실한 중국의 이념적 방향은 정부에 대한 불신이 증가하는 데 기여했다. 지난 몇 년 동안 고위 관리들의 자녀들은 부패, 살인 및 성폭행에 이르는 범죄로 체포되었다. 1984년 홍콩 언론은 야오광(Yao Guang, 姚广) 부부장의 아들인 야오샤오강(Yao Xiaogang)이 예멘에서 베이징으로 음란물 비디오테이프를 밀반입한 혐의로 체포됐다고 보도하였다. 야오샤오강은 예멘에서 중국 국적항공사에서 일하고 있었다.[60]

당시 일부 사람들은 경제 침체를 겪은 후 계획경제로부터의 탈피를 아쉬워하며 과거를 그리워하였다. 하지만 다른 사람들, 특히 학생들은 자유민주주의에 점점 더 끌리게 되었다. 이 새로운 추세는 중국의 지도자들을 우려하게 만들었다. 1987년 1월, 덩샤오핑과 다른 당 원로들은 후야오방이 일당체제를 지속하기 위해 충분히 헌신하지 못하고 있다는 명분으로 그의 사퇴를 강요하였다. 물론 후야오방이 보여준 지금까지의 모습들은 민주주의를 갈망하는 중국 내 활동가들이 상상했던 지도자의 모습과 거리가 있었지만 후야오방은 해임 이후에도 온화하고 다원주의자의 상징으로 평가되었다.

해외에서의 상황 역시 중국의 지도층을 우려시켰다. 1988년 5월, 헝가리의 늙은 독재자 야노스 카다르(Janos Kadar)가 대통령직에서 쫓겨났다. 폴란드에서는 1989년 초 폴란드 정부가 연대노동세력과 직접 교섭에 들어가 당국의 새로운 선거를 계획했다. 그 해 선거를 통해 공산당은 패하고 말았다.[61]

1989년 2월, 천체물리학자이자 반체제 인사인 팡리지(Fang Lizhi, 方勵之)를 조지 H. W. 부시 대통령의 방중 연회에 미국측이 초대하였다. 초대에 대한 중국 지도부의 반응을 통해 베이징에서 정치적 분위기가 얼마나 긴장되어 있는지 알 수 있었다. 외교부는 처음에 만찬을 보이콧 하겠다고 위협하였지만 팡리지가 눈에 띄지 않는 곳에 앉으면 연회에 참석하겠다는 입장을 표명하였다. 하지만 팡리지는 결과적으로 연회에 참석하지 못했다. 연회장에서 두 블록 떨어진 곳에서 그의 차는 무장한 사복 경찰관들에 의해 멈춰졌다. 워싱턴 D.C.에 있는 미국 국무부 고위 관료들에게 중국 대사관의 차석대사는 당시 상황이 "급변"하여 현장에 있는 외교관들이 신속히 대처할 수 없었다고 말했다.[62]

상황이 훨씬 더 악화되고 있었다. 1989년 4월, 심장마비로 사망한 후야오방에 대해 시위자들은 1976년 저우언라이 사망 때와 같이 그들만의 방식으로 애도를 표하고자 했다. 베이징 천안문 광장에서 한명 한명씩 조문객들이 모였고 곧 수천 명의 대학생들, 노동자들, 그리고 심지어 정부 관료까지 모두 한자리에 모였다. 같은 해 5월 초에는 전국 수만 명의 학생들이 중국의 민주주의를 외치고 있었다. 중국 공산당 중앙정치국 상무위원회는 어떻게 대처해야 할지 결정하지 못해 마비상태였다.

베이징에서 중국 외교관들은 평소와 다름없이 일하고자 최선을 다했다. 하지만 평온한 모습을 보여주려는 그들의 시도는 오히려 정부의 불안정한 상황을 강조해버린 꼴이 되었다. 중국 외교관들은 "상황은 통제되고 있다"고 미국측에 말하였다. 그들은 이어 "지금은 반혁명적인 순간이 아니다. 중국은 혼돈의 상황에 빠지지 않을 것이다"라고 확고하게 말하였다.[63] 그들의 말은 공허하게 들렸다. 같은 해 5월 중순이 되니 학생들은 천안문 광장에서 단식투쟁 중이었다.

외교부 내부에서는 젊은 외교관 100명 이상이 모여 천안문 광장의 시위자들에게 공식적으로 기부금을 보내기 위한 계획을 추진하고 있었다.[64] 워싱턴 D.C.의 일부 중국 외교관들은 시위자들을 공개적으로 동정했고 심지어 진화하는 베이징 내 상황에 대해 미국 국무부의 동료들과 함께 토론했다.[65]

같은 해 5월 15일, 미하일 고르바초프가 베이징에 도착했다. 30년 만의 중소정상회담이었고 이 방문은 중국외교의 역사적인 전환점이 되었다. 소련에 맞서 싸우는 마오쩌둥의 맹견이었던 덩샤오핑에게는 개인적으로 가슴 아픈 순간이었다. 여느 때처럼, 세세한 부분까지 고르바초프의 방문은 계획되어 있었다. 덩샤오핑의 입장을 고려하며 외교부는 소련측에 현 중소관계를 가장 잘 표현하는 방법으로서 두 정상은 포용보다는 악수할 것을 제안하였다.[66]

외교부장 첸치천은 소련 지도자를 베이징 공항에서 맞이할 수밖에 없었다. 시위대로 인해 귀빈을 맞이하는 천안문 광장에서 고르바초프를 접견하기 어려웠기 때문이다. 그래도 전 세계에서 1,200여 명의 기자들이 몰려와 역사적인 만남을 보기 위해 베이징에 모였다. 중국 외교부는 계획대로만 방문을 진행하고자 노력하였다.[67]

　　5월이 지나고 실제 어떠한 사태가 발생할 가능성이 점점 높아짐에 따라, 미국의 주중대사이자 전 CIA 요원인 제임스 릴리는 첸치천을 만났다. 그는 "만일 일이 잘못되면 서방 언론들은 당신을 미친개처럼 쫓아갈 것"이라고 경고했다. 얘기를 들은 첸치천은 그냥 웃기만 하였다.

결국 첸치천은 CNN 뉴스를 통해 탱크가 천안문 광장으로 진입하였다는 것을 알게 되었다. 당시 그는 에콰도르를 방문 중에 있었고 베이징은 연락이 닿지 않았다. 그가 할 수 있는 건 TV 뉴스채널을 통해 보도되는 베이징 시내에 불이 난 차량들, 길거리에 쌓여있는 시체들, 민간인을 향해 발포하는 인민해방군, 그리고 지도부를 "파시스트"라고 맹렬히 비난하는 시위대를 지켜보는 것뿐이었다. 며칠 후 본부에 있는 부부장이 첸치천과 연락이 닿았고 첸치천은 중국에서 벌어지는 상황에 대해 보고를 받았다. 그 다음날에야 그는 지도부로부터 베이징에서 벌어지는 상황에 대해 공식적인 입장을 전달받을 수 있었다.[1]

전 세계에 파견을 나간 다른 중국 외교관들 역시 1989년 6월 4일, 천안문 광장에서 일어난 일에 대해서 알 수 없었다. 당시 신화통신사는 본국의 국내 상황에 대한 기사를 해외공관으로 발송하는 것을 일시적으로 중단하고 있었다. 과거 문화대혁명 시기와 동일하게 해외 주재 외교관들은 서방 언론의 보도 내용을 통해 본국에서 벌어지는 일에 대해 파악하고 있었다.[2] 주 미국 중국 대사관 직원들은 베이징으로부터 소식을 기다리며 밤을 새웠다. 주미대사는 그의 직원들에게 무슨 말을 해야 할지 몰랐다.[3]

당시 베이징에서는 혼란과 혼동이 공존하였다. 전 외교부장 우쉐첸(Wu Xueqian, 吳學謙)의 아들인 우샤오융(Wu Xiaoyong)은 당시 베이징의 상황을 정확히 기록하기 위해 굳게 마음을 먹었다. 우샤오융은 그의 근무지인 북경방송의 국제 방송국에 출근하는 길에 자신이 목격한 광경에 대하여 큰 충격을 받았다. 따라서 6월 4일 아침, 그는 상부에서 승인받지 않은 내용을 다음과 같이 방송에서 말했다. 그는 "가장 비극적인 일이 베이징에서 발생했다"고 말했다. "수천 명, 그리고 대부분의 무고한 민간인들이 완전무장한 병사들에 의해 살해되었다"라고 말했다. 그는 이번 사건이 "엄청난 인권침해"라고 말했다. 그리고 "인민에 대한 야만적인 탄압"이라고 평했다.[4] 우샤오융은 다음 날 그의 직무에서 배제되었고 같은 해 8월, 당국에 의해 체포되었다.[5]

해외에 주재하는 일부 외교부 직원들에게 이 사건은 받아들이기 너무 벅찼다. 외교관을 포함한 대사관 직원 25명이 그들의 접수국에 망명을 요청했다. 오타와에 있는 주 캐나다 중국 대사관에서 근무하였던 3쌍의 부부는 함께 승합차를 이용하여 캐나다에 망명하였고, 신화통신사 홍콩지국장 쉬자툰(Xu

Jiatun, 许家屯)은 미국으로 망명하여 그의 일생을 미국에서 보냈다.[6]

방금 언급한 외교부 직원들의 망명은 문화대혁명 이후 중국 외교관들의 기강해이를 상징한다. 물론 해외로 망명한 이들의 전체적인 숫자는 크지 않고 대부분의 망명은 외교부 이외의 기관에서 이루어졌다.[7] 하지만 그들은 망명 이후 공개적으로 공산주의 정권이 쇠퇴하던 시기에 중국의 정치 체제를 비판하였다. 한 전직 외교관에 따르면, 당시 지도부는 본국 외교관의 망명을 계기로 공관에서 일하는 직원들을 대상으로 기강 확립이 필요하다고 인식했다. 한 외교관은 이에 대해 "외교 업무를 수행하는 우리 동지들은 외부 세계와 가장 가까이 접하고 있다"라며, "우리는 외국인들과 긴밀히 접촉하기 때문에 엄격한 규율과 정보 보안에 대한 교육을 받아야 한다"고 기강 확립의 필요성을 언급하였다.[8]

국내 정치적인 혼란으로 인해 외교관의 동요는 처음 목격된 일이 아니었지만 중국 외교관의 망명 시도는 굉장히 이례적인 일이었다. 네덜란드 주재 중국 대사였던 랴오허슈(Liao Heshu, 廖和叔)가 1969년 2월 망명을 신청하자, 뉴욕타임즈는 기사 제목에 "중국 관료의 망명은 이례적"이란 표현을 실었다.[9] 당시 외교관의 망명 건수가 매우 적은 것은 사실이나, 정부의 입장과 반대되는 입장을 갖고 있는 사람들에게 선택의 여지가 없었다. 미국과는 달리 중국 외교부에서는 "반대세력"이 없었다. 따라서 당의 정책에 반대하는 사람들의 유일한 선택지는 망명 또는 묵인이었다.[10]

천안문 사태 이후 중국은 빠르게 전 세계의 따돌림을 받았다. 세계 최대 경제대국으로 구성된 G7 회원국들은 중국과의 고위급 접촉을 중단했다. 세계은행(World Bank)과 국제통화기금(International Monetary Fund)이 중국에 대한 신규 대출을 중단했다. 미국 하원의원들과 중국의 주미대사와의 회담은 갑자기 취소되었다.[11] 런던에서는 영국 시위대가 중국의 주영대사에게 "살인을 멈춰"라고 외치며 그의 차에 침을 뱉었다.[12]

천안문 사태 이후 중국은 매우 굴욕적인 상황에 직면하였다. 당시 중국 외교관들에게 이러한 서방의 대응은 단순한 도덕적인 항의 수준에 그치지 아니하였다. 서방의 대응은 공산당에 대한 도전처럼 보였다. 중국 외교관들은 심지어 그들의 믿을만한 연락책들이 그들을 만나는 것을 꺼려한다는 것을 알게 되었다. 주 벨기에 중국 대사관의 정무공사인 우젠민(Wu Jianmin, 吳建民)은 외국 외교관과 약속된 점심 약속에서 상대방의 '노쇼'를 경험하였다. "외국 외교관들은 중국 정부가 끝났다고 생각했다. 그래서 그들은 중국 외교관의 기분을 상하게 하든 말든 신경 쓰지 않았다"라고 우젠민은 당시 상황에 대해 설명하였다.[13]

***

천안문 사태 관련하여 중국 지도부는 외부 세계의 우려로 강경히 대응하는 방법과 원만하게 수습하는 방법 가운데 고민하고 있었다. 6월 4일 직후 베이징의 외교관들은 상부를 통해 간단한 지시를 받았다. 중국이 궤도에서 벗어나지 않았고 천안문 사태는 급히 해결될 것이라고 외부 세계를 안심시키라는 지시였다. 하지만 국제사회는 천안문 사태를 대표하는 사진으로 잘 알려진 비무장 상태인 한 시위자가 텅 빈 6차선 거리에 탱크들 앞에 서 있는 그 모습을 이미 봐버린 상황이었다. 따라서 타국 외교관들은 중국 외교관에게 "당신이 이 직에 복귀할 때 많은 논란이 있을 것이다"라고 말했다.[14]

외교부는 당황한 외교관들을 돕기 위해 비디오테이프를 만들어 보냈다. 그 비디오테이프는 해외 현지 지도층에게 진짜로 중국에서 일어난 일에 대한 "진실"을 보여준다는 명목으로 제작되었다.[15] 하지만 이후 중국 정부가 국제적 비판에 대하여 강경히 대응토록 준비하면서 국제사회는 자국의 대사를 중국으로 파견하지 않았다.[16]

이 시기는 중국 외교관으로 활동하기에 무서운 시기였다. 과거 1950년대에 "반우파 운동" 이후 전개된 대약진 운동을 옹호했던 그 당시 외교관들처럼, 이번에 그들이 선택할 수 있는 가장 안전한 선택은 정부에서 승인한 '토킹 포인트'를 고수하는 것이었다. 한 중국 외교부의 전직 관료는 "외교관들이 두려움을 느끼는 것은 분명했다. 그들은 무엇을 해야 할지, 무엇을 말해야 할지 몰라 아무 말도 하지 않았다. 분명 그들은 어려운 상황을 직면하고 있었다"라며 당시를 기억했다.[17]

재외공관에 새로 파견된 사람들의 행보는 공관 내 두려움과 불확실성을 가중시킬 뿐이었다. 재외공관 기강 확립을 위해 외교부는 동료의 활동을 감시하고 새 지침을 시행하기 위한 당의 충신들을 재외공간으로 파견했다. 그 중 한명은 나중에 주 영국 중국 대사가 되는 33세의 류샤오밍(Liu Xiaoming, 劉曉明)이었다. 류샤오밍은 워싱턴 D.C.로 파견되었고 미국에서 그는 동료들을 감시하고 여가 시간에 골프를 즐겼다. 심지어 그는 골프채에 얼굴을 맞는 사고를 당해 턱이 부러져서 병원에 입원한 적도 있다.[18]

점차 충격이 가라앉은 후 중국 정부는 과거 사태들에 대해 더 단호하게 반응하기 시작했다. 외교부는 6월 7일, 미국 외교관들에게 중국의 상황이 "복잡하다"고 천안문 사태에 대해 언급하였지만 이후 그들은 점점 더 지도부의 공식입장을 더 고수하기 시작했다. 미국의 제임스 릴리 주중대사는 그 달 말에 외교부로 초치되었다. 중국 외교부는 릴리 대사 앞에서 중국 군대가 베이징 시내 대사관 구역에서 민간인을 대상으로 총격을 가했다는 미국 언론 기사에 대해 강하게 비판했다.

물론 미국의 언론 기사는 사실에 기반하여 작성하였으나 중국 외교부 부부장은 릴리에게 "이것은 조작"이라며 "민간인이 아닌 저격수를 추적하기 위해 총격을 가했다"고 주장했다. 부부장은 이어 "당신은 중국 정부와 군대를 모욕했다"고 말했다. 릴리는 부부장의 발언에 대해 "물론 나는 이등병이자 보병으로 군 생활을 했기 때문에 전문적인 군 지식은 부족하지만, 한 사람이 저격수를 추적하기 위해 1층부터 9층까지 위 아래로, 그리고 양 옆으로 계속해서 기관총을 쏘지 않는다는 걸 안다"라고 대답했다.[19] 중국의 이와 같은 선전활동은 오늘날까지 유사하다. 중국의 선전활동 전개방식은 다음과 같다. 첫째, 사실관계를 파악한다. 둘째, 일어난 일을 어떻게 묘사할 것인가에 대한 당의 공식 방침을 세운다. 셋째, 당의 공식 방침을 반복하고 최대한 강력한 수준의 언행을 보여준다.

중국을 위기에서 구하기 위한 방법으로 '토킹 포인트'를 반복하고 외국 외교관들을 비하하는 것은 충분하지 않았다. 고위 관료들은 중국이 경제 개혁에 집중할 수 있는 공간을 창출하기 위해 더 강력한 반격이 필요하다는 것을 알고 있었다. 같은 해 7월, 베이징에서 개최된 중국 대사 회의에서 첸치천은 중국 주재 외국 대사들에게 중국이 계속해서 경제 발전에 집중할 것이라고 말했다. 첸치천은 당시 상황에 대해 "중요한 과제는 우선 위기에서 탈피하는 것이었다. 서방의 압박을 이겨내고 중국의 기본 정책 노선은 변하지 않았다고 보여줘야 했다"라고 서술하였다.[20]

***

하필 중국 지도부는 그들의 꾸준한 정책 노선을 강조하기 위해 최악의 시기를 택해버렸다. 1949년에 중국을 대륙의 공식 국가로 인정한 그 국가들이 하나씩 무너지고 있었다. 1989년 8월, 폴란드의 연대에 소속되어 자유화 운동을 벌였던 타데우시 마조비에츠키(Tadeusz Mazowiecki)는 최초로 동구권 국가 중 비공산주의 정부 수반이 되었다. 같은 해 11월 9일, 사람들은 거리에 나와 베를린 장벽을 허물었다.[21] 다음날 불가리아 공산당은 토도르 지브코프(Todor Zhivkov)의 33년간 독재정권을 종식시키며 불가리아의 민주화 운동을 촉발하였고 결과적으로 불가리아에 민주주의 정권을 수립하였다.[22] 같은 달 말에는 "벨벳 혁명"을 통해 체코슬로바키아의 1당 체제는 종말을 맞이했다.

루마니아에서의 사건들은 훨씬 더 비참했다. 1989년 크리스마스에 루마니아 특공부대원들은 공산당 독재자 니콜라에 차우셰스쿠(Nicolae Ceausescu)와 그의 아내를 추운 마당으로 내팽개치며 칼라시니코프스(Kalashnikov) 총을 사용하여 그들을 사살하였다.[23] 워싱턴 D.C.에 있는 중국 고위 외교관은 당시 백악관 국가안전보장회의 선임국장인 더그 팔(Doug Paal)에게 베이징의 "윗분들"이 차우셰스쿠 사형 집행 비디오를 봤고 그들은 "공포에 휩싸였다"라고 털어놓았다.[24]

이후 덩샤오핑이 향후 20년을 위한 중국의 외교 정책 로드맵을 제시한 것도 위 맥락과 같은 선상이었다. 베이징의 몇몇 사람들은 마오쩌둥이 과거 흐루쇼프에게 그랬던 것처럼 덩샤오핑이 소련 지도자들에게 공산주의 체제의 쇠락을 초래한 것에 대해 강하게 비판해주었으면 한다고 희망했다. 그들의 희망과 반대로 덩샤오핑은 간부들에게 "안정, 안정, 그리고 안정"이라며 그의 새로운 외교정책 노선을 강조하였다. 이데올로기적 대립을 추구하는 대신 덩샤오핑은 "상황을 냉정하게 관찰, 우리의 입장 유지, 침착하게 도전에 대처, 우리의 능력을 숨기고 우리의 시간을 기다리며 야심에서 해방되어 절대 국제적 리더십을 주장하지 않는다"라고 중국의 방향을 제시하였다.[25]

덩샤오핑의 전략을 통해 중국은 천안문 사태의 여파로 인해 발생한 국제적 고립을 돌파할 수 있었다. 천안문 사태 이후 중국 외교관들은 국제적 명성을 회복하기 위해 많은 노력을 기울였다. 그들이 과거 1950년대에 사용했던 비슷한 방법으로 중국은 경제 외교, 스포츠 외교, 언론 관리, 군비 통제 등과 같은 방법으로 국제사회에서 다시 인정받기 위해 노력했다.

이 기간 동안 중국은 자국의 약점을 영리하게 이용했다. 중국은 선택과 집중이라는 대외전략을 통해 그들이 할 수 있는 것에만 집중했다. 중국 외교관들은 투자 유치에 집중했고, 중국의 대만과 티베트에 대한 주권 주장 및 중국의 인권 유린에 대한 비판을 잠재우고자 노력하였다. 동시에 그들은 "책임감 있는" 국가로 당국의 이미지를 탈환함으로써 중국의 명성을 높이려 했다.

중국의 이 모든 전략은 성공했다. 몇 번의 좌절에도 불구하고 천안문 사태 이후 벌어진 일들은 중국 공산당의 국제적 지위를 확립하는 데 크게 기여하였다. 그동안 기울인 중국의 노력은 2001년, 중국이 2008년 하계 올림픽 개최를 승인받으며 결실을 맺었다. 1989년 여름 이후 중국이 직면한 상황이 매우 불리했음에도 불구하고 중국은 위기를 이겨내고 새로운 자부심과 자신감을 갖고 부상하였다.

***

하지만 방금 언급한 것들은 정말 나중의 일이다. 우선 당시 이 시기에 중국 지도부는 소련 영향권에 속한 공산권 국가들의 몰락에 정신이 팔려 있었다. 그들은 특히 동유럽 지역에서 벌어지는 상황을 주시하고 있었고 1990년 8월, 동유럽권 국가에 주재하고 있는 외교관들에게 돌아가는 상황에 대한 보고를 요구하였다. 주 유고슬라비아 중국 대사관은 "동유럽에서 벌어지고 있는 사회주의의 심각한 후퇴는 어떠한 의미를 지니는가?"라는 제목의 전문을 본부에 보내며 보고자는 민족주의와 반공산주의의 결합을 동유럽 사회주의 정권의 실패 요인으로 주장하였다. 보고자는 또한 고르바초프의 소극적인 성향과 수십 년 동안 중국 지도부를 우려하게 만들었던 서방의 심화된 평화 중시 정책을 또 다른 동유럽 공산주의 블록의 몰락 요인으로 지적했다.[26]

중국 입장에서 불행한 소식들이 계속 밀려왔다. 1990년 8월, 사담 후세인

(Sadam Hussein)이 쿠웨이트를 침략했을 때 중국 지도자들은 미국이 후세인을 쫓아내기 위해 길고 힘든 싸움에 직면할 것으로 전망했다. 리펑(Li Peng, 李鵬) 총리는 싱가포르의 지도자 리콴유에게 자신 있게 이라크가 쉽게 패배하지 않을 것이라고 말했다.[27] 하지만 미제 무기들은 이라크의 방어막을 순식간에 파괴하였고 F−117 스텔스 전투기 폭격기, 레이저 유도 폭탄, M1A1 에이브람스 탱크를 사용하여 이라크를 초토화시켰다. 미국의 무력을 통해 중국은 자국이 얼마나 뒤쳐져 있는지 깨달을 수 있었다.

그보다 중국 입장에서 가장 큰 충격은 1991년 여름 목격된 소련의 해체였다. 충격에도 불구하고 베이징의 지도자들은 침착함을 보여주고자 노력하였다. 당시 베이징에 주재한 한 이스라엘 외교관은 "정부 내 어떤 사람도 흔들리지 않았다"라고 당시를 기억했다. 그는 이어 "1991년 8월 러시아에서 발생한 쿠데타, 옐친의 저항, 그리고 정권 전복의 실패와 같은 소식들은 중국 TV 저녁 뉴스 후반부에 배치되었다"라고 당시를 회상했다. 이어 그는 "심지어 매스컴은 소련의 소식보다 코모로 제도(Comoro Islands) 외교장관의 방문을 주목했다"라고 당시 상황을 설명하였다.[28]

그러나 사석에서 중국 관료들은 소련의 붕괴로 인하여 크게 동요했고 오늘날까지 그들의 생각은 변함이 없다. 리자오싱 전 외교부장은 2014년에 "소련의 붕괴는 우리 외교관들에게 가장 이해하기 어려운 것이자 우리가 이해해야 할 가장 중요한 사건이다"라고 평가하였다. 그는 이어 "초강대국의 예기치 못한 붕괴가 불과 몇 년 안에 일어났다는 것이 매우 인상 깊다"라고 덧붙였다.[29]

중국 지도부는 1990년대 초반의 국제체제가 본국에게 위협이 될 것으로 판단하였다. 당시 중국은 유일한 주요 공산주의 정권이었다. 하지만 미국 평론가들은 "역사의 종말"과 "단극체제의 시작"이라며 새로운 국제체제를 환영하였다. 익명의 한 중국 전 대사는 "우리 외교관들 사이에서 어느 정도 비관론이 전개되었다"라고 당시를 회상했다.[30] 게다가 소련의 붕괴로 미중 협력의 주된 목적이 없어졌다. 또한 당시 미국 관료들은 소련의 붕괴 이후 그들의 방식에 대해 강한 자신감을 갖고 있었다. "전 세계 어떤 일이 일어나든 미국은 항상 끼어들었다"라고 전 중국 외교관은 당시 상황에 대해 언급하였다.[31]

***

첸치천이 이끄는 중국 외교관들은 이러한 도전에 능숙하게, 침착하게, 그리고 결단력 있게 대처했다. 제임스 맨(James Mann)이라는 기자가 칭한 당시 중국의 전략이란 "중국 정부는 천천히, 점진적으로 분노의 둔감화를 위해 노력한다. 중국 정부는 외국 정부를 대상으로 제재 완화를 요구하거나 중국을 비판하는 행위를 자제하라고 주장하면서 너무 과하지 않고 조금씩 상대국을 압박한다. 그리고 조금씩 상대국이 중국의 요구를 수용한 후, 그들은 또 다른 작은 변화가 일어날 때까지 다시 한 번 조금씩 상대국에 대한 압박을 재개한다."[32]

이러한 전략을 이행하기 위해 중국 입장에서 아시아 지역 내 이웃 국가들이 가장 쉬운 목표였다. 중국 외교관들은 몇 년 동안 아시아 전역의 나라들을 대상으로 중국의 매력도를 상승시키고자 노력했지만, 천안문 사태 이후 그들은 다른 차원의 전략을 도입하였다. 1990년 여름에 중국은 싱가포르, 그리고 인도네시아와 외교 관계를 수립했다. 또한 중국은 한국과의 관계를 개선하며 1992년에 공식적인 외교 관계를 수립했다. 일본과는 크게 교류가 없다가 1991년에 가이후 도시키(Kaifu Toshiki) 총리가 방중하며 일본은 천안문 사태 이후 중국을 방문한 G7 국가 중 첫 번째 국가가 되었다.[33]

그 다음은 영국이었다. 영국 정부는 식민지인 홍콩에 새로운 공항을 건설하기 위해 중국의 승인이 필요하였는데 중국은 영국 총리 존 메이저(John Major)가 중국을 방문해야 공항 건설을 위한 합의가 가능할 것이라는 입장을 갖고 있었다. 1991년 9월, 메이저 총리는 베이징에 도착하며 서방의 강대국 중 중국을 방문한 첫 지도자가 되었지만 영국 내 격렬한 비판에 직면했다.[34]

미국과의 관계 개선은 어려워 보였으나 걸프전쟁은 미중관계 개선에 결정적인 역할을 했다. 중국은 미국이 사담 후세인에 대응하고자 UN에서 중국의 지지가 필요한 상황임을 알고 있었다. 이에 첸치천은 걸프전쟁 발발까지 전개된 일련의 과정에 참여하였다. 그는 역사상 처음으로 셔틀외교를 시도함에 따라 이집트, 사우디아라비아, 요르단 그리고 이라크를 방문하여 지역 지도층을 만나 평화적 해결을 위한 중국의 역할을 강조하였다. 당시 사담 후세인은 이라크의 쿠웨이트에 대한 영유권 주장을 중국의 홍콩에 대한 영유권 주장과 비교함으로써 첸치천을 화나게 했다.

　　이후 미국은 걸프전 참여를 암묵적으로 지지하는 중국의 대가가 천안문 사태 이후 개최되지 못한 고위급 회담 재개임을 알게 되었다. 같은 해 11월 초, 첸치천은 미국 국무장관 제임스 베이커(James Baker)를 카이로에서 만났다. 그 달 말 첸치천은 부시 대통령과의 만남을 성사시켰고 천안문 사태 이후 미국 대통령을 만나는 최초의 중국 고위관료가 되었다.[35] 베이징에서 중국 외교부 본부를 방문한 외국 외교관들은 중국측도 이 결과에 대해 "기쁘게 생각하고 있다"고 말했다.[36]

　　당 지도부가 이미지 쇄신을 위해 노력하면서 외교부는 국내에서 매진하고 있는 개혁을 지지하기 위해 경제외교에 눈을 돌렸다. 1992년 1월과 2월, 덩샤오핑은 천안문 사태 이후 교착 상태에 빠진 경제 개혁을 재개하고자 계획하였다. 그는 시장경제를 추진하며 정치적인 개혁은 엄격히 통제하는 경제 개혁을 재가동시키기 위해 그 유명한 "남순 강화"를 시작했다.

　　중국 지도자들은 빠르게 성장하는 중국의 시장 규모를 유용한 외교적 지렛대로 인식하기 시작했다. 1992년 초, 리펑 총리는 다보스에서 열린 세계 경제 포럼에 참석하며 서유럽을 방문하였다. 이탈리아, 스위스, 포르투갈을 포함하여 각 방문지에서 리펑 총리는 반드시 기업가와 만남을 이어나갔다. 리펑은 "베이징의 도살자"라는 별명을 통해 천안문 사태의 주역으로 서방 언론에 의해 묘사되었지만 다보스에서 리펑은 서방 사업가들의 많은 관심을 받았다. 그는 연설을 통해 중국 시장이 제공하는 기회에 대해 이야기했다.[37] 이후 중국 국영 언론들은 리펑을 국제적 감각을 갖고 있는 정치가로 그를 묘사하였고 리펑과 저우언라이와의 개인적인 인연을 강조하여 그가 갖고 있었던 이미지를 개선시키고자 노력했다.[38]

　　전 세계 투자자들과 정부들은 중국에 주목하였다. 특히 덩샤오핑이 공들인 경제 개혁이 성과를 나타내기 시작했다. 중국의 GDP는 1992년에 무려 12% 증가하였다.[39] 비엔나에서 아바나까지 중국 대사관 외교관들은 해외 정치인 및 투자자들이 중국의 경제 모델에 대해 문의하기 시작했다고 밝혔다.[40] 그들은 또한 중국에서의 삶의 질이 타 개발도상국에 비해 개선되고 있다는 것을 알게 되었다. 중국 외교관들은 1960년대에 아프리카를 방문하며 에어컨과 주

차장을 보고 놀라워 했지만 1990년대에 그들은 아프리카 대륙 내 빈곤을 목격하며 충격을 받았다.[41]

동시에 중국은 1993년에 석유로 생산하는 제품을 수출보다 수입을 많이 하게 되면서 제3세계 국가들과의 관계를 발전시켜 접근할 수 있는 자원을 확보하고자 노력하였다. 중국은 갑자기 중동, 아프리카, 중남미 등에 위치한 산유국과의 관계 증진에 힘썼고 석유 수입을 용이하게 할 해상 항로 접근에 관심을 갖게 되었다.[42]

그럼에도 불구하고 경제 중심 외교는 중국 사절단에게 여전히 새로웠다. 1993년에 캐나다에 주재하는 한 중국 외교관은 간담회를 통해 캐나다 사업가들이 자신에게 경제에 대해 문의하는 것이 아닌 공공질서와 안보에 대해 끝없이 이야기하는 것 같아 당황한 적이 있다. 하지만 사실 캐나다 사업가는 안보(security)에 대해 얘기한 것이 아닌 증권(securities)에 대해 얘기하고 있었다.[43]

***

위에서 언급한 성과와 별개로 중국의 반격은 갈 길이 멀었다. 워싱턴 D.C.에서의 사건을 한번 살펴보자. 1992년 9월, 조지 H. W. 부시 대통령은 재선에 성공하기 위해 대만에게 F−16 전투기를 판매하기로 합의하였다. 대만의 지도자들은 과거 몇 십년 간 이를 간절히 원했다. 이 거래는 미국이 중국을 통해 얻을 수 있는 이익이 변했다는 것을 나타낸다. 소련이라는 공동의 적이 사라졌기 때문에 미국은 중국을 친절히 대할 이유가 적었다. 물론 미국의 무기 판매 소식을 접하고 중국은 매우 격노하였으나 중국은 조심스럽게 대응하며 부시 대통령의 재선을 희망하였다. 상대 후보 빌 클린턴(Bill Clinton)은 훨씬 더 중국과 합이 맞지 않다고 판단했기 때문이다.[44]

아칸소 주지사로서 클린턴은 대만을 방문한 경험이 있고 그는 대선 기간 동안 부시 대통령의 중국 정책, 특히 천안문 사태 이후 미국의 대중정책을 날카롭게 비판하였다. 심지어 클린턴은 "바그다드에서 베이징에 이르는 폭군들을 결코 아첨하지 않을 미국"을 천명하며 무역과 인권을 연결시켜 최혜국 대우를 받은 중국과의 무역에도 추가적인 조건을 붙이자고 주장해왔다. 중국의 한 고위 관료는 "물론 부시가 승리하는 것이 더 낫다"라고 뉴욕타임즈 기자에

게 말했다.[45]

결국 부시는 대선에서 패배했고 중국의 새 주석 장쩌민(Jiang Zemin, 江澤
民)은 클린턴 대통령을 직면하게 되었다. 장황하게 말할 때가 있으나 대부분
논리정연하게 발언하는 장쩌민은 사각 형태의 얼굴과 두꺼운 안경을 쓴 사람
이었다. 67세인 그는 1989년에 상하이에서 발생한 학생들의 시위를 효율적으
로 대처하며 덩샤오핑에 의해 후계자로 선택되었으나 그는 외교를 실제로 해
본 경험이 전무했다.

1993년 11월, 장쩌민은 집권 이후 처음으로 중대한 외교적 시험을 맞이
하였다. 클린턴 대통령은 APEC 정상회의를 위해 아시아 태평양 지역 내 12개
국의 지도자들을 시애틀 해안에서 8마일 떨어진 블레이크 섬(Blake Island)에
초청하였다. 중국은 APEC 회의를 통해 클린턴과 장쩌민 간의 정상회담을 성
사시켰다. 이는 천안문 사태 이후 미중 국가원수 간 첫 번째 대면회의였다. 비
록 미중 간 90분간의 회의는 '토킹 포인트'에 충실한 방식으로 전개되었지만,
장쩌민은 너무 긴장한 나머지 첸치천을 바라보며 본인의 발언을 지지하는 발
언을 첸치천에게 유도하며 대부분의 시간을 보냈다.[46] 정상회담을 통해 실질
적인 성과를 거두지 못했지만, 동 정상회담은 매우 중요한 상징적인 의미를
지니었다. 중국이 다시 국제사회에서 환영받는 것처럼 보였기 때문이다.

중국은 국제사회에서 환영받기 위해 먼 길을 돌아왔지만, 중국 내 많은
사람들은 국내 재건이 이뤄지는 상황에 외국 지도자들에게 잘 보이기 위해 노
력하는 중국의 행보에 불만을 갖고 있었다. 그들은 중국이 자국의 국내 질서
를 유지하는 것에 대해 국제사회에서 사과할 필요가 없다고 생각했다. 그들은
특히 외교부를 비판의 대상으로 인식하였다. 1994년 7월, 홍콩 언론은 중국
군부들이 당 지도부에 서신을 보내며 첸치천의 해임을 요구하였다고 보도하
였다. 장쩌민은 이어진 회의에서 그의 외교부장을 지지했다. 그는 덩샤오핑이
첸치천을 칭찬한 것을 근거로 자신의 정치적인 입장을 밝혔다.[47]

미국과의 긴밀한 관계를 도모하는 중국 외교관들에게 상황은 더 어려워
졌다. 1995년 6월, 중국은 미국이 대만의 리덩후이(Lee Teng-hui, 李登輝) 총통
의 미국 방문을 위한 비자를 승인할 계획이라는 소식을 접하고 격분하며 반응
했다. 미국 국무장관 워렌 크리스토퍼(Warren Christopher)가 명백히 그럴 계획

이 없다고 과거에 발언했었기 때문이다. 이후 중국은 2번의 방미 계획을 취소했고 외교부 대변인 쉔가오펑(Shen Guofang)은 경고의 메시지를 전달하며 대만의 미국 방문이 진행된다면 "대가를 지불"할 것이라고 말했다.[48]

리덩후이는 미국을 방문하며 보통 사람들에게는 다소 별 의미 없는 연설을 했다. 그는 코넬대학교 대학원생이었던 그의 학생 시절에 대해 길게 이야기하며 대만의 경제 발전에 대해서도 언급하였다. 하지만 발언에 문제가 될 것이 있는지 주의 깊게 지켜보는 중국 관료들에게 그 연설은 매우 충격적이었다.[49] 리덩후이는 대만 섬을 "대만에 있는 중화민국"이라고 표현했다. 그는 대만이 외교적인 고립에서 벗어나기 위해 "불가능한 것을 요구"할 것을 천명했다. 리덩후이는 또한 대만 민주화의 "정치적 기적"을 찬양하는 발언과 함께 체코의 반체제 인사였으며 나중에 대통령이 되는 바츨라프 하벨(Vaclav Havel)의 말을 인용하여 공산주의는 "종말하였거나 종말하고 있다"라고 발언하였다.[50]

신화통신사는 다음 날 "대만 문제는 화약고에서 폭탄이 터지는 것처럼 현재 터지기 직전이기 때문에 화약고에 열을 가하는 것은 매우 위험하다"라고 보도했다. 이후 중국 정부는 단호한 행동을 보여주었다. 중국은 1995년 7월과 8월에 미사일 시험을 실시, 11월과 12월에는 지상 및 공중 군사훈련을 수행, 그리고 다음해 3월에는 리덩후이의 재선 캠페인에 맞추어 다시 미사일 시험을 실시하였다. 이때 중국이 발사한 미사일은 대만의 주요 항구인 지룽(Keelung, 基隆)과 가오슝(Kaohsiung, 高雄) 근처까지 도달하며 향후 중국의 대만에 대한 봉쇄 가능성을 시사했다.

클린턴은 중국이 도를 넘었다고 판단했다. 따라서 1996년 3월, 미국은 대만 근교에 항공모함 두 척을 배치하며 아직 미군 함정에 위협이 될 만한 능력이 부족한 중국군을 모욕하였다. 이후 단기적으로 중국은 미국과 좋은 관계를 유지하는 것 외에 대안이 없다는 것을 깨달았다. 그럼에도 불구하고 중국은 장기적인 관점에서 미국과의 관계를 냉정하게 판단하며 군 현대화 예산을 두 배 이상 증가시켰다.

***

리덩후이의 미국 방문은 중국이 향후 대미외교를 강화할 필요가 있음을 시사했다. 중국은 미국 내 정치 지도부 이외의 영역까지 외교 범위를 확장함으로써 대만에 필적하고자 계획했다. 주 미국 중국 대사관은 주 정부와 중국계 미국인 단체들을 대상으로 대외활동을 시작했고 이는 오늘날까지 계속되고 있다.[51]

장쩌민은 1997년에 미국 방문을 통해 모범을 보였다. 그는 호놀룰루, 로스엔젤레스, 뉴욕, 필라델피아, 보스턴, 그리고 미국의 IT 회사들 및 하버드대학교까지 방문하였다. 당시 장쩌민은 미국 대중 앞에서 훨씬 더 자신감 있는 모습을 보여주었고 회의에서 영어로 대화하였다. 심지어 반중국 시위가 밖에서 이뤄지는 동안에도 영어로 농담도 했다. 그는 또한 200명의 미국 사업가 모임을 뉴욕에서 개최할 것을 약속하며 "인간이 만든 장애물"을 넘고 "중국의 시장은 당신에게 열려 있다"고 발언하였다.[52]

중국은 또한 이웃 국가들을 안심시키기 위해 노력해야 할 필요가 있다는 결론에 도달하고 있었다. 1995년 2월, 중국의 미스치프 암초(Mischief Reef) 점령은 동남아시아 국가들을 우려하게 만들었다. 이 암초는 필리핀으로부터 약 135마일 떨어져 있는 스프래틀리 군도(Spratly Islands)의 일부이며, 100개 이상의 작은 암석들로 이루어진 곳이다. 중국, 필리핀, 베트남, 말레이시아, 대만, 그리고 브루나이가 이 암석들에 대해 전부 또는 일부 영유권을 주장하였고 몇몇 사람들은 암석 아래 대량의 석유가 매장되어 있다고 알고 있었다. 피델 V. 라모스(Fidel V. Ramos) 필리핀 대통령은 "우리는 최선의 결과를 바라고 있지만, 최악의 결과에 대해서도 대비해야 한다"라고 말했다. 또한 1995-96년 대만해협에서의 위기는 중국이 기꺼이 자국의 목표를 이루기 위해 무력을 사용할 것이라는 인식만 강화시켰다.

중국 입장에서 더 심각한 것은 자국의 행동이 역외세력 국가들을 역내 문제로 끌어들이고 있다는 것이었다. 일본, 호주와 같은 나라들은 미국과의 안보 관계를 강화하는 한편, 동남아시아 국가들은 심지어 다른 강대국들을 지역 안으로 끌어들이기 위한 방법들을 찾기 시작했다. 1995년 12월, 인도네시아와 호주는 군사 협력 협정을 체결하였다. 1996년 1월, 필리핀과 영국은 인도네시아-호주와 비슷한 협정에 서명했다.[53] 중국은 역내 정책을 재조정함으로써 이웃 국가들과의 관계를 개선할 수 있는 기회를 모색했다.

중국에게 다행히도 1997년 아시아 금융위기를 통해 기회가 빠르게 찾아왔다. 지역 전역의 국가들이 경제적인 역풍을 맞았고 인도네시아와 태국과 같은 국가들이 금융 붕괴와 씨름하고 있는 가운데 국제사회는 중국에게 위안을 평가절하하지 말아 달라 간청했다. 중국이 자국통화를 평가절하한다면 재정 혼란과 금융자본 회수로 인한 불안정성이 더 악화될 가능성이 있었기 때문이다. 중국은 자국을 책임감 있는 경제 파트너로 내세우며 대의를 위해 희생할 수 있음을 표출하기 위해 자국의 화폐 가치를 안정적으로 유지하였다. 이후 중국은 지역 전체에 걸쳐 그리고 국제사회의 찬사를 받게 되었다. 빌 클린턴 조차 "중국은 자국 통화 가치를 유지함으로써 훌륭한 정치력과 힘을 보여주었다"고 말했다.[54]

이러한 찬사에 힘입어, 중국 지도자들은 기회를 감지하기 시작했다. 이후 중국은 다자외교 무대 참여 확대를 통한 역내 리더십 증진을 추구하였다. 사실 중국은 다자외교 무대를 미국만을 위한 도구로 인식하였으나 1990년대 중반에 중국은 옵저버 자격으로 아세안지역안보포럼(ASEAN Regional Forum)에 참석하기 시작했다. 중국 외교부 최고의 아시아 전문가이자 나중에 주미대사가 되는 추이 티안카이(Cui Tiankai, 崔天凱)는 중국을 전공하는 학자인 데이빗 샘보우(David Shambaugh)에게 "우리는 다자외교와 좀 더 친숙해질 필요가 있었다. 이러한 노력은 우리에게 학습 과정이 되었다. 다자외교가 어떻게 작동하는지 그리고 어떻게 국가들이 상호작용하는지 알게 되었다"라고 당시 상황을 설명하였다.[55]

점차 중국 외교관들은 다자외교 무대에서 자신감을 얻게 되었다. 중국은 1995년부터 아세안과의 고위급 회담을 연례 회의로 개최하기 시작했다. 또한 중국은 1997년에 아세안+3을 구성하도록 노력하였다. 아세안+3은 중국, 일본, 그리고 한국과 아세안 국가들을 모은 협의체 역할을 하였다. 심지어 중국은 다자외교 무대에서 리더십을 발휘하기 시작했다. 중국은 2001년 상하이에서 APEC 정상회의를 주최했다. 또한 중국은 러시아와 중앙아시아 국가들과의 협력을 강화하는 "상하이 파이브"의 사무국을 베이징에 설립하도록 제안하였다. "상하이 파이브"는 나중에 상하이 협력 기구(Shanghai Cooperation Organization)로 발전하게 된다.[56]

중국 외교관에게 하달되는 '토킹 포인트'에도 변화가 발생했다. 1996년 외교부의 아시아 담당 부서는 "새로운 안보 개념"을 제정하도록 정책 연구 용역을 발주하였다. 학자들은 새로운 안보 개념을 통해 냉전의 "제로섬" 사고방식에 벗어나 "윈윈" 사고방식을 채택할 것을 제언하였다. 또한 저우언라이의 평화 5원칙을 반영하여 "상호 신뢰, 이익, 평등, 그리고 협력"을 강조하였다. 특히 이 새로운 접근 방식을 강력히 추진한 외교부의 두 인물은 푸잉(Fu Ying, 傅瑩)과 부내 떠오르는 스타인 왕이(Wang Yi, 王毅)였다.[57] 몽골 소수민족 출신인 푸잉은 영국에서 대학원 공부를 마친 후 덩샤오핑의 통역관으로 일했다. 그는 이후 중국 역사상 두 번째 여성 외교부 부부장이 되었고 주 영국 대사의 직무도 수행하였다. 그는 또한 국제사회의 사랑을 듬뿍 받았다. 왕이는 나중에 외교부장이 된다.[58]

다자외교 강화를 통해 중국은 "책임 있는 강대국"으로 자국의 입지를 다지기 위해 미국과 관련된 이슈에 참여하기 시작했다. 핵 비확산 문제는 특히 중국의 참여가 필요해보였다. 중국 지도자들은 국제법을 준수하는 것이 자국을 더 안전하게 만들고 외교무대에서 중국의 명성을 우호적으로 확립할 수 있다고 깨달았다. 1980년대에 핵 비확산 문제에 관여하기 시작한 이후 중국은 1992년에 핵확산방지조약(Nuclear Non Proliferation Treaty)에 가입했다. 중국은 1996년에 포괄적 핵실험 금지 조약(Comprehensive Test Ban Treaty)에 가입하기 위해 자국의 핵 프로그램을 축소하였다. 1997년에 외교부는 군축 문제를 담당하는 부서를 독립된 국으로 격상시키며 직원 수를 늘리고 조직 내 영향력을 확대하였다. 중국은 또한 제네바군축회의(Conference on Disarmament)에 참여하였다. 시간이 지날수록 국제사회에서 중국의 참여에 대한 이념적인 인상이 퇴식하며 점차 중국 외교관들은 UN 및 산하기구와 함께 협업하며 이념이 아닌 그들의 기술적인 전문지식으로 인정받기 시작했다.[59]

중국은 또한 세계 여러 나라들과의 관계를 이른바 '동반자 관계'를 통해서 강화하려고 노력했다. 그렇게 함으로써 중국은 미국의 동맹체제와 차별화된 국제협력 방식을 보여주고자 노력했다. 이러한 중국의 노력은 다른 국가들이 미국과의 관계를 우려하지 않고 중국과 '동반자 관계'를 맺을 수 있는, 즉 미국의 동맹체제와 양립가능한 중국과의 양자관계를 가능케 하였다. 1996년

4월에 중국은 러시아와의 관계를 "건설적인 관계"에서 "동반자 관계"로 격상시켰다. 당시 미국과의 관계는 1997년에 클린턴과 장쩌민 간의 정상회담을 통해 "건설적인 전략적 동반자 관계"라는 명칭을 달고 있었다.[60] 중국 전문가인 피터 우드(Peter Wood)는 2016년 기준 중국이 양자관계를 정의하기 위해 사용하는 22개의 각기 다른 표현을 발견하였다. 예를 들어 중국은 파키스탄과의 관계를 "전천후 전략적 협력 동반자 관계"라고 표현하고 있으며 일본과의 관계는 "상호 협력 파트너"라고 칭하고 있다.[61]

마침내 중국은 오랜 기간 이어진 국경 분쟁을 해결함으로써 이웃 국가들과의 관계를 개선했다. 1991년과 2003년 사이 중국은 카자흐스탄, 키르기스스탄, 라오스, 러시아, 타지키스탄, 베트남과의 국경 분쟁을 해결하였다. 중국은 여러 협정을 통해 중국이 주장한 수준에 비해 약 50% 또는 그보다 적은 영토를 받게 되었다.[62]

***

다음으로 중국이 우호적인 이미지를 쌓고자 노력한 곳은 개발도상국이었다. 대부분의 개발도상국은 천안문 사태에 대하여 유럽 및 북미 국가들처럼 부정적으로 대응하지 않았다. 대부분의 이 나라들은 식민지 경험을 여전히 쓰리게 인식하고 있었기 때문에 다른 나라의 "내정"에 간섭하지 말라는 중국의 입장을 잘 수용하고 있었다. 당시 라이베리아에 파견되었던 중국 외교관은 "서양 외교관들은 우리 대사관 행사를 보이콧했지만, 나는 항상 아프리카에서 따뜻하게 환영받는다고 느꼈고 조금도 고립감을 느끼지 않았다"고 말했다.[63] 중국 외교관들은 르완다, 콜롬비아, 스리랑카, 인도네시아에서도 비슷한 경험을 하였다.[64]

이집트의 호스니 무바라크(Hosni Mubarak) 대통령은 중국과의 관계를 소홀히 하라는 미국의 압력을 받았으나 어쨌든 1989년에 중국 최고 지도자의 이집트 방문을 승인하였다.[65] 부르키나파소의 대통령은 천안문 사태 이후 중국을 방문한 최초의 국가원수였다. 1989년 여름에 첸치천 외교부장은 아프리카 11개국을 방문했다.[66] 1996년에 첸치천은 장쩌민을 동행하며 아프리카 6개국을 순방하였으며, 이 기간 동안 장쩌민은 방문한 국가와 통상 계약을 체결하며 중국과 아프리카 대륙의 관계가 새로운 "단계"에 진입했음을 천명하였다. 장쩌민은 방문을 통해 중국과 아프리카 모두 "식민주의자들과 외세의 침입으로 인해 엄청난 고통을 겪었다"고 말했다.[67]

중국의 인권 유린 행보에 대한 국제적인 비판을 계기로 중국이 일부 국가들과 유대 관계를 맺는 사례가 발생하기도 했다. 1997년 UN에서 중국의 대표들은 그 어떤 국제재판소도 캄보디아의 대량학살 가해자들에 대한 관할권을 갖고 있지 않다고 주장했다. 그들은 "폴 포트 문제는 캄보디아의 내부 문제이며, 그렇다면 이 문제는 외세의 간섭 없이 캄보디아 자체의 문제다"라고 말했다.[68] 같은 해 유엔 인권 위원회(United Nations Commission on Human Rights)의 심의 중에 우젠민(Wu Jenmin, 吳建民) 주 유엔 중국대사는 "우리는 진정으로 인권을 생각하는 개발도상국들에게 호소한다. 오늘날 중국에 일어나는 일은 내일 그들에게 일어날지도 모른다"라고 발언하였다.[69]

개발도상국에서 중국의 외교는 성공적이었다. 왜냐하면 중국은 많은 개발도상국에게 그 국가들이 다른 곳에서 받지 못하는 극진한 대우를 해주었기 때문이다. 중국은 그 국가들을 위해 레드카펫을 깔아주었고 성대한 연회와 중국의 최고 지도자와의 접촉을 허락하였다. 한 중국 외교관은 본인이 속한 부서에서 1998년 실시된 쿡 제도(Cook Islands) 수상의 중국 방문을 마치 대국의 국가원수가 방문한 것처럼 준비했다고 과거를 회상하였다.[70] 대부분의 강대국들은 타 강대국과의 관계나 이웃 국가들과의 관계에 집중했지만 적어도 외관상으로 중국은 어떤 국가를 편애하지 않는 척했다.

***

중국의 국제진출이 급속히 확대되면서 때로 외교부 직원들은 그 부처의 엄격한 규율과 비밀 유지 지침을 따라가기 벅차했다. 1992년에 몰도바와 수교한 이후 임시적으로 사용하던 주 몰도바 대사관은 본부와의 통신을 위해 필요한 보안시설이 부족했다. 따라서 대사는 외교 전문을 보내기 위해 약 450킬로미터를 운전해야 했다. 사전에 초안을 작성하는 것이 금지되었기 때문에 그는 도착 즉시 전문을 작성하기 위해 운전 중에 대략적인 내용을 구상하곤 했다.[71]

추가적인 임금 개혁과 직원 감축으로 중국 외교를 전문화하려는 움직임은

1990년대에도 계속되었다. 1994년까지 대부분의 대사관은 직원 인원을 25% 감축하였고 결과적으로 예상보다 훨씬 더 많은 비용을 절감할 수 있었다. 이에 대사관은 처음으로 현지인을 고용하기도 했다. 남미의 한 대사관은 중국인 기사를 본국에서 데리고 오지 않는 대신 현지인 기사를 고용하는 단순한 조치만으로 연간 수십만 달러를 절약할 수 있다. 또한 외교부는 외교관들을 대상으로 정해진 업무를 명확하게 설정, 표준화된 승진 기준 도입, 중간급 외교관들을 위한 훈련 기회 증진을 도입하였다.[72]

타 기관 인재를 새로 채용하거나 파견을 통해 임시적으로 타 부처 관료를 채용하려는 움직임도 있었다. 외교부의 싱크탱크인 중국국제문제연구소(China Institute of International Studies)의 전 부소장이었던 쑤게(Su Ge)와 이후 루안종제(Ruan Zongze)는 워싱턴 D.C.의 중국 대사관에 파견되었다. 중국의 주요 정보기관에 보고하는 싱크탱크인 중국현대국제관계연구원(China Institute of Contemporary International Relations) 쿠이리루(Cui Liru) 미주부장은 1990년대에 주 UN 중국대표부에서 근무했다.[73] 나중에 외교부 부부장에 임명되고 공산당의 국제부장을 역임한 쑹타오(Song Tao, 宋涛)는 푸젠성(Fujian Province, 福建省)에서 지방정부와 사기업에서 근무한 이후 외교부에 영입되었다.[74]

외교부의 건물이 중국의 팽창외교에 비해 너무 좁아진 후 1997년에 외교부는 멋진 새 본부를 갖게 되었다. 한때 황실이 사용한 차오양문(Chaoyang, 朝陽) 남동쪽에 위치한 이 건물은 콘크리트와 유리로 이루어졌다. 한 전직 외교관에 따르면 외부 세계에 대한 개방을 상징하기 위해 이 건물은 부채의 모양을 띠고 있다.[75] 건물 정문에 위치한 800평방미터의 화상석에는 "중국 문명"이 묘사되어 있다. 화상석은 진나라에서 창정-2 로켓까지 중국의 역사적인 성과를 상세히 표현하였다. 외교부는 본부 회의실과 협상을 위해 마련된 공간을 중국화와 서예로 꾸몄고 벽에 마오쩌둥의 시를 써놓았다. 회의실인 216호에는 마오쩌둥의 시 "매화송가"가 쓰여져 있었다. 그 시는 1972년에 저우언라이가 리처드 닉슨에게 암송했던 시였다.[76] 미국 국무부와 달리 외교부 본부의 모든 회의실은 1층에 위치하고 있다. 따라서 외국인은 실제로 중국 외교관의 업무 공간을 방문할 일이 없다.[77]

1997년 7월 1일, 영국의 홍콩 반환만큼 중국의 높아진 국제적 위상을 상징하는 사건은 찾아보기 힘들다. 이 행사는 영국의 찰스 왕세자와 중국의 장쩌민 주석이 지켜보는 가운데 엄숙하게 거행되었다. 156년 동안 이어진 영국의 식민통치 이후 섬이 다시 중국의 소유로 돌아오는 순간이었다. 장쩌민은 "우여곡절 끝에 홍콩이 100여년 만에 조국으로 돌아왔습니다. 지금부터 우리 홍콩 동포들이 이 중국 땅의 진정한 주인이 되어 주십시오"라고 모인 군중에게 말했다.[78] 식이 진행됨에 따라 홍콩 항구에 내린 비는 가랑비에서 폭우로 변해 있었다. 당시 장쩌민을 수행한 첸치천 외교부장에게는 가슴 아픈 순간이었다. 첸치천은 그날 내린 비가 "중국의 수모를 씻는 것"이라고 서술하였다.[79] 1997년 2월, 오랜 기간 동안 파킨슨병으로 투병한 후 사망한 덩샤오핑은 마가렛 대처와 힘든 협상을 통해 성사시킨 이 역사적인 순간을 직접 목격하지 못했다.

중국 외교관들 또한 그들의 정치 체제에 대한 새로운 자신감을 갖기 시작했다. 1997년 중국 국무원의 외교국장인 류화추(Liu Huaqiu, 劉華秋)는 신문 기사를 통해 중국이 "동유럽의 급격한 변화와 소련의 붕괴에도 잘 견뎠다"고 뿌듯한 입장을 표명했다.[80]

그럼에도 불구하고 중국의 깊은 불안감은 새로 등장한 자신감 속에서도 사라지지 않았다. 대약진 운동 당시 리자충(Li Jiazhong)은 그의 첫 양복을 맞추었는데 거의 40년이 지난 후 지금 그는 주 베트남 중국대사였다. 그는 미국 대사에 의해 무시를 당했다고 느꼈다. 미국 대사는 외교 행사에서 항상 그에게 말을 걸지 않았기 때문이다. 따라서 그는 미국이 주최하는 행사에 나타나지 않았고 다른 외교관들에게 미국 대사에 대해 불평을 늘어놓았다. 심지어 그는 나중에 미국 대사가 중국 대사관을 방문한 이후 명시적으로 우정의 메시지를 전했을 때에도 그의 태도에는 변화가 없었다. 그는 미국 대사에게 차를 대접하였지만 "나는 말린 과일을 다과로 내놓지 않았다"라고 여전히 미국 대사를 괴씸해 했다. 그는 이어 "나는 미국인들을 상대해 본 경험이 없었고 너무 따뜻하게 대하지 않은 것이 더 낫다고 느꼈다"라고 당시 상황을 설명하였다.[81]

위와 같이 굴욕감을 느낀 일부 중국 외교관들은 이것을 맹목적인 인종차별이라고 믿었다. 1997년부터 2002년까지 영국 주재 중국 대사였던 마징강(Ma Zhengang)은 "나는 영국에서 공부하고 일할 때, 유럽인들이 종종 무의식적으로 다른 민족에 대한 우월감을 드러낸다고 강하게 느꼈다"라고 과거를 기억했다. 그는 이어 "영국인이든, 프랑스인이든, 독일인이든, 다른 유럽인이든 그들 중 누구도 이 내재된 우월감이 존재한다는 것을 인정하지 않을 것이다. 그러나 많은 중국인들은 느꼈을 것이다"라고 덧붙였다.[82]

이러한 감정들은 때로 대사관 활동의 극히 사소한 부분에서 드러났다. 1997년 덩샤오핑이 사망했을 때, 주 뉴질랜드 중국 대사관에 근무하던 문화 담당관은 어떤 나라의 대사관이 조기를 게양하지 않았는지 기록하기 위한 임무를 맡게 되었다.[83] 많은 중국의 외교관들은 그들의 회고록을 통해 외교 행사와 무역 박람회에서 중화민국(대만)의 국기가 행사에 나타나지 않도록 노력하였다고 기록하였다. 이어 그들은 주재국 지역 방송사가 티베트에 관한 다큐멘터리를 방영하지 않도록 투쟁하였다고 언급하였다. 파푸아뉴기니에서 개최된 한 행사에서 대만의 국기가 나타나지 않도록 노력한 한 외교관은 "우리 중국 대표단은 조국이 맡긴 중요한 임무를 성공적으로 수행했다"라고 서술하였다. 그는 이어 "우리는 위대한 조국이 뒤에 있었기 때문에 성공할 수 있었다"라고 표현하였다.[84] 이런 행위들은 위대한 강대국답지 못한 처사였다.

***

어떠한 경우에도 중국 대중들은 그들의 외교관들이 더욱더 강경한 모습을 보이길 기대하였다. 국내에서의 입지를 강화하기 위해 공산당은 천안문 사태의 여파로 "애국 교육 캠페인"을 시작했다. 외세, 특히 일본이 얼마나 과거 중국에게 굴욕을 주었는지를 강조한 캠페인이었다. 1995년, 중국 정부는 대만을 일본에 할양한 시모노세키 조약 체결 100주년을 맞아 일본의 제2차 세계 대전 만행을 재현한 영화를 후원하였고 전시 일본의 행위에 대한 공개 전시회를 통해 일본의 범죄를 드러내었다.[85]

이 캠페인은 중국이 공동의 적에 대항하여 나라를 통합했다는 의미로서 당에게 유용했지만 동시에 외교 사안에 대해 당이 항상 직극적으로 맞서야 한다는 기대를 인민들에게 심어주었다. 이렇게 형성된 기대감은 중국이 1990년대에 이룬 외교적 성과 및 타국과 안정적인 경제적 관계를 설정해야 하는 중국의 외교적 목표와 균형을 이뤄야 했다.

 이와 같은 중국의 상반된 목표는 1996년에 한 사건으로 충돌하게 된다. 동중국해에서 일본 우익 민족주의자들이 작은 섬에 등대를 건설하기로 결정한 이후 베이징에서 큰 파장을 일으켰다. 중국어로 댜오위(Diaoyu, 釣魚) 섬으로 알려진 무인도인 센카쿠 열도에 대한 양국 간 논쟁은 지난 수십 년 동안 간간히 수면 위로 등장하였으나 양국 어느 정부도 이 문제로 인해 양자관계가 악화되는 것을 보고 싶지 않아 했다. 이와 같이 중국 외교부는 강력한 항의로 반응했지만 동시에 중국은 일본과의 관계를 소중히 여긴다며 강조했다. 홍콩에서 이 문제에 대한 시위가 일어났을 때 중국 관영 매체들은 시위에 대해 보도하지 않았다. 검열관들은 중국 본토에서 시위를 요구하는 온라인 게시물을 삭제했다.

 정부의 소극적인 태도와 "애국 교육 캠페인"으로 인한 중국 민족주의 사이의 간극은 명백했고 많은 중국인들, 특히 학생들은 이에 대해 분노했다. 주요 국영 매체들은 중국 정부가 이 섬에 대해 중국의 영유권을 강력히 주장해야 한다는 내용의 3만 7천통의 편지와 15만 명 이상의 사람이 서명한 청원서를 받았다. 중국 사회과학원(Chinese Academy of Social Sciences)의 기관장인 후성(Hu Sheng, 胡繩)은 반일감정을 억누르려는 정부의 시도는 1989년 천안문 사태와 같은 혼란을 일으킬 수도 있다고 경고했다.[86] 이후 외교부가 아닌 다른 정부부처에서 불만의 목소리가 들렸다. 홍콩 언론은 중국 군부가 특히 일본과의 대화를 지속하려는 첸치천에 대해 불만이 많다고 보도했다.

 정부의 소극적인 태도에 대한 실망은 1996년에 이례적으로 상업적인 성공을 거둔 민족주의 저서인 "중국은 No라고 할 수 있다(China Can Say No)"로 잘 나타난다. 미국의 헐리우드, CIA 등의 내용을 담은 이 저서는 세계적인 강국으로 발돋움하려는 중국의 잠재력을 칭찬하였지만 잠재력을 실현하기 위해 중국은 타 강대국에게 "아니오"라고 말하는 법을 배워야 한다며 경고했다. 책의 초판 인쇄 부수는 5만부였고 20일 이내에 매진되었다. 결과적으로 이 책은 2백만 부 이상 팔렸다.[87] "중국은 여전히 No라고 말할 수 있다(China Can Still Say No)"라는 제목으로 후속편이 등장하였고 저자는 책을 통해 정부의 대일정책을 날카롭게 비판하였다. 저자는 "중국은 일본에 대해 너무 따뜻하고 순응한 모습을 보였다"라고 서술하였다.[88] 결국 이 책은 출판 한 달 만에 판매가 금지되었다. 정부에 대한 실망감이 쌓이면서 인터넷에서 민족주의자들은 외교부를 매국부라고 표현하기 시작했다.[89]

국내에서 민족주의 압력이 거세지는 와중에 정부도 경제 성장 둔화, 실업률 상승, 지방에서 발생하는 지속적인 정치적 불안에 대해 우려하기 시작했다.[90] 그들은 또한 일련의 국제적인 도전에 직면했다. 미국은 일본과의 전후 안보협정을 1996년에 재확인했다. 이러한 미일의 행보에 대해서 베이징의 많은 관료들은 중국을 봉쇄하기 위한 미일의 행위로 인식하기 시작했다.[91] 1998년에 인도는 핵보유국의 대열에 합류했다. 인도 국방장관 조지 페르난데스(George Fernandes)가 중국은 인도의 "잠재적인 주된 적"이라고 말한 지 겨우 일주일 만에 일이었다.[92] 마지막으로 중국은 미국의 지속적인 인도주의적 개입을 지켜보며 불안감에 휩싸였다. 1998년 12월, 이라크에 대한 영미 합동 공습에 대해 중국은 프랑스와 러시아와 함께 반대했지만 영국과 미국은 인도주의적 개입이란 명분으로 강행하였다.[93]

1999년 국가 건립 50주년을 기념한 이 해에 중국 내 분위기는 더욱 악화되었다. 같은 해 4월 초, 중국의 개혁파 총리 주룽지(Zhu Rongji, 朱鎔基)는 온라인상에서 "반역자"로 비난을 받았다. 비난을 받은 이유는 중국이 세계무역기구(World Trade Organization) 가입 관련 미국과 회담을 여러 번 개최하였으나 중국의 WTO 가입이 막판에 실패로 돌아가며 중국이 빈손으로 돌아왔기 때문이다.[94] 몇 주 이후 10,000명 이상의 회원을 보유한 단체인 파룬궁(Falun Gong, 法轮功)이 중난하이 영내 주변에 모여 단체에 제재를 가하는 관료들에 대해 항의하였다.[95] 천안문 사태 이후 최대 규모의 시위인 파룬궁의 시위로 인해 지도부는 충격을 받았다. 이 사건은 지도부가 얼마나 취약한 상황에 직면하였는지 강조하는 사건이었다. 하지만 아직 최악의 상황은 벌어지지 않았다.

***

1999년 5월 8일 이른 시간에, 외교부장 탕자쉬안(Tang Jiaxuan, 唐家璇)은 전화벨이 계속 울려서 잠에서 깨어났다. 그는 그것이 나쁜 소식일 것이라 예상하였다.[96]

탕자쉬안의 비서는 그에게 소식을 전했다. 약 10분 전, 미국 군대가 발포

한 폭탄이 유고슬라비아 베오그라드에 있는 중국 대사관에 떨어졌다는 소식
이었다. 중국 외교부는 여전히 모든 사실관계를 확인하기 위해 애쓰고 있었
다. 그러나 두 가지는 확실한 상황이었다. 중국인 사상자가 발생했고 미중 관
계에 어두운 그림자가 나타나고 있었다.

기질적으로 조용하고 부드러운 성향의 탕자쉬안은 이성을 잃어버렸다.
탕자쉬안은 "내가 지금 듣고 있는 것을 믿을 수 없다"고 당시를 기억했다.
탕자쉬안은 "정말 엄청 열 받는구만. 중화인민공화국 대사관을 공격하다니!"
라고 발언했다고 한다.

마음을 가다듬고 탕자쉬안은 비서에게 이 사실에 대해 당 지도부에 알리
고 필요한 모든 수단을 동원해서 대사관에 연락하라고 명령했다. 그는 이어
침대에서 일어나 모든 부서장에게 외교부에 즉시 집합하라고 명령하였고 그
는 사무실로 향했다.

그가 본부에 도착했을 때 사건에 대한 세부 사항이 분명해지고 있었다.
대사관 직원으로 간주된 3명의 기자가 대사관 건물에서 사망하였고 약 20명
의 외교관, 기자, 그리고 가족 구성원들이 부상을 입은 상황이었다.[97] 대사관
은 중국식 경사진 지붕을 가진 5층짜리 건물이었는데 크게 파손되었다. 목격
자들은 미제 미사일 3발이 대사관 건물을 폭격하였다고 진술하였다.[98]

탕자쉬안의 다음 임무는 지금 일어난 일을 중국의 최고 지도부에 보고하
는 것이었다. 그는 장쩌민과 지도부에게 보고하기 위해 도시를 가로질러 중난
하이 영내로 돌아왔다.

탕자쉬안은 이 사건을 통해 당 지도부의 나토(NATO)에 대한 인식이 악화
될 것이라고 생각했다. 중국 지도자 입장에서 나토의 유고슬라비아 공격은 탈
냉전 시기에 접어든 미국이 승리에 심취하여 오만해졌기 때문에 벌인 행위였
다. 그동안 이 지도자들은 세르비아 사람들을 동정해왔다. 그들 눈에는 세르비
아인들이 합법적인 방법으로 일종의 분리주의를 억압하려는 노력을 한 것이다.
그리고 지금 이 상황은 신장 및 티베트에서 중국이 직면한 상황과 유사하여 중
국은 세르비아인에게 동정심을 느끼고 있었다. 그들은 심지어 세르비아 당국과
물밑에서 협력하였다. 세르비아 당국은 협력에 대한 대가로 중국이 1999년
3월에 격추당한 미국의 F-117 스텔스 전투기를 조사하도록 허락했다.[99]

탕자쉬안은 지도부에 보고한 이후 "엄청난 슬픔과 분개"라며 당시 상황을 묘사했다. 지도부는 "우리는 엄숙한 모습을 표출할 것이다. 우리는 우리의 주권과 존엄을 단호히 수호할 것이며 동시에 개혁개방과 장기적인 우리 민족의 문제에 대해서 고려할 것"이라고 말했다. 다시 말해, 그들은 미중관계를 완전히 악화시키지 않고 미국에 가할 수 있는 가장 큰 외교적 조치를 수행할 예정이었다.

중국 지도부는 5월 8일, 클린턴 대통령의 공개 사과가 진지하지 못하며 충분하지 않다고 매우 실망한 상황이었다. 한편 중국 대중들은 그들의 분노를 거리에서 표출하였는데 중국 정부는 이들을 제재하지 않았다. 시위자들은 베이징에 있는 미국 대사관을 향해 돌 그리고 계란을 던졌다. 제임스 새서(James Sasser) 주중대사는 밖에서 바위를 던지고 "미국인을 죽여라"라고 외치는 학생들로 인해 대사관 안에 갇혀 있었다. 시위대는 건물을 포위하였다. 새서는 "이 모든 상황이 통제 불능이 될 수 있습니다. 우리는 경찰이 시위대를 계속 통제할 수 있다고 희망하고 있다"고 CBC 뉴스와의 전화 인터뷰에서 말했다. 그는 이어 "여기서 우리는 본질적으로 인질이다"라고 덧붙였다.[100]

대중들의 시위와 더불어 중국 관영매체의 집중공격이 시작되었다. 관영매체는 대사관 폭격 사건을 과거 서방의 중국 침략으로 비롯된 중국의 역사적인 굴욕과 빠르게 연결시켰다. 이러한 서사는 천안문 사태 이후 전개된 중국의 "애국주의 교육 캠페인"이 주창하던 내용과 동일하였다. 인민일보는 대사관 폭격을 "야만적인 범죄"라 비난하며 "지구의 제왕"이 되려는 미국의 열망에 대해 경고했다.[101] "지금은 1899년이 아니다"의 제목으로 실린 사설은 외국 군대가 베이징의 일부를 약탈했던 의화단 운동을 언급하며 미국을 강하게 비판하였다.[102]

시위가 격화되면서 시위대의 미국 대사관 침입 직전까지의 상황이 전개되었다. 미국 해병대원들은 기밀문서를 질서정연하게 파기하기 시작했고, 새서 대사와 그의 직원들은 대사관 내부의 보안 구역에 머물고 있었다. 위기감이 베이징에서 절정에 달하며 매들린 올브라이트(Madeleine Albright) 미국 국무장관이 다섯 명의 미국 관료들과 함께 워싱턴 D.C. 주재 중국 대사관을 방문하여 폭격에 대해 사과하고 베이징 내에서 벌어지는 사태의 심각성을 중국측에 설명하였다.

올브라이트 장관의 방문은 리자오싱 대사에게 정치적인 선물이었다. 열정적인 아마추어 시인이자 후에 중국 셰익스피어 학회의 명예 회장의 자리에 오르는 리자오싱은 올브라이트 앞에서 진정한 연극을 연출했다. 그는 큰 움직임으로 본인의 모습이 카메라 앞에 담기기 위해 강한 어조로 미국의 죄는 "상상 이상"이며 미국 정부는 반드시 사죄해야 한다고 말했다. 대사관을 방문한 미국 관료들은 대사관을 떠날 때 올브라이트에게 사과를 강력히 요구하는 중국 기자들과 맞닥뜨렸다.[103]

몇 달간의 협상 끝에 결국 긴장이 완화되었다. 미국은 폭격으로 인해 발생한 인명 및 재산 피해에 대해 보상하였다. 그리고 중국 대사관을 실수로 폭격한 CIA의 작전 담당자를 해고했다. 또한 미국은 폭격에 대한 공식 입장을 중국측에 제공하였다. 다만 여전히 대부분의 중국 지식인들은 미국의 폭격이 고의적이라 믿고 있다.[104] 이 사건을 통해 중국 지도자들은 미국에게 자국의 주장을 관철시켰다고 느꼈다고 한다. 탕자쉬안은 "이 사건을 통해 우리의 가장 큰 업적은 미국에게 본때를 보여준 것이다. 우리는 오늘날의 중국과 우리의 인민은 결코 괴롭힘을 당하지 않을 것이라고 미국에게 보여주었다"라고 이 사건에 대해 평가하였다.[105]

***

이후 미중관계는 심각한 불확실성의 시기였다. 베오그라드 대사관 폭격 사건은 1990년대에 이루어진 양국간 관계 개선이 얼마나 쉽게 무너질 수 있는지 보여주었다.

그럼에도 불구하고 긍정적인 신호들이 있었다. 1999년 11월, 중국과 미국은 중국의 WTO 가입 조건에 대해 합의하며 그동안 발목을 잡았던 양국간의 마찰과 불확실성의 근원을 제거할 수 있었다. 중국의 WTO 가입은 중국이 놀라운 경제성장을 지속, 심지어 가속화할 수 있는 기회의 의미였다. 또한 국제 사회에서 중국이 동등한 위치에서 인정받고 있다는 의미이기도 했다.

그러나 우려가 되는 분위기도 존재하였다. 2000년 11월, 조지 W. 부시 (George W. Bush)가 새로운 미국 대통령으로 선출되었다. 불과 몇 달 전에 그는 대선 기간 동안 중국을 "전략적 경쟁자"로 칭하였다. 중국은 새 대통령을 상대하기 위해 워싱턴 D.C.로 양제츠를 파견했다. 양제츠는 과거 1970년대에 조지 H. W. 부시 대통령의 통역을 담당하여 부시 가문과 깊은 유대 관계를 형성하고 있었다. 따라서 중국은 양제츠의 방미가 도움이 되길 희망했다.[106]

미중관계가 안정될지도 모른다는 초기의 희망은 부시 대통령 취임 후 불과 몇 달 만에 새로운 위기가 발생하여 순식간에 사라졌다. 2001년 4월 1일, 중국 전투기가 중국 해안 근처 영공에서 미국 EP-3 정찰기를 쫓아내려다 정찰기와 충돌해버린 사건이 발생하였다. 중국 조종사는 충돌 이후 사망하였고 미국 정찰기는 중국 하이난(Hainan, 海南) 섬에 비상 착륙하였다.

같은 해 4월 4일, 중남미를 방문하기 전 장쩌민은 정찰기 조종사를 석방하기 전에 미국으로부터 사과를 받아내라고 외교부에 지시했다.[107] 장쩌민은 외교부에게 "미국은 사죄하고, 우리는 조종사를 석방한다"라는 간단한 지시를 내렸다.[108]

당시 외교부장 탕자쉬안이 기억하기로 이 사건에 대해 분노한 사람은 일반 대중만이 아니었다. 중국 관료들과 군부도 단단히 화가 났다. 중국과 미국 간 이어진 협상의 주요 안건은 미국 조종사의 귀환 및 중국이 수용할 수 있는 수준의 사과 내용이었다.

중국 외교부에는 영어전문가가 투입됐다. 그들은 옥스퍼드 영어 사전과 웹스터 백과사전을 사용하여 "사과(apologize)", "미안(sorry)", "후회(regret)"란 단어가 내포하는 의미의 강도를 비교하였다. 마침내 양국은 미국이 "매우 미안(very sorry)"이란 단어를 사용한 사과문에 대해 합의하였다. 이후 탕자쉬안은 사과를 받기 위해 짙은 색 양복을 입었다.[109]

중국이 사과의 의미를 까다롭게 판단하는 것이 사소한 것처럼 보일 수 있지만 사실 이는 역사적 배경과 관련이 있다. 청나라 말기에 청나라 외교관들은 종종 서방세력의 강압 아래 서방세력의 이익을 침해했다는 이유로 전 세계를 돌아다니며 사죄해야 했었다.

1970년대 초 뉴욕에 파견된 중국 외교관들은 과거 청나라 시절 미국에 파견되어 사죄를 해야 했던 외교관 묘지 앞에서 슬픔을 숨길 수 없었다.

뉴욕에 파견된 외교관 중 한 명은 "약소국은 괴롭힘을 당한다. 약소국에게는 진정한 외교가 존재하지 않는다"라고 본인의 마음을 나중에 글로 표현하였다. 그들은 탕자쉬안과 그의 후계자들처럼 중국의 치욕적인 유산을 없애고 싶었다.[110]

중국의 상처에 모욕감을 얹어 같은 해 4월 24일, 부시 행정부는 대만에 대한 120억 달러의 무기 판매를 발표했다.[111] ABC 방송사의 TV 프로그램인 '굿모닝 아메리카(Good Morning America)'에서 부시는 이전 대통령과 달리 미국은 대만을 방어하기 위해 "무엇이든지" 할 것이라고 발언하였다.[112] 이후 중국 외교부 대변인 장치예(Zhang Qiyue, 章启月)는 미국이 "위험한 길"을 걷고 있으며, "중국 정부와 인민들은 강렬하게 분개했다"라고 덧붙였다.[113] 천안문 사태로 최악의 상황에 직면한 중국은 국내 경제 개혁과 유화 외교를 통해 반등할 수 있었다. 하지만 여전히 중국은 베이징의 부상이 미국에게 위협이 아니라는 것을 충분히 미국 지도층을 대상으로 설득하지 못한 상황이었다. 앞날은 여전히 암초가 많아 보였다.

***

2001년 7월, 중국이 국제사회에서 인정받기 위해 엎치락뒤치락 노력한 결과 국제 올림픽 위원회(IOC)는 2008년 하계 올림픽을 베이징에서 개최하기로 결정하였다. 중국은 이 순간을 오랜 기간 동안 기다렸다. 수십 년 전 저우언라이는 후배 외교관들에게 약속하며, "언젠가 우리는 세계적인 스포츠 대회를 개최할 것이다"라고 말한 적이 있다.[114] 미국과의 관계에서 "탁구 외교"로 성공을 거둔 후 중국은 외교무대에서 적극적으로 스포츠를 활용하였다. 1972년 한해에만 무려 79개국과 230번의 스포츠 교류를 가졌다.[115]

스포츠계에서 인정받으려는 중국의 노력은 많은 실패를 겪었다. 1993년, 중국이 2000년 하계 올림픽을 개최하기 위해 시도하였는데 서방 국가들이 인권 문제에 대한 우려를 제기하면서 중국의 개최가 아슬아슬하게 거부되었다. 여전히 중국이 국제사회에서 따돌림을 받는다는 신호였다. 한 외교관은 패배의 순간을 중국이 "얼음물에 던져진 것"이라고 묘사하였다.[116] 많은 중국 인민들은 국제사회가 중국과 인민들을 무시한다고 느꼈다.

중국이 2008년 올림픽 유치를 추진했을 때, 중국은 다시 한 번 총력전을 펼쳤다. 이번에는 실패를 받아들일 여유가 없었다. 중국은 약 22억 달러 규모의 투자를 약속하며 인프라 업그레이드 및 환경 보호 개선을 위한 조치를 약속했다. 전 세계의 중국 대사관 역시 올림픽 개최를 위한 로비활동에 동원되었다.[117] 2001년 7월 13일, 중국의 올림픽 개최가 확정되었을 때, 실패한 경험이 있어서 그런지 중국에게 이번 승리는 특별했다. 중국 수도의 분위기는 열광적이었다. 사람들은 거리에 나와 국기를 흔들었고 폭죽을 터트렸으며 거리의 차들은 경적을 울렸다. 올림픽 개최를 위해 프랑스와 경쟁했던 주 프랑스 중국 대사는 "이 승리는 쉽게 오지 않았다"라며 중국의 노력을 기억했다. 그는 이어 "중국의 국제적 지위가 향상되었다!"라고 기뻐했다.[118]

올림픽 개최는 중국 외교관들과 대중들에게 중국이 약하고 낙인찍힌 국가라는 지위에서 벗어나고 있다는 의미였다. 과거 서양은 중국인을 "아시아의 병자"라고 묘사했고 동물과 비슷한 지위로 치부하기도 했다. 올림픽 개최를 위해 힘쓴 한 중국 외교관은 언론사와 인터뷰를 통해 개최 성공은 중국인들의 승리라고 말했다.[119]

이 순간은 굉장히 달콤했다. 중국 관료들은 올림픽을 개최하며 국가가 인권을 개선하는 데 도움이 될 것이라고 주장했다. 또한 올림픽 개최를 통해 우리 중국은 "문화, 보건, 교육, 스포츠 그리고 가장 중요한 분야인 인권 증진을 이룰 것이다"라고 2008년 하계 올림픽 베이징 조직위원회 집행위원장 위안웨이민(Yuan Weimin, 袁偉民)은 주장했다.[120] 그러나 많은 외국 비평가들은 이 약속의 진실성을 의심했다. 미국 하원의원인 톰 란토스(Tom Lantos)는 "IOC의 결정에 화가 납니다. IOC는 중국의 올림픽 개최를 승인하면서 중국의 인권 유린 행위에 대한 면죄부를 주었습니다"라며 IOC의 결정을 비판했다. 프랑수아 롱클(Francois Loncole) 프랑스 외교위원장은 더 상기되어 있었다. "어떻게 철인 3종 경기와 비치발리볼 경기가 천안문 광장에서 치러지는 것을 상상할 수 있는가? 그 곳은 1989년 봄 중국군이 민주화 운동을 무력으로 진압하며 피로 물들여진 곳이다"라고 그가 말했다.[121]

수십 년간 이어진 중국의 매력 공세에도 불구하고 세계의 많은 사람들은 여전히 중국을 왕따 국가로 여겼다. 하지만 중국의 지속적인 경제성장과 군사력 증강을 감안할 때 이 시각을 유지하기 어려워 보였다. 더 안 좋은 소식은 부시 행정부가 계속해서 중국을 "경쟁자"로 취급하고 있으며 어쩌면 위협적인 존재로 인식한다는 것이다. 하지만 어느 맑은 9월의 아침은 이 모든 것을 바꾸었다.

제10장
노출된 야심

2001년 9월 11일 오전, 주 뉴욕 총영사 장홍시(Zhang Hongxi)는 아들의 생일을 축하한 후 뉴욕 맨해튼에 있는 본인 사무실에 평소에 비해 늦게 도착했다. 그는 사무실에 도착하자마자 밖에서 들리는 날카로운 사이렌 소리에 창문 밖으로 시선을 돌렸다. 거리에는 앰뷸런스, 소방차, 경찰차의 행렬이 끝없이 이어졌다.

이 차량들의 목적지는 연기가 나고 있는 세계무역센터(World Trade Center) 북쪽 타워처럼 보였다. 무슨 일이 일어났는지 정확히 모르지만 큰 사건임을 짐작한 그는 정무영사에게 지금 일어나는 일을 동영상으로 기록하라고 지시했다.

영사관 직원들이 앞 다투어 그의 지시를 따르고 있을 때, 장홍시는 계속해서 세계무역센터 건물을 바라보고 있었다. 그때 한 비행기가 하늘에 나타났다. 비행기가 어디서 나타났는지 파악하기 전에 그 비행기는 세계무역센터 남쪽 타워와 충돌하며 큰 화염을 일으켰다.

장홍시는 영사관 간부들을 불러 긴급회의를 소집하고 직원들에게 언론 보도를 살펴보라고 지시했다. 첫 번째 타워가 무너졌을 때 직원들은 그 장면을 영상에 담기 위해 영사관 밖으로 나갔다.[1]

같은 시각, 베이징에서 장쩌민 주석의 시선은 TV에 고정돼 있었다. 그는 홍콩의 봉황TV(Phoenix Television) 뉴스 채널을 통해 이 모든 상황을 생방송으로 지켜 보았다. 대륙 내 언론사는 엄격한 검열을 받고 있기 때문에 아직 이 사건에 대해 보도하지 않고 있었다.

장쩌민은 꽤 오랜 시간 동안 TV를 시청한 후 이 사태에 대한 중국의 대응을 논의하기 위해 중앙정치국 상무위원회 회의를 소집했다. 그들은 뉴욕에서의 사태를 미국에 대한 테러로 판단하며 테러리스트들의 행위를 강력하게 규탄하기로 결정하였다. 회의 이후 베이징에서 이제 자정이 넘은 시간이었지만 9/11 테러 발생 후 불과 몇 시간 만에 장쩌민은 조지 W. 부시 대통령에게 전화를 걸었다. 그는 다음 날에도 부시 대통령에게 전화를 걸어 통화를 이어갔다.[2]

중국 지도부 및 고위급 외교관들은 9/11 테러로 인한 혼돈 속에서 중국에게 기회가 있음을 감지했다. 탕자쉬안 외교부장이 신임 주미 중국대사인 양제츠를 만났을 때, 둘은 이 테러를 통해 "미중관계를 개선하고 발전시킬 중요한 기회"라고 서로를 공감했다.[3] 그들 생각에는 9/11 테러 이후 미국은 관심을 중동으로 돌리고 심지어 테러와의 전쟁을 수행하기 위해 중국과의 협력도 고려할 것 같았다.

중국의 지도자들이 9/11 테러가 양자 관계의 전환점이 될 것이라고 생각한 것은 옳았다. 제임스 켈리(James Kelly) 전 국무부 차관보는 나중에 한 인터뷰에서 "테러 이후 부시 대통령에게 깊은 위로의 메시지를 전달한 첫 번째 국가가 중국이었다"라고 말했다. 그는 이어 "중국은 즉시 미국의 테러와의 전쟁을 지지했다. 이러한 중국의 행보로 인해 중국에 대응하기 위해 신냉전 시대를 준비하던 미국 내 사람들은 대중정책을 총체적으로 변경해야 했다"라고 당시 상황을 설명하였다.[4]

9/11 테러 이후 미중관계에 기회가 창출된다는 의미가 미국 내 상황이 나아지고 있다는 의미는 아니었다. 미국 대부분의 국민들과 마찬가지로 미국에서 체류하고 있는 중국 외교관들은 몇 주 동안 매우 초조해했다. 세계무역센터 타워가 무너지고 얼마 후 미국 전역 내 탄저균 테러가 시작되었을 때, 미국에 주재하는 중국 외교관들은 우편을 열 때 장갑을 사용하기도 했다. 중국 외교부는 응급상황에 대비하여 의료용품을 미국에 있는 공관에 추가로 공급하였다.[5]

미국이 중동 지역에 집중함으로써 중동 내 중국의 영향력이 어떻게 변화할지 불투명한 상황이었다. 중국은 국익을 확대하기 위해 가장 가까운 외교 파트너인 파키스탄에 외교부에서 떠오르는 스타 외교관 왕이를 파견했다. 바로 9/11 테러 이후 몇 주 후의 일이다. 중국의 최연소 외교부 부부장인 왕이는 파키스탄의 수도에 도착하며 파키스탄 지도자들에게 미국과 협력할 것을 촉구하였고 미국─파키스탄 협력 증진이 중국의 이익을 해치지 않을 것이라 장담하였다.[6]

당시 중국은 세계 유일의 초강대국인 미국과의 관계를 재설정할 기회를 잡았다. 중국은 테러리스트의 활동과 자금 조달에 대한 정보를 미국과 공유했다. 심지어 중국은 미국이 아프가니스탄 침공을 준비할 때, 지뢰제거를 위한 군사적 지원을 미국측에 제안하기도 했다.[7] 중국은 또한 미국 연방수사국(FBI)

의 베이징 사무소 개설을 허락하였고 해당 사무소는 명시적으로 미중 간 대테러 협력의 목적을 갖고 있었다.[8]

2001년 10월, APEC 정상회의 기간 중 부시 대통령과 장쩌민은 회담을 통해 미중관계가 그동안 얼마나 발전했는지 확인할 수 있었다. "당신은 위대한 국가의 대통령입니다"라고 부시는 장쩌민에게 말했다. 부시는 이어 "서로를 알아가는 것은 중요한 일입니다"라고 발언하였다. 그들의 대화가 끝날 때쯤, 장 주석은 부시 대통령에게 "당신의 결의를 우리는 잘 알고 있고 우리는 당신의 결단에 동의합니다"라고 화답했다.[9] 한 달 후, 중국은 WTO에 가입했다. 중국의 WTO 가입은 몇십 년간 이어진 미중 간의 무역 긴장 완화를 의미했다. 2002년 부시 행정부는 국가 안보 전략서(National Security Strategy)를 통해 "강하고, 평화롭고, 번영하는 중국의 부상"을 환영했다.[10]

중국의 지도자들은 타이밍의 중요성을 재빨리 알아차렸다. 그들은 "전략적 기회의 시대"에 대해 이야기하기 시작했다. 미국이 중동에 집중하는 동안 중국은 자유롭게 경제를 성장시키고 세계 시장에 대한 접근성 강화를 도모하여 여러 이익을 얻을 수 있었기 때문이다. 당시 분위기가 좋았기 때문에 미중 간 거대한 충돌은 아주 먼일처럼 보였다.[11] 2002년 말, 장쩌민은 "21세기의 첫 20년은 중국에게 중요하고 전략적인 기회의 시기이다"라며 이 시기의 중요성에 대해 강조하였다.[12]

9/11 테러 이후 중국은 모든 방면의 일이 술술 풀리는 것처럼 보였다. 미국은 글로벌 테러와의 전쟁과 중동 지역에 집중하고 있었고 미국과 중국은 반테러리즘 문제와 관련하여 긴밀히 협력하고 있었다. 천안문 사태, 그리고 특히 1995−96년 대만해협 위기 이후 이웃 국가들을 설득하기 위한 중국의 이전 노력들 또한 성과를 내고 있었다. 이어 2008년 하계 올림픽을 중국이 개최하면서 국가 건립 이후 처음으로 공산주의 정권에 대한 국제적인 승인이 이뤄졌다. 그동안 누적된 중국의 노력이 결실을 맺는 순간이었다. 전 외교부장 탕자쉬안은 중국이 2000년대에 이룬 진전에 대해 나중에 회고하며, 중국의 "포괄적인 국력"과 지위가 급격히 증가하였다고 언급하였다. 그는 "민간 복장을 한 인민해방군의 노력"이 중국을 여기까지 발전시키는 데 큰 도움이 되었다고 말했다.[13]

하지만 급변하는 중국의 모습도 한계가 있었다. 여전히 미국은 중국에 대한 경계심을 놓지 않으며 공산주의 독재 정권 국가이며 잠재적인 경쟁자란 인식을 유지했다. 중국은 미국의 민주주의 확산 및 미국이 주도하는 동맹 네트워크의 포위를 두려워했다. 게다가 중국은 중국 내 무슬림 소수민족의 테러 위협을 인지하고 있었으나 사실 대테러 문제에 대해 부시 행정부만큼 열성적이지 않았다. 그럼에도 불구하고 두 강대국은 굉장히 많은 분야에서 협력할 수 있었다. 바로 북한의 핵 문제가 미국과 중국이 다룰 첫 번째 이슈였다.

***

2002년 10월, 미국은 북한 관료들에게 그들이 핵무기 제조에 필요한 고농축 우라늄을 개발하기 위한 비밀 프로그램에 참여했다는 반박할 수 없는 증거가 있다고 말했다.

1990년대에 장쩌민은 중국이 북한의 핵 야심을 잘 억제하고 있다고 확신하며 북한을 압박하려는 미국의 요구를 거절하는 데 많은 시간을 보냈다. 하지만 2002년에 공산당의 수장으로 취임한 후진타오(Hu Jintao, 胡錦濤)는 이 애매모호한 동맹국인 북한에 대해 전임자와 다르게 생각하기 시작했다. 후진타오는 조용하고 따분한 성격인 사람이었고 그의 열정적인 전임자와는 극명한 대조를 이뤘다. 하지만 그는 전임자보다 더 어렸고 개방적인 생각을 갖고 있었다. 후진타오는 중국 "4세대" 지도자이며 북한과의 관계에 대해 과거 세대에 비해 훨씬 덜 감정적인 마음을 갖고 있었고 북한의 핵 문제는 다자외교로 해결될 수 있다고 믿었다.[14]

장쩌민이 물러나며 정권을 잡은 후 후진타오는 중국의 대북정책에 대한 재검토를 시작하며 당 전역에 걸쳐 북한에 대한 의견을 문의했다. 결국 그는 9/11 테러 직후 파키스탄에 파견된 젊은 외교부 부부장 왕이의 제안을 받아들였다. 왕이는 중국의 대북정책에 대해서 북한과의 이념적인 관계보다는 중국의 국익을 우선시하고 북한이 핵무기를 개발하지 못하도록 막는 제안을 하였다.[15]

2003년 초, 부시 대통령이 "악의 축"이란 표현을 통해 이란, 이라크, 그리고 북한을 언급한 지 1년이 조금 넘은 그때, 후 주석은 무언가 조치가 필요하다고 생각했다. 약 1만 명의 미군은 이라크 국경을 넘고 있었고 미국은 이라크의 정권 교체를 준비하고 있었다. 따라서 중국은 한국 전쟁 초기처럼 미국이 중국 국경에 접근하는 위험성을 줄이기 위해서 북한 문제에 대해 중국이 더 많이 관여할 필요가 있다고 믿었다. 그 임무는 천안문 사태 이후 외교부의 해결사의 역할을 수행하고 있는 첸치천에게 부여되었다.

2003년 3월 8일, 첸치천의 비행기는 북한의 삼지연 공항에 착륙하면서 심하게 흔들렸다. 당시 75세인 첸치천과 소규모의 중국 대표단은 백두산 기슭에 있는 김정일의 비밀 관저로 향하고 있었다. 백두산은 중국-북한 국경에 위치한 활화산이며 한국인의 정신적 고향이자 북한 정권이 김정일이 태어났다고 주장하는 장소다.[16]

방북을 통해 중국 대표단의 한 사람은 비행기에서 내린 후 하늘을 올려다보며 "북한은 왜 이렇게 하늘이 푸를까?"라고 혼자 말하였다. 그는 이어 "내가 어렸을 때 중국의 하늘이 이 정도로 파랬다"라고 말했다. 이 외교관의 생각은 지난 25년 동안 중국에서 벌어진 급격한 산업화가 끼친 막대한 환경 피해를 상징한다. 이는 또한 공산당이 통치하는 두 나라 사이 벌어진 상당한 경제적 격차를 의미하기도 했다.

과거 1992년 7월, 첸치천의 마지막 북한 방문은 긴장된 분위기가 팽배한 가운데 이루어졌다. 그는 중국과 한국의 수교를 앞두고 건국의 아버지인 김일성의 지지를 확보하기 위해 파견되었다. 원래 중국 대표단이 방문하면 북한은 화려한 환영 만찬을 준비해준다. 그러나 이번에 첸치천은 평양 순안 공항에서 가장 구석에 위치한 대기실로 안내되었다. 첸치천은 김일성과의 만남을 회상하면서 역대 가장 짧았던 북한과 중국의 회담이었다고 당시 상황을 표현하였다.[17]

다시 돌아와 십여 년이 지난 이 완벽한 봄날, 첸치천의 임무는 역시 매우 중요했다. 회담이 시작되자 김정일이 가슴 속에 메여있는 얘기들을 먼저 털어놓도록 첸치천은 기다렸다. 김정일은 미국의 침략 행위에 대해 비난했고 핵 문제는 오직 북한과 미국의 양자 문제라고 주장함으로써 동 문제 관련 중국의 개입에 대하여 의문을 제기하였다. 첸치천은 이러한 김정일의 이야기를 인내심을 갖고 경청했다.

그 후 첸치천은 김정일의 질문에 대해 솔직하게 답변하였다. 그는 김정일에게 미국, 북한, 중국 간 3자회담을 고려해보라고 제안했다. 그는 "중국이 실제 회담에 참석하든 안하든 중국의 존재는 중요하지 않다"고 말했다. 첸치천은 김 위원장이 미국과 직접적인 양자대화를 통해 북한이 정당성을 부여받기를 갈망한다는 것을 알고 그를 안심시키고자 했다. 따라서 첸치천은 "회담이 성사된다면 우리는 그냥 조용히 토론 내용을 듣겠습니다"라고 덧붙였다.

결국 김정일은 첸치천의 제안을 받아들였다. 첸치천이 제안한 3자회담은 후에 한국, 일본, 러시아가 가세하여 6자회담으로 발전하였다. 즉 첸치천은 그의 임무를 성공적으로 수행한 것이었다.

제1차 6자회담은 2003년 8월 27일, 베이징에서 개최되었다. 중국 대표단은 왕이가 주재했는데 왕이는 6자회담 이전인 그해 초, 첸치천을 동행하여 김정일을 만나기 위해 북한을 방문하였다. 회담 기간 동안 북한 대표단은 러시아 대표를 "더러운 거짓말쟁이"라고 칭했고 공동성명에 합의하기 위한 토론을 보이콧했다. 그리고 핵실험을 강행하겠다며 미국을 위협했다.

북한과 합의하는 것은 공산주의 국가인 중국에게도 힘든 일이었다. 이틀 후 왕이가 제1차 6자회담의 마지막 회의를 주재할 때, 북한 대표인 김영일 외무성 부상이 갑자기 끼어들면서 "이 회담은 무용지물이며, 우리는 더 이상 이 회의에 대해 관심이 없다. 우리는 더 이상 추후 회담에 참석하지 않을 것이다"라고 말했다. 김영일 부상의 발언 이후 왕이는 아무 일도 일어나지 않았다는 듯이 회의를 계속 진행시키며, "6자회담 참가국들은 회담의 과정을 지속하고 6개국의 외교적 채널을 통해 가능한 한 빨리 다음 회담의 장소와 시간을 정할 것이다"라고 발언하며 회의를 마무리했다.[18]

6자회담 개최를 통해 중국 지도자들과 외교관들은 중국이 오랫동안 갈망했던 국제사회의 인정을 받게 되었다. 외교부는 특별히 6자회담을 위해 회담 전용 연필, 폴더 그리고 부채를 제작했다.[19] 중국 국영 방송은 끊임없이 6자회담에 대해 보도하였다. 또한 중국 방송사는 국제사회에서 새롭게 부상하는 중국의 중요성을 언급한 뉴욕타임스의 보도를 요약하여 내보냈다. 이어 중국 방송사는 저우언라이의 모습이 담긴 영상을 계속 내보내며 오늘날의 중국 외교관들이 그의 철학과 정신을 계승하고 있다는 것을 강조했다. 저우언라이의 영상이 나갈 때 TV 스크린에는 "전 세계의 눈이 베이징에서 개최되고 있는 회

의를 향하고 있다"라는 자막이 쓰여 있었다.[20]

2003년과 2009년 사이에 열렸던 6자회담은 무너진 희망, 교착상태, 그리고 좌절의 모습이 전부 다 담긴 힘든 과정이었다. 비록 6자회담 참가국들이 궁극적으로 북한의 핵개발을 저지하는 데 실패했다고 해도, 참가국은 6자회담을 통해 중요한 돌파구를 마련했다. 2005년에 북한은 핵 프로그램을 포기하기로 약속하였고 2007년에 6자회담 당사국들은 2005년 합의를 이행하기 위한 로드맵에 합의했다.

어쩌면 더 중요한 것은 6자회담이 9/11 테러 이후 미중관계의 분위기를 긍정적으로 유지하는 데 도움이 되었다는 것이다. 미국의 6자회담 대표인 크리스토퍼 힐(Christopher Hill)은 "6자회담에서의 미중관계는 내가 알고 있는 과거 어떠한 경우보다 가까웠다"라고 ABC 뉴스에 말했다.[21]

그럼에도 불구하고 중국의 일부 사람들은 국제사회에서 베이징이 떠맡아야 할 많은 책임이 어디까지인지 확신하지 못했다. 반대로 미국에서의 일부는 그들이 정말로 중국이 국제사회에서 리더십을 발휘하는 것을 원하는지에 대해 갈팡질팡했다. 2006년 콘돌리자 라이스(Condoleezza Rice) 미국 국무장관은 리자오싱 중국 외교부장과의 회담에서 북한에 대한 "회피 정책"을 사용하는 "중국에 대하여 분노"한 자신을 발견했다. 라이스는 "나는 기회가 있을 때 리자오싱에게 중국은 강대국이지만 결코 강대국처럼 행동한 적이 없다고 말하고 싶어 이 멘트를 항상 마음속으로 되새겼다"고 과거에 대해 회상하였다. 그는 이어 "그때 내 머릿속에 있는 작은 목소리가 나에게 속삭였다, 그런 중국이 있어 다행이다…"[22]

***

중국에서 6자회담이 열렸지만 세계는 여전히 미국의 이라크 침공에 집중하고 있었다. 비록 미국이 다른 주권국가를 침략하기로 한 결정이 중국의 지도자들을 두렵게 했지만, 미국의 이라크 침공은 중국의 이미지 개선을 위한 기회를 제공했다.

세계적으로 부시 행정부가 인기가 없는 것을 고려했을 때 중국의 지도자들은 종종 단순히 회의에 참석하는 것만으로 외교적인 성과를 얻을 수 있었다. 이는 2003년에 부시와 후진타오가 단 하루 차이로 호주 의회에서 연설했을 때 명백하게 나타났다. 호주 의회에서 후 주석은 부시 대통령보다 훨씬 더 열렬한 환영을 받았다. 호주 주요 매체인 파이낸셜 리뷰(Financial Review)는 "부시 대통령을 앞지르며 후 주석은 승리하였다"는 제목으로 기사를 내보냈다.[23] 당시 후진타오 연설을 직접 들은 사람이라면 호주 의회의 따뜻한 환영이 중국 대통령의 수사적인 재능 때문이 아닌 미국이 인기가 없기 때문이라는 것을 알 수 있을 것이다.

중국의 지도자들이 더 자주 해외에 나가면서 중국에게 기회가 열리고 있었다. 중국 최고지도자(국가주석, 총리, 전국인민대표대회 상무위원장, 중국인민정치협상회의 주석)들은 1981년부터 1991년까지 총 122번의 해외 방문을 실시하였는데, 1992년부터 2006년까지 총 424번 해외를 방문했다.[24]

심지어 중국 외교관들은 중국 지도자들에게 이전에 그들이 불편해했거나 불쾌하다고 느꼈을 다자간 협의체에 참석해주길 권유하기 시작했다. 2003년에 후진타오는 외교부의 적극적인 권유 및 지도부 내 오랜 논쟁 끝에 프랑스 에비앙레뱅(Évian-les-Bains)에서 열린 G8 정상회의에 참석하기로 결정했다. 중국은 과거 1996년, 1999년 그리고 2000년에 G8 정상회의 참석을 초대받았으나 거절한 이력이 있다. 과거 중국은 부유한 나라만 모이는 클럽과 연관되지 않아야 한다는 생각을 갖고 있었으나 2003년에 마침내 G8 정상회의 참여를 결정하였다.[25]

여전히 중국 지도자들은 중국의 새로운 외교적 노력이 외부에 어떻게 보일지 우려하고 있었다. 그리고 중국에 대한 국제사회의 잠재적인 반발에 대해 극도로 민감해했다. 중국의 외부 평판에 대한 극심한 우려는 당 내 저명한 지식인인 정비젠(Zheng Bijian, 郑必坚)이 2003년 말 창시한 "화평굴기"라는 구호의 흥망성쇠로 요약될 수 있다. 2003년에 중국에서 "화평굴기"란 구호는 후진타오-원자바오(Wen Jiabao, 温家宝) 지도부에 의해 처음 채택되었으나 2004년에 그들은 덜 위협적인 의미인 "화평발전론"이라는 구호를 사용하기로 했다.[26]

중국 입장에서 자국의 소프트파워를 증진시키는 것은 상대적으로 덜 위협적인 전략처럼 보였다. 2002년에 중국은 관료들의 긴 토론 끝에 주요 서방 국가의 중심지 중 최초로 프랑스 파리에 문화원을 설립하였다.[27] 2004년에 외

교부는 공공외교 분야에서 선진국들에 비해 뒤떨어진다는 문제의식을 갖고 공공외교국을 설치하였다.[28]

중국의 소프트파워 중시 정책은 동남아시아 지역에서 가장 공격적이었고 성공적이었다. 2000년대 중반까지 중국은 캄보디아에 학교를 지어주거나 필리핀에 대규모 철도 공사를 위해 5억 달러를 지원하는 등 아시아 국가 중 가장 많은 규모의 원조를 제공하는 공여국의 자리를 일본과 경쟁하고 있었다. 동남아시아 지역 전역의 언론인과 정치인은 정부의 초청으로 중국에 시찰을 다녀왔으며 이후 각국 대중인식 조사 결과 중국에 대한 우호적인 인식이 증진되었음을 확인할 수 있었다.[29]

아마도 중국의 소프트파워 중시 정책하 최고의 성과는 2006년 11월, 베이징에서 제3차 중국-아프리카 정상회담을 개최한 것이다. 1990년대 후반부터 전개된 아프리카와 중국 간 교류 증진의 결과인 이 정상회담은 중국의 이미지를 개선하기 위한 의도를 품고 있었다. 정상회담을 앞두고 외교부의 정책기획국과 국무원 공보실은 중국 싱크탱크와의 회의를 소집하여 중국의 소프트파워 증진에 대해 논의하였다.[30]

행사를 준비하면서 중국은 세세한 부분도 사소하게 여기지 않았다. 정부는 국가 사이의 평등을 상징하기 위해 62미터의 둘레인 거대한 원탁을 만들었다. 후진타오는 동 회담 참가국의 규모와 상관없이 참석한 모든 국가의 국가원수와 정부원수들을 만나기로 약속했다.[31] 행사가 다가오자 베이징 시내는 아프리카 대초원에서 돌아다니는 코끼리와 기린을 보여주는 광고판으로 장식되었다. 회담 기간 중 일시적으로라도 베이징의 푸른 하늘을 보여주기 위해 시내 각종 건설 공사 및 교통이 통제되었다.[32]

중국이 추진한 이 정상회담에 40명의 국가 원수를 포함한 48개국의 아프리카 지도자들이 참석하였다. 회담을 통해 후진타오는 약 50억 달러 규모의 저리 대출 및 구매자 신용을 약속하였고 아프리카 대륙 내 100개의 새로운 학교들을 짓기로 약속했다. 또한 후진타오는 아프리카에서 약 16,000명의 전문가들을 훈련시키고 중국의 문화를 아프리카 대륙에 홍보할 계획을 천명하였다.[33]

세계를 매료시키기 위해 중국은 서방이 기피한 국가들을 포용하였다. 중국은 베네수엘라 차베스(Hugo Chávez) 대통령과 어울렸고 차베스 대통령은 중국−베네수엘라 관계를 미국 패권에 대항하는 "큰 벽"이라 표현하였다.[34] 2005년에 약 400여 명의 대학살이 일어난 우즈베키스탄을 미국이 맹비난할 때 중국은 우즈베크 정권을 "단호하게 지지"한다는 입장을 표명했다. 심지어 중국은 우즈베키스탄 지도자의 베이징 방문을 기념하여 국가 원수에 대한 경의를 표하는 의미로 21발의 예포를 발사했다.[35] 또 다른 사례로 서방 국가들이 수단 정부를 기피할 때 중국은 수단에 대한 지지를 강화했다.[36]

2008년 하계 올림픽을 앞두고 천안문 사태 이후 어느 때보다 중국 내부에 대한 국제사회의 관심이 컸다. 서방에서의 중국의 위상은 방금 언급한 국가들과의 관계로 인해 손상된 상태였다. 따라서 베이징은 소위 서양식 표현인 "불량 국가"에 대한 접근 방식을 재조정하기 시작했다. 중국은 2006년 10월, 북한의 핵실험을 강하게 비난했으며 이란에 대한 제재를 부과 및 강화하기로 승인했다. 또한 중국은 UN의 승인을 받아 다르푸르에 아프리카연합군을 배치하는 것을 지지하였으며 미얀마의 내부 탄압을 규탄했다.[37]

하지만 이러한 중국의 노력에도 불구하고 인권 운동가들이 베이징 올림픽을 "대학살 올림픽"이라고 칭하는 것을 막지 못했고 스티븐 스필버그(Stephen Spielberg)가 올림픽 개폐회식의 예술 고문직을 사임하는 것을 말리지 못했다.[38] 그러나 이 시기에 중국의 국제적 위상이 큰 진전을 이뤘다는 것을 그 누구도 부정할 수 없었다. 중국의 소프트파워 중시 정책은 점차 중국 외교정책의 중심이 되었다. 2007년 주요 연설에서 후진타오는 중국의 "부흥"을 자국이 소프트파워를 외부에 투사할 수 있는 능력으로 설명했다. 이를 통해 중국은 소프트파워와 관련된 외교를 매우 중시하였다는 것을 알 수 있다.[39]

***

중국의 부상과 경제적 확장은 중국 외교관들에게 새로운 도전을 제공하였다. 1999년에 중국 지도자들은 커지는 국력에 비례하여 빠른 성장을 지속하는데 필요한 주요 원자재에 대한 접근을 보장하고 중국 회사들이 더 큰 경쟁에 뛰어들기 위한 "해외진출" 전략을 지시하기 시작했다. 2002년에 이 정책은 제16차 공산당 대회를 통해 장쩌민의 승인을 받았다.[40] 2005년 말까지 중국의 해외 투자액은 총 572억 달러로 2000년의 76억 달러에서 급격히 증가했다.[41]

중국의 투자는 해외로 확대되었고 중국 국민들의 행보도 마찬가지였다.

중국의 투자 확대는 아쉽게도 문제를 동반한다는 것이 이후 드러났다. 2004년은 외교부가 경각심을 갖게 된 해이다. 단지 몇 달 사이에 중국의 국영 기업들이 운영되고 있는 수단, 아프가니스탄, 파키스탄에서 16명의 중국 국민이 테러로 인해 사망했다. 국민들의 사망은 중국 언론을 통해 널리 보도되었고 그 결과 외교부의 강경한 대처를 요구하는 여론의 압박이 늘었다.[42] 외교부가 직면하는 문제의 규모는 갈수록 커졌다. 예를 들어 2005년에 중국 국민의 해외여행 건수는 1995년의 450만 건에서 약 3천만 건으로 증가하였다.[43]

해외에서 국민들을 보호하는 임무는 중국 공산당에게 새로운 도전이었다. 1980년대에 대부분의 중국 대사관은 재외국민 보호에 거의 관심이 없었다. 케냐의 한 전직 외교관은 그 당시 케냐에는 오직 5명의 국민이 체류하고 있었다고 추정했다.[44] 하지만 이제 외교부 조직은 새롭게 도래한 도전에 대응하기 위해 변화해야 했다. 2004년에 외교부는 대외안보국을 통해 재외국민보호를 담당하는 부서를 설치하였다. 베이징에 본부를 두고 영사 업무를 담당하는 거점을 2005년에 설립했고 2007년에는 영사보호센터를 설립하였다.[45]

외교부 조직도 진화했지만 중국이 직면하는 도전의 규모와 대중의 기대는 시간이 지날수록 기하급수적으로 커졌다. 2011년 초, 아랍의 봄을 통해 중동 전역에서 정권이 몰락하면서 수천 명의 중국 사업가들, 특히 내전이 일어난 리비아에 살고 있는 중국인들은 고립되고 두려움을 느꼈다. 결국 리비아에 체류하고 있는 그들은 중국 정부에 도움을 청했다.

마이크로 블로그 서비스를 제공하는 인터넷 웹사이트인 시나 웨이보(Sina Weibo)를 통해 해외 주재 중국 노동자들은 도움을 요청하는 글들을 인터넷에 게시하였다. 그들의 불안이 담긴 글들을 보고 다른 유저들은 항의의 표시로 외교부에 전화를 걸어주었다. 한 시나 웨이보 유저는 "방금 외교부 홈페이지에 기재된 86-10-6596114 번호로 전화했어요. 어떤 여성이 전화를 받았는데 마치 방금 잠에서 깨어난 것처럼 대답했습니다"라고 글을 남겼다. 이어 글은 "'리비아'라는 단어가 내 입에서 떠나자마자 그녀는 '상관들이 모두 퇴근했으니 내일 처리할게요'라고 대답했다"며 서술되었다.[46]

외교부는 이와 같은 새로운 도전에 의해 갈피를 잡지 못하고 있었고 다른 국가에 자문을 구하였다. 1950년대라면 중국 외교부는 사회주의 형제들에게 조언을 구했겠지만 2011년에 그들은 베이징에 있는 영국 대사관에 자문을 구했다. 외교부는 리비아에 있는 중국 민간인을 대피하기 위한 가장 이상적인 방법을 찾기 위해 영국측에 자문을 구했다.[47]

결국 리비아에서 중국인들의 대피는 매우 성공적이었다. 2011년 2월 말부터 3월 초까지 약 12일 동안, 35,000명 이상의 중국 국민들이 비행기, 배, 버스, 트럭을 타고 리비아를 떠났다. 이는 중국 역사상 최대 규모의 대피이자 중국 군용 비행기를 사용한 첫 번째 피난이었다.[48] 2011년 동안, 중국은 47,000명의 재외국민을 안전히 대피시켰다. 이 수치는 1949년 국가 건립 이후 중국이 대피시킨 인원 수보다 많은 숫자이다.[49]

이전에 언급한 6자회담을 통한 중국의 성과와 마찬가지로 중국의 재외국민 보호 역할 강화는 중국이 강대국의 지위에 오르기 위한 새로운 단계에 진입했음을 예고했다. 아시아 그리고 중동 내 미국 기독교 선교사들이 제1차 세계 대전 발발 전에 미국을 점진적으로 세계적인 나라로 뻗어나갈 수 있도록 헌신하였듯이 중국인 학생들, 관광객들, 그리고 해외 주재 사업가들이 중국을 위해 과거 미국 선교사와 비슷한 일을 하고 있었다.[50]

후진타오의 시대가 저물어 가는 2012년에 후 주석은 제18차 당 대회를 통해 재외국민 보호를 주요 외교 성과로 보고하였다. 이는 재외국민 보호가 당시 지도부에게 매우 중요하게 인식되었다는 증거이다.[51]

***

중국의 국제적인 역할 확대는 역설적으로 외교부를 약화시켰다. 중국의 사업가와 관광객들이 전 세계에 퍼져나가면서 외교부는 상무부, 공안부, 그리고 영향력 있는 국영기업 등과 같은 다른 부처와 협력해야 했고 때로는 경쟁해야 했다. 방금 언급한 부처 및 조직들은 종종 외무부보다 더 많은 예산을 갖고 있거나 최소한 그 기관들의 베이징 내 정치적 영향력은 외교부와 동등했다.[52] 금융, 의료, 이민, 그리고 환경 등 광범위하고 복잡한 글로벌 이슈에 대응하는 경우에도 마찬가지였다.[53] 이렇게 새로 등장하는 비 외교부 행위자들은 중앙정부에 고유의 라인이 있었고 종종 재외공관에 직원들을 외교부를 거치지 않고 직접 파견하였다.

외교부를 약화시킨 것은 새로운 행위자들의 등장뿐만이 아니었다. 외교부에 일하고 싶어 하는 사람들도 바뀌었다. 혁명 원로들은 이미 은퇴하였고 지도부와 강한 유대감을 가진 군부들도 사라진 상태였다. 그들의 빈자리는 외교의 복잡성을 이해하고 외국어에 능통한 전문가들로 대체되었다. 하지만 새로 채용된 외교관들은 기존 군부 출신 외교관들이 누리던 특권을 향유할 수 없었고 최고위급 당 지도자들과의 개인적인 네트워크 역시 부재했다.[54]

점점 더 국내외 관료들은 중국 외교부를 영향력이 떨어지는 행위자로 인식하였다. 클린턴 행정부 당시 관료인 수전 셔크(Susan Shirk)는 "내가 중국 외교관들에게 정치적 범죄로 개인을 체포하는 행위에 대해 항의하면서 그러한 체포가 미중관계를 얼마나 악화시키는지에 대해 상기시킬 때마다 그들은 두 손을 들었다"라고 회상했다. 셔크가 기억하기로 중국측은 "외교부는 아무것도 할 수 없다. 국가안전부와 공안부가 훨씬 더 영향력 있는 부처. 그들은 우리에게 사건에 대한 정보도 주지 않을 것이다"라며 답변했다.[55] 심지어 국영기업들도 때에 따라 외교부를 앞지를 수 있었다. 러위청(Le Yucheng, 樂玉成) 당시 외교부 정책기획과장은 "우리는 기업들이 때에 따라 당국의 정책과 이익에 부합하지 않는 일을 하는 것을 발견한다"고 2010년에 중국 전문가 데이비드 샴보우(David Shambaugh)에게 말했다. 러위청은 이어 "우리는 그들에게 멈추라고 말하지만, 그들은 듣지 않는다"라고 덧붙였다.[56]

수많은 각기 다른 행위자들 간의 조정은 특히 중국과 같이 명령이 하달되고 정보가 엄중히 다뤄지는 정치 체제에서는 어려웠다. 중국에서는 옛 소련에서처럼 엄격한 보안 지침에 따라 부처끼리 서로 정보를 공유하는 행위를 제한하는 대신 최고 지도부를 통해 부처가 소통할 것을 요구받는다.[57] 정보를 서로 공유하지 못하게 하는 이유는 정부 내 누구도 너무 많은 것을 알지 못하게 하기 위함이다. 이 시스템은 종종 "스토브파이핑(stovepiping)"이라고 불리는데 일종의 난로를 위한 굴뚝의 역할을 형상화한다. 이 시스템에서 정보는 부처 간 수평적으로 움직이지 않고 위에서 아래, 즉 하향식 방향으로 흐른다. 때에 따라 차관급 공무원만이 다른 부서와 정보를 공유할 수 있다. 다시 말해, 차관급까지 어떠한 사안이 보고되지 않으면 부처 협업이 어렵다는 의미와 같다.[58]

전 CIA 애널리스트인 로버트 수팅거(Robert Suetinger)는 "스토브파이핑이 이뤄지는 이유는 부처 간 관료들 사이의 신뢰 부족"이라고 평가했다.[59]

　　외교부의 약점과 중국 정부 내 비밀 유지 문화는 2007년 1월, 한 사건에 의해 외부로 공개되었다. 중국 군대가 탄도 미사일로 자국의 기상 위성을 파괴한 사건이었다. 이 사건에 대해 외국 정부들이 중국 외교관들에게 해명을 요청했지만 외교부는 이 사건에 대해 인지하지 못하고 있다고 그들은 답변하였다. 사건 발생 10일 후, 리자오싱 외교부장은 "사실관계가 확인된 정보를 전혀 받지 못했다"고 말했다. 심지어 기상 위성이 파괴된 이 사건 자체가 유효하다는 것을 인정하는 성명을 발표하는 데까지 외교부는 2주일이 걸렸다.[60] 만약 외교부 대변인들이 어떤 사안에 대한 정보를 갖고 있지 않다고 말할 때 그들은 보통 진실을 말하고 있을 것이다.

***

　　중국 외교관들은 타 부처 관료들에 의해 점점 더 영향력이 줄었지만 그들은 중국 대중들의 증대된 기대로 인해 많은 압력을 받고 있었다. 1990년대에 애국 교육 캠페인의 영향을 받은 신세대 젊은 중국인들은 점점 더 국력이 증대하는 그들의 나라를 대표하는 지도자들이 자국의 이익을 수호하기 위해 더 강력히 대응해야 한다고 생각했다. 이러한 대중의 기대는 천안문 사태 이후 꾸준히 실시해온 이웃 국가들을 안심시키기 위한 중국 정부의 신중한 대외 정책과 부딪혔다.

　　2000년대 중반, 중국 내 일부 민족주의 국민들은 정부에 대한 그들의 불만을 표현하기 위한 새로운 방법을 찾았다. 그들은 칼슘 알약을 우편에 넣어 외교부에 보내기 시작했다. 알약은 외교부의 허약한 뼈를 튼튼하게 해야 한다는 의미였다. 중국에서 인터넷 사용이 활성화되면서 국민들은 외교부에 대해 불평을 늘어놓기 위한 인터넷 포럼과 게시판에 실시간으로 의견을 표출할 수 있었다. 그리고 중국 외교관들은 인터넷 상에서 벌어지는 국민들의 비평을 읽곤 했다. 외교부 내 일본을 담당하는 아시아국 소속 외교관들은 그들을 향한 비난들을 하나씩 면밀히 보았다. 중국외교학원의 외교관 후보자들 또한 민족주의자들이 운영하는 온라인 포럼을 하루종일 둘러보았다.[61]

외교부장 리자오싱이 콘돌리자 라이스 미 국무장관에게 그의 좌절감을 토로한 사례가 있다. 리자오싱은 "당신은 많은 압박을 받고 있다고 말하지만 내가 직면하는 것만큼 큰 부담은 아닐 것이다"라고 2005년 베이징에서 열린 회의를 통해 라이스 국무장관에게 말했다. 그는 이어 "미국 인구는 3억 명이고, 우리는 13억 명입니다. 이제 모든 중국인들은 그들의 의견을 말할 수 있으며 그들은 우리의 외교부장이 미국에게 너무 공손하다고 불만을 제기해요. 난 당신보다 더 많은 압박을 받고 있어요"라고 말했다.[62] 리자오싱의 발언은 의심할 여지없이 그가 협상에서 사용하는 하나의 전략이겠지만 그가 직면한 압박은 진짜였다.

미중관계가 아닌 중일관계에서 외교부에 대한 비판이 등장하였다. 2003년에 중국 남부에 위치한 주하이(Zhuhai, 珠海)시에서 약 400명의 일본인 사업가가 9월 16일부터 18일까지 500명 이상의 매춘부를 고용한 사실이 뉴스를 통해 보도되었다. 그 뉴스를 접한 중국 국민들의 분노가 폭발했다. 위 명시한 기간은 1931년에 일본이 만주를 침략한 지 72년이 되는 날짜와 겹쳤다.[63] 외교부 대변인 장치웨(Zhang Qiyue, 章啓月)는 이번 사건이 중국의 "강한 분노와 격한 반응"을 불러일으켰다고 인정하면서 일본을 향해 "국민들을 위한 시민교육을 강화하라"고 촉구했다.[64]

중국 대중의 좌절감은 계속 쌓여갔다. 2004년 1월, 고이즈미 준이치로(Koizumi Junichiro) 일본 총리는 야스쿠니 신사를 네 번째로 방문하면서 다시 한 번 중국의 분노를 일으켰다. 야스쿠니 신사는 전쟁으로 희생된 일본인을 기리는 곳이며 이 신사에서 추모하는 14명은 제2차 세계대전 "A급" 전범들이다. 2005년 봄, 일본의 UN 상임이사국 진출에 반대하는 탄원서에 3천만 명 이상의 사람들이 서명하였다. 그해 4월, 일본에서 개정된 역사교과서에 대한 항의가 터져 나왔다. 일본은 개정된 교과서를 통해 본국의 과거 전쟁 범죄를 미화하였다. 중국 정부는 예정되어 있는 시위 장소에 학생들을 투입하고 시위대가 순서에 맞춰 돌아가면서 돌을 던질 수 있도록 그들의 행위를 용인하였다.[65]

불타오르는 중국 내 여론에 의해 중국 외교관들과 일본 외교관들과의 만남은 어려웠다. 2006년 2월, 다이빙궈 외교부 부부장은 일본과의 회담에서 일본을 향한 비난을 쏟아냈다. 일본은 다이빙궈의 행동을 "중국 외교부가 직면한 국내적 비판을 의식한 노력"으로 보았다.[66] 그는 이후 일본으로 향하는 그의 출장이 언론에 노출되지 않도록 선글라스를 쓰고 그의 직원들에게 그를 "부부장님"이 아닌 "회장님"이라 불러달라고 부탁했다.[67] 같은 해 리자오싱 외교부장은 아세안지역안보포럼에서 일본 외무대신을 공개적인 장소에서 만나는 것이 불가능하여 외무대신을 남자 화장실에서 만날 수밖에 없었다.[68]

***

중국 정부에 대해서 회의적인 대중들 앞에서 그들의 위상을 표출하는 하나의 방법은 한 때 중국을 괴롭혔던 열강들과 이제 동등한 위치에 있다는 것을 과시하는 것이었다. 2000년대에 중국은 다른 강대국들과 일련의 대화를 이어가며 국내 대중들에게 중국이 강대국의 위치에 도달했다는 것을 의도적으로 알리도록 노력했다. 중국은 미국, 일본과 이러한 일련의 대화를 추진하였는데 이를 "전략 대화"라고 칭하였다. 하지만 "전략 대화"라는 표현은 미국도, 일본도 처음에는 불편해했다.[69] 중국의 상대측 관계자들은 중국이 대화를 통한 실질적인 성과보다 대화를 통해 노출되는 화려함에 더 관심이 있다는 것을 알게 된다.

중국이 추진한 일련의 대화 중 가장 중요한 회의는 미국과의 대화였다. 2006년 미국 재무장관 행크 폴슨(Hank Paulson)은 미중 간 "전략 경제 대화"를 개최하는 데 도움을 주었다.[70] 폴슨의 초창기 아이디어는 미국과 중국이 "전략 경제 대화"를 통해 "장기적인 전략적 도전"과 관련된 의제를 중심으로 논의하는 것이었다. 그는 기존의 미중 간 대화가 너무 당연한 사안들에 대해서만 이루어졌다고 느끼고 있었다.[71] "전략 경제 대화"는 더 넓은 범위의 외교 정책 이슈를 포함시키기 위해 오바마 행정부 시절 "전략 및 경제 대화"로 명칭을 변경하였다. 중국 대표단은 엄격하게 '토킹 포인트'를 고수하며 회의에 임하였기 때문에 미국은 만족하지 못했다. 그러나 미중 양국은 대화를 통해 지적 재산 도용, 과잉 산업 역량, WTO 정보기술협정(Information Technology Agreement)과 같은 이슈에 대한 진전을 이뤄냈다.[72]

양국간 대화를 통한 성과는 아무리 박하게 평가하더라도 다이빙궈 덕분에 가능했다. 다이빙궈는 문화대혁명 시기에 중난하이에서 천이와 긴밀히 지냈던 젊은 외교관이었다. 이후 그는 후진타오의 최측근이 되었다. 외교부에서 젊은 소련 전문가로서 커리어를 시작한 후 다이빙궈는 승진을 거듭했고 결국 공산당 국제부장 지위에 오른다. 또한 그는 저우언라이가 신임했던 장성 출신 대사이자 워싱턴 D.C. 소재 중국 최초의 연락사무소의 장인 황진의 딸과 1970년대에 결혼하였다.[73] 마지막으로 그는 2008년에 부총리급인 외교담당 국무위원에 임명되었다.[74]

다이빙궈는 유능한 외교관이었다. 저우언라이와 첸치천처럼 그는 당의 지침을 철저히 준수했지만 그는 그의 발언을 개인적이고 친숙하게 조정함으로서 미국측과 긴밀한 관계를 이루도록 노력했다. 힐러리 클린턴 전 국무장관은 "때때로 나는 미국이 아시아에서 범하고 있는 과오에 대해서 비꼬는 말투로 얘기하는 다이빙궈의 강의를 들어야 했지만 그는 항상 웃는 얼굴로 그의 말을 전달했다"고 다이빙궈를 기억했다. 클린턴은 이어 "다른 경우에 우리 둘은 깊고 개인적인 이야기를 나누며 후세를 위해서 미중관계를 건전한 토대 위에 올려놓아야 한다고 논의했다"고 그와의 인연에 대해 언급했다. 클린턴과의 만남 초창기에 다이빙궈는 그의 손녀의 사진을 꺼내며 클린턴에게 "우리가 일하는 이유다"라고 말했다. 다이빙궈의 발언은 클린턴의 심금을 울렸다. 클린턴은 나중에 이 상황에 대해 회상하며 "다이빙궈의 그 발언은 아이들의 복지에 대한 염려였다. 바로 그 동일한 염려가 내가 공직사회에 진출하게 된 주된 요인이었다"라고 말했다.[75]

다이빙궈와 다른 고위 외교관들은 위에서 언급한 것처럼 미국과 관계를 구축하는 것 그 자체가 유의미했겠지만 아마도 그들에게 더 중요한 것은 중국의 국제적 위상이 그들의 일생 동안 얼마나 변해있는지를 깨닫는 것이었다. 2016년에 자신의 경력을 되돌아보며 다이빙궈는 "21세기 이전에 어떤 국가가 지금처럼 중국과의 전략 대화를 수락할 것인가?"라고 물었다. 그는 본인이 물은 질문에 대해 스스로 대답하며 "없다, 한 국가도 없다!"라고 대답했다. 그는 이어 "과거에 다른 나라들은 우리를 무시했고 우리가 그들과 전략 대화를 할 수 있는 자격이 없다고 생각했다"라고 발언했다.[76]

***

양제츠보다 그 특유의 자부심과 쾌활함을 잘 의인화한 사람은 없었다. 그는 2007년에 역대 최연소 외교부장 자리에 오른 사람이자 공산주의 혁명 이후에 태어난 첫 세대였다. 미끈한 뒷머리에 둥근 얼굴, 그리고 안경을 쓴 날씬한 이 남자는 1950년 5월생이다. 그는 당시 중국 전역에 11개밖에 없던 유형의 학교인 상하이 외국어 학교에서 영어를 배웠다.[77] 양제츠는 나중에 자신이 난방이 나오지 않는 교실에서 몸을 떨며 수업을 들었고 펜을 잡기에는 손이 너무 차가웠다며 학창시절에 대해 언급했다.[78]

양제츠는 문화대혁명 때 학교를 떠난 후, 1972년에 외교부의 연수생으로 선발되기 전에 푸장(Pujiang, 浦江)에서 전기 계량기를 제작하는 공장에서 4년 동안 일했다.[79] 이후 저우언라이는 상해에 있는 양제츠의 학교 동문들과 함께 그를 선발하여 영국으로 유학 보냈다. 그는 이후 1970년대 후반에 추후 미국의 대통령이 되는 조지 H. W. 부시와 그의 가족들의 티베트 방문을 맞아 그들의 통역원 역할을 수행한 적이 있다. 당시 부시는 양제츠를 '호랑이 선생'이라 불렀다. 1998년에 양제츠는 중국 건국 이래 최연소 외교부 부부장이 되었다. 2000년 말에 그는 주미대사로 임명되었다.

양제츠의 경력은 미국에서 거의 끝날 뻔했다. 그는 2004년 겨울에 워싱턴 D.C.에서 엄청난 심장마비를 겪었다. 그는 스트레스가 많은 직업을 수행하며 줄담배를 피웠기 때문에 그가 조지워싱턴대학(George Washington University) 병원에 도착했을 때 그의 상황은 좋지 않았다. 하지만 딕 체니(Dick Cheney) 부통령의 주치의는 양제츠를 살렸고 그는 이후 얼마 안 되어 워싱턴 D.C.를 떠났다. 이 기간 동안 양제츠를 만난 백악관 관료들은 그가 너무 연약해 보였기 때문에 이 순간이 그를 보는 마지막 순간일지도 모른다고 생각했다.

하지만 고향에서 양제츠는 자신의 건강을 엄격히 관리하였다. 그는 종종 베이징에서 가장 좋은 수영장이 있는 외교부가 소유한 성 레지스(St. Regis) 호텔에서 매일 수영을 하였다. 그는 살아남았을 뿐만 아니라 나중에 중국 외교 관련 주 요직인 외교부장, 전국인민대표회의 국무위원, 그리고 결국에는 중국 공산당 중앙위원회 위원의 자리에 오른다.[80]

많은 면에서 양제츠의 성격은 외교부의 장점과 약점을 잘 나타내었다. 그는 영어를 거의 완벽하게 구사하며 미국의 정치, 문화, 역사에 대해 잘 알고 있었다. 그는 항상 모든 것에 대해 잘 인지하고 있었으며 상대측도 그가 박식하다는 것을 알고 있었다. 그의 일상을 잘 아는 사람들은 그가 매일 뉴욕타임스를 읽는다고 말했다. 그들은 양제츠가 뉴욕타임스의 뉴스 섹션은 물론 문화 그리고 부고까지 다 읽는다고 말했다. 그리고 그들에 따르면 양제츠는 그가 읽었던 내용을 상대측과의 대화에 은근슬쩍 흘려보내는 경향이 있다고 한다. 이러한 양제츠의 기술을 초임 중국 외교관들은 의식적으로 모방한다고 한다. 회담 시작 전에 잡담을 할 때 양제츠는 느긋한 태도로 종종 농담이나 소소한 일화를 공유하기도 한다.[81]

하지만 양제츠에게는 또 다른 면이 있었다. 외국 상대방측이 민감한 문제에 대해 언급할 때 그는 얼굴에서 미소를 지우고 붉은 얼굴과 함께 목소리를 높인다. 위키리크스(Wikileaks)에 의해 공개된 미국 대사관 전문은 양체츠의 모습을 표현하고 있다. 1997년 영국의 홍콩 반환 문제에 대하여 양체즈와 미국측의 회의 내용을 살펴보자. 미국은 전문을 통해 양제츠가 미국측과의 회의에서 이 문제가 제기되자마자 "눈에 띄게 짜증을 냈다"고 그의 모습을 표현하였다. 전문에 따르면 "영국도 권리장전이 없는데 홍콩이 왜 권리장전이 필요하냐고 양제츠는 비유법을 사용하며 미국측에 물었다." 양제츠는 이어 영국의 중국에 대한 비하 발언에 대해 "영국은 그들이 원하는 무엇이든지 할 수 있다고 믿는다"라고 발언했다고 한다. 이어 전문은 양제츠가 영국이 중국을 "제자리에" 놓으려고 시도하는 것을 "용인하지 않을 것"이라 미국측에 말했다고 한다.[82]

이러한 양제츠의 압박 전술은 상대측 인사들에게 심히 불쾌감을 줄 수 있어 보였다. 힐러리 클린턴이 다이빙궈와 함께 느꼈던 유대감과 대조적으로 클린턴은 양제츠를 "사과할 줄 모르는 민족주의자"라고 묘사하며 그의 존재를 "긴장감을 고조시키는 미국과 중국의 짐"이라고 표현했다. 클린턴은 2012년에 늦은 밤 동안 지속된 어느 한 회담에서 양제츠가 "중국의 스포츠 분야에서의 우월함과 본국의 위대한 업적"에 대해 늘어놓기 시작했다고 그를 기억했다.[83]

타국과 협상에 있어 양제츠의 지킬 박사와 하이드와 같은 모습은 그래도 신중하고 통제되었다. 양제츠의 오랜 미국 상대측인 데니스 와일더(Dennis Wilder)는 "양제츠는 필요할 때 극한 매력을 뽐내고 또 반대로 필요에 따라 극한 분노를 표출할 수 있는 능력을 가지고 있었다. 그는 그 두 가지 상반된 모습을 매우 능숙하게 사용하였다"라고 양제츠를 기억했다. "양제츠는 아마도 대표단 앞에서 그의 모습을 과시하고자 했다. 그의 모습은 보고서를 통해 상부에 보고될 것이기 때문이다"라고 와일더는 이어 말했다. 또한 와일더는 "그는 스위치처럼 그의 행동을 바로 변화시킬 수 있었다. 그것은 엄청난 자기 통제와 자기 의지의 행동이었다. 나는 방에서 뛰쳐나가고 싶을 정도로 험악했던 회의를 들어가 본 적이 있다. 하지만 그 누구도 양제츠가 통제 불능 상태라고 느끼지 않았다"며 양제츠를 높이 평가했다.[84]

양제츠는 계속해서 외교부의 최고위직까지 승승장구했고 그의 존재는 중국 정부 내 특유의 권위적이고 엄격한 문화까지 확립시키는 계기를 마련하였다. 2009년에 정부에서 발간된 지침은 어떻게 하면 자신의 상관과 잘 지낼 수 있는지에 대한 내용을 담고 있다. 해당 지침은 다른 사람들 앞에서 상관과 반대되는 의견을 내지 말고 당신이 성과를 달성하면 그를 칭찬하라는 내용이 포함되어 있다. 또한 상관과 회의를 위해 그의 사무실을 방문할 때, 노크해야 하며 그가 발언을 허락하거나 앉을 수 있도록 허락하기 전까지 기다리라는 내용도 있었다. 이어 상관이 허락하여 자리에 앉은 후 자신의 다리 위에 손을 올리고 그의 눈을 쳐다보며 그의 말을 경청하라는 내용도 포함되었다.[85]

2012년 기준으로 약 4,000명의 외교관으로 구성된 외교부이지만 여전히 비밀스러운 모습을 유지하고 있었다.[86] 과거에 비해 2000년대에 "동료를 감시하는 시스템"이 느슨해졌어도 대부분의 외교관들은 주어진 지침을 엄격히 준수할 것으로 요구되었다. 실제로 전 외교관 장궈빈(Zhang Guobin)이 서술한 외교 의전에 관한 저서 제1장은 중국 외교관은 해외 방문 시 어떠한 종류의 개인적인 접촉도 허용되지 않는다는 내용을 포함하고 있다.[87]

외교부는 부처 직원의 사생활 관련하여 엄격한 제한을 두었다. 전 세계 대부분의 외교관들과 달리 중국 외교관들은 외국인과 결혼하는 것이 금지되어 있고 심지어 정치적 이념이 의심받을 수 있는 중국 국민들과의 결혼도 추천하지 않았다.[88] 전 외교부장인 리자오싱은 "당신이 외교부에 근무하고 있기 때문에 당신에게 가장 중요한 것은 조국과 국민에 대한 충성이다"라고 젊은 외교관들에게 말했다. 리자오싱은 이어 "사랑 및 결혼 관련 당신은 조국을 사

랑하는 사람을 찾아야 한다"고 강조했다.[89]

중국 외교는 다른 무엇보다도 중국 공산당을 위해 이행되었다. 다이빙궈는 2000년대에 "만약 당신이 중국을 이해하기를 원한다면, 당신은 중국 공산당을 이해해야 한다"고 미국측에 말했다. 다이빙궈는 이어 "당신이 중국을 상대하려면 중국 공산당을 상대하는 것이다"라고 발언했다.[90]

***

2008년 하계 올림픽 이후에도 중국 공산당은 내재된 불안감을 없애지 못했지만 새로운 자신감을 갖게 되었다. 중국은 올림픽을 개최하기 위해 모든 수단을 동원했다. 베이징 시는 국제대회 개최를 앞두고 6년간 대기 질을 개선했고 16억 달러 규모의 예산을 도시 물 공급에 배정하여 비가 내릴 수 있도록 구름을 만들었고 150만 명의 주민들을 그들의 집에서 쫓아내며 도시를 현대화했다. 또한 중국은 대중을 대상으로 시민 교육 캠페인을 시작하며 침 뱉기, 트림 등 국물을 후루룩 마시는 행위를 방지하고자 노력했다. 이는 1950년대에 중국 최초의 외교관들이 겪었던 훈련을 연상시키는 사례였다.[91]

중국이 올림픽을 준비하면서 공산주의 정권과 중국의 인권 유린을 비판하는 사람들이 늘어났다. 국경 없는 기자회(Reporters Without Borders)는 베이징 올림픽 개최에 대해 항의하며 수갑으로 만들어진 올림픽 로고 이미지를 사용하였고 자유 티베트 캠페인(Free Tibet Campaign)은 수갑 대신 총알이 뚫린 구멍으로 형성된 올림픽 로고를 사용하였다.[92] 올림픽 개최 5달 전인 2008년 3월에 티베트에서 대규모의 폭력 시위가 발생했다. 티베트의 시위대에 대하여 중국 정부는 강경하게 대응하였고 얼마 후 티베트에서 계엄령이 선포되었다.[93] 올림픽 성화 봉송이 같은 해 3월 및 4월에 시작되면서 아테네에서 광범위한 반중국 시위가 벌어졌다. 이후 파리, 샌프란시스코, 델리, 방콕을 거쳐 시위가 지속되었다.[94]

중국 정부는 외교관들에게 올림픽 준비가 잘 되어가고 있는지 확인하는 임무를 맡겼다. 샌프란시스코의 중국 영사들은 약 6천 명과 8천 명 사이의 중국 학생들을 조직하여 반중국 시위대에 대응하는 시위에 참가시켰다. 영사들은 그들이 지원하는 시위대에 무료 교통수단, 도시락, 그리고 티셔츠를 제공하며 기존 반중국 시위대의 동력을 와해시키고자 노력하였다. 중국 당국은 심지어 정보 요원들을 파견하여 시위대를 구성하는 데 도움을 주었다. 이와 비슷한 작전이 런던, 캔버라, 파리 등지에서 일어났다. 서울에서 반중국 시위대가 돌을 맞았을 때, 중국 외교부 대변인은 서울에서 벌어진 폭력사태에 대해 비난하기를 거부했다.[95]

중국 외교관들은 어떠한 비판에도 퉁명스럽게 대응했고 반중국 시위에 대하여 보도한 외신을 공격했다. 당시 런던 주재 중국 대사였던 푸잉은 영국 주요 매체인 데일리 텔레그래프(Daily Telegraph)에 "많은 사람들은 중국이 언론의 자유를 억압하는 것에 대해 불평한다. 반대로 중국에서는 서양 언론들 자신들이 인정받기 위한 노력이 필요하다는 시각이 존재한다"고 기고문을 냈다.[96]

하지만 베이징 올림픽 자체는 큰 성공이었고 스포츠뿐만 아니라 외교적인 중국의 승리를 의미했다. 올림픽을 통해 국가원수 및 정부수반 8명이 베이징을 방문하였고 조지 W. 부시와 그의 아버지 조지 H. W. 부시 모두 베이징을 방문하였다. 그 둘은 후진타오와 함께 중난하이에서 열린 비공개 오찬에 참석했다. 과거 30년 전 조지 H.W. 부시 전 대통령을 수행한 통역원이었던 양제츠는 두 부시 대통령을 모시고 중국 올림픽 남자 농구 대표팀과 미국 대표팀의 경기에 함께 참석했다.[97] 올림픽을 통해 중국은 1949년에 공산주의 정권이 설립된 이래로 가장 공개적으로 인정받았다. 무엇보다도 올림픽은 1989년 천안문 사태 이후 수십 년간 지속되어 온 국제사회에서 인정을 받기 위한 중국의 노력이 결실을 맺었음을 상징했다.

***

2008년 베이징 올림픽 폐막식이 끝난 지 3주 만에 미국에서 가장 오래되고 큰 투자 은행 중 하나인 리먼 브라더스(Lehman Brothers)는 파산을 신청했다. 권위 있는 월스트리트의 기관이자 그 뿌리를 1844년까지 거슬러 올라가는 이 증권사는 금융 시장을 황폐화시키고 대공황 이후 가장 큰 경제 위기로 이끈 서브프라임 사태의 희생자가 되었다. 이후 미국 금융 시스템의 완전한 붕괴를 막기 위한 협상들은 긴장되고 신랄했다. 한때 재무장관이었던 행크 폴슨은 말 그대로 낸시 펠로시(Nancy Pelosi) 하원의장의 지지를 얻기 위해 한쪽 무

룔을 끓었다.[98] 같은 해 10월, 미국의 실업률은 10.2%로 치솟으며 26년 만에
처음으로 실업률이 두 자릿수가 되었다.[99]

　냉전의 승리를 가능케 한 미국 자본주의의 역동성과 우월함이 생긴 지
20년도 안되어 유일무이한 초강대국인 미국이 갑자기 약해보였다. 베이징의
지도부는 국제정치의 판도가 그들의 발 아래 요동치는 것을 느낄 수 있었다.
그해 10월, 다이빙궈가 파리를 방문하였을 때 그는 프랑스 니콜라스 사르코지
(Nicolas Sarkozy) 대통령의 솔직한 평가를 듣고 깜짝 놀랐다. 사르코지 대통령
은 이번 위기가 "미국을 산산조각 냈다"고 솔직하게 말했다.[100] 중국이 올림픽
을 유치하기 위해 지난 20년 동안 뼈아픈 노력이 필요했던 것과 달리 금융위
기는 중국의 국제적 위상을 중국 지도자들이 예상했던 것보다 더 빨리 변화시
켰다.

　금융위기 이후 중국의 대응은 단호했다. 같은 해 11월 9일, 원자바오 총
리는 4조 위안 규모의 경기부양 프로그램을 발표했다. 이는 중국 GDP의 15%
규모의 경기 부양 정책으로서 철도 및 공항 건설, 저렴한 주택 공급과 산업
고도화 등의 내용을 담고 있었다. 이에 그동안 침체되어 있던 아시아 증시는
주가 상승을 동반했다. 홍콩, 상하이, 그리고 도쿄의 주가는 5% 이상 상승하
였다.[101] 물론 중국의 조치는 추후 국내 경제의 왜곡 상태를 유발하였지만 중
국 지도자들은 금융위기로부터 방어벽을 세우면서 외신과 해외 정부의 찬사
를 받았다.[102]

　중국이 경기부양책을 발표한 지 불과 며칠 후, 후진타오는 세계 경제에
대해 논의하기 위한 정상회담에 참석하기 위해 워싱턴 D.C.로 떠났다. 백악관
에서 열린 공식 만찬에서 후 주석은 부시 대통령 왼쪽 자리에 앉았고 부시 대
통령의 오른쪽은 루이스 이나시우 룰라 다 시우바(Luiz Inácio Lula da Silva) 브
라질 대통령이 앉았다. G20으로 알려진 이 첫 번째 모임은 세계 힘의 균형이
어떻게 그리고 얼마나 빨리 이동했는지를 상징했고 중국이 국제사회에서 리
더십의 역할을 발휘하고 있다는 것을 상징하는 자리였다. 불과 5년 전만 해도
서방의 지도자들은 G8 정상회의에 후진타오를 초청할지에 대해 고민했었다.
G20 정상회의 동안 후 주석은 심지어 행크 폴슨을 따로 옆으로 데리고 가 훈
수를 두기도 했다. 후진타오는 "우리가 위안화를 더 빨리 회수하지 않아서 당

신이 안심할 수 있었다고 나는 장담합니다. 나는 당신이 이제 우리의 입장을 이해하길 바랍니다. 당신이 원래 희망하던 것들 중 일부는 사실 매우 위험했어요. 이제 우리의 경제는 안정되었고 바로 이러한 중국으로 인해 전 세계 모두가 이득을 보고 있습니다"라고 폴슨에게 말했다.[103] 이 순간은 미국 지도자를 겸손하게 만들었고 동시에 중국의 경제성장 모델이 결실을 맺는 순간이었다.

방금 언급한 일화는 국제정치적 흐름이 중국에게 유리한 방향으로 기울고 있다는 의미와 같았다. 2009년 초에 아시아를 순방하는 동안 힐러리 클린턴 국무장관은 중국 내 인권에 대한 우려는 현재 경제위기에 맞서기 위한 국제사회의 노력에 "방해될 수 없다"고 말했다. 이어 클린턴은 중국 지도부의 "미국 재무부에 대한 전폭적인 신뢰"에 감사한다는 입장을 표명했다.[104] 클린턴을 이어 국무부 차관인 제임스 스타인버그(James Steinberg)는 중국과의 관계가 "전략적으로 재확인"되었다고 미중관계의 중요성에 대해 말했다.[105]

워싱턴 D.C. 주재 중국 외교관들은 분위기 변화를 감지했다. 2007년부터 2011년까지 주 미국 중국 대사관에서 근무한 학자 출신 루안종제는 "내가 미국에 있는 동안 미국측은 항상 '불안'해 했다"고 말했다.[106] 이런 상황에서 중국 관료들은 오랫동안 서방에 의해 비판되어 온 그들의 정치 체제를 재평가하기 시작했다. 심지어 전 세계 몇몇 사람들은 '중국 모델'에 대해 공개적으로 언급하기 시작하며 중국의 행보를 본받고자 했다. 2009년에 중국 군인들과의 대화에서 프랑스 주재 중국대사 첸지안(Chen Jian)은 "중국이 가장 먼저 글로벌 금융 위기에서 벗어나면서 중국의 국제적 위상이 크게 상승하였다"라고 말했다. 그는 이어 금융위기를 통해 "서방이 맹목적으로 믿었던 미국 주도 경제 모델이 보편적으로 적용가능하다는 미신이 깨졌다"고 덧붙이며 "중국 모델"이 부상하고 있음을 주장하였다.[107]

이 새로운 자신감이 중국의 외교 활동으로 스며들기 시작했다. 2009년 7월에 열린 중국 대사 회의에서 후진타오는 중국 외교관들이 국제사회에서 더 적극적인 자세를 취하도록 명했다. 후진타오는 중국의 새로운 정치 및 경제력을 관철시키기 위해 강화된 위상과 도덕적 설득력을 갖추라고 대사들에게 명했다. 외교부장 양제츠와 관영 매체들은 이후 후 주석의 지시를 "4가지 강조"로 언급하기 시작했다. 특히 이번 회의를 통해 조용히 기회를 노리는 중국을 희망한 과거 덩샤오핑의 구호에 두 개의 한자가 더 추가됐다. 변경된 구호는 중국이 "조용히 때를 기다리며 적극적으로 무언가를 얻기 위해 노력한다"고 천명하였다.[108]

국제무대에서 변해버린 중국의 위상과 달리 타국과의 관계에서 갈팡질팡하는 중국 특유의 불안감이 재등장했다. 중국은 버락 오바마(Barack Obama) 미국 대통령의 취임 첫 중국 방문인 2009년 11월에 미국 대통령과 중국 주석이 함께 참석한 "기자회견"에서 미국 TV 프로그램인 SNL(Saturday Night Live)에서 패러디될 정도로 일절 질문을 허용하지 않았다.[109] 불과 한 달 후 12월에 중국은 선진국에 대항하는 입장을 취하며 개발도상국들의 입장을 대변하며 코펜하겐 기후변화총회(Copenhagen Climate Talks)를 큰 성과 없이 종료시켰다. 중국은 심지어 동 총회에서 급을 낮추어 원자바오 대신 외교부 부부장을 본회의에 파견하며 부부장이 오바마 대통령, 앙겔라 메르켈(Angela Merkel), 니콜라 사르코지, 고든 브라운(Gordon Brown) 그리고 다른 리더들과 기후 문제에 대해 토론하기도 했다.[110] 회담 이후 영국의 기후 장관인 에드 밀리밴드(Ed Miliband)는 중국이 회담을 "망치려는" 시도를 했다며 맹비난했다.[111]

중국 외교관들이 강경한 모습을 보이자 다른 중국 기관들도 이를 따라했다. 2009년 3월 8일, 중국 선박 5척이 남중국해에 위치한 하이난 섬 남쪽에 주둔하고 있는 미국 해군 함정 '임페커블(Impeccable)'에 위험하게 접근하였다. 중국 선박은 미군 함정을 향해 이 지역을 떠나거나 '대가'를 치를 것이라 경고했다.[112] 이어 2010년 1월, 중국 군부는 대만에 대한 무기 판매를 빌미로 미국과의 교류를 중단했다.[113] 2008년부터 2010년까지 인민일보를 통해 중국의 '핵심 이익'에 대한 언급이 과거에 비해 3배 이상 증가하기도 했다.[114]

2010년 7월, 아세안지역포럼에서 미중 간 긴장이 최고조에 달했다. 힐러리 클린턴 국무장관이 남중국해에서 중국의 도발에 대해 질책한 후 외교부장 양제츠는 목격자들의 표현을 빌리자면 성난 비난을 시작했다. 클린턴을 똑바로 쳐다보면서 양제츠는 약 25분 간 그의 시선이 싱가포르 대표를 향하기 전에 클린턴을 계속해서 맹비난했다. 양제츠는 "중국은 큰 나라이고, 다른 국가들은 작은 나라이며 이것은 단지 사실일 뿐입니다"라고 말했다. 당시 커트 캠벨(Kurt Campbell) 차관보는 그의 동료들에게 "와우"라는 단어를 쪽지에 써서 전달했다.[115] 중국은 더 이상 국제사회로부터 훈계 받기를 거부하고 있었고 국제사회 일원 모두에게 중국의 입장을 강력히 관철시킬 준비가 되어 있었다.

중국의 공세는 계속됐다. 그 해 9월, 일본 영해에서 조업하고 일본 해안경비대의 선박을 향해 배를 조종한 중국 어선의 선장이 일본 당국에 의해 억류되었다. 그 사건에 대해 베이징은 격노했다. 같은 해 12월에 중국은 중국 외교관들의 격렬한 로비활동에도 불구하고 노벨상위원회가 중국 민주화 운동가인 류샤오보(Liu Xiaobo, 劉曉波)에게 노벨 평화상을 수여하겠다는 결정을 막지 못했고 그 결정에 대해 격분하였다. 중국은 다른 나라들이 시상식에 참석하는 것을 막기 위한 캠페인을 시작했다. 노르웨이로부터 연어 수입을 금지한 방침처럼 중국은 강압적인 경제 조치를 통해 당국의 외교정책을 뒷받침하고자 노력했다.

그러나 상당수의 외교 원로들은 중국의 공세적 행보를 지지하지 않았다. 2010년 12월, 다이빙궈는 중국이 역사적으로 지속해왔던 노선인 도광양회, 속히 말해 "숨어서 때를 기다리라"는 내용을 담은 논문을 발표했다.[116] 비공개적으로 다이빙궈는 미국 관료들에게 중국의 행동을 과대 해석하는 것을 피해야 하고 중국 지도자들은 여전히 미국과 좋은 관계를 추구한다고 말했다.[117] 2012년 말, 천젠 전 프랑스 주재 중국대사는 책을 통해 한 장의 제목을 "중국은 계속해서 숨어서 때를 기다려야 한다"고 서술하였다.[118]

중국의 외교정책 방향에 대해서도 서로 다른 정부 부처들 사이에 이견이 있는 듯했다. 2012년 11월, 정부 내 영향력이 강한 부처인 공안부는 중국 국민에게 발급되는 새로운 여권에 남중국해에서 분쟁 중인 섬들을 자국의 영토로 포함하는 그림을 삽입하며 동남아시아 국가들을 화나게 했다. 필리핀과 베트남의 공식적인 항의를 촉발한 이 여권을 제작한 공안부는 심지어 외교부의 동의를 구하지 않았고 외교부에게 사전의 통보도 하지 않았다. 양제츠는 이 소식을 언론 보도를 통해 듣고 "분노"하였다.[119]

불과 몇 주 후 또 다른 사건을 통해 누가 중국의 외교 정책을 주도하는지, 그리고 중국의 외교 정책이 어디로 향하는지에 대한 논쟁이 시작되었다. 고작 약 10년 전에 미국 EP-3 정찰기가 불시착한 하이난 섬에 대하여 하이난 성은 새로운 규정들을 발표했다. 신설 규정은 공안부 공무원이 외국 선박에 승선하여 수색할 수 있는 권한을 부과하였다. 신설 규정에 대하여 중국 외교관들이 이 규정이 어떻게 실생활에 적용되는지 외교부에 문의하였는데 외교부는 이러한 소식을 전혀 인지하지 못하고 있었다. 결과적으로 외교부는 외교관들의 질문에 답할 준비가 되어 있지 않았다.[120]

이러한 사건의 연속이 새롭게 등장한 중국의 공세적인 행위를 상징하는가 또는 정부 내 관료들의 무능함을 상징하는가? 아니면 둘 다인가? 2012년에 미국과 중국 간의 전략적 불신에 관한 논문을 서술한 케네스 리버탈(Kenneth Lieberthal) 전 백악관 국가안전보장회의 아시아 담당 국장과 다이빙궈의 최고위급 고문인 왕지쓰(Wang Jisi, 王緝思)는 중국의 미래를 "불확실하다"고 표현했다.[121] 저자들의 평가는 국제사회가 내린 중국에 대한 공정한 평가였다. 즉 국제사회는 중국의 부상에 대하여 우려하였지만 중국의 미래에 대해서는 확신을 갖지 못했다. 몇 년 안에 이 논쟁은 미국 및 전 세계에서 즉시 종결되었다. 한편 중국에서는 시진핑이 집권하면서 국가의 미래에 대한 공론이 순식간에 사라져버렸다.

제11장
과욕

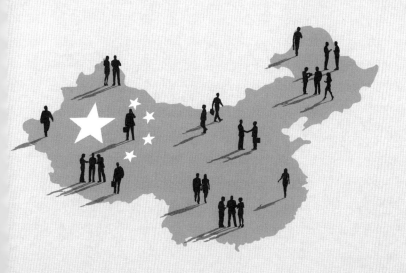

2013년 12월, 호주의 외무장관 줄리 비숍(Julie Bishop)은 중국과의 회의에 참석하기 위해 잠시 앉아 있었다. 외교장관에 취임한 후 처음으로 중국을 방문한 비숍은 중국의 새로운 외교부장 왕이와 만나기로 예정되어 있었다. 난항이 예상되는 회의였다.

회의 전 이미 긴장감이 팽배한 상황이었다. 호주 외무부는 과거 캔버라(Canberra)에서 주 호주대사 마자오수(Ma Zhaoxu, 馬朝旭)를 초치하였다. 호주는 베이징의 도발적인 동중국해에의 방공식별구역 선포 결정에 대한 해명을 요구하였다.[1] 호주는 동 사안에 대하여 미국과 일본의 입장을 지지하였고 중국의 조치에 대해 반대 입장을 표명하였다. 중국은 방공식별구역 선포를 통해 그 지역을 횡단하는 모든 항공기가 식별 절차를 준수하거나 중국의 "대응 조치"에 직면해야 한다는 입장을 갖고 있었다.[2]

그래도 상황이 이 정도로 악화되는 것은 이례적이다. 외교적 관례상 고위 외교관들은 서로 얼굴을 마주치면 직접적으로 상대방을 비난하는 것을 삼간다. 중국은 이미 호주의 입장에 대응하며 공개적으로 강하게 나갈 기회가 있었다. 실제로 진강(Qin Gang, 秦剛) 외교부 대변인은 호주에 대해 "무책임"하고 "실수를 범했다"고 말했다.[3] 게다가 중국은 당시 호주의 중국 방문을 맞이하는 호스트의 역할을 하고 있었다. 또한 호주의 행위에 대하여 중국 대중이 폭발할 가능성은 희박해 보였다.

베이징에서 비숍은 회의실로 안내되었다. 가운데에 싱싱한 꽃을 배치한 직사각형의 긴 나무 테이블에 비숍은 앉았고 회의가 시작되면서 카메라 촬영이 시작되자마자 주최자인 왕이는 기다리지 않고 먼저 발언을 시작했다.

왕이는 건너편의 비숍을 똑바로 바라보며 "중국의 동중국해 방공식별구역 설정에 대한 호주의 발언과 행동을 나는 짚고 넘어갈 수밖에 없다. 호주는 양국 간의 상호 신뢰를 위태롭게 했고 양자 관계의 건전한 성장에 악영향을 미쳤다"고 말했다.

일반적인 양자회담의 형식과 익숙한 사람이라면, 그리고 특히 중국이 주재하는 양자회담을 생각한다면 왕이가 방금 보여준 행동은 도발적이었다. 보통 회의를 개회할 때 참석자는 환담을 나눈다. 실질적인 사안과 관련된 내용은 보통 기자들이 나가고 나서 논의된다.

하지만 이번엔 아니었다. 왕이는 이어 "중국 사회 전체와 일반 대중들은 이 상황에 대해 깊은 불만을 갖고 있다"라고 말했다. 더 나아가 그는 "우리가 원하는 상황이 아니다"라고 말했다. 계속해서 왕이는 비숍에게 양자관계에 대해 언급하였는데, 그는 중국과 호주의 관계는 "중대한 시기"를 직면하고 있으며 중호관계를 "전략적이고 장기적인 관점"에서 인식하기를 희망한다고 발언했다. 호주의 인식 전환을 희망하며 왕이는 호주가 "중국과 같은 방향을 모색해야" 하며 "민감한 문제를 적절히 다뤄야" 한다고 주장했다.

주 중국 호주대사 프랜시스 애덤슨(Frances Adamson)은 조용히 비숍 장관에게 "현재 상황이 끔찍하게 흘러가고 있다"라고 쓰여진 쪽지를 내밀었다.

비숍은 왕이의 발언에 대해 냉소히 대답하며 호주는 중국이 "현안에 대해 발언할 권리"를 존중한다고 말했다. 이어 비숍은 중국이 향유하는 이러한 권리를 호주에게도 부여하기를 바란다고 말했다. 이후 두 사람은 만찬에 참석하여 저녁을 먹기 시작했지만 약 한 시간 동안 둘은 서로를 응시하며 거의 침묵만을 지켰다.[4]

이후 시간이 지나 호주 상원에서 열린 청문회에서 호주의 고위 외교관은 당시 왕이 부장의 행동에 대해 "과거 30년 동안 근무하면서 이 정도의 무례함을 본 적이 없다"고 말했다.[5] 다른 외교관들도 방금 발언한 고위 외교관의 주장에 동의했다. 호주의 첫 주중대사인 스티븐 피츠제럴드(Stephen FitzGerald)는 "양자 회담에 앞서 사진을 촬영하는 시간에 중국 고위층이 상대측에 이 정도로 강하게 불만을 제기하는 것은 처음 보았다. 중국이 어떤 나라와도 이와 같이 대응한 적이 없었고 심지어 중일관계가 악화되었을 때에도 이 정도는 아니었다"라고 나중에 한 인터뷰에서 말했다.[6]

비숍은 회의 직후 긴장을 완화시키려고 노력하며 "친구라고 모든 이슈에 항상 동의하는 것은 아니다"라고 말했다.[7] 몇 년 후 이 사건을 회상하며 비숍은 더 솔직하게 의견을 표명하며 당시 왕이의 행동에 대해서 "믿을 수 없을 만큼 모욕적"이라고 묘사하였고 그는 당시 "굉장히 화가 났었다"라고 자신의 의견을 표명했다. 비숍은 이어 "이런 상황이 있기 때문에 대사들이 존재하는 것"이라고 말하며 "회담 종료 이후 대사들이 수습했다"라고 당시 사건에 대해 설명했다.[8]

중국의 불안감과 긴장감으로 인해 벌어진 일이라고 비숍은 생각하지 않았을 것이다. 베이징은 2008년 금융위기 이후 G20 무대에서 리더십을 발휘하고 있었고 중국 경제는 세계 성장의 중요한 원동력을 제공하고 있었다. 또한 중국은 올림픽을 성공적으로 개최했다. 사실상 지구상의 모든 정부가 중화인민공화국을 중국 땅의 합법적인 국가로 인정하며 중국의 대만 및 티베트에 대한 영유권 주장을 직접적으로 문제제기하는 사람은 거의 없었다.

그러나 중국 외교부 내부에서는 모든 것이 문제투성이었다. 왕이는 그해 3월에 외교부장이 되었고 시진핑은 공산당의 당 서기로 취임한 지 6개월도 채 되지 않은 상황에서 중국의 국가원수가 되었다. 왕이는 그의 새로운 상관인 시진핑 앞에서 외교부는 중국의 당당하고 단호한 외교를 세계무대에서 이행할 수 있다고 증명해야 했다. 이후 중국 내 정치적 분위기가 더욱 격렬해짐에 따라 중국 외교관들은 해외에서 점점 더 강경한 태도를 취했다.

시진핑은 그의 전임자들이 일궈낸 중국의 단호한 성향의 외교 정책을 더 자신감 있고, 일관되고, 야심차게 추진하였다. 이러한 중국의 변화에 대해 전 세계 많은 사람들이 시진핑이 과욕을 부리고 있다고 판단하였다. 그리고 그들은 중국의 지속적인 부상에 따른 위험비용이 상승하고 있어 중국에 대한 세계적인 반발을 예상하였다. 중국 외교관들은 시진핑의 야심을 따라잡도록 노력하였지만 그들은 과거 수세대에 걸쳐 축적된 중국의 한계로 인하여 성과가 더딘 자신들을 발견하게 된다.

***

시진핑의 공세적인 대외성향은 오랫동안 베이징에서 소문이 나 있었고 2009년 2월부터 본격적으로 외부에 공개되었다. 시진핑은 1953년 개혁 성향의 부총리였던 시중쉰의 아들로 태어났다. 그는 극소수 당 엘리트 계층의 아이들을 위해 세워진 시설과 교육기관을 통해 어린 시절을 보냈다. 시중쉰은 나중에 자신이 마오쩌둥의 반대파에 속해 있다는 것을 알게 되었고 박해를 받으며 교도소에서 생활하였다. 이후 시진핑은 장정 이후 마오쩌둥이 공산당에서의 입지를 굳힌 옌안시 외곽에 있는 량자허(Liangjiahe, 梁家河) 마을에서 청소년기를 보냈다.

이후 시진핑은 1975년 베이징으로 돌아와 칭화대에서 "노동자-군인" 신분으로 학교를 다녔다. 1979년에 칭화대에서 졸업한 후, 시진핑은 정계에 관심을 돌렸다. 정계 진출 이후 그의 첫 번째 직책은 경뱌오(Geng Biao, 耿飚)의 보좌관으로 일하는 것이었다. 경뱌오는 과거 1950년대에 주 루마니아 대사직을 희망하였던 군 출신 장군이자 건국 공신이었다. 시중쉰의 절친한 친구인 경뱌오는 당시 국방부장으로 재직 중이였으며 그는 덩샤오핑이 군대를 완전히 장악할 수 있도록 도왔다. 시진핑은 경뱌오를 위해 잠시 일한 후 베이징을 떠나 지방으로 가기로 결정했다. 그는 그의 야망을 실현하기 위해 그의 아버지로부터 독립한 권력 기반이 필요하다는 것을 깨달았다. 그는 베이징에 있는 친구에게 "언젠가 돌아올 것"이라고 말했다.[9]

그리고 그는 그 약속을 지켰다. 해안지방인 푸젠성(Fujian, 福建省)과 저장성(Zhejiang, 浙江省)에서 시간을 보내며 당에서 승진을 거듭한 이후 시진핑은 2007년 정치국 상무위원회 위원이 되며 베이징으로 돌아왔다. 이후 2008년 3월, 그는 부총리에 임명되며 그가 중국을 이끌 차기 대열에 올랐다는 지위를 확보하게 된다. 전당대회를 거듭하며 시진핑은 자신의 확고한 입지가 확보될 때까지 계속해서 저자세를 유지했다. 시진핑은 부총리로서 조지 W. 부시와 그의 아버지를 2008년 올림픽 기간에 만난다. 부시 부자를 만났을 때 그는 철저히 당국의 '토킹 포인트'를 준수하였으며 눈에 띄지 않게 그가 정중한 박학다식한 성품을 갖고 있다는 것을 보여주었다.[10]

시진핑의 첫 번째 외교무대는 강렬했다. 2009년 2월, 시진핑은 멕시코를 방문하며 외교관, 사업가, 그리고 학생들 앞에서 연설했다. 그는 "배가 나온 외국인들은 손가락질하는 것 말고는 하는 일이 없다"며 중국의 인권 문제를 비판하는 서방에 대해 불만을 제기했다. 그는 이어 "중국은 혁명, 기아, 가난을 외국에 수출하지 않으며 중국은 당신에게 어떠한 골칫거리도 안기지 않는다"고 말하며 "또 무슨 할 말이 있겠습니까?"라며 그는 분개했다.[11] 이 연설은 중국 내에서 널리 알려지지 않았으나 홍콩 TV채널을 통해 온라인으로 전파되었다. 시진핑의 연설 영상을 본 중국 민족주의자들은 감명을 받았다. 한 해설자는 "시진핑은 중국 외교에 좋은 본보기를 보여주었다!"라고 시진핑의 연설을 평가하였다. 그는 이어 "우리는 외교부의 밋밋한 유감 표시와 같은 형식적인 이의제기 방식에 지쳤다. 우리는 이러한 솔직한 접근을 더 원한다! 우리는 본때를 보여줘야 한다!"라고 의견을 남겼다.[12]

이 연설을 통해 아마도 시진핑은 마음속에 염두한 일부 외국 인사들의 관심을 끌었을 것이다. 주 멕시코 미국대사관 차석 대표는 워싱턴 D.C.에 전문을 통해 시진핑의 "평소답지 않은 폭발"을 보고했다. 당초 그의 멕시코 방문은 중국-멕시코 양국 간의 협력을 증진하기 위한 목적이었으나 전문을 통해 미국 외교관은 "시진핑의 행동은 그의 방문의 목표와 대조된다"고 그의 연설을 평가하였다.[13]

시진핑의 발언은 실수가 아니었다. 사실 '배가 나온' 외국인이라고 표현한 그의 발언은 그가 중국 내에서 부와 권력을 갖게 되면서 과거 중남미 및 유럽에 있는 중국 대사관을 방문하여 반복적으로 사용했던 그의 멘트였다.[14] 시진핑의 발언을 목격한 사람들은 중국 외교에 변화가 오고 있다는 메시지를 명확히 전달받았다.

외국 지도자들 또한 시진핑이 중국 국내 정치와 외교 정책의 대대적인 변화를 시행할 것이라 깨닫기 시작했다. 국내적으로 시진핑은 정치적인 안정성에 정신이 팔려 있는 것 같았다. 2011년 여름에 시진핑은 조 바이든(Joe Biden) 당시 부통령을 초청해 '서로를 알아가는' 간담회를 주최했다. 간담회를 통해 시진핑은 당시 중동에서 진행 중인 아랍의 봄과 권위주의 정권에 대항하는 도전들에 대해 매우 궁금해 했다. 시진핑은 바이든에게 중동 국가들이 민심을 파악하지 못하고 자만하고 고립되어 이 결과를 초래했다고 말했다. 또한 그는 중국 공산당은 중동 국가의 행보를 따르지 않을 것이라 말했다.[15] 한편 시진핑은 외교를 통해 국제사회에서 중국이 보다 중심적인 역할을 하길 바랬다. 시진핑은 2012년 워싱턴 D.C.를 방문하며 그가 실질적인 권력을 잡기 전에 미국에서 신뢰를 쌓는 목표를 갖고 있었다. 방미를 통해 시진핑은 미중관계를 "강대국 간 새로운 유형의 관계"라고 묘사했다.[16] 시진핑의 표현은 두 강대국의 새로운 동등성을 시사했고 이러한 시진핑의 발언은 미국 인사들을 불편하게 만들었다.

국제 질서에 대한 시진핑의 새로운 평가는 여러 면에서 이해할 수 있었다. 시진핑이 권력을 승계받는 동안 서방에서 벌어지는 사건들은 안정성이라는 요소와 거리가 꽤 먼 상황이었다. 2011년 10월, 미국 오바마 대통령은 이라크에서 미군의 철수를 명령하였지만 아프가니스탄에서 과거 10년 동안 지속된 미국의 분쟁은 계속되었다. 유로존의 실업률은 2012년 3월에 10%를 넘었다. 같은 해 블라디미르 푸틴(Vladimir Putin) 러시아 대통령은 3번째 연임에 성공하였고 김정은은 김정일의 사망 후 북한의 권력을 성공적으로 승계하였다. 같은 해 9월에 신용평가사 무디스(Moody's)는 미국 정부가 쌓인 빚을 차감할 수 있는 계획을 발표하지 않은 이상 미국의 신용등급이 하락할 것이라고 경고했다.

2012년 11월 시진핑이 마침내 권력을 잡았을 때, 그는 민족주의적 어젠다를 더 명확히 제시하였다. 지도자로서 그의 첫 번째 행동 중 하나는 정부의 핵심 슬로건을 "중국몽"이라 명명하며 "중화민족의 위대한 부흥"의 의미를 담았다. 과거 중국 지도자들 역시 "중국몽"이란 표현을 한 세기 이상 사용해 왔지만 시진핑은 이 슬로건을 그의 국내외 정책 이행을 위해 전면에 내세웠다. 시진핑은 결코 덩샤오핑이 추구해온 '도광양회'를 공식적으로 거부하지 않았지만 앞으로 몇 년 동안 보인 그의 행동을 통해 그가 암묵적으로 덩샤오핑이 세운 기조를 거부했다는 것을 부인하기 어려워보인다. 이후 중국 외교관들에게 천안문 사태 이후 가장 큰 도전이 나타난다.

***

시진핑의 외교적 야심을 보좌해야 하는 어려운 임무는 왕이에게 넘어갔다. 1953년 베이징에서 태어난 왕이는 시진핑과 같은 해에 태어났다. 왕이 역시 문화대혁명 기간 동안 지방으로 내쫓기며 그의 청소년기를 북동부 지역의 농장에서 8년을 일하면서 보냈다. 항상 다른 사람들보다 더 열심히 일했던 왕이를 기억하는 그의 학창시절 친구가 언론 기관인 크리스천 사이언스 모니터(Christian Science Monitor)에 발언한 것에 따르면, 왕이는 독학으로 문학 그리고 역사를 배웠다. 그 학창시절 친구는 왕이에 대해 "그는 개방적인 성향이었다. 그는 모든 것을 주어지는 그대로 받아들이지 않았다"라고 기억했다.[17]

문화대혁명 이후, 왕이는 외교부 직원을 배출하는 학교 중 하나인 북경제2외국어대학교(Beijing International Studies University)에 입학했다. 외교부 입부 이후 그는 아시아국에 소속되었고 일본 전문가로 인정받아 승진을 거듭하였다.[18] 그는 일본어와 영어에 둘 다 유창하며 심지어 1997년부터 1998년까지 조지타운 대학교에서 수학하면서 워싱턴 D.C.에서 1년 동안 시간을 보냈다.

왕이의 집안 배경은 화려하지 않았지만 리자오싱이나 다이빙궈처럼 그는 중국의 외교 커뮤니티 내 권위 있는 집안의 여성과 결혼했다. 왕이의 장인인 첸자둥(Qian Jiadong, 錢嘉東)은 저우언라이의 최측근 보좌관 중 한 명이자 제네바에서 근무했던 주 UN 중국대사였다.[19]

양제츠에 비해 말솜씨가 좋고 자연스러운 매력을 뽐내는 왕이는 부처 내에서도 인기가 많았다. 중국 외교관들은 후에 왕이를 진정한 "정치인"으로 묘사한 반면 양제츠에 대해서는 "관료"라고 평가했다.[20] 왕이의 외모가 준수하다는 것도 인기에 한 몫 했다. 왕이의 숱이 많은 눈썹과 회색의 머리카락은 동료들의 염색한 검은 머리와 뚜렷한 대조를 이룬다. 심지어 보통 신중하기로 유명한 중국 관영 매체는 왕이를 "은색 여우"라고 불렀다.[21]

일본을 담당하는 어느 국가의 외교부 직원처럼 왕이도 그의 민족주의적인 성향을 증명해야 한다는 것을 잘 알고 있었다. 그는 또한 9/11 테러 이후 파키스탄에 중국의 입장을 전하는 일, 6자회담에서 북한을 관리한 일을 포함하여 여러 중대한 임무를 맡은 적이 있다. 이제 왕이는 시진핑 주석의 기대에 부응하는 외교부를 구축하는 것이 그가 직면한 가장 큰 도전이었다.

왕이는 외교부가 전통적으로 숨겨왔던 그 가치를 이제 두 배 이상 강하게 밀어 붙이는 것으로 해결책을 제시하였다. 생각해보면 이 해결책은 폐쇄적이고 편집증적인 중국 국내 체제를 개방적인 외부 세계로부터 대응하기 위한 것이었다. 왕이의 해결책은 베이징에서 탄생한 새로운 분위기에 완벽하게 어울렸다.

왕이의 변화는 조직 아래에서부터 시작했다. 2013년 8월, 외교부장으로 임명된 후 불과 6개월도 안 된 시기에 그는 외교부 내 올리브홀(Olive Room)에서 251명의 신입 직원들을 대상으로 연설을 했다. 그는 "전투 투입이 완료된 외교군"을 "외교 전선"에 내보내며 그들을 환영한다고 말했다. 왕이가 사용한 군사적 비유법은 과거에도 전임자들이 사용했었으며 건국 이래 중국 외교관들이 그들의 역할을 이해하도록 도왔다.[22] 왕이는 "여러분 중 절반 이상이 1990년대에 태어났습니다. 내가 여러분 나이였을 때, 나는 여전히 마을에서 노동자로 일하고 있었습니다"라고 말했다. 그는 이어 "나는 24살이 될 때까지, 대학 입학시험이 재개될 때까지 대학에 가지 못했습니다. 따라서 나는 당신들이 부럽습니다. 그리고 나는 당신들 때문에 행복합니다"라고 말했다.

그는 시 주석의 야망을 충족시켜야 하는 중국이라는 관점에서 외교관의 역할을 설명했다. 왕이는 "우리 역사에서 특별하고 중요한 시기에 여러분들이 외교부의 일원으로 들어왔습니다"라고 말했다. 그는 이어 "우리나라는 어느 때 보다 과거의 영광 회복이라는 목표에 가까워졌어요. 그리고 다른 어느 때 보다도 글로벌 강대국이 되기 위한 순간에 와 있습니다"고 말했다. 더 나아가 그는 "역사가 당신에게 마지막 바턴(baton)을 건네주었습니다"라고 말했다.

왕이는 또한 외교부가 과거에 너무 소극적이었다는 일부의 견해를 인정했다. 그는 "이상과 신념은 우리의 정신적인 칼슘이다. 이러한 가치 없이 우리는 골다공증을 갖게 될 것이다"라고 은유적으로 말했다. 그는 이어 "시 주석은 이상향이 우리의 삶을 인도한다고 말했고 신념이 우리가 가진 임무의 성패를 좌우한다"라고 명확하게 말했다. 그는 자신의 리더십을 통해 과거 2000년대에 대중들에게 칼슘 알약을 받을 정도로 약하다고 인식되어 왔던 외교부의 이미지를 떨쳐버릴 것이라는 입장을 뚜렷하게 전달했다.

왕이는 시진핑의 야망을 충족시키기 위해 외교부 내 존재하는 전통에 눈을 돌렸다. 왕이는 직원들에게 "저우언라이는 항상 우리의 모델이 될 것이다"라고 말했다. 그는 이어 "저우언라이의 명언에 따르면 외교관은 민간인의 복장을 한 인민해방군이다. 민간인의 옷을 입은 인민해방군은 엄격한 규율을 유지해야 하고 명령에 복종해야 하며 또한 강인한 인격과 업무 스타일을 길러야 한다…인민해방군처럼 국민을 위해 봉사하기 위해서"라고 말했다.

중국 외교관들은 새로운 자신감 이상의 것을 보여줘야 했다. 그들은 정권에 복종하는 모습을 보여야 했다. 중국 내에서 빠르게 이루어진 시진핑의 권력 통합은 150만 명이 넘는 관료를 잡아들인 반부패 운동뿐만 아니라 언론과 시민 사회에 대한 대대적인 단속을 동반했다.

2013년 초, '문서 번호 9'라고 명명된 기밀 지침이 부처 내 조용히 돌고 있었다. 해당 지침은 "서구의 입헌 민주주의"와 "서양식 보편적 가치"를 비판하며 "적대적인 서구 세력"이 중국의 "이데올로기 영역에 침투"하고 있다고 경고하였다.[23] 이 문서는 정부 부처, 교육 기관, 그리고 이미 곤경에 처해 있는 시민 사회를 오싹하게 만들었다. 다음 해, 많은 외교부 직원들을 배출하는 베이징외국어대학(Beijing Foreign Studies University) 소속인 거침없고 개방적 성향의 교수인 차오무(Qiao Mu, 喬木)는 뚜렷하지 않은 "규율 위반"이란 사유로 교수직에서 해임되었다.[24] 중국 외교관들은 다시 한 번 기회비용이 커진 국내 환경, 즉 정치적인 실수를 범할 시 대가가 큰 상황을 직면하였다.

***

중국의 대담한 모습은 지속되었다. 2012년 6월, 왕이는 시 주석과 함께 미국 캘리포니아주를 방문하였다. 그들은 팜 스프링스(Palm Springs) 외곽에 프랭크 시나트라 가(Frank Sinatra Drive)와 밥 호프 가(Bob Hope Drive) 사거리에 위치한 200 에이커 규모의 써니랜즈(Sunnylands)에 도착했다. 시 주석과 오바마 대통령은 두 지도자가 서로를 알아가고 업무적인 관계를 발전시키기 위해 소위 대본이 없는 "허심탄회"한 회담을 준비하였다. 시 주석과 오바마 대통령은 이번 회의를 통해 개인적인 관계를 형성하지 못하였으나 왕이는 이번 방미 및 이어지는 출장을 통해 시 주석과 좋은 관계를 발전시킬 수 있었다. 마오타이 술을 함께 마시며 두 사람 사이의 벽은 무너졌고 둘은 비행기에 타고 있던 다른 직원들보다 늦게까지 술을 마시며 대화하곤 했다.[25]

오바마 대통령은 공개적으로 이 회담을 "엄청난 성과"라고 칭했지만, 그는 사적인 자리에서 미국의 중국에 대한 인내심이 한계에 도달하고 있다는 신호를 보내기도 했다.[26] 한 번은 오바마 대통령이 시진핑 주석에게 중국의 미국 정부기관 및 회사들을 대상으로 실시한 해킹에 대해 강하게 불만을 제기하였다. 이에 대하여 시 주석은 단호하게 대응하며 중국 오페라에서 나오는 우화를 소개하였다. 시진핑은 어두운 방에서 적과 싸우는 전사의 이야기가 있는데 결과적으로 그는 외부의 적이 아닌 자신과 싸우고 있다는 것을 알게 되었다는 이야기를 오바마에게 알려주었다. 이 이야기의 요점은 미국은 누가 해킹의 배후에 있는지 알 수 없다는 것이었다. 시진핑의 답변을 듣고 오바마의 발언을 지켜본 목격자에 따르면 오바마는 퉁명스럽게 "당신과 나의 차이점은 나는 해킹의 배후가 중국이라는 것을 알고 있다는 것입니다"라고 말했다고 한다.[27]

중국 외교의 변화는 1년 후 카자흐스탄에서 강하게 나타났다. 2013년 9월, 아스타나(Astana)시 소재 나자르바예프대학교(Nazarbayev University)에서 시진핑은 관료 및 학생들 앞에서 "새로운 실크로드"란 비전을 발표했다. 그는 "나는 사막에 있는 낙타에 매달린 종소리와 사막에서 나는 연기를 느낄 수 있다"라고 청중들에게 말하며 중국의 자본을 바탕으로 번영하고 상호 연결된 아시아 대륙을 구축하는 그의 비전을 제시했다.[28] 다음 달, 인도네시아 의회에서 연설하면서 그는 상호보완적인 "해상 실크로드" 계획을 발표했다. 그는 이 기회를 통해 실크로드 계획에 필요한 자금을 댈 아시아 인프라 투자 은행(AIIB)을 설립하려는 그의 의도를 공유하였다.[29] 이 정책들은 나중에 "일대일로 이니셔티브"라고 명명되며 덩샤오핑이 강조한 중국의 외교정책 기조인 '도광양회'에서 탈피한 중국의 과감한 출발을 상징했다.

같은 해 10월, 시 주석은 중국의 주변국 외교에 관한 "업무 회의(work forum)"를 주재했다. 해당 회의는 2006년 이후 처음으로 열린 업무 회의였다. 정치국 상무위원회 위원 전원, 당 및 정부 최고 지도자, 그리고 따로 소집된 중국 대사들이 회의에 참석하였다. 시 주석은 중국의 외교가 더 적극적이어야 한다고 강조하였다. 시진핑은 이를 "하향식 계획"이라 표현했다. 그의 전임자들이 중국의 경제 정책 결정을 설명하기 위해 사용한 용어를 시진핑은 자신의 외교를 묘사하기 위해 사용하였다. 시진핑의 이러한 단어 선택은 중국의 외교가 더 중앙집중화될 것이라는 하나의 힌트였다.[30]

주변국에 대한 시 주석의 행동은 소름끼치게 공세적으로 변하는 중국의 외교를 더욱더 확고히 하는 것처럼 보였다. 시 주석이 취임하기 몇 달 전, 중국은 분쟁 중인 남중국해에 위치한 스카버러 숄(Scarborough Shoal)을 점령했다. 시 주석은 이어 이 지역에 방공식별구역(ADIZ)을 선포하게 된다. 2013년 11월에 왕이가 비숍 장관 앞에서 중국의 결정을 옹호한 바로 그 방공식별구역(ADIZ)이다. 이러한 중국의 행위는 미국의 우려를 더 급속도로 증가시켰다. 이제는 미국의 최고위급 관계자들도 경각심을 갖게 되었다. 2013년 말, 일반인에게 알려지지 않은 미국 첩보용 인공위성들은 남중국해에서 빠른 속도로 진행되는 중국의 인공섬 건설 장면들을 포착했다.[31] 이후 20개월 동안 중국은 과거 40년 동안 남중국해 지역 내 영유권을 주장한 국가들이 주장한 지역 범위보다 약 17배 많은 지역을 본토의 영유권으로 주장했다.[32] 중국은 남중국해 지역 내 영유권 주장을 펼치면서 과거에 비해 훨씬 더 도발적인 접근법을 택하고 있었다. 남중국해는 매년 5조 달러 규모의 선박 무역이 통과하는 바다이다. 이러한 중국의 영유권 주장은 필리핀, 말레이시아, 베트남, 대만, 그리고 브루나이와 충돌했다.

2014년 3월 파리에서 시 주석은 중국 외교의 변화를 가장 명확한 방법으로 표현했다. 그는 "나폴레옹 보나파르트는 중국을 '잠자는 사자'라고 칭하며 '중국이 깨어나면 세계를 뒤흔들 것이다'"라고 말했다. 그는 이어 "사실 사자는 깨어났지만, 지금 세계가 보는 것은 평화롭고 상냥하며 문명화된 사자다"라고 중국의 부상을 표현했다.[33] 그해 5월, 상하이에서 행한 연설에서 그는 "아시아의 사람들이 아시아의 일을 담당할 것"임을 주장했다.[34] 시 주석의 발언은 미국이 아시아에서 더 이상 환영받지 못한다는 것을 암시했다.

***

중국 외교 정책에 엄청난 변화가 일어나면서, 중국 당국은 그들의 외교관들이 그 어느 때보다도 상대국을 안심시킬 필요가 있다고 믿었다. 지금 이 순간에 중국 외교군이 빛나는 순간이어야 했다. 하지만 오히려 중국 외교관들은 그들의 외국 상대와 솔직한 대화를 나누기가 점점 더 어려워졌다.

외국 외교관들은 중국의 변화를 재빨리 알아차렸다. 2013년, 브뤼셀의 한 유럽연합(European Union) 소속 관료는 그가 오랜 기간 동안 알고 지낸 중국 외교관과 커피를 마시기로 일정을 잡았다. 중국 외교관과의 만남을 통해 EU 소속 관료는 현재 세계적인 관심이 쏠리는 중국에 대한 전문 지식을 공유받길 희망하였다. 그 유럽 관리는 평소대로 솔직하고 유익한 만남을 기대했지만, 중국 외교관은 누군가와 동행하며 자리에 참석했고 자신의 전문 분야에 대해 이야기하기를 꺼려했다. EU 소속 관료는 왜 그들의 대화가 갑자기 이렇게 형식적인 대화가 되었는지 궁금해 하며 계속해서 중국측에 질문하였다. 결국 그 중국 외교관은 "방금 당신이 한 질문들은 구글에 검색해 보세요. 당신은 그곳에서 많은 정보를 찾을 수 있을 것입니다. 그것이 도움이 되기를 바란다"라며 정중하게 얘기했다.[35] 한 미국 관료는 2014년에 개최된 회의에서 그 변화의 규모를 감지했다. 그는 오래 알고 지낸 상대 중국측으로부터 원래대로 해온 건설적인 대화를 예상하였으나, 중국측은 갑자기 책을 열고 그 책에 서술된 내용을 읽기 시작했다. 중국측은 사전 승인된 일련의 '토킹 포인트'를 읽었고 그는 평소 영어로 대화하는 것을 선호했음에도 불구하고 중국어로 말하기 시작했다.[36]

이러한 극적인 중국의 변화는 시진핑의 리더십을 중심으로 베이징의 변화된 정치적 분위기를 반영했다. 많은 외교관들은 시 주석을 통해 내려오는 강경한 지침에 불안해했다. 그리고 더 중요한 것은 자국에서 벌어지는 국내정치적 변화로 두려움을 느꼈다. 시 주석의 전면적인 반부패 운동이 진행됨에 따라 다음으로 숙청될 사람이 누구일지 부처 내 소문이 돌고 있었다.[37] 몇몇 사람들은 두 번째 연임 이후에도 시진핑이 권력을 포기하지 않을지도 모른다고 믿었다. 벌써 일부는 시진핑이 종신형 지도자가 될 수도 있겠다고 예상했다. 이러한 상황은 중국 관료들에게 충격적으로 다가왔다. 경제 관료들은 잘못된 결정을 내릴까 우려하여 여러 프로젝트의 승인을 중단했다.[38] 외교관들은 머리를 숙이고 주어진 지침만 숙지하였다.

외교부에게 이러한 현상은 되풀이된 역사였다. 과거 저우언라이가 문화대혁명 기간 동안 외교관들이 공식 당의 '토킹 포인트'를 고수할 것을 조언한 것처럼, 지금 상황을 직면한 중국 외교관들은 본능적으로 '토킹 포인트'를 고수하고 있었다. 미국의 중국 전문가들은 어떠한 패턴을 포착했다. 전직 국무부 동아태 담당 차관보 대행인 수잔 손튼(Susan Thornton)은 "더 민족주의적이고 정통주의를 중시하는 정권이 들어서면 외교부는 가장 먼저 의심을 받는 기관이다. 그들은 반역자를 찾기 위해 외교부부터 뒤진다"고 말했다. 손튼은 이어 "외교부는 시진핑 집권 초반부에 이 일을 겪었다. 그들은 여유가 없다고 느꼈고 따라서 모두 신경질적이었다"고 말했다.[39]

그 결과 중국 외교는 더 적극적이면서도 강해졌고 고집이 세고 융통성이 없어졌다. 이러한 변화는 2000년대에 확립된 고위급 대화에서 벌어졌다. 2014년에 양제츠는 미국 내각의 각료와 동급인 국무위원으로서 워싱턴 D.C.를 방문했다. 양제츠는 정치와 가장 잘 어울리는 중국 외교관 중 한 명이었다. 그는 베이징의 분위기에 적응을 잘 하는 사람이었고 그의 외교 커리어 내내 분노를 대놓고 들어내며 민족주의자로서의 자격을 잘 나타내었었다. 이번에 양제츠는 미국 국무장관인 존 케리(John Kerry)에 대항하는 방법을 보여주었다.

케리는 양제츠와 긴 대화 이후 중국과 미국 간 가장 긴장감이 첨예한 지점 중 하나인 티베트 얘기를 꺼냈다. 케리는 양제츠에게 그가 망명 중인 티베트의 정신적 지도자인 달라이 라마를 알아가기 위해 노력했다면 달라이 라마가 그렇게 나쁜 사람이 아니라는 것을 알게 될 것이라고 말했다. 케리의 발언은 대담하면서도 순진하게 보이며 케리는 티베트와 관련된 양제츠의 생각이 변하기를 희망했다. 케리와 나누고 있는 대화에 대해 나중에 모든 것을 보고해야 하는 것을 알고 있는 양제츠는 그의 트레이드마크인 상대방을 향한 맹렬한 비판을 시작했다. 양제츠는 "달라이 라마는 양의 탈을 쓴 늑대입니다"라고 외쳤다. 그는 이어 "그는 사악하고 당신을 속이고 있다"고 덧붙였다. 양제츠의 발언을 청취하던 시점에 케리는 벌써 다음 예정된 회의에 늦은 상태였다. 케리는 그의 주장을 계속 상대방에게 관철시키고자 했지만, 아무 소용이 없었다.[40] 만약 케리 국무장관은 중국 외교관에 대해 더 많이 알고 있었다면 처음부터 티베트란 주제는 금기어 수준이라는 것을 알았다. 결국 양제츠가 신경을 썼던 것은 케리가 아닌 베이징이었다.

시진핑은 새로 바뀐 분위기에 대하여 만족스러워 하는 것 같았고 계속 그 분위기를 밀어붙였다. 2014년 11월, 그는 중앙외사업무회의를 주재하며 중국의 고위급 외교관과 핵심 군부를 소집했다. 고위 군 간부 및 정부 관료들과 거의 모든 중국의 대사들이 참석한 가운데, 이 회의는 앞으로 전개될 중국 외교의 기조를 설정하는 것을 목표로 했다. 시진핑은 저우언라이의 평화 5원칙 등 친숙한 주제들을 언급했지만 그의 새로운 목표는 분명했다. 그는 이제 때가 되었다고 말하며 중국이 본국의 "권익"을 지키면서 "강대국 외교"를 수행해야 한다고 강조했다.[41] 다시 말해, 중국이 국제사회에서 주도적인 위치를 차지하고 자국이 당연히 취해야 하는 것을 취하겠다는 의미였다.

시 주석은 또한 공산당이 외교 정책을 펼치는 과정에서 리더십을 "강화"해야 한다고 말했다. 그는 중국의 외교 정책 수행이 더욱 "조율"되어야 하고 외교 관료들이 당내 "입지를 더 확고히" 해야 한다고 말했다. 시 주석의 발언은 2000년대에 중국의 외교 정책 결정 과정이 너무 분열되어 있었다는 것을 시사한다. 그는 다시 주도권을 중앙으로 가져오고자 계획했다.

외교부의 일부 사람들은 강경한 자세를 요하는 새로운 변화를 즐겼다. 한 학자는 이러한 변화를 "중국몽을 이루기 위한 외교적 선언"이라고 묘사했다.[42] 2014년 말, 공산당 소속 학자 천진(Chen Jin)은 외교부의 지도부가 이제 점점 더 적은 사람들이 칼슘을 우편으로 보내고 있다고 자랑한다고 말했다.[43] 반대로 이러한 변화에 대해 우려하는 사람도 존재했으나 그들은 일단 그들의 생각을 외부에 발설하지 않았다.

***

특히 미국이 중국의 정책 변화를 받아들이기 힘들어 하며 중국 외교관들이 본국의 정책을 변호하기 어려워지는 불길한 상황이 전개되고 있을 때 그들은 강경하게 행동하라는 본부의 지침을 받았다. 2015년 3월, 중국 정부는 중국 내에서 해외 비정부기구(NGO)와 NGO와 함께 일하는 중국 국내 회사가 경찰에 등록 신고를 하도록 강요받음으로써 그들의 운영을 제한하게 되는 계획을 발표했다.[44] 같은 해 7월, 중국 공안은 중국 전역에서 인권 변호사에 대한 대대적인 단속을 개시했다. 당국은 진압 과정에서 약 250명의 변호사와 인권 활동가를 구금했다. 그중 몇몇은 카메라 앞에서 굴욕적인 고백을 강요당하며 텔레비전에서 전복시도자 또는 문제아로 묘사되었다.[45] 외국 외교관들은 공포에 휩싸이며 이 상황을 지켜보았다. 이 상황에 대해 오바마 행정부의 한 고위 관료는 "인권 변호사와 같은 우리의 많은 연락책들이 구금되고 있었다" 라고 상황을 회상했다. 그는 이어 "많은 사람들이 이 상황에 대해 매우 화가 났다"고 말했다.[46]

같은 시기에 미국의 기업 협의체들은 중국에 대한 신뢰를 잃기 시작했다. 중국에서 비록 2013년에 경제 정책을 세울 주요 당 회의인 3차 총회(Thrid Plenum)가 개최되며 당국이 자원의 효율적 배분을 위해 시장에서 "중요한" 역할을 수행하도록 약속했지만, 정부의 개혁 의제는 단편적인 자유화와 진전이 없는 의제들의 조합뿐이었다. 시 주석은 '메이드 인 차이나 2025'라는 산업 정책을 강하게 밀었다. 2015년에 출범한 이 정책은 중국이 세계 경제의 미래를 규정할 10개 산업에서 선두주자가 되기 위한 계획을 포함했다. 계획에는 항공우주, 신생에너지 자동차, 인공지능, 로봇공학, 그리고 생명공학 등과 같은 산업들이 포함되었다. 중국 소재 미국 상공회의소가 2015년 말에 여러 기업을 대상으로 조사한 결과, 조사 대상 기업 중 약 77%의 기업들이 이전보다 중국에서 '환영을 덜 받고 있다'라고 응답했다. 이 수치는 전년도 조사의 60%에서 증가한 수치이다.[47] 외국인 투자자와 서방 기업인들은 한때 중국의 가장 믿을 만한 친구들이었지만, 조용히 미국의 강경한 태도를 지지하기 시작했다.

또 다른 긴장이 고조되고 있는 영역은 사이버 보안이었다. 중국 당국이 지원하는 해커들은 미국 정부와 미국 기업을 표적으로 삼았다. 2015년 9월, 시진핑이 미국을 처음으로 국빈 방문을 준비함에 따라 긴장감이 감돌았다. 중국의 사이버 스파이 활동에 대응 조치로 고려된 오바마 행정부의 대중 제재는 시진핑의 공안부장인 멍젠주(Meng Jianzhu, 孟建柱)가 미국과 합의를 이뤄냄으로써 시진핑이 미국에 도착하기 직전에 피할 수 있었다. 오바마는 "이 사안은 단순히 우리가 약간 삐진 수준의 문제가 아니다"라고 상황을 표현했다.[48]

이러한 상황에도 불구하고 미국 관료들은 오바마−시진핑 정상회담을 계기로 희망을 잃지 않았다. 중국은 사이버 스파이 활동을 줄이겠다는 신호를 미국측에 보냈고 시 주석은 백악관 남쪽 잔디밭(South Lawn)에 서서 남중국해에 있는 분쟁 중인 스프래틀리 군도(Spratly Islands)를 군사화하지 않을 것이라는 것이라고 공개적으로 천명했다. 수개월 동안 미국 정부 관료들은 시 주석의 성명에 나타난 약속들을 얻어 내기 위해 많은 노력을 가했고, 시진핑의 성명문은 그들에게 의미있는 성과였다. 그리고 이 회담은 미중 양측이 여전히 선의에 기반하여 소통할 수 있을 것이라는 의미를 담고 있었다. 그러나 오랜 시간이 지나지 않아 중국이 정말로 스프래틀리 군도를 군사화하려는 의도가 있음이 분명해졌다. 그리고 사이버 공격은 미중 정상회담 이전의 규모로 재개되었다. 깨진 약속은 지금까지 희망의 끈을 놓지 않았던 미국 관료들에 대한 모욕이었다. 오바마 행정부의 전직 국방부 고위 관료 중 한 명은 이 순간을 미국의 중국에 대한 인식이 악화된 결정적인 순간으로 묘사했다.[49]

비록 시진핑의 공격적이고 거만한 정책들 중 몇 가지만 외교부의 산물이었지만 중국 외교관들은 상대 외교관들의 모든 비난을 감당해야 했다. 그들은 국내외 압박에 시달리는 도전을 받았을 때 과거와 똑같이 맹렬히 상대방을 비난함으로써 반응했다. 2016년 6월, 캐나다 국적의 기자가 스테판 디온(Stephane

Dion) 캐나다 외교장관에게 인권과 간첩 혐의로 중국에 억류된 캐나다인 사건에 대해 질문하였다. 이때 왕이가 개입하며 "당신의 질문은 오만함으로 그리고 중국에 대한 편견으로 가득차 있다"라고 말했다. 왕이는 이어 "정말 전적으로 받아들일 수 없다"라고 불쾌함을 표명했다.50

이러한 왕이의 행동은 본국에서 인기를 끌었다. 그의 발언은 온라인 민족주의자들에게 깊은 울림을 남겼다. 온라인 민족주의자들은 오랫동안 국가의 최고위급 외교 관료들이 더 공세적인 태도를 취할 것을 바래왔기에 왕이를 지지하는 수백 개의 메세지가 중국의 소셜 미디어 플랫폼 톈야(Tianya)에서 발견되었다. 한 네티즌은 "왕이의 행동을 지지합니다! 나는 중국이 훨씬 더 왕이와 같은 정치인들을 배출할 수 있기를 바랍니다"라는 글을 게재했다.51 왕이가 캐나다 기자에게 보여준 행동은 인터넷에서 '짤(GIF)'의 형태로 인기를 끌었다. 웨이보에서 그를 위한 팬클럽은 13만 명 이상의 팔로워를 모았다. 공산주의 청년단(Communist Youth League)은 왕이가 "외교부장에 너무 잘어울린다"고 평가하며 "어느 각도에서 보더라도 너무 잘생겼다"라고 그의 외모를 묘사했다.52

많은 중국 시민들과 더 많은 중국 외교관들에게, 중국에 대한 서구의 비판은 위선적으로 다가왔고, 왕이의 발언은 환영받았다. 생각해보면 서방 세계도 그들만의 문제가 있었다. 2015년 4월, 25세의 볼티모어에 거주하는 흑인 남성 프레디 그레이(Freddie Gray)의 죽음은 경찰의 인종차별과 잔혹성에 대한 폭력적인 시위를 촉발시켰다. 이를 통해 블랙 라이프 매터(Black Lives Matter) 운동이 다시 촉발되었다. 같은 해 11월, 파리에서 테러 사건이 발생하며 130명의 사망자를 남겼고, 프랑스 대통령 프랑수아 올랑드(François Hollande)가 이슬람 국가(IS)와의 전쟁을 선포하도록 이끌었다. 한 해 동안, 중동과 북아프리카에서 온 이주민들의 유입은 여전히 2008-2009년 금융위기에서 회복하고자 노력하는 유럽에 반가운 소식이 아니었고, 폴란드에서부터 스웨덴, 덴마크에 이르기까지 극우 민족주의 정당의 부활을 부채질했다. 많은 중국 관료들이 인식하기에 서방세계가 그들 자국의 문제에 집중하는 것이 더 나을 것이라고 생각했다.

중국 외교관들은 2016년 7월, 남중국해에서의 중국의 행동에 대해 비판하였고 중국의 광범위한 영유권 주장에 대하여 법적 근거가 없다는 판결을 담은 네덜란드 헤이그 소재 국제상설중재재판소(Permanent Court of Arbitration, PCA)의 결정에 대하여 똑같이 강경하게 반응했다. 해당 사건은 필리핀이 제소하였고 중국이 국제법에 의해 재판에 소환된 첫 번째 사건이었다. 네덜란드 주재 중국 대사 우켄(Wu Ken, 吳懇)은 재판소의 판결은 "종이 쓰레기"이며 "국제법의 모욕"이라고 칭했다. 그는 또한 "이 지역에 속하지 않는 여러 나라들"이 "강압적인 위협과 날조된 논쟁"을 멈추라고 주장했다.53

중국의 외교 정책 수립에 기여하는 모든 사람들이 새로운 변화에 대해서 편안함을 느낀 것은 아니다. 위에서 언급한 판결 이후 몇 달이 지나 미국을 방문한 중국 학자는 상대 미국측에게 중국 외교 정책 커뮤니티는 재판관을 비판한 몇몇 사람들에 대해 부끄러워한다고 털어놓았다.54 일부 전직 외교관들은 중국이 과거의 실수를 반복하는 것처럼 느꼈다. 우젠민 전 프랑스 주재 중국대사는 "우리가 세계무대의 중심을 향해 가는 동안 우리는 마음가짐을 조심해야 한다"고 서술했다. 그는 이어 "몇몇 사람들은 중국이 세계적인 강대국이 되기를 바라는 마음을 내재적으로 갖고" 있고 그들은 "도광양회가 구시대적"이라 믿는 사람들이 있다고 평가했다. 우젠민에 따르면 이 사고방식은 문화대혁명이 남긴 산물에 기인한다.55

어쨌든 중국의 공세적인 외교는 계속되었다. 이후 도널드 트럼프(Donald Trump)가 등장하며 점점 더 불확실성이 커져가고 있었다.

***

세계의 많은 곳과 마찬가지로 2016년 11월, 도널드 트럼프의 미국 대선 승리는 중국 외교관들을 깜짝 놀라게 했다. 워싱턴 D.C. 소재 중국 대사관은 미국 내 국내 여론이 포퓰리즘에 더 우호적인 방향으로 가고 있다는 내용을 베이징에 보내지 못했다. 부분적으로는 그들이 그것을 발견하지 못했기 때문이고 또 다른 부분적으로 본국에 있는 상부에 나쁜 소식을 전하길 두려워 했기 때문이다. 중국은 트럼프 취임식 전 몇 달 동안 부동산 거물이자 리얼리티 TV 스타였던 그가 그의 선거 운동 기간 동안 중국이 미국을 "갖고 놀았다고" 언급한 것과 중국과 무역 전쟁을 시작하겠다고 언급한 부분을 이해하고자 노력했다.

　시진핑은 처음부터 중국이 미국의 압력으로부터 굴복하지 않을 것임을 분명히 했다. 트럼프 당선 직후 페루에서 열린 2016년 APEC 정상회의에서 시진핑은 오바마와의 마지막 만남에서 시진핑은 새로 들어서는 미국 행정부에 대한 그의 생각을 전했다: "나는 먼저 도발하지 않을 것이고 가만히 앉아 맞고 있지 않을 것"이라고 말했다.[56] 그래도 세계 양대 경제대국 간의 정면대결은 양쪽 모두 다칠 수 있으므로 가능하면 피하는 것이 좋아보였다. 베이징의 관료들은 미국과의 관계에서 전면적인 대립을 피할 방법을 고민하면서 손자의 '손자병법'에 나오는 고대 중국 속담을 인용하기 시작했다: 당신은 1,000명의 적을 죽일 수 있지만, 800명의 아군을 잃을 수도 있다.[57]

　우선 중국은 트럼프 대통령이 누구인지 알아내고 그가 원하는 것을 알아채야 했다. 저우언라이가 닉슨과 키신저가 가장 좋아하는 책과 영화에 대한 정보를 수집한 것처럼 여러 정부 부처 관료들은 트럼프의 대선 승리 후 몇 주 동안 그에 대해서 알아가기 위해 초과 근무를 했다. 그들은 VPN 소프트웨어를 사용하여 컴퓨터 방화벽을 넘어 중국에서 차단된 웹사이트인 트위터에 접속하였고 트럼프의 정책 성향을 이해하는 단서를 찾기 위해 트럼프의 트위터 계정을 뒤졌다.[58] 중국 지도자들은 그를 어떻게 다룰까 고민하면서, 트럼프의 저서인 『거래의 기술(The Art of the Deal)』을 첩보 보고서처럼 면밀히 읽었다.

　다음으로 중국 관료들은 트럼프 대통령과 직접 소통할 수 있는 방법을 찾아야 했다. 처음에 중국은 제3자를 거쳤다. 2017년 1월, 억만장자 기업가이자 e커머스 대기업인 알리바바 그룹 홀딩스(Alibaba Group Holding Ltd.) 회장인 마윈은 시진핑의 승인 아래 트럼프 타워에서 트럼프를 만났다. 미국에서 일자리를 창출하기 위해 중국이 도움이 될 수 있다는 가능성을 강조하였고 트럼프의 정책을 지지하는 중국의 입장을 전하며 잭 마 회장은 100만 미국인 자영업자들을 그의 플랫폼에 데려오겠다고 약속했다.[59] 이후 중국 외교관들이 직접 트럼프 가문에 연락을 취했다. 당시 주미대사인 추이톈카이(Cui Tiankai, 崔天凱)는 트럼프 대통령 취임 이후 몇 주 이내 트럼프의 사위 재러드 쿠슈너(Jared Kushner)를 통해 트럼프에 접근할 수 있는 백채널을 구축했다. 추이톈카이는 심지어 이방카 트럼프(Ivanka Trump)와 그녀의 딸 아라벨라(Arabella)를 중국 대사관의 춘절 행사에 데려오기도 했다. 저명인사의 참석을 통해 해당 행사 참석자들은 휴대폰을 꺼내 이방카와 그녀의 딸이 중국 전통 음악을 듣고 공예품 감상, 중국 인형을 갖고 노는 영상을 촬영했다.[60]

그럼에도 불구하고 베이징은 트럼프 대통령의 진짜 의중에 대해 여전히 갈피를 잡지 못했다. 중국은 도움이 될 수 있는 모든 사람들을 접촉했다. 그 달 말, 양제츠는 워싱턴 D.C.로 가서 행정부의 고위 관료들을 만나고자 계획했다. 중국 대사관에서 만찬을 하는 동안 오랜 공화당원 인사를 만나 트럼프에 대한 정보를 구했다. 양제츠가 접촉한 인물들은 브렌트 스코크로프트(Brent Scowcroft) 전 국가안보보좌관과 전 미 상무부 장관 바바라 프랭클린(Barbara Franklin)을 포함했다.[61] 이 사람들은 분명 광범위한 인적 네트워크를 갖고 있었지만, 그들은 트럼프의 측근이 아니었고 양제츠에게 큰 도움을 제공할 수 없었다.

중국이 조심스럽게 상황을 낙관하는 이유가 있었다. 로널드 레이건, 빌 클린턴과 조지 W. 부시는 그들이 실제 대통령직에 취임하면서 대선 후보로서 추진하겠다고 공언한 비우호적인 대중정책을 실제 이행하지 않았다. 중국은 트럼프도 전임자처럼 그럴 것으로 생각했다. 취임 이후 트럼프는 장애물이 아닌 중국에게 기회를 만드는 조치를 취하기 시작했다. 2017년 1월, 취임식 며칠 만에 그는 12개국이 참여하고 미국이 중국과 아시아−태평양 지역에서의 경쟁을 촉진하는 목표를 가진 환태평양경제동반자협정(Trans−Pacific Partnership)에서 탈퇴했다. 미국의 탈퇴 결정으로 중국은 더 이상 경제적 고립의 위험을 무릅쓰지 않아도 되기 때문에 더 높은 수준의 경제 개혁을 통해 경제적 자유화를 이행해야 한다는 중국 관료들의 압박을 줄여주었다.[62] 시진핑은 이 상황을 본국에 유리하게 이용하여 자유 무역과 세계화의 선두주자인 중국으로 자리잡기 위해 움직였다. 심지어 시진핑은 2017년 다보스에서 열린 세계경제포럼에서 연설을 통해 보호무역주의를 "어두운 방에 틀어박히는 것"이라고 묘사했다.[63]

중국의 트럼프 적응기는 계속되었고, 베이징은 이제 돈과 아첨으로 긴장을 완화하기 위해 준비했다. 이 접근법은 2017년 4월에 시진핑이 트럼프를 플로리다에 있는 그의 마라라고 사유지에서 만나며 시작되었고 같은 해 11월, 트럼프가 중국을 국빈 방문하며 절정에 달했다. 트럼프 대통령을 만났던 여러 기업인들 사이에서 백악관이 반중 행보를 계획하고 있다는 소문이 돌자 중국 정부는 2,500억 달러 규모의 거래를 약속하며 상징적인 자금성에서 트럼프 대통령을 위한 만찬을 주최했다.

하지만 이 접근 방식은 실패했다. 트럼프 대통령 베이징 방문 이후 한 달 만에 미국의 국가 안보 전략서(National Security Strategy)는 중국을 "전략적 경쟁자"와 "수정주의 권력"으로 낙인찍었다. 이듬해 1월, 미국은 중국의 공급망 지배와 저가 상품에 대한 덤핑에 대한 우려로 세탁기와 태양 전지 수입품에 대한 관세를 부과하겠다고 발표했다. 미국의 조치는 다년간의 경제적 갈등을 촉발시켰고 이는 빠르게 광범위한 미중 간 대립으로 확대되었다. 2018년 8월 기준 340억 달러의 상품에 대한 관세가 이미 발효 중이었고 또 다른 2,160억 달러 규모의 관세가 발효 직전 단계에 있었다. 또한 트럼프는 중국의 거대 통신회사인 ZTE를 제재하며 중국 지도자들에게 미국 기술과 시장에 대해 접근하는 중국 기술 회사에 대해 경고장을 던졌다.

중국 외교관들이 사태의 심각성을 눈치채자 베이징의 분위기는 어두워지기 시작했다. 외교관들에게는 외압에 맞서 힘을 과시하는 것이 정치적으로 안전한 유일한 방법처럼 느껴졌다. 한 통상 관련 중국 관료는 당시 상황에 대해 "아무도 감히 비둘기파의 의견을 말할 수 없었습니다"라고 표현했다. 그는 이어 "최고위급 관리들만이 미국과의 타협을 주장할 수 있었습니다. 다른 사람이 공개적으로 그러한 주장을 내기에는 너무 위험했습니다"라고 말했다.64 미국에서도 분위기가 어두웠다. 일부 민주당원들은 트럼프의 관세 부과 또는 다른 정책들에 대해서 동의하지 않았으나 대중정책의 변화에 대해서는 드물게 초당적 합의가 이루어졌다. 2017년 8월, 민주당을 상원에서 이끌었던 상원의원 척 슈머(Chuck Schumer)는 심지어 지적재산권을 둘러싼 중국과의 무역분쟁에 대하여 관례대로 전수 조사 실시 여부와 상관없이 트럼프가 경제 보복을 곧바로 시행하도록 장려했다. 미중 관계가 이례적으로 악화되고 있다는 것이 점점 더 명백해지고 있었다.

중국 관리들이 미국의 행동을 개탄할지라도, 조심스럽게 미국과의 관계를 다루도록 강요받은 이유는 국제사회에서 미국의 영향력은 여전히 충분히 강력했기 때문이다. 중국 외교관과 관영 매체들은 트럼프 대통령을 자극하지 않기 위해 개인적으로 그를 비판하는 것을 자제했고 트럼프와 시진핑의 개인적인 "우정"에 대해 계속해서 선전했다. 중국은 미국의 동맹국과 달리 미국을 밀고 당길 여유가 없었다.

***

2017년 4월 22일, 중국 공안부장 멍젠주가 호주 시드니에 도착했다. 그는 호주 야당인 노동당 대표 빌 쇼텐(Bill Shorten)과의 이례적인 만남을 앞두고 있었다. 안경을 낀 가냘프고 부드러운 말투로 말하고 체격에 비해 너무 큰 사이즈의 정장 재킷을 입는 습관이 있는 멍젠주는 막강한 정치기구이자 국내 안보를 담당하는 중국공산당 중앙정치법률위원회를 대표하고 있었다.

시드니에 멍젠주는 유리벽으로 이루어졌고 인체공학적 설계를 바탕으로 건설된 신식 건물인 블라이 가(Bligh Street)에 위치한 호주 연방 의회 사무실에 들어섰고, 엄연한 메시지를 전달할 준비를 하고 있었다.[65] 국제사회에서 중국의 인권 유린에 대한 비판이 거센 가운데 멍젠주는 야당 대표 쇼텐이 당시 많은 논란을 일으킨 호주와 중국이 체결한 범죄인인도조약을 지지해주길 원했다. 멍젠주는 재외동포 사회에 호주 노동당은 호주−중국 관계를 지지하지 않는다고 말하길 원치 않는다고 말했다.[66]

멍젠주의 발언은 선을 넘은 수준의 내정간섭이었다. 중국은 오랫동안 다른 나라의 내정에 간섭하지 않는다는 입장을 고수해왔다. 하지만 지금은 호주의 한 정치인을 대상으로 영향력을 행사하여 그 나라의 입장을 바꾸려는 위협을 가하고 있었다. 멍젠주의 메시지는 중국의 주 호주대사가 비슷한 경고를 노동당에 몇 주 만에 보낸 후 발생했다. 이러한 중국의 행동은 호주 국내 정치 내에서 중국의 내정간섭에 대한 신랄한 논쟁이 진행되고 있을 때 발생하였다.[67]

호주는 범죄인인도조약과 관련된 논쟁의 중심에 있었고 중국의 호주 내 정치적 영향력에 관한 정치적 스캔들이 급증하고 있었다. 호주에서는 외국의 간섭을 제한하는 입법을 요구하는 목소리도 커지고 있었다. 중국은 자신들과 익숙하고 일관된 전략을 사용하여 호주에 접근했다. 이 전술은 한때 과거 타국 정부들이 중국 공산당의 중국을 통치할 권리를 인정하지 않았을 때 그 나라들 내에서 중국을 지지하는 연합을 구축할 때 사용하곤 했다. 지금 중국의 목표는 호주 기득권층을 설득하여 결국 호주의 공식적인 정책 방향을 바꿔 중국에게 유리한 방향으로 이끄는 것이었다. 만약 이러한 중국의 접근이 가능하지 않은 곳에서 중국의 전략은 인권, 대만, 티베트, 신장과 같은 민감한 문제들에 대한 반정부 목소리를 잠재우는 것이었다.

중국−호주 관계에 대한 우려가 계속해서 쌓이고 있었다. 2014년에 호주 소재 멜버른 대학교와 시드니 대학교를 포함한 저명한 대학 내에서 주 시드니 중국 영사관을 통해 중국에게 정보를 제공하는 정보원들의 네트워크가 존재한다는 보고가 나왔다. 2005년에 호주로 망명한 중국 외교관 천융린(Chen Yonglin, 陳用林)은 "학생들은 공항에서 지도자들을 환영하고 반중국 시위 단체의 시야를 차단하고 또한 여러 정보를 수집하는 데 유용하다"라고 말했다. 시드니에 있는 중국 영사관은 이에 대해 "사실무근"이며 "사적인 동기"에 의해 제기된 주장이라고 대응했다.[68]

멍젠주가 시드니에서 쇼텐을 만났을 때, 노동당은 샘 다스타리(Sam Dastyari) 상원의원과 관련된 스캔들로 인해 고민에 쌓여 있었다. 다스타리 상원의원은 중국 정부의 입장을 지지하는 대가로 친중국 기부자들로부터 돈을 받은 것으로 알려졌다. 나중에 다스타리는 결국 시드니 모닝 헤럴드(Sydney Morning Herald)가 그가 남중국해 이슈에 대해 중국 정부의 '토킹 포인트'를 그의 정치적 기부자인 중국 시민 옆에 서서 그대로 읽었다고 보도한 후 정계 은퇴를 강요당한다. 또 다스타리 의원은 정치적 기부자를 만날 때 감청을 피하기 위해 전화기를 치우라고 말하기도 했다.[69]

또 다른 언론사인 오스트레일리언(The Australian)이 멍젠주와 쇼튼의 만남을 처음 보도한 2017년 12월 즈음에 호주에서는 중국의 내정 간섭이 가장 중대한 이슈가 되었다. 그 달 말에 호주 말콤 턴불(Malcolm Turnbull) 수상은 해외의 내정 간섭 위협이 "전례가 없는" 수준이라고 평가했고 호주 정부는 문제 해결을 위한 "충격 요법"을 제언했다. 턴불 수상은 "아직 우리가 전체적인 위협의 본질과 규모를 파악하지 못했다고 해도 과언이 아니다"라고 말했다.[70]

호주에서 일련의 사건이 전개되면서 전 세계가 주목하고 있었다. 2018년 2월, 미국 국방부의 고위 관료인 랜디 슈라이버(Randy Schriver)는 호주가 국제 사회에 중국의 영향력을 행사하는 군사작전에 대하여 "경각심을 일으켰다"고 말했다.[71] 2018년 미국 국방부의 국방 전략(National Defense Strategy)은 중국의 "영향력을 행사하는 군사작전"을 "군사 현대화"와 "포식자 경제활동"을 함께 묶어 미국에 대한 위협으로 규정했다.[72] 중국에 대한 유사한 평가가 런던, 베를린, 오타와 등에서 제기되고 있었다.[73]

서방의 관심은 1950년대 또는 심지어 중화인민공화국이 형성되기 이전부터 존재한 공산당 기관에 집중되었다. 그들의 관심은 통일전선공작부, 국제연락부, 선전부와 같은 당 기관들을 포함했고 외교부, 교육부, 그리고 멍젠주가 지휘하는 공안부와 같은 정부 기관을 포함하였다. 서방국가들은 또한 중국 정부의 노력이 중국의 공식 및 비공식 싱크탱크와 인적교류 기관들에 의해 어떻게 보완되었는지를 조사했다.

호주는 베이징의 총격전에 휘말린 유일한 미국의 동맹국이 아니었다. 그리고 점점 더 중국은 외교 활동과 경제 제재를 결합하는 모습을 보여줬다. 2017년에 중국은 본국의 반대 목소리에도 불구하고 사드(THAAD)를 배치한 한국에 대한 경제보복을 강화했다. 중국 외교부는 한국 정부의 결정을 연일 맹비난하였고 중국의 경제보복은 그 해 한국의 경제 성장률 3분의 1을 감소시켰다.[74] 2018년에 중국은 화웨이의 최고 재무 책임자(CFO)가 미국의 범죄인 인도 조치에 협조하여 캐나다에서 체포되면서 한국에 이어 캐나다에 대한 보복 조치를 등장시켰다. 중국 첩보기관은 보복 조치로서 캐나다 시민 2명을 억류했다.

***

베이징에서 정치적 분위기는 시진핑 개인에 대한 신격화가 이뤄지면서 점점 더 긴장감이 돌고 있었다. 시진핑의 정치적 통제가 적극적으로 추진되고 있는 가운데 외교관들은 옌안식 "자아비판" 시간 내내 앉아 있어야 했고 베이징의 "시찰 투어"는 당과 명령에 복종하는지 해외 외교관들의 충성도를 시험했다.[75] 대사관 행사에서 정부는 외교관들에게 시 주석의 저서인 '중국 통치'의 복사본을 나눠주었다. 이러한 중국의 행동은 과거 그들이 마오쩌둥의 "소홍서"를 나누어 준 것을 상기시켰다.[76] 2017년 10월, 많은 이들에게 매우 중요했던 19차 당 대회가 다가왔는데, 시 주석이 후임자를 지명하지 않을 수도 있다는 소문이 무성했다. 이는 시 주석이 무기한 권력을 유지하겠다는 것을 암시하기도 했다.[77] 따라서 만약 한 사람이 외교관으로서 출세하기를 원한다면 시 주석의 의제에 동참하지 않으면 투명 인간이 될 수 있다는 상황에 직면해야 한다는 것이 점점 더 분명해지고 있었다.

여느 때처럼 양제츠는 정치적인 분위기를 잘 살피고 앞서 나갔다. 2017년 1월, 인민일보에서 양제츠는 "핵심"이라는 용어를 통해 시진핑의 당 내 위치를 가리킨 최초의 중국 관료가 된다. 이러한 표현은 집단적 지도를 강조하는 그의 전임자들은 사용하지 않았다. 양제츠는 시진핑의 외교 관련 철학이 "가장 소중한 영적 자원"이라고 표현했다.[78] 그 해 7월, 양제츠는 "멀리 내다" 보는 "시진핑의 외교에 대한 철학"을 환영하는 논문을 출판하며 양제츠는 시진핑 철학에 대해서 "풍부한 함축적 의미를 지닌 이론 체계"라고 묘사했다.[79] 양제츠는 사석에서도 인맥 네트워크를 구축하고 있었다. 중국에 있는 미국 첩보원들은 양제츠가 당 대회를 앞두고 그의 정치적 후원자 중 한 명인 장쩌민 전 주석을 만나기 위해 상하이로 갔다고 언급했다. 양제츠는 이전 당 회의에 그의 정치 생명이 위태로울 때 당 대회를 앞두고 장쩌민을 만난 적이 있다.[80]

다른 사람들도 입지를 다지고자 노력했다. 2017년 9월, 당 대회 한 달 전인 시점에 왕이는 시 주석의 "외교 철학"을 칭송하며 그의 세계관을 중국 외교의 "나침반"이라 표현했다. 그는 당 출판물에 글을 투고하며 "시진핑의 세계관은 전통적인 서양 국제정치이론의 300년을 혁신하고 뛰어 넘는다"라고 서술했다. 그는 시 주석을 "개혁가이자 개척자"라고 칭송하며 "그의 전임자들이 제시하지 못했던 많은 새로운 아이디어들을 제시했다"고 평했다.[81]

이들의 노력은 보상을 받았다. 제19차 당 대회 폐막일에 양제츠는 25명으로 구성된 중앙정치국 상무위원회 위원에 임명되었다. 양제츠는 첸치천이 2003년에 은퇴한 이후 처음으로 그 자리에 오른 중국 외교관이 되었다. 이러한 움직임은 점점 더 부상하는 중국에서 외교가 국정 운영에 있어 중요하다는 것을 강조했다. 전 주영대사인 마정강은 사우스차이나모닝포스트(South China Morning Post)와의 인터뷰에서 "우리는 전례 없는 중국의 역할 전환을 목격하고 있다. 중국은 국내 이익에만 집중하기보다는 글로벌 이슈에 대해 더 적극적으로 나서는 모습을 보이고 있다"라고 변화를 평가했다.[82]

중국 당 대회에서 나타나는 국내 정치 변화도 중국 외교에 대해 시사하는 점도 있었을 것이다. 당 대회가 시작되며 시 주석은 3시간짜리 연설로 중국이 "중요한 전략적 기회의 시기"에 진입했다는 지도부의 입장을 되풀이했다. 그는 2050년에 중국이 "나라의 국력과 국제적 영향력을 종합하여 세계적인 리더"가 될 것이라고 말했다. 그는 이어 중국이 "세계의 중심에 접근하고 있고 동양에서 우뚝 서있다"고 말했다.[83] 또한 동 당 대회는 "시진핑 사상"을 공산당 당헌에 추가하는 움직임으로 인하여 반향을 일으켰다. 이러한 중국의 변화는 왕자샹(Wang Jiaxiang)이 마오쩌둥을 도와 "마오쩌둥 사상"의 교리를 옌안에서 발전시킨 것을 상기시킨다.[84] 무엇보다 가장 중요한 것은 시진핑이 관습을 깨고 후계자를 지명하지 않았다는 것이다. 이를 통해 그가 중국을 계속 수십 년간 통치할 수 있다는 가능성이 제기되었고 연임 중에 레임덕이 발생할 가능성을 효과적으로 제거했다.[85]

시 주석이 더욱 강력해지자 그의 발언은 하나의 복음처럼 간주되었다. 그는 계속 중국이 더욱더 공세적이도록 밀어붙였다. 2018년 1월, 시 주석이 베이징에서 중국 대사들을 소집한 회의에서 보다 적극적인 국제사회에서의 중국의 역할을 수행하도록 요구한 후 주영대사는 시 주석의 발언을 "동원명령" 그리고 "나팔 전화"라고 표현했다.[86] 이것은 마치 1990년대와 2000년대에 온라인 민족주의자들의 더 공세적인 외교를 펼치기 희망했던 것이 국가의 공식 방침이 되는 것과 같았다.

시진핑이 정부 전반에 걸쳐 중앙집권적 통제를 강화하자 그는 중국 대사관의 운영 방식에 대한 전면적인 개편을 지시했다. 2000년대에 여러 정부 부처 간 불분명하고 중복되는 업무로 인해 중국 외교 전반에 손해를 끼친 전례를 극복하기 위해 중국 공산당은 대사가 파견된 직원을 직접 통제할 수 있는 계획을 도입했다. 계획에 따르면 대사는 외교부가 아닌 다른 부처에서 파견 나온 인사들도 직접 통제할 수 있게 되었고 대사관의 재정 및 인사에 대한 거부권도 갖게 되었다.[87]

외교군을 강화하려는 중국의 움직임은 미국 자체가 약해지면서 이루어졌다. 중국과 그리고 미국의 외교 활동 규모를 비교하기는 어렵지만— 중국의 희박한 예산 정보와 다른 회계 관행을 감안할 때— 미중 각국은 반대 방향으로 가고 있는 것이 분명했다. 외교 활동에 대한 중국의 지출이 2017년에는 78억 달러로 2013년 대비 거의 두 배 이상 증가했다. 반면 미국은 500억 달러 이상 규모의 예산을 요구했던 국무부와 미국국제개발처(USAID)의 예산을 37% 삭감한다는 내용의 계획을 발표했다.[88] 중국 외교부는 약 6,000명의 외교관을 채용하고 있었다. 1997년에 중국의 새로운 국제적 입지를 반영하기 위해 새로 문을 연 외교부 청사가 이미 수용 인원을 초과했다. 한 외교관은 "우리는 중국의 지위가 얼마나 빠르게 바뀔지 건물이 세워졌을 때 예상하지 못했다"고 말했다.[89]

2018년 봄 전국인민대표대회가 다가옴에 따라, 중국 외교관들은 중국의 "은빛 여우"인 왕이 외교부장이 너무 세간의 이목을 끄는 것 같아 두려움을 느꼈다. 한 외교관은 시진핑의 존재를 언급하면서 "별은 하나밖에 없다"고 말했다.[90] 중국 외교관들은 왕이의 세계적인 명성이 과거 저우언라이가 닉슨과 키신저와의 관계를 통해 미중관계를 수립하여 마오쩌둥의 질투를 유발한 것과 마찬가지로 시진핑의 분노를 불러일으킬 수 있을까 걱정했다. 그러나 전국인민대표대회가 열렸을 때, 사실 왕이에게 좋은 소식이 생겼다. 그는 외교부장으로 남아 있으면서 양제츠의 전직인 국무위원으로 승진했다.[91]

이번 전국인민대표대회는 또한 중국 정치의 역사적인 전환점이기도 했다. 국가원수의 임기를 폐지함으로써 시진핑은 두 번째 연임 이후에도 계속 남겠다는 욕망을 공식화했다. 1982년에 독재로의 회귀를 막는 것을 목표로 했던 헌법에 도입된 연임제한을 폐지함으로써 시진핑이 종신 지도자가 될 수 있는 길을 열어준 것이다. 리다퉁(Li Datong, 李大同) 전 중국청년보(China Youth Daily) 선임 편집장의 글은 그 변화에 반대한 드문 대중의 목소리 중 하나였다. 그는 "국가 지도자에 대한 임기 제한 철폐를 통해 우리는 세계 문명국들의 조롱을 받게 될 것"이라고 주장하며 입법자들에게 그 움직임에 반대할 것을 촉구하였다. 그는 또한 "임기 제한 철폐는 역사 속으로 회귀하는 움직임이며 중국에 다시 한 번 혼돈의 씨앗을 심는 행위이다"라고 강조했다.[92] 결국 허수아비 전국인민대표대회는 찬성 2,959표와 반대 2표를 통해 헌법 수정안을 승인했다. 이런 상황에서 중국 외교관들은 국내에서 벌어지는 정치적 불확실성에 대응하며 그들이 항상 해왔던 방식을 통해 새로운 변화에 적응해야 했다. 지도부에 대한 충성심과 애국적인 자세를 공개적으로 과시하는 것이다.

***

2018년 말, 유럽 고위 외교관이 중국을 떠난 지 10년 이상 세월이 흐른 후 중국에 다시 도착했다. 그녀가 2007년에 중국을 떠났을 때 중국은 올림픽 개최에 집중하고 있었다. 당시 중국에서는 중국 외교관들 사이에서 맹목적인 낙관론이 퍼져 있었다. 중국 외교관들은 형식적이고 대본에 충실하면서 외국과 소통했지만, 그들이 외국인의 마음을 얻기 위한 노력은 진실성이 있어 보였다. 10년이 조금 지난 지금, 그녀가 느끼기에 중국측은 훨씬 더 공격적이고 이념적인 어조로 그녀를 대하고 있었다. 그녀에 따르면 중국측은 국제사회에서의 중국의 역할 증대에 따른 권리를 강조하며 강한 수준의 불만감을 표출하였다.[93]

비슷한 패턴이 전 세계적으로 반복되고 있었다. 2018년 9월, 태평양 18개 섬나라의 지도자 및 미국과 중국과 같은 나라들을 포함한 국가들이 태평양 제도 포럼(Pacific Islands Forum)에 참석하기 위해 모였다. 중국 대표단은 약 12,000명의 주민이 살고 있는 나라인 미크로네시아의 나우루(Nauru)에 도착했다. 중국의 수석 대표는 전 주그리스대사인 두치웬(Du Qiwen)이었다. 회의의 비공식적인 테마에 맞춰 두치웬은 소매에 꽃잎이 달린 짧은 소매의 빨간 셔츠를 입고 나우루에 도착했다. 도착 후 회의 참석자들은 발언을 순서대로 이어 갔고 두치웬는 발언하기 위해 손을 들었다. 주재자인 나우루 대통령은 두치웬의 발언을 허락하지 않았다. 투발루(Tuvalu)의 총리가 발언할 차례였기 때문이다. 그러나 나우루 대통령인 바론 와카(Baron Waqa)의 설명에 따르면 두치웬은 "발언하고자 고집을 부렸고 매우 무례했다. 그는 이것에 대해 큰 소동을 일으켰고 결국 몇 분 동안 회의를 지연시켰다." 와카 대통령은 나중에 언론에 얘기하며 "아마도 그는 대국에서 왔기 때문에 우리를 괴롭히고 싶어 했을 것이다"라고 두치웬의 행동을 평가했다.

약 15분간의 소동이 있은 후, 나우루의 대통령은 회의가 재개되도록 협조하지 않으면 중국 대표단을 퇴거시키겠다고 위협했다. 당시 상황이 유출된 비디오에는 와카가 두치웬에게 "당신은 지금 지도자들 앞에서 발언하고 있다. 최소한의 존중은 보여라"고 말했다. 하지만 당시 두치웬도 그의 한계에 도달한 상태였다. 당시 상황에 대해 한 회의 참석자는 가디언(The Guardian)과의 인터뷰에서 "마침내 두치웬은 화가 났고 참석자들에게 매우 크게 그리고 화가 난 목소리로 소리쳤다. 그리고 일어서서 뛰쳐나왔지만 가장 가까운 출구로 향하는 대신 그는 그의 분노를 나타내기 위해 회의 테이블을 한 바퀴 돌았다"라고 말했다. 베이징에서 기자들이 두치웬의 행동에 대해 문의하자 외교부 대변인 화춘잉은 "나우루 관계자가 말한 것은 실제 사실과 정반대이다. 그들은 옳고 그름을 완전히 혼동했고 터무니없는 문제를 제기했다"라고 설명했다. 그는 덧붙이며 "사실 나우루측이 반성하고 사과해야 한다"고 말했다.[94]

이런 유형의 사건들은 계속 일어났다. 2018년 파푸아뉴기니에서 열린 APEC 정상회의에서 중국의 요구가 공동선언에 반영되지 않았다는 불만을 제기하며 중국 관리들이 파푸아뉴기니의 외교장관의 사무실에 "침입"을 시도하자 경찰이 출동하였다.[95] 캐나다에서 중국 대사 루셰이예(Lu Shaye, 卢沙野)는 공개적으로 그의 접수국에 대해서 "서방의 이기주의와 백인 우월주의 모습을 갖고 있는 국가"라고 비난했으며 캐나다 언론에 대해서 중국에 대해 "비방적인" 보도를 일삼는다고 반복적으로 비난했다.[96] 남아프리카공화국에서는 중국의 특사가 트럼프 행정부의 대외정책으로 인해 미국이 "전 세계의 적"이 되고 있다고 발언했다.[97]

유럽에서 구이충유(Gui Congyou, 桂从友)는 공세적인 중국의 모습을 대표하는 얼굴이 되었다. 57세이며 안경을 착용하고 매끈한 뒷머리를 가진 그는 2017년에 주스웨덴대사로 임명되기 전에 커리어 전부를 러시아 및 중앙아시아 국가를 담당하는 데 바쳤다. 2017년에 그는 이미 어려운 양국 간의 관계에 직면하였다. 중국−스웨덴 관계는 중국 태생의 스웨덴 시민인 기민아이(Gui Minhai, 桂民海)를 스웨덴 외교관들이 지켜보는 가운데 중국이 베이징행 기차에서 기민아이를 납치 후 구금한 사건으로 악화된 상황이었다. 2018년 9월에 또 다른 사건으로 양자관계는 더욱더 악화되었다. 스톡홀름의 한 호텔에서 호텔 직원이 중국인 가족 일행이 예약 일자보다 하루 일찍 도착했다고 안내한 후 중국인 일행이 호텔을 떠나는 것을 거부하자 현장으로 출동한 경찰이 그들을 강제로 내쫓았기 때문이다. 구이콩유는 스웨덴 경찰을 "비인간적이고 부도덕하다"라고 비난했다. 그리고 주 스웨덴 중국대사관은 인민들에게 스웨덴 내 중국인 관광객에 대한 "잔인한 대우"를 근거로 스웨덴에 대한 여행 경보를 발령했다.[98] 부끄러움 없이 그는 스웨덴 공영 라디오에 출연하며 "우린 우리의 친구를 좋은 포도주로 대접하지만 적에 대해서는 총으로 대응한다"라고 발언했다.

구이충유는 특히 스웨덴 언론을 향한 비판을 쏟아냈다. 중국 대사관은 반복해서 스웨덴의 신문 및 TV 뉴스 매체에 연락하여 보도내용을 변경해달라고 요구했다. 구이충유는 나중에 스웨덴 언론의 중국에 대한 보도에 대해서 "마치 48kg의 라이트급 권투선수가 86kg의 헤비급 권투선수에게 싸움을 거는 것과 같다"라고 표현했다. 그는 중국이 스웨덴의 행동을 용인하고 있다고 설명하며 인내심이 한계에 다다르고 있다고 발언하며 "86kg의 권투선수는 예의상 48kg의 권투선수에게 건들지 말라고 말했다. 하지만 48kg의 권투선수가 말을 듣지 않고 계속 도발한다면 86kg의 권투선수는 어떤 선택을 해야 하는가?"라고 되물었다. 결국 스웨덴 외교장관은 중국대사의 발언이 "용납할 수 없는 위협"이며 스웨덴의 세 개의 정당들은 그의 추방을 요구했다.[99] 구이충유는 스웨덴에 대사로서 2년 동안 재직하는 동안 그의 도발적인 행동으로 인해 스웨덴 외교부로부터 약 40번 이상 초치되었다.[100]

***

이런 논란이 벌어지자 베이징의 일부는 우려하기 시작했다. 2018년 10월, 덩샤오핑의 아들인 덩푸팡(Deng Pufang, 鄧樸方)은 연설을 통해 "중국 정부는 냉정함을 잃지 말아야 하고 우리 자신의 처지를 알아야 한다"라고 말했다. 덩샤오핑의 '도광양회'를 연상시키면서 덩푸팡은 "중국이 스스로 우쭐대거나 폄하해서는 안 된다"고 말했다.[101] 이후 몇 주가 지난 시점에 WTO 가입 협상에서 중국의 수석 대표였던 룽용투(Long Yongtu, 龙永图)는 미국과의 무역 회담 이후 미국산 대두에 관세를 부과하기로 한 중국의 결정에 대해서 지도부가 "충분히 깊이 생각하지 못했다"면서 비판의 목소리를 냈다.[102]

해외에서도 중국 외교의 변화를 주목했고 점점 더 '비외교적인' 중국의 외교관들의 모습을 칭하는 새로운 명칭도 탄생했다: "전랑."[103] 2017년 블록버스터 영화 '전랑2'에서 따온 이름이며 영화는 피폐해진 한 아프리카 국가에서 발이 묶인 동포들을 구하기 위해 파견된 중국 군인들의 이야기를 담고 있다.

영화에서 이 영화의 주인공이자 영웅인 렝펑(Leng Feng)은 한 장면에서 미국 용병들과 싸우기 위해 석궁을 사용한다. 주인공이 미국 용병의 대장을 죽였을 때, 그는 그들에게 "너 같은 사람들은 항상 나 같은 사람의 발 밑에 있을 것이다"라고 말한다. 이 영화를 통해 중국 대중들에게 이제 자국의 순간이 왔다고 말하는 것처럼 느껴졌다. 실제로 전랑2는 "천 마일이나 떨어져 있어도 중국을 모욕하는 사람은 누구나 대가를 치르게 될 것이다"라는 홍보 문구를 사용했다.104

외교부의 일부, 특히 젊은 관료들은 이런 새로운 분위기를 좋아했다. 한 젊은 중국 외교관은 "우리는 사람들이 우리를 다르게 대한다는 것을 느낄 수 있다. 사람들은 강대국 출신 사람들을 더 존중하는 것 같다"라고 말했다. 그는 이어 "심지어 지금의 분위기는 고작 몇 년 전 분위기와도 많이 다른 느낌이다"라고 표현했다.105 많은 사람들은 출세하기 위한 방법으로 강경한 모습을 보이고자 노력했다. 관영 매체에서 근무했던 전직 언론인은 "모든 관료들 생각에는 시진핑이 그들의 강경한 모습을 보고 싶어 하고 그에 대한 비판을 수용하지 않을 것이라고 생각한다. 따라서 그들은 시진핑의 기대치에 따라 행동한다"고 당시 상황에 대해 말했다. 그는 이어 "만약 시진핑이 약간 왼쪽으로 시선을 돌리면 관료 전체가 시선을 왼쪽으로 돌리는 것에 그치는 것이 아닌 시진핑이 의도했던 것보다 더 멀리 왼쪽으로 돌진하는 것 같다"라고 이어 평가했다.106

다른 사람들은 불안감을 통해 동기부여를 얻을 때도 있었다. 2019년 1월, 중국 내 영향력이 강력한 중국공산당 중앙조직부 전 부부장인 치유(Qi Yu, 齐玉)가 외교부 내 당서기로 임명되었다. 보통 해당 직책은 은퇴한 외교관들을 위한 보직이었다. 치유는 외교 경험이 부족함에도 불구하고 그 자리에 임명되었다. 치유는 이 직책을 통해 외교부 내 중요하고 민감한 인사 결정에 대한 통제권을 갖게 되었다.107 치유의 임명 직후 중국에서 주재하는 한 외국 대사는 치유의 등장을 통해 중국 외교관들은 점점 더 "두려움을 느낀다"고 말했다.108 또한 한 중국의 특사는 최근 중국의 공세적인 행동의 배경이 자신감인가 또는 불안감인가라는 질문에 대해서 그는 "불안감"이라 답변했다. 그는 "항상 불안감이었고 이 감정은 당신이 아는 것보다 중국 내에 더 깊게 자리잡고 있다"라고 설명했다.[109] 이 걱정스러운 분위기에서 한 중국 외교관은 전랑 외교의 경계를 트위터까지 확장시켰다.

***

2019년 7월, 이슬라마바드(Islamabad)에서 근무하는 47세의 중국 외교관인 자오리젠(Zhao Lijian, 趙立堅)은 중국에 대한 미국의 공격은 이제 지긋지긋하다고 생각했다. 많은 인권단체와 UN으로부터 중국은 100만 명 이상의 위구르족 이슬람교도들을 신장 지역의 서부 지역에 있는 "재교육 수용소"에서 억류하고 있다며 거센 비난을 받고 있었다. 이에 대해 미국의 정치인들은 비난을 퍼부었고 중국은 처음에 수용소의 존재 자체에 대해서 부인을 하다가 나중에는 본국의 방침을 변호했다.

때때로 말을 더듬기도 하며 부드러운 말투의 남자인 자오리젠은 2009년부터 2013년까지 미국이 금융위기로부터 천천히 회복하던 시기에 워싱턴 D.C.에서 근무한 경험이 있었다. 그가 그곳에서 근무할 때 중국에서 접근이 금지되어 있는 온라인 플랫폼인 트위터에 가입할 수 있었다. 이후 자오리젠은 본부에 복귀하여 외교부의 아시아국 내 과장직을 수행했고 이후 이슬라마바드에 있는 중국 대사관에 부임하였다. 그는 이슬라마바드에서 근무하면서 그의 트위터 프로필에 본인의 소개를 "무함마드"라는 이름을 사용하며 소개하기도 했다. 이후 중국 정부가 신장 지역에서의 이슬람 이름 사용을 자제하는 결정을 내린 후 그는 트위터에서 "무함마드"라는 이름을 삭제하였다.[110]

자오리젠은 미국이 중국 정부의 소수민족에 대한 정책을 비난하는 것을 보면서 점점 더 화가 났다. 그리고 한 7월 주말에 중국 정부를 비판하는 트윗들이 쏟아지면서 그는 자신의 분노를 공개적으로 밝히기로 결심했다. 그는 중국의 인권 문제에 대해 비판을 가했던 미국의 지도자들이 "위선자"라고 표현하며 미국 내 상황에 대해 서술하였다. 그는 "만약 당신이 워싱턴 D.C.에 살고 있다면 잘 알다시피 백인은 SW 지역에 절대 가지 않습니다. 왜냐하면 그곳은 흑인과 라티노 사람들을 위한 지역이기 때문입니다"라고 트윗을 남겼다.

자오리젠의 트윗은 오마바 행정부의 전 국가안보보좌관인 수잔 라이스(Susan Rice)의 눈에 띄었다. 그녀는 자오리젠에게 "당신은 치욕적인 인종차별주의자이다. 그리고 충격적일 정도로 무지하다"라는 댓글을 남겼다. 그녀는 더 나아가 추이톈카이 대사를 온라인에서 소환하며 자오리젠이 아직도 워싱턴 D.C.에서 근무하고 있다고 착각하고 이 외교관을 중국으로 돌려보내라고 주장했다. 라이스의 댓글에 대해 망설이지 않고 자오리젠은 "너도 똑같이 치욕적이야. 그리고 충격적일 정도로 무지해. 나는 이슬라마바드에서 근무하고 있어. 제대로 알고 얘기하지 그래?"라고 반박했다.111

중국의 한 외교관이 남아시아 국가에 부임하는 동안 미국의 핵심 외교 참모와 이렇게 날카로운 설전을 벌이는 것은 2019년에도 특이한 행동이었다. 하지만 자오리젠은 자신에게 목소리를 낼 의무가 있다고 믿었다. 그는 나중에 버즈피드뉴스(Buzzfeed News)와의 인터뷰에서 "지금은 중국 외교관들이 진실에 대해 말해야 할 때"라고 발언했다. 그는 이어 "폼페이오(Pompeo)처럼, 그리고 펜스(Pence)처럼 매일 누군가가 중국을 비방하고" 있으며 "그들은 중국을 욕하고 있다. 그들은 홍콩에 대해 이야기하고 있다. 그들은 홍콩의 시위자들을 자유의 투사라고 말하고 있다. 이건 완전히 잘못된 거야!"라고 발언을 이어갔다.

중국의 외교관들이 해외에서 더 강경한 입장을 취하고 있는 동안에도 자오리젠은 스스로 그의 대응 방식이 중국 외교관으로서 이례적이었다는 사실을 인정했다. 그는 버즈피드(BuzzFeed)와의 인터뷰에서 "사람들은 나를 마치 판다처럼 쳐다보았다. 또는 마치 나를 화성에서 온 외계인처럼 쳐다보았다"라고 말했다.112 외교부 내에서 일부는 자오리젠의 대응 방식에 대해 불만이 있었다. 라이스는 오바마 행정부 시절 양제츠와도 긴밀한 관계를 유지하였고 그리고 그녀가 차기 민주당 정권에서 근무하게 될 것이라는 충분한 가능성이 있었다. 야기된 손실을 최소화하기 위해 주미대사인 추이톈카이는 라이스에게 중국 정부는 자오리젠의 트윗을 승인한 적이 없고 그의 의견은 중국의 공식 입장을 반영하지 않는다는 입장을 조용히 전달했다. 이후 모욕적인 게시물들은 곧 삭제되었다.113

하지만 모두가 자오리젠의 행동에 반대하지는 않았다. 예전이라면 외교부가 자오리젠의 공개적인 도발행동에 대하여 공식적인 질책 또는 심지어 해고까지 고려했을 테지만 이제 외교부는 좀 더 적극적이고 공세적인 외교 활동을 주문한 시진핑의 요구를 이행하고자 여러 방법을 모색하던 중이었다. 자오리젠은 징계 대신에 오히려 승진했다. 그는 베이징으로 돌아와 외교부의 대변인으로 임명되며 가장 저명한 외교관 중 한명이 된다.[114] 그가 베이징으로 돌아오며 자오리젠은 그의 사무실 밖에서 그의 승진을 축하하기 위해 모인 젊은 외교관들의 환영을 받았다.[115] 젊은 외교관들에게 자오리젠은 너무 오랫동안 그들이 기다렸던 중국에 참신하고 새로운 목소리를 내는 사람이었다. 자오리젠처럼 그들은 덩샤오핑이 개혁을 추진한 이후 시기에 중국에서 자란 세대들이며 그들은 매년 생활수준이 상승하며 세계에서 가장 영향력 있는 국가가 되어가고 있는 곳에서 살고 있었다.

또 다른 사건들은 자오리젠의 승진이 중국 당국의 실수가 아니라는 것을 확인시켜 주었다. 불과 몇 주 전, 자오리젠이 등장하기 전까지 트럼프가 이끄는 미국에 맞서 노골적인 발언을 주저하지 않았던 중국 외교부 대변인 화춘잉은 외교부의 정보국장으로 임명되었다.[116] 논란을 일으킨 중국의 주 캐나다 대사 루셰이예는 또한 UN 안전보장이사회 상임이사국인 프랑스에 대사로 임명되며 승진하였다.[117] 2019년 말, 시진핑은 외교부에 자필로 쓴 메모를 전달하며 악화된 미국과의 관계에 대응하며 직원들이 더욱 '투지'를 발휘하고 보다 강경한 자세를 취할 것을 요구하였다.[118] 부처 내 외교관들은 적극적인 목소리를 내는 행위에 대해 보상받고 있다는 것을 알아차리며 자신의 트위터 계정을 개설하게 되었다.

처음에 중국 외교부는 자국 외교관의 트위터 사용을 용인하기까지 오래 걸렸지만 2019년 말 기준 거의 60명의 중국 외교관들은 트위터 계정을 개설했고, 그 중 절반 이상이 2019년에 계정을 개설하였다.[119] 그들 중 일부는 대체로 무해한 내용인 당국의 공식 '토킹 포인트'를 게시하거나 관영 매체의 보도 내용을 공유하였다. 또 다른 사람들은 시를 인용하거나 야생 동물의 사진을 올리기도 했다. 주 네팔 중국 대사는 본인의 인스타그램 계정에 인플루언서처럼 셀카를 게재하기도 했다.[120] 또 다른 사람들은 트위터에 훨씬 덜 진부한 내용을 올리기도 했다. 때때로 몇몇의 계정들은 빈정거림과 대문자로 가득 찬 글을 통해 트럼프를 조롱하였다. 화춘잉은 자신의 계정을 통해 "#중국이 미국의 자본으로 강력해졌다고? ㅋㅋㅋ"라는 트윗을 남겼다.[121]

코로나19 팬데믹의 확산으로 미중 관계가 악화된 이 순간, 트위터 생태계에서 전랑 외교군의 새로운 등장은 미중 대립의 새로운 지평을 넓혔다.

***

2019년 11월에 우한(Wuhan, 武汉)시에서 처음 발견된 코로나 바이러스로 인하여 213명의 사상자가 발생했으며, 전 세계를 통틀어 약 10,000명의 확진 사례가 확인되었다. 이어 2020년 1월 31일, 트럼프 행정부는 지난 14일 이내에 중국을 방문한 모든 외국인들의 미국 입국을 금지했다. 중국은 분노에 찬 반응을 보였다. 화춘잉 외교부 대변인은 "미국의 논평 및 조치 모두 사실에 근거하지도 않고 도움이 되지도 않는다"고 공식성명을 통해 말했다. 그는 이어 "미국의 행동은 확실히 선의의 제스처가 아니다"라고 발언했다.[122]

같은 해 2월에 바이러스가 계속해서 전 세계로 퍼지면서, 우한의 관리들이 현지 상황에 대해 중앙 정부에 제대로 보고하지 않아 국제사회가 바이러스에 대비할 시간을 충분히 확보하지 못하였다는 것이 점점 더 분명해지고 있었다. 2월 7일, 우한에 사는 34세의 의사인 리원량(Li Wenliang, 李文亮)이 코로나19로 인해 사망했다. 그는 우한에서 코로나 바이러스 발병 초기에 질병의 위험을 경고하고자 하였으나 침묵을 강요당했었다. 이 당시 중국 당국이 "발언의 자유를 원한다"의 해시태그와 뮤지컬 레미제라블(Les Misérables)의 대표곡인 "민중의 노래"의 링크를 인터넷 상에서 삭제하자 중국 내 인터넷 게시판들은 분노로 폭발했다.[123]

바이러스 확산에 대한 중국의 대응에 대하여 국제적인 분노가 증가하면서 공산당은 중국을 질병 관리의 세계적인 리더로 포장하기 시작했다. 당 관계자들은 직면한 위기를 슬기롭게 대처한 "주요 강대국 지도자"로 시진핑을 묘사한 책을 6개 언어로 출판할 계획을 발표했다. 신화통신사는 러시아, 쿠바, 벨라루스의 의료진들이 바이러스 확산에 대응하는 중국의 "개방성"과 "고도의 책임 있는 태도"를 칭찬한 기사를 내보냈다.[124] 자오리젠은 "중국은 책임 있는 국가로서의 모습을 보였다. 이 난관을 헤쳐 나가는 중국 특유의 힘, 효율성, 그리고 속도는 많은 이들의 칭송을 받았다"고 기자들에게 말했다.[125] 이러한 중국의 위상을 탈바꿈하려는 노력 차원에 당국은 이란, 이탈리아, 세르비아,

한국 등 다른 나라들에 의료 장비를 지원하는 행동을 실시했다. 왕이 부장은 시 주석의 일대일로 계획과 연결지어 이와 같은 중국의 노력을 '의료 실크로드'에 해당한다고 언급했다.126

방금 언급한 중국의 자화자찬에 대하여 의문을 제기하는 사람은 중국 외교관의 강한 비판을 트위터에서 직면하였다. 인도의 콜카타(Kolkata) 주재 중국 총영사인 자리유(Zha Liyou, 查立友)는 "말하는 것을 보니 당신은 바이러스와 같다. 당신은 바이러스처럼 근절될 것이다. 부끄러운 줄 알아"라는 트윗을 누군가를 겨냥하며 남겼다.127 주 브라질 대사인 양완밍(Yang Wanming, 楊萬明)은 자이르 보우소나루(Jair Bolsonaro) 대통령의 아들이 코로나19 팬데믹을 통해 "중국의 독재체제"를 비난하자 보우소나루 가문을 "독"이라고 표현하였다.128 베네수엘라의 중국 대사관은 한 발자국 더 나아가서 베네수엘라 정부가 코로나19를 "중국 코로나바이러스"라고 표현하자 베네수엘라 정부를 향해 "마스크를 쓰고 입을 다물어라"라고 말했다.129

같은 해 3월 12일, 자오리젠은 대형사고를 쳤다. 그의 상부의 허락 없이 미국 질병통제예방센터(Centers for Disease Control and Prevention) 센터장 로버트 레드필드(Robert Redfield)가 하원의 한 위원회 앞에서 발언하는 영상을 SNS에 올렸다. 자오리젠은 영상과 함께 "CDC가 드디어 등장했다. 미국에서 첫 번째 감염자는 언제 나타났습니까? 얼마나 많은 사람들이 감염되었습니까? 그들을 관리하고 있는 의료기관은 어디인가요? 우한에 바이러스를 가져온 것은 미군일지도 모른다. 투명하게 데이터를 공개하십시오! 미국은 우리에게 설명을 제공할 의무가 있다!"라고 글을 남겼다.130 그는 이어서 그가 보유한 약 30만 명의 팔로워들에게 음모론을 제기하는 웹사이트에서 게재한 내용들을 온라인에서 공유하라고 촉구하는 트윗을 남겼다. 그 웹사이트에서는 "백신 딥 스테이트(vaccine deep state)"와 오사마 빈 라덴의 존재에 대해 의문을 제기하는 음모론 집단이었다.131

이러한 행동을 계기로 효과는 즉시 나타났다. 마이크 폼페이오 국무장관은 양제츠에게 바이러스에 대한 "책임을 전가"하려는 중국의 시도를 중단할 것을 촉구했다. 트럼프는 자오리젠의 트윗을 보고 "분노했고" 그는 바이러스를 퍼트린 중국에 대한 비판을 강화했다.132 3월 18일, 트럼프는 "지금은 그만

뒀지만 알다시피 중국은 한때 바이러스가 미군에 의해 야기된 것이라고 말하려고 했었다. 그런 일은 있을 수 없다. 내가 대통령직을 수행하고 있는 동안에 그런 일은 일어나지 않을 것이다. 바이러스는 중국에서 왔다"고 말했다.[133]

자오리젠은 추이톈카이가 개입하기 전까지 일주일 이상 음모론을 계속 제기했다. 추이톈카이는 자오리젠과 수잔 라이스와의 언쟁으로 인해 자오리젠에 대해 이미 좋지 않은 감정을 갖고 있었다. 추이톈카이는 HBO 방송사의 프로그램인 'Axios on HBO'에서 자오리젠이 음모론을 퍼뜨린 것은 "미친짓"이라고 표현했던 그의 발언을 번복할 생각이 없다고 발언했다. 자오리젠보다 두 단계 위의 직급인 부부장인 추이톈카이는 "이러한 음모론은 아무에게도 도움이 되지 않는다. 이것은 매우 해롭다"라고 말했다. 그는 이어 "결국 우리는 바이러스가 어디서 왔는지에 대한 답을 가지고 있어야만 한다. 하지만 이것은 외교관이 아니라 과학자들이 해야 할 일이다"라고 발언하였다. 자오리젠이 왜 이러한 문제를 제기하는지에 대해서 추이톈카이는 "당신이 그에게 직접 물어보세요"라고 대답했다.[134]

외교부 내부에서 직원들은 분열되어 있었다. 한쪽은 자오리젠의 행동이 내부에서 많은 사람들의 환영을 받았다고 평가했다. 다른 한쪽에서는 추이톈카이가 자오리젠의 "위험한" 발언을 부인한 것에 대하여 안도감을 표시했다. 그리고 그들은 자오리젠 입장에서 시 주석이 이 정도는 수용할 것이라 생각하며 일을 저질렀다고 추측했다.[135] 중국 외교 공동체의 다른 이들 역시 우려의 목소리를 냈다. 베이징에 있는 연구기관 소속 학자들은 국제사회에서 중국의 적을 만드는 것을 피해야 한다고 정부에 제언하기 시작했다.[136] 또한 은퇴한 두 명의 중국 외교관들은 중국의 행동이 "혐오스럽다"고 외국 외교관들에게 털어놓았다.[137]

추이톈카이의 발언은 적어도 일시적으로 자오리젠을 진정시키는 것처럼 보였다. 다음 날, 자오리젠은 벚꽃 사진과 함께 "유행병에 대처하기 위해 뭉치자"라는 글을 쓰며 이례적으로 무해한 트윗을 올렸다. 몇 주 후 한 기자 회견에서 그가 과거 올린 트윗에 대한 질문에 대하여, 자오리젠은 정부의 입장과 동일한 형식적인 입장을 내놓았지만 그는 "일부 미국 정치인이 중국을 낙인찍는 행위에 대한 반응"이라며 그의 트윗의 내용을 변호했다. 그는 트윗을

통해 표출된 분노는 많은 중국인들의 감정을 담고 있다고 말했다.[138]

***

비록 이 사건을 통해 자오리젠이 전략적으로 일보 후퇴했더라도, 전랑 외교군의 전투적인 행동은 계속되었다. 4월 12일, 캐나다에서 논쟁을 일으킨 루셰이예 대사가 이끄는 주 프랑스 중국 대사관은 대사관 웹사이트에 "왜곡된 사실: 파리에 파견된 중국 외교관의 평가"라는 제목의 글을 게시했다. 해당 글에서 익명의 외교관은 서방의 요양원들이 환자들을 죽게 나두고 있다며 비난하며 서방국가들이 세계보건기구(WHO)를 "포위"하고 있다고 표현했다.[139] 이 글은 프랑스에서 대중의 분노를 일으켰고 프랑스 외교부는 중국을 강하게 비난했다.[140]

그 달 말, 호주가 코로나19 바이러스의 기원에 대한 국제적인 공조를 요구하면서 주 호주대사 쳉진예(Cheng Jingye)는 공격적인 언어 사용을 넘어 호주에 대한 위협적인 경제 보복을 시사했다. 쳉진예는 호주파이낸셜리뷰(Austrailia Financial Review)와의 인터뷰에서 "아마도 중국 사람들은 우리가 왜 호주 와인을 마셔야 하는지 혹은 왜 호주산 쇠고기를 먹어야 하는지 의문을 제기할 것"이라 말했다. 호주 통상장관인 사이먼 버밍엄(Simon Birmingham)은 호주는 "경제적 위협"에 굴복하지 않을 것이라 답변했다.[141]

외교관들은 시진핑에게 칭찬을 받는 것을 중국의 명예를 회복하는 것보다 더 중시하는 것 같았다. 주 시카고 중국 영사관에서 근무한 외교관인 우팅(Wu Ting)은 위스콘신주 상원의장인 로저 로스(Roger Roth)에게 두 번이나 친서를 보내 바이러스를 퇴치하기 위한 중국의 영웅적인 행보를 찬양하는 결의안을 통과시켜 달라고 요청했다. 로스는 "미쳤네"라는 한 단어로 답변했다.[142] 유럽에 있는 중국 외교관들은 독일 관료들에게 베이징이 코로나19를 어떻게 대처하고 있었는지에 대한 긍정적인 성명을 내달라고 요청했다.[143]

코로나19 바이러스와 그 여파에 의해 베이징의 국제적인 명성이 빠르게 손상되고 있다는 것은 분명해지고 있었다. 같은 해 4월에 중국 국가안전부 산하 싱크탱크의 내부 보고서는 1989년 천안문 사태 이후 반중 감정이 최고조에 달했다고 경고했다.[144] 중국 외교관들 자체가 이 문제의 큰 비중을 차지했다. 같은 해 5월, 케빈 러드(Kevin Rudd) 전 호주 총리는 "새로운 세대의 전랑 외교군이 본부에 얼마나 좋게 보고하던 관계없이 중국의 지위는 큰 타격을 입었다(아이러니하게도 전랑 외교군은 중국 명성에 더 큰 흠집을 내고 있다)"라고 중국의 모습을 평가했다.145

중국 내에서 '전랑' 외교에 대한 논쟁이 계속됐다. 일부는 더 공격적인 스타일에 지지를 보냈다. 같은 해 4월, 공산당이 운영하는 민족주의 타블로이드판인 환구시보는 "전랑 외교라고 불리는 중국 외교의 변화는 중국과 서방의 국력 변화에 기인"하며 "중국 외교가 점점 더 인민들의 이익을 반영하고 있기 때문에 인민들은 외교 문제에 대하여 더 예민해졌다. 그들은 이제 밋밋한 외교적인 발언에 만족하지 않는다"라고 서술하였다.146 또 다른 글은 자오리젠의 지지자를 인용하였다. 14,000명의 회원을 가진 자오리젠의 팬클럽을 관리하는 18세의 비키 치(Vicky Chi)는 "나는 몇 년 전, 인민들이 외교부에 칼슘약을 보내 불만을 표시했던 것을 기억한다"고 말했다. 그는 이어 "지금 나는 우리 외교관들이 외부의 도발과 공격에 대응하여 단호하게 '아니오'라고 말하는 것을 보고 기쁘다"라고 말했다.147

같은 해 5월, 왕이는 또한 언론을 통해 외교관들의 강경한 새로운 접근 방식을 옹호했다. 그는 "우리는 결코 싸움을 걸거나 다른 사람들을 괴롭히지 않는다. 하지만 우리는 원칙과 배짱이 있다. 우리는 어떠한 형태의 의도적인 모욕에도 단호히 대처할 것이다. 우리는 국가적 명예와 존엄성을 수호하고, 우리는 모든 근거 없는 것 비방에 대하여 사실을 바탕으로 반박할 것이다"라고 말했다.148 가장 노골적으로 발언하는 중국 외교관 중 한 명이자 주영대사인 류샤오밍은 "전랑"이란 표현은 "오해"에서 비롯되었고 전랑 외교군의 일반적인 외교 수행 방식을 옹호했다. 그는 "중국 외교관들은 이 세상에 늑대가 있기 때문에 전랑의 모습을 보일 필요가 있다"라고 말했다.149

하지만 다른 사람들은 이 상황에 대해 만족하지 않았다. 같은 해 9월, 중국의 전 샌프란시스코 총영사인 위엔난성(Yuan Nansheng)은 "만약 우리가 포퓰리즘과 극단적인 민족주의를 허용한다면 중국 정부가 '중국 우선주의'를 추구하는 것으로 국제사회가 오해할 수 있다"고 트럼프 대통령의 "미국 우선주의"란 표현을 빌려 전개되는 상황에 대해 우려를 표명했다. 위엔난성은 1990

년대와 2000년대 초반에 중국이 수행해온 도광양회 접근법을 다시 채택할 것을 요구했다. 그는 "중국 외교는 더 거칠어지는 것이 아닌 더 강해질 필요가 있다"고 말했다.[150] 하지만 몇 달이 지난 이후에도 여전히 중국은 "전랑" 외교가 실질적으로 효과가 있는지 관계없이 계속해서 이러한 정책 기조를 펼칠 것임을 명확하게 했다. 피지의 외딴 섬에 위치한 한 호화로운 호텔에서의 사건을 한 번 살펴보자.

***

2020년 10월 8일, 피지의 각 부처 장관, 각국의 외교관, 학자, 비영리기관 직원을 포함한 약 100명의 귀빈들은 그랜드 퍼시픽 호텔(Grand Pacific Hotel)에 모였다. 20세기 초 지어진 이 호텔은 우아한 분위기를 연출하였고 피지의 수도인 수바(Suva) 해변가인 빅토리아 퍼레이드(Victoria Parade)에 위치하였다. 그들은 청나라를 무너뜨린 1911년 항쟁을 기념하는 대만의 국경일을 축하하기 위해 그곳에 있었다. 피지는 1975년에 중화민국을 중국의 공식 국가로 인정하였으나 전 세계 대부분의 나라들처럼 비공식적인 대만과의 관계를 우호적으로 유지하고 있었다.

행사 참석자들이 어울리며 잡담을 나누고 있을 때, 두 명의 초대받지 않은 중국 외교관이 나타났다. 그들은 행사에 참석한 손님을 찍고 있었다. 이 전술은 중국이 종종 자국의 이익에 반대하는 사람들을 위협하기 위해 사용해왔다. 이후 대만 관료들이 중국 외교관에게 행사장을 나가달라고 요청하자 중국 외교관들은 주먹다짐을 시작했다. 무역 대표부의 사서로 근무하던 대만 관료는 심하게 구타를 당해 병원에 입원하였다. 결국 경찰이 출동했지만 중국 외교관들은 외교 면책 특권을 주장했다.[151]

이 사건은 중국과 대만 사이 긴장이 고조되는 시기에 발생했다. 2019년에 솔로몬 제도(Soloman Islands)와 키리바시(Kiribati)가 대만과의 관계를 단절하고 중국으로 넘어가면서 미국은 대만에 대한 지원을 강화하기 위해 개입했고 아직 중국 세력에 넘어가지 않은 4개의 태평양 섬 동맹국들에게 가만히 있으라고 촉구하였다. 피지에 주재하는 중국 외교관들은 피지의 중국에 대한 지지가 흔들릴 수 있는 징후를 유의주시하고 있었다. 하지만 이러한 중국의 조치는 다소 과해 보인다. 중국은 지난 70년 동안 대만과 경쟁해왔고 어떠한 지표로 봐도 중국이 우위에 있었다. 국제사회의 많은 국가들이 대만 대신 중국을 공식적으로 승인하였고 이제 단 15개의 국가만 대만과의 관계를 맺고 있었다. 그 국가들은 주로 태평양과 라틴 아메리카에 있는 약소국들이다.

중국 외교관들은 여전히 시진핑이 지시한 것처럼 강경하게 행동하고 있었다. 외교 활동을 전담하는 대만 입법원 의원인 왕팅위(Wang Ting-yu)는 뉴욕타임즈와의 인터뷰에서 현재 벌어지고 있는 상황에 대해 잘 설명했다. 그는 "시진핑 통치하에서 중국 외교관들은 외교 활동을 통해 사적인 복수를 노린다. 그들은 그들의 국가이익을 추구하기보다 지도부의 내부 명령을 따르고 있다"라며 중국의 문제에 대해 표현했다.152 피지에서 중국 외교관의 행동은 1950년대 초반, 그리고 문화대혁명 기간 동안 중국 외교관들이 보인 행동과 비슷했다. 이렇게 뻔뻔한 태도의 분노 폭발은 지도부에 대한 충성심을 나타내는 방법이었다.

피지 사건은 베이징의 새로운 "투혼 정신"을 보여주었지만 동시에 1949년 외교부를 창설했던 당시 중국에서 존재하던 그 감정처럼 그들이 자국의 입지에 대해서 불안감을 여전히 느끼고 있다는 것을 보여주었다. 자오리젠은 피지에서의 사건에 대한 질문을 받고 대만의 주장을 부인하며 대만이 "피해자 역할을 하고 있다"고 표현하며 "오히려 도둑이 제 발 저린 행동을 보이고 있다"고 말했다. 이후 그는 공개적으로 세부적인 내용을 언급했다. 그는 중국 외교관의 행동이 정당한 이유가 당시 행사장 내 제공된 케이크에 "중국 국기가 잘못 그려져" 있다고 말했다.

중국은 이제 세계에서 두 번째로 큰 경제대국이자 UN 안전보장이사회의 상임이사국이다. 그들은 이제 세계 최강의 군사대국 중 하나이다. 하지만 건국 70년이 지난 지금 그 나라의 외교관들은 부적절하게 장식된 케이크를 빌미로 주먹다짐을 벌이기도 한다. 1949년에 저우언라이의 신입들이 그랬던 것처럼 2020년의 중국 외교관들은 국제사회에서 자국의 지위에 대해 불안해 했다. 또한 그들은 전임자들처럼 국제사회에서 중국의 평판보다 인민들 앞에서 나약해 보이는 것에 대해 더 걱정한다. 이런 면으로 봤을 때 중국은 외교관이 존재하는 한 항상 전랑 외교군이 존재했다.

필자는 2017년에 중국 신임 외교관 왕이를 베이징 쇼핑몰 3층에 위치한 스타벅스에서 만났다. 이 만남은 사실 신임외교관은 해외 언론인은 물론 외국인과의 만남 자체를 금지하는 내부 규정에는 반하는 것이었다.[1]

1990년대 중반 출생인 왕이는 부유한 해안도시의 관료 집안에서 태어났다. 그의 잘 다음어진 영어는 어릴 때부터 외국어를 배워야 한다고 강조한 부모님의 결정 덕분이었다. 그는 세계적 커피 체인점에서 스피커를 통해 흘러나오는 재즈 선율과 중국어·영어·이탈리아를 섞어 "그란데 카푸치노 시키신 피트 씨"라고 외치는 바리스타에 매우 익숙한 모습이었다.

십대 청소년 시절 왕이의 선생님과 대학 입시에 대해 상담했을 즈음, 그의 부모님이 직업 외교관을 고려해 볼 것을 권유하였다. 힘들기는 했지만 전략적으로 제3 언어를 선택하기도 하였다.

부강한 신중국의 다른 많은 아이들처럼 왕이의 어린 시절은 그 부모 세대에서는 상상하기 어려울 정도로 안락한 것이었다. 왕이의 부모님은 문화대혁명기를 살았으며, 조부모는 신중국 건설기를 견뎌 내었다. 왕이는 그가 가진 모든 것을 성취하기 위해 열심히 노력했으며, 성공을 향한 길이 그를 위해 펼쳐져 있는 듯 했다.

우리가 만났을 때, 왕이는 대학을 졸업하고, 외교부 입부 시험을 통과하고, 의무 군사교육을 마치고, 외교부 내 두 부서를 거치는 견습 기간을 마친 시점이었다. 그는 막 외교관 여권을 받아 수일 내로 해외 임지로 파견되기를 기다리는 중이었다.

필자에게 있어, 왕이를 만나는 것은 명백히 필요한 선택이었다. 나는 중국 외교의 미래가 어떠할지 가늠해 보고 싶었다. 우리의 대화 중에 왕이의 동기는 더욱 명확해졌다. 가족, 커리어, 외교정책 등에 대한 가벼운 대화를 나눈 후에 왕이는 예상치 못한 질문을 던졌다. "1989년 천안문 사태는 정말 미 대사관이 획책한 음모인가?"라는 질문이 그것이었다.

왕이는 사실 자신의 질문을 스스로 답할 정도로 많은 정보를 가지고 있었다. 그는 중국 정부의 설명은 물론 VPN 소프트웨어를 통해 중국에서 차단되어 있던 서구 국가가 기술하는 천안문사태에 대한 정보에 접근 가능했다. 그러나, 어느 설명을 믿어야 할지 정하는 것은 쉬운 일이 아니었다. 동시대 다른 이들과 마찬가지로 왕이는 중국 정부가 말하는 모든 것을 액면 그대로 받아들이기에는 많은 정보를 가지고 있었으나, 서방 언론, 특히 미국 정부가 말하는 것에는 불신을 가지고 있었다.

천안문 사태에 관한 질문은 이전에도 수천 번이나 받아 보았는데, 처음 그러한 질문을 들었을 때는 무척이나 놀라움을 느꼈다. 이러한 질문을 던지는 이들은 답에 대해 열려있는 호기심을 가지고 있다기보다는 이미 답에 대한 확신을 가지고 있었다.

이 문제에 대해 내가 전문가는 아님을 강조하면서 내 견해를 공유하기 위해 최선을 다했다. 당시 상황에 대해, 특히 중국측 자료는 대부분 극비 사항으로 남아 있지만, 지난 30여년 동안 많은 야심찬 언론인, 역사가들이 해당 문제에 대해 깊은 관심을 가지고 있었다. 이 정도 규모의 정부가 관여된 음모를 밝히는 일은 일생에 걸친 노력이 될 것이라고 답하였다. 만약 결정적 증거가 있다고 한다면, 지금쯤은 이미 나왔을 것이라고도 말했다. 더욱이 미 외교관 그룹과 정보당국이 유능한 것은 사실이지만, 이 정도 규모의 비밀을 30년 동안이나 간직할 수 있다는 것은 내게 매우 의심스러운 일이었다. 해외 정부야 보다 공개되고 대표성 있는 시민사회에 대한 요구에 대해 공감하는 입장이지만, 수백, 수천의 보통 중국 시민은 정부가 권한을 틀어쥐고 인플레이션과 같은 민생 문제를 해결해 주기 원하는 모습을 보여 왔다.

왕이는 내가 그러한 견해를 공유해 주어 감사하다는 말을 해 주었으나, 설득력 있다고 생각하지는 않는 듯했다. 우리는 조금 더 이야기를 나누고 헤어졌지만, 대화 내용은 그 후 오랫동안 내 머릿속을 떠나지 않았다. 왕이는 세계에서 두 번째로 부강한 국가를 대표할 유능한 젊은이였지만, 때로는 해외 교섭 상대방이 중국 정치사에 대해 더욱 많이 알고 있는 상황에 직면하게 될 것임은 분명해 보였다. 만일, 내가 그의 위치에 있다면, 역시 그러한 질문을 던졌으리라 본다.

다가올 향후 수십 년 동안, 차세대 중국 외교관들은 중국 지도부의 커지는 야망과 외부 세계의 기대와 탐색 노력에 동시에 대응해야 할 것이다. 왕이는 여러모로 지난 70년 동안 중국 외교가 얼마나 변화했는지를 보여줌과 동시에 얼마나 적은 변화만이 일어났는지를 보여주는 상징과도 같았다.

현재 중국 외교의 최전선에 서 있는 외교관 그룹은 1949년 중국 건국을 견인했던 외교관 그룹과는 전혀 다른 모습을 보이고 있다. 이들은 훨씬 전문적이고, 국제적 감각을 갖추고 있고, 세계 유수의 대학에서 학위를 취득하고, 희귀 언어를 습득하고, 글로벌 금융부터 핵무기 문제에 이르기까지 여러 이슈에 대해 전문성을 가지고 있다. 이들은 대개 해외 교섭 상대방의 가장 좋은 모습을 닮으려 최선의 노력을 기울인다.

그러나 근본적으로 1949년 시민군대의 비전을 제시한 이후로 그리 많은 것이 변하지는 않았다. "저우언라이 총리의 영도 아래 외교부가 설립된 시점부터 외교부는 근면성실, 철저한 업무수행, 강한 기강을 중시해 왔다. 외교군단을 건설 강화하려는 당의 지침은 오늘날까지 우리에게 전해져 내려왔으며, 그 기본 정신은 같은 것이다."[2]고 한 전직 외교관은 2009년에 기술했다. 또 다른 외교관은 "저우언라이는 외교관 그룹은 사복을 입은 인민해방군과 같다고 말했으며, 외교부는 지난 수십 년간 같은 정도의 엄격한 철칙과 기강을 유지해 온바, 우리는 이를 우리 업무의 지도 원칙으로 삼아 왔다."[3]로 기술했다.

중국 외교관들은 비밀주의적이고 편집증적인 정치시스템으로부터 스스로 벗어날 수 없었다. 이들은 지하 공산당 활동 시절 및 오랜 냉전기에 형성된 제도에 계속 속박될 것이다. 이는 조그만 위협이 쉽사리 확대되고, 내외부의 적이 항상 함께하는 시스템이다. 이는 또한 진실과 정치적 정당성 사이에 끊임없는 긴장 상태가 존재하는 시스템이며, 이는 외부와 부딪힐 때 가장 불안해지는 시스템이다.

이러한 제약요인은 중국 외교관들이 중국의 요구를 명확히 하고, 국가 목표를 열정적으로 추진하는 데 능숙하다. 이러한 노력은 특히 단기적으로 중국 외교노선에 일탈하는 국가에 대한 제재와 결합될 경우 매우 효과적이었다. 이러한 시스템은 기밀을 엄수하고, 같은 지점에 서 있게 하고, 주요 정부 부처 간 경쟁을 미디어에 노출되지 않게끔 하는 장점이 있었다. 세계 그 어느 국가도 중국의 대 타이완 혹은 티벳 정책에 의구심 혹은 혼란을 가지지 않는다.

그러나 아무리 잘 훈련을 받고 국제적 소양이 있다 한들 정치시스템의 제약은 중국 외교관들의 설득력에 실질적 제약을 가하게 된다. 중국 외교관들은 외부세계를 불신하는 정치시스템을 위해 봉사하며, 외국인들과 의미 있는 접촉과 마음을 얻는 데 제약요인으로 작용한다.

　이러한 시스템은 또한 실무가들이 유연성이나 즉흥적 기지를 발휘하거나 이니셔티브를 쥐고 상대방을 설득시킬 수 있는 기회를 주는 성격의 것이 아니다. 이러한 시스템은 유인책과 위협을 통해 영향력을 행사하는 것에는 능하나 진정한 친구를 만드는 데에는 서툴게 만들었다. 이는 반대자들을 설득하기보다는 침묵하게 만드는 데에 능한 시스템이었다.

　현재의, 또 미래 세대 중국 외교관들은 프로파간다에 의해 여전히 살아있는 시각, 즉 중국이 세계에서 정당한 지위를 강탈당했으며, 이를 다시 되찾아야 한다는 감정에 짓눌릴 것이다. 엄청난 국력 신장에도 불구하고, 세계에서 국가 위상에 대한 조그마한 불안요인 혹은 국내의 압력에 대해 매우 민감하게 대응할 것이다. 주불 중국대사 천지안은 "미국은 강대국이 되기 위해서는 낯이 두꺼워야 한다고 말했는데, 이는 중국인들이 일반적으로 결여한 특성이다."[4]라고 기술하기도 했다.

　건국 초기에는 다름 아닌 생존이 목표였는데, 해외 세력의 위협을 차단하고 사회적으로 혁명과업을 완수하기 위한 공간을 확보하는 것이 최우선 과제였다. 중국은 이제 안정성과 확실성을 제공해 주었던 패권국이 사라지고 다극세계로 변모하는 세계에서 최대의 경제대국이 되려 하고 있다. 중국은 세계적 야심과 혁신적 기술, 야심찬 우주 프로그램을 가진 군대를 보유하고 있다. 그러나, 중국의 경제적·기술적 진보에도 불구하고, 세계 여론조사는 중국에 대한 낮은 신뢰도를 보여주며, 많은 국가들이 중국을 위협으로 간주하고 있음을 보여준다.

　중국이 다른 국가에 승리하는 힘은 단순히 인민폐 보유고와 몽둥이를 휘두르는 것에만 의존할 수는 없고, 다른 국가들을 설득하는 능력에 달려 있는 것이다. 이러한 도전은 다재다능함과 정교함 등 중국외교가 가끔씩만 보여준 능력의 발휘를 필요로 한다.

　중국의 앞에 놓여진 길은 불분명하다. 중화인민공화국은 점차 세계에 그 특징을 보여 주었는데, 이는 많은 이를 친구로 만들고 영향력을 미치기에 적합한 것이었다. 한 가지 본능은 중국외교가 지난 수십 년 동안 예난에서 미국 참관단의 방중, 반둥회의와 제네바회의에서 성공, 천안문 사태 이후 예외적 반격과 2008년 베이징 올림픽에서 달한 앞선 성공의 절정 등 여러 성과를 가능케 하였다. 이러한 본능은 국내정치의 제약으로 쉽게 극복할 수 없다 하더라도 긴 안목으로 멀리 내다보는 것이었다.

그러나 우리가 살펴 본 바와 같이 중국이 매력공세를 전개할 때마다 국내정치 캠페인으로 인해 그 성과가 물거품이 되곤 하였다. 이러한 압력은 예난 시절의 마오쩌둥의 숙청 작업부터 오늘날 시진핑의 통제에 이르기까지 중국외교관 그룹의 중심된 행동을 추동한 대안적 본능을 심어 놓았다. 이는 학생들에게 "중국은 오로지 마오쩌둥법만 신경 쓴다."라고 말한 한 대학 강사가 목도한 본능이기도 하다. 이는 1950년 유엔회의에서 우샤오취안이 장광설을 늘어놓도록 한 본능이기도 하다. 다른 무엇보다 문화대혁명기 중국의 국제관계를 부숴 놓은 바로 그 충동이기도 하다.

이 두 본능 모두 같은 정치시스템에 대한 대응을 대표하는 것인데, 둘 모두 중국 일당 지배체제에 대한 복종과 제약요인에 따른 것이다. 세계에서 중국을 둘러싼 취약한 상황에 대해 회피부터 분노로 가득찬 연설까지 똑 같은 행동전략을 취한다는 점까지 공유한다.

매력공세라는 것은 전문성을 향한 열망, 정치 시스템이 허락하는 이상 진솔한 대화에 참여하려는 욕망, 세계 여러 나라 사람을 있는 그대로 만나 설득하려는 욕망의 발현이다. 반면에 다른 국가를 위협하려는 본능은 외부 세계가 중국에 가지는 우려에 대해 대단히 공세적 자세를 만들어낸다. 이는 내가 여기에 서 있고, 나는 다른 그 누군가가 될 수는 없다고 말하는 것과 같다. 이러한 충동 그 어느 것도 중국 외교관 그룹이 외부세계와 쉽사리 대화하거나 인정받는 것을 어렵게 만들었다. 그러나 전자의 욕망은 중국을 고립시킨 후자의 욕망보다는 중국의 국제적 영향력 및 위신 확대에 도움을 주었다.

오늘날, 중국 공산당이 창당 100주년을 맞이하는 시점에서, 중국 정치는 과거로 퇴행하는 경향을 보여주고 있는데, 이는 중국 외교 역시 과거에 머물러 있게 하는 요인이다. 2008년 이래로 외교부 관료들은 매우 공세적 대외정책을 취해 왔는데, 이는 과거 대외 공세기의 행태를 반복하는 것이었다. 이러한 행태는 2008년 글로벌 금융위기 시 정권 정당성의 불안에 잘 대처하고 2011년 아랍의 봄 이후 오랜 안정기를 경험한 자신감에 따른 것이었다. 이러한 새로운 접근은 2012년 시진핑이 집권한 이후 반대파를 무력화하고 국내 반대파를 탄압하면서 더욱 완연한 면모를 띠게 되었다.

현 지도부의 스스로 급조한 자신감과 신경질적 불안의 기묘한 조합은 현재 중국 외교관 그룹이 보여주는 매력적이지 못하고, 지속적인 성격적 특징을 추동했다. 만약 당이 외교관 그룹들에게 자율성을 부여하고 국익의 증진 · 보호를 위해 그들이 가진 무서운 기술을 활용할 수 있게 했다면 상황은 달랐을 것이다. 그러나, 자유로운 사상과 독립적 행동은 중국 정치 시스템이 오래도록 관용하기에는 너무나 위험한 것이다. 그 결과로 중국 외교관들은 전 세계를 바라보기보다는 자신들 어깨 뒤를 뒤돌아 보는 데 더 많은 시간을 쓰게 되는 것이다.

서문

1 Colin Packham and Philip Wen, "In APEC Host Papua New Guinea, China and the West Grapple over Strategic Port," *Reuters*, November 15, 2018, https://www.reuters.com/article/us−apec−summit−china/in−apec−host−papua−new−guinea−china−and−thewest−grapple−over−strategic−port−idUSKCN1NJ375.

2 Sophia Yan, "China Pledges More than $100 Billion in Belt and Road Projects," *CNBC*, May 14 2017, https://www.cnbc.com/2017/05/14/china−pledges−more−than−100−billion−in−belt−and−road−projects.html.

3 Xinhua, "Full Text of Xi's Signed Article on PNG Newspapers," *Xinhua*, November 14, 2018, http://www.xinhuanet.com/english/2018−11/14/c_137605468.htm.

4 Kate Lyons, "'The China Show': Xi Jinping Arrives in PNG for Start of Apec Summit," *The Guardian*, November 16, 2018, https://www.theguardian.com/world/2018/nov/16/the−china−show−xi−jinping−arrives−in−png−for−start−of−apec−summit; Charlotte Greenfield and Philip Wen, "PNG Lays On a Lavish Welcome for China's Xi as He Arrives for APEC," *Reuters*, November 15, 2018, https://www.reuters.com/article/apec−summit−china/png−lays−on−a−lavish−welcome−for−chinas−xi−as−he−arrives−forapec−idUSL4N1XQ16E; AFP Videos, "APEC Summit: The Xi Show by the Sea Shore," *Agence France−Presse*, November 15, 2018, https://www.yahoo.com/news/apecsummit−xi−show−sea−025604035.html.

5 Toluse Olorunnipa and Dandan Li, "Pence−Xi Showdown at APEC Shows U.S.−China Divide Only Widening," *Bloomberg News*, December 17, 2018, https://www.bloomberg.com/news/articles/2018−11−17/pence−slams−china−says−u−s−offerscountries−better−option.

6 Natalie Whiting and Stephen Dziedzic, "APEC 2018: Chinese Officials Barge Into PNG Foreign Minister's Office after Being Denied Meeting," *ABC*, November 18, 2018, https://www.abc.net.au/news/2018−11−18/chinese−officials−create−diplomatic−stormat−apec/10508812; AFP, "Police Called after Chinese Diplomats Attempt to 'Barge In' to APEC Host's Office," *Agence France−Presse*, November 18, 2018, https://www.yahoo.com/news/police−called−diplomats−apec−summit−tensions−boil−over−050420060.html; Josh Rogin, "Inside China's 'Tantrum Diplomacy' at APEC," *Washington Post*, November 20, 2018, https://www.washingtonpost.com/news/josh−rogin/wp/2018/11/20/inside−chinas−tantrum−diplomacy−at−apec/?utm_term=.5e61b31e4a0b.

7 Jason Scott, Dandan Li, and Toluse Olorunnipa, "APEC Ends in Disarray after U.S.−China Spat over Final Statement," *Bloomberg News*, November 18, 2018, https://www.bloomberg.com/news/articles/2018−11−18/apec−fails−to−agree−on−jointstatement−amid−u s−china−tensions. 232 Notes

8 Scott, Li, and Olorunnipa, "APEC Ends in Disarray."

9 Charlotte Greenfield and Tom Westbrook, "Nauru Demands China Apologize for 'Disrespect' at Pacific Forum," *Reuters*, September 6, 2018, https://www.reuters.com/ article/us−pacific−forum−china/nauru−demands−china−apologize−for−disrespect −atpacific−forum−idUSKCN1LM0HM.

10 Peter Martin, "Diplomatic Outbursts Mar Xi's Plan to Raise China on the World Stage," *Bloomberg News*, March 7, 2019, https://www.bloomberg.com/news/articles/2019−03− 06/diplomatic−outbursts−mar−xi−s−plan−to−raise−china−on−world−stage; The Economist, "Shotgun Diplomacy: How Sweden Copes with Chinese Bullying," *The Economist*, February 20, 2020, https://www.economist.com/europe/2020/02/20/how− sweden−copes−with−chinese−bullying.

11 Ashley Rodriguez, "China's Box Office Is Setting New Records−with a Bit of Hollywood Help," *Quartz*, November 22, 2017, https://qz.com/1134905/wolfwarrior−2 −helped−chinas−box−office−to−new−records−in−2017/.

12 Ben Westcott and Steven Jiang, "China Is Embracing a New Brand of Foreign Policy. Here's What Wolf Warrior Diplomacy Means," *CNN*, May 29, 2020, https://edition. cnn.com/2020/05/28/asia/china−wolf−warrior−diplomacy−intl−hnk/index.html.

13 "Discovering Twitter: China Finds a Use Abroad for Twitter, a Medium It Fears at Home," *The Economist*, February 20, 2020, https://www.economist.com/china/2020/ 02/20/china−finds−a−use−abroad−for−twitter−a−medium−it−fears−at−home.

14 Alan Crawford and Peter Martin, "China's Coronavirus Diplomacy Has Finally Pushed Europe Too Far," *Bloomberg News*, April 22, 2020, https://www.bloomberg.com/ news/articles/2020−04−21/china−s−coronavirus−diplomacyhas−finally−pushed−eur ope−too−far.

15 Bob Davis, Kate O'Keeffe, and Lingling Wei, "U.S.'s China Hawks Drive Hard−Line Policies after Trump Turns on Beijing," *Wall Street Journal*, October 16, 2020, https:// www.wsj.com/articles/u−s−s−china−hawks−drive−hard−line−policies−after−trum pturns−on−beijing−11602867030.

16 Crawford and Martin, "China's Coronavirus Diplomacy Has Finally Pushed Europe Too Far."

17 Peter Martin, "China Seen Negatively at Record Rate in Nine Nations, Poll Says," *Bloomberg News*, October 6, 2020, https://www.bloomberg.com/news/articles/2020− 10−06/china−seen−negatively−at−record−rate−in−nine−nations−poll−says.

18 Joint Chiefs of Staff, Joint Doctrine Note 1−18 (Washington, DC: Joint Chiefs of Staff, 2018), https://fas.org/irp/doddir/dod/jdn1_18.pdf.

19 Keith Zhai and Ting Shi, "China Uses Annual Congress to Tout Xi's Global Leadership Role," *Bloomberg News*, March 9, 2017, https://www.bloomberg.com/news/articles/

2017−03−08/china−uses−annual−congress−to−tout−xi−s−global−leadership−role.

20 Lowy Institute, *2019 Lowy Institute Global Diplomacy Index*, https://globaldiplomacy index.lowyinstitute.org/.

21 Mao, Zedong. *Selected Works of Mao Tse−Tung*, Vol. II (Beijing: Foreign Languages Press, 1965), 224.

22 Interview with Gao Zhikai, March 19, 2019.

23 Ji Chaozhu, *The Man on Mao's Right: From Harvard Yard to Tiananmen Square, My Life Inside China's Foreign Ministry* (New York: Random House, 2008), 151−152.

24 Interview in Beijing, January 2018.

25 Zhou Zhendong, "Zai Feizhou de Xinzang: Zhade," in *Dangdai Zhongguo shijie waijiao shengya*, ed. Waijiaobu Waijiaoshi Yanjiushi, Vol. V (Beijing: Shijie Zhishi Chubanshe, 1997), 308.

26 Fenghuang Wang, "Waijiaobu, Guofangbu liang wei 'yanzhi dandang' yin he shihanjian tongkuang," *Fenghuang Wang*, November 4, 2019, http://news.ifeng.com/c/7rKXYgxThgI.

27 Interview in Beijing, 2017.

28 Chas W. Freeman Jr., "Diplomacy: A Rusting Tool of American Statecraft," Lecture to programs on Statecraft at American University, Harvard, and MIT, February 2018, https://chasfreeman.net/diplomacy−a−rusting−tool−of−american−statecraft/.

29 Peter Martin, "Diplomatic Outbursts Mar Xi's Plan to Raise China on the World Stage," *Bloomberg News*, March 7, 2019, https://www.bloomberg.com/news/articles/2019− 03−06/diplomatic−outbursts−mar−xi−s−plan−to−raise−china−on−world−stage.

30 Xiao Gang, "Xi Jinping on Foreigners 'Pointing Fingers' at China (with Video)," *China Digital Times*, February 12, 2009, https://chinadigitaltimes.net/2009/02/xi−jinping−% E4%B9%A0%E8%BF%91%E5%B9%B3−on−foreigners−pointing−fingers−at−chinawith −video/.

31 Keith Zhai and Yew Lun Tian, "In China, a Young Diplomat Rises as Aggressive Foreign Policy Takes Root," *Reuters*, March 31, 2020, https://www.reuters.com/ article/us−china−diplomacy−insight/in−china−a−young−diplomat−rises−as−aggre ssiveforeign−policy−takes−root−idUSKBN21I0F8.

32 Adela Suliman, Ed Flanagan, and Justin Solomon, "China Jeers as George Floyd Protests Sweep U.S.," *NBC News*, June 1, 2020, https://www.nbcnews.com/news/world/china− jeers−george−floyd−protests−sweep−u−s−while−some−n1220186.

33 Interview in Beijing, spring 2020.

34 Cissy Zhou, "We're Not Wolf Warriors, We're Only Standing Up for China, Says Senior Official," *South China Morning Post*, December 5, 2020, https://www.scmp.com/news/ china/diplomacy/article/3112733/were−not−wolf−warriorswere−only−standing−china

－says－senior.

35 Kinling Lo, "Beijing Should Contain 'Extreme Conationalism', Ex－Diplomat Warns," *South China Morning Post*, September 30, 2020, https://www.scmp.com/news/china/diplomacy/article/3103550/us－china－relations－beijing－shouldcontain－extreme－nationalism.

36 This phase is drawn shamelessly from John Keegan, *The Face of Battle: A Study of Agincourt, Waterloo and the Somme* (London: Random House, 1976).

37 The major exception is Liu Xiaohong's excellent *Chinese Ambassadors: The Rise of Diplomatic Professionalism since 1949* (Seattle: University of Washington Press, 2001).

제1장 창설자

1 Account drawn from: Ling Qing, *Cong Yanan dao Lianheguo: Ling Qing waijiao shengya* (Fuzhou: Fujian Renmin Chubanshe, 2008), 20－21, 68－70; Xu Jingli, Jiemi *Zhongguo waijiao dang'an* (Beijing: Zhongguo Dangan Chubanshe, 2005), 86－93; Xu Jingli, *Lingqi luzao: jueqi juren de waijiao fanglyue* (Beijing: Shijie Zhishi Chubanshe, 1997), 191－198; *Zhang Hanfu Bianxiezu, Zhang Hanfu zhuan* (Beijing: Shijie zhishi chubanshe, 2003), 134－139; Tong Xiaopeng, *Fengyu sishinian*, Vol. 2 (Beijing: Zhongyang Wenxian Chubanshe, 1997), 321－322; and Qiao Songdu, *Qiao Guanhua yu Gong Peng: Wo de fumuqin* (Beijing: Zhonghuan Shuju, 2008), 102－106.

2 While all accounts of the meeting agree that Zhou compared armed struggle and diplomatic struggle, they differ on whether Zhou used the phrase "PLA in civilian clothing," which he had earlier used in a speech at Xibaipo. Ling Qing quotes him using the phrase, but the excerpt of the speech in Zhou's selected works on diplomacy does not.

3 Barry Naughton, *The Chinese Economy: Transformation and Growth* (Cambridge, MA: MIT Press, 2007), 50; S. S. Kantha, "Nutrition and Health in China, 1949 to 1989," *Progress in Food and Nutrition Science* 14, no. 2－3 (1990): 93－137.

4 Jiang Benliang, *Duonaohe zhi bo* (Chengdu: Sichuan Renmin Chubanshe, 2004), 76.

5 Interview in Beijing, 2018.

6 Gao Wenqian, Zhou Enlai: *The Last Perfect Revolutionary* (New York: Public Affairs, 2007), 21－27; Jin Chongji, *Zhou Enlai zhuan, 1898－1949* (Beijing: Zhongyang Wenxian Chubanshe, 1998), 3－7; Barbara Barnouin and Yu Changgen, *Zhou Enlai: A Political Life* (Hong Kong: Chinese University Press, 2006), 12－14; and Michael Dillon, *Zhou Enlai: The Enigma behind Chairman Mao* (London: I. B. Tauris, 2020), 1－12.

7 CIA, "Chou En－lai," CIA FOIA, November 4, 1974.

8 Nikita Khrushchev, *Khrushchev Remembers* (New York: Little Brown & Company, 1970), 405

9 Frank Dikotter, *Mao's Great Famine: A History of China's Most Devastating Catastrophe, 1958−62* (London: Bloomsbury, 2010), 18.

10 Gao, *Zhou Enlai*, 161.

11 Michael H. Hunt, *The Genesis of Chinese Communist Foreign Policy* (New York: Columbia University Press, 1996), 71−73.

12 Li Yan, "Zuji bian tianya: Chunfeng song wanjia," in *Zhou Enlai he ta de mishu men*, ed. Cheng Hua (Beijing: Zhongguo Guangbo Dianshi Chubanshe, 1992), 99; Lei Yingfu, "Yinrong wanzai en hui you meng," in *Zhou Enlai he ta de mishu men*, ed. Cheng, 119; Chen Hao, "Danxin yi pian, hongtu wanjuan," in *Zhou Enlai he ta de mishu men*, ed. Cheng, 186.

13 Li "Zuji bian tianya," in *Zhou Enlai he ta de mishu men*, ed. Cheng, 99; Lei, "Yinrong wanzai en hui you meng," in Zhou *Enlai he ta de mishu men*, ed. Cheng, 119; Chen, "Danxin yi pian, hongtu wanjuan," in *Zhou Enlai he ta de mishu men*, ed. Cheng, 186.

14 Zhang Ying, "Jiechu de nyu waijiaojia Gong Peng," in *Nyu Waijiaoguan*, ed. Cheng Xiangjun (Beijing: Renmin Tiyu Chubanshe, 1995), 457.

15 Xinhua, "Da shuju jiemi: buwei jiaban da pin," CCTV.com, July 19, 2015, http://news.cntv.cn/2015/07/19/ARTI1437264706858411.shtml.

16 Ma Lie, "Dang fanyi qiake de shihou," in *Zhou Enlai he ta de mishu men*, ed. Cheng, 231.

17 Yang Chun, "Taoli wuyan zi fenfang," in *Zhou Enlai he ta de mishu men*, ed. Cheng, 70; Li, "zuji bian tianya," in *Zhou Enlai he ta de mishu men*, ed. Cheng, 106.

18 Li, "Zuji bian tianya," in *Zhou Enlai he ta de mishu men*, ed. Cheng, 107; Guo Yinghui, "Zai Zhou Enlai yu Peng Dehuai zhi jian chuan xin," in *Zhou Enlai he ta de mishu men*, ed. Cheng, 134.

19 Ma, "Dang fanyi qiake de shihou," in *Zhou Enlai he ta de mishu men*, ed. Cheng, 230.

20 Tang Mingxin, *Feijia Taipingyang shangkong de hongqiao* (Chengdu: Sichuan Renmin Chubanshe, 2006), 13; Jiang, Duonaohe zhi bo, 90−92; Liu Yanshun, *Shan he hu haihua Bolan* (Chengdu: Sichuan Renmin Chubanshe, 2006), 17−18; Zhang Xichang, *Sishi nian Faguo yuan* (Chengdu: Sichuan Renmin Chubanshe, 2006), 8−12; Ji, The *Man on Mao's Right*, 151; Ke Hua, *Xin Zhongguo waijiao qisu Ke Hua 95 sui shuhuai* (Beijing: Wenhua Yishu Chubanshe, 2013), 97; Waijiaobu Waijiaoshi Bianjishi, *Xin Zhongguo waijiao fengyun*, Vol. 1 (Beijing: Shije Zhishi Chubanshe, 1990), 95−97; and Hua Liming, "wo mudu de Zhongdong fengyun," in *Ting dashi jiang gushi*, ed. Niu Li (Beijing: Xinhua Chubanshe, 2009), 4.

21 Jiang, *Duonaohe zhi bo*, 90; Zhang, *Sishi nian Faguo yuan*, 8−12; Cong Wenzi, "Zhou Enlai zongli dui waishi fanyi gongzuo de zhidao he guanhuai," in *Zhongguo waijiaoguan shouji*, ed. Li Tongcheng, Vol. 1 (Xiamen: Lujiang Chubanshe, 2001),

244−264; Ji, *The Man on Mao's Right*, 151; and Cheng Ruisheng, *Mulin waijiao sishinian* (Chengdu: Sichuan Renmin Chubanshe, 2006), 39, 95, 97.

22 Lydia H. Liu, "Legislating the Universal: The Circulation of International Law in the Nineteenth Century," in *Tokens of Exchange: The Problem of Translation in Global Circulation*, ed. Lydia Liu (Durham, NC: Duke University Press, 1999), 145.

23 Masataka Banno, *China and the West 1858−1861: The Origins of the Tsungli Yamen* (Cambridge, MA: Harvard University Press, 1964).

24 William T. Rowe, *China's Last Empire: The Great Qing* (Cambridge, MA: Harvard University Press, 2009), 223.

25 S. C. M. Paine, *The Sino−Japanese War of 1894−1895: Perceptions, Power, and Primacy* (New York: Cambridge University Press, 2003), 32−33.

26 Odd Arne Westad, *Restless Empire: China and the World since 1750* (New York: Basic Books, 2012), 99−104.

27 Antonia Finnane, *Changing Clothes in China: Fashion, History, Nation* (New York: Columbia University Press, 2008), 69.

28 Li Zhaoxing, *Shuo bu jin de waijiao: Wo de kuaile huiyi* (Beijing: Zhongxin Chubanshe, 2014), 34−35.

29 Orville Schell and John Delury, *Wealth and Power: China's Long March to the TwentyFirst Century* (New York: Random House, 2013), 320.

30 Brendan Scott, "Memories of China's 1895 Shame Loom over Envoy's High−Stakes Talks," *Bloomberg News*, May 9, 2019, https://www.bloomberg.com/news/articles/2019−05−09/china−trade−envoy−s−unflattering−comparison−shows−high−stakes.

31 Jennifer Rudolph, *Negotiated Power in Late Imperial China: The Zongli Yamen and the Politics of Reform* (Ithaca, NY: Cornell University Press, 2008), 405.

32 Gao, *Zhou Enlai*, 27.

33 Wang Dong, *China's Unequal Treaties: Narrating National History* (Plymouth, MA: Lexington, 2008), 10. 236 Notes

34 Wang, Zheng, *Never Forget National Humiliation: Historical Memory in Chinese Politics and Foreign Relations* (New York: Columbia University Press, 2012), 151.

35 Gao, *Zhou Enlai*, 28.

36 Gao, *Zhou Enlai*, 28−29; Barnouin and Yu, *Zhou Enlai*, 14−16.

37 Wu Jianmin, *Tan waijiao* (Beijing: Zhongxin Chubanshe, 2015), 6−7, 148; and Wu Jianmin and Shi Yanhua, *Zai Faguo de waijiao shengya* (Beijing: Zhongguo Renmin Daxue Chubanshe 2010), 12−13.

38 Wu, *Tan waijiao*, 6−7, 148; Wu and Shi, *Zai Faguo de waijiao shengya*, 12−13.

39 Gao, *Zhou Enlai*, 3; Lu Peixin, "Jiemi waijiao liyi beihou de jiaofeng," in *Bie yang feng yu*, ed. Zhang Bing (Beijing: Xinhua Chubanshe, 2007), 221−222.

40 Tang Jiaxuan, *Jin yu xu feng* (Beijing: Shijie Zhishi Chubanshe, 2009), 81.

41 Xu Guoqi, *Strangers on the Western Front: Chinese Workers in the Great War* (Cambridge, MA: Harvard University Press, 2011).

42 Xu Guoqi, *China and the Great War: China's Pursuit of a New National Identity and Internationalization* (Cambridge, UK: Cambridge University Press, 2005), 187.

43 Xu, *China and the Great War*, 245.

44 Margaret MacMillan, *Peacemakers: Six Months That Changed the World* (London: John Murray, 2001), 332−333, 340−341.

45 Rana Mitter, *A Bitter Revolution: China's Struggle with the Modern World* (Oxford: Oxford University Press, 2004), 3−4, 7−10.

46 Gao, *Zhou Enlai*, 29−42; Barnouin and Yu, *Zhou Enlai*, 18−21.

47 Paul Bailey, "The Chinese Work−Study Movement in France," *The China Quarterly* 115 (September 1988): 441−461.

48 Gao, *Zhou Enlai*, 39−45; Barnouin and Yu, *Zhou Enlai*, 25−27.

49 Hunt, *The Genesis of Chinese Communist Foreign Policy*, 71−73.

50 Jay Taylor, *The Generalissimo: Chiang Kai−shek and the Struggle for Modern China* (Cambridge, MA: Harvard University Press, 2009), 157.

51 See Lenin's 1920 call for the Bolsheviks to act with "military ruthlessness, with military discipline and self−sacrifice" in Christopher Read, *Lenin: A Revolutionary Life* (London: Routledge, 2005), 254.

52 Barnouin and Yu, *Zhou Enlai*, 32.

53 Taylor, *The Generalissimo*, 55.

54 Gao, *Zhou Enlai*, 48.

55 Gao, *Zhou Enlai*, 55−57.

56 Jin, *Zhou Enlai zhuan*, 1898−1949, 291−295; Matthew James Brazil, "The Darkest Red Corner: Chinese Communist Intelligence and Its Place in the Party, 1926−1945," PhD diss., University of Sydney, 2012; Barnouin and Yu, *Zhou Enlai*, 44−45.

57 Jin, *Zhou Enlai zhuan*, 1898−1949, 326−328.

58 Gao, *Zhou Enlai*, 68−69.

59 Benjamin Yang, "The Zunyi Conference as One Step in Mao's Rise to Power: A Survey of Historical Studies of the Chinese Communist Party," *The China Quarterly* 106 (1986): 235.

60 Yang, "Taoli wuyan zi fenfang," in *Zhou Enlai he ta de mishu men*, ed. Cheng, 61; Li, "Zuji bian tianya: Chunfeng song wanjia," in *Zhou Enlai he ta de mishu men*, ed. Cheng, 108.

61 Gao, *Zhou Enlai*, 235.

62 Interview with Sidney Rittenberg, March 2017.

63 Li Zhisui, *The Private Life of Chairman Mao: The Memoirs of Mao's Personal Physician* (New York: Random House, 1994), 509–510.

64 Tang, *Feijia Taipingyang shangkong de hongqiao*, 16.

65 Shi Zhe, *Zai lishi juren shenbian* (Beijing: Zhongyang Wenxian Chubanshe, 1991), 539–544.

66 Waijiaobu Waijiaoshi Bianjishi, *Xin Zhongguo waijiao fengyun*, Vol. 1, 80.

67 Chen, "Danxin Yi Pian," in *Zhou Enlai he ta de mishu men*, ed. Cheng, 195.

68 Gao, *Zhou Enlai*, 4.

69 Frederic E. Wakeman, *Spymaster: Dai Li and the Chinese Secret Service* (Berkeley: University of California Press, 2003), 178.

70 Steve Tsang, "Target Zhou Enlai: The 'Kashmir Princess' Incident of 1955," *The China Quarterly* 139 (September 1994): 774.

71 Gao, *Zhou Enlai*.

72 Li Weihan, *Huiyi yu yanjiu* (Beijing: Zhonggong Dangshi Ziliao Chubanshe, 1984), 363.

73 Michael Ellman, "Soviet Repression Statistics: Some Comments," *Europe–Asia Studies*, Vol. 54, No. 7 (2002), p. 1162

제2장 그림자 외교

1 Huang Hua, *Qinli yu jianwen: Huang Hua huiyilu* (Beijing: Shijie Zhishi Chubanshe, 2007), 2–38.

2 Jeremy Tai, " Opening Up the Northwest: Reimagining Xi'an and the Modern Chinese Frontier," unpublished doctoral dissertation, UC Santa Cruz (2015).

3 For a detailed look at Li's role in Chinese intelligence see Peter L. Mattis, "Li Kenong and the Practice of Chinese Intelligence," *International Journal of Intelligence and CounterIntelligence* 28, no. 3 (2015): 540–556.

4 Pauline Keating, "The Ecological Origins of the Yan'an Way," *The Australian Journal of Chinese Affairs* 32 (July 1994): 123–153.

5 Kai Cheng, Li Kenong: *Yi ge yinbi zhanxian de zhuoyue lingdaoren* (Beijing: Zhongguo Youyi Chuban Gongsi, 1996), 101.

6 S. Bernard Thomas, *Season of High Adventure: Edgar Snow in China* (Berkeley: University of California Press, 1996), 13−27; John Maxwell Hamilton, *Edgar Snow: A Biography* (Bloomington: Indiana University Press, 1988), 5−15.

7 Anne−Marie Brady, *Making the Foreign Serve China: Managing Foreigners in the People's Republic* (Lanham, MD: Rowman & Littlefield, 2003), 43−45.

8 Julia Lovell, "The Uses of Foreigners in Mao−Era China: 'Techniques of Hospitality' and International Image−Building in the People's Republic, 1949−1976," *Transactions of the RHS* 25 (2015): 135−158.

9 Brady, *Making the Foreign Serve China*, 43−45.

10 Brady, *Making the Foreign Serve China*, 43−45. 238 Notes

11 James Griffiths, "Trump to Become First Foreign Leader to Dine in Forbidden City since Founding of Modern China," *CNN*, November 8, 2017, https://www.cnn.com/2017/11/07/politics/trump−forbidden−city−beijing−china/index.html; "Xi Hosts Trump with Iconic Chinese Culture," *Xinhua*, November 8, 2017, http://www.xinhuanet.com//english/2017−11/08/c_136737845.htm.

12 "Remarks by President Trump and President Xi of the People's Republic of China before Bilateral Meeting," Osaka, Japan, June 29, 2019, https://www.whitehouse.gov/briefings−statements/remarks−president−trump−president−xi−peoples−republicchina−bilateral−meeting−osaka−japan/.

13 Brady, *Making the Foreign Serve China*, 45.

14 Brady, *Making the Foreign Serve China*, 45−47.

15 Kai, *Li Kenong*, 101−112.

16 Edgar Snow, *Red Star over China* (New York: Grove Press, 1968), 90, 124.

17 Andrew G. Walder, *China under Mao: A Revolution Derailed* (Cambridge,MA: Harvard University Press, 2017), 7, 25−26.

18 Jin Cheng, *Yan'an Jiaojichu huiyilu* (Beijing: Zhongguo Qingnian Chubanshe, 1985), 40−49, 136−137, 157, 198−218.

19 Fang Kecheng, "Shei shi 'Zhongguo renmin de lao pengyou'?," *Nanfang Zhoumo*, March 3, 2011, http://www.infzm.com/content/55879; Lee Kuan Yew, *From Third World to First: Singapore and the Asian Economic Boom* (New York: HarperCollins, 2000), 608.

20 Foreign Ministry Spokesperson Lu Kang's Regular Press Conference on December 7, 2016, http://www.fmprc.gov.cn/mfa_eng/xwfw_665399/s2510_665401/t1422213.shtml.

21 Interview with Robert Suettinger, July 22, 2019.

22 Yi Fei, *Fengyun jidang, yi ge laowuguan de waijiao shengya* (Shenyang: Liaoning renmin chubanshe, 2003), 60−61; see also Peter Mattis, "Contrasting China and Russia's

Influence Operations," *War on the Rocks*, January 16, 2018, https://warontherocks. com/2018/01/contrasting−chinas−russias−influence−operations/.

23 Richard H. Solomon, *Chinese Negotiating Behavior: Pursuing Interests Through "Old Friends*," new ed. (Washington, DC: United States Institute of Peace Press, 1999), 100−102.

24 Huang, *Qinli yu jianwen*, 39−47.

25 Kishan S. Rana, *Asian Diplomacy: The Foreign Ministries of China, India, Japan, Singapore, and Thailand* (Washington, DC: Woodrow Wilson Center Press, 2007), 27; Interviews in Beijing.

26 Shi, *Zai lishi juren shenbian*, 200−201; Shi Changwang, *Wang Jiaxiang zhuan* (Hefei: Anhui Renmin Chubanshe, 1999), 89−90; Xu Zehao, *Wang Jiaxiang zhuan* (Beijing: Dangdai Zhongguo Chubanshe, 1996), 120−127; Hunt, *The Genesis of Chinese Communist Foreign Policy*, 227.

27 Li, *Huiyi yu Yanjiu*, 376; Cheng Zhongyuan, *Zhang Wentian zhuan* (Beijing: Dangdai Zhongguo Chubanshe, 2000), 186−189; Kai, Li Kenong, 101.

28 Tong Xiaopeng, *Fengyu sishinian*, Vol. 1 (Beijing: Zhongyang Wenxian Chubanshe, 1994), 155, 315−316; Jin, *Zhou Enlai zhuan*, 1898−1949, 513−514, 590, 603−604, 651, 663, 790.

29 Hunt, *The Genesis of Chinese Communist Foreign Policy*, 227.

30 Ling, *Cong Yanan dao Lianheguo*; Qiao, *Qiao Guanhua yu Gong Peng*, 40.

31 Qiao, *Qiao Guanhua yu Gong Peng*, 40

32 John Pomfret, *The Beautiful Country and the Middle Kingdom: America and China, 1776 to the Present* (New York: Henry Holt, 2016), 328.

33 Hunt, *The Genesis of Chinese Communist Foreign Policy*, 143.

34 Gao Hua, *How Did the Red Sun Rise?: The Origin and Development of the Yan'an Rectification Movement*, 1930−1945 (Hong Kong: Chinese University Press, 2018), 319−334.

35 Huang, *Qinli yu Jianwen, 46−47*; Jin, *Zhou Enlai zhuan, 1898−1949, 682−683*; Shi, Zai lishi juren shenbian, 242.

36 Ke, *Xin Zhongguo waijiao qisu Ke Hua 95 sui shuhuai*, 64−65.

37 Timothy Cheek, "The Fading of Wild Lilies: Wang Shiwei and Mao Zedong's Yan'an Talks in the First CPC Rectification Movement," *The Australian Journal of Chinese Affairs* 11 (1984): 25−58.

38 Huang, *Qinli yu jianwen*, 46−47.

39 Huang, *Qinli yu jianwen, 46−47*; Jin, *Zhou Enlai zhuan, 1898−1949, 682−683*; Wu Xiuquan, *Wo de licheng* (Beijing: Jiefangjun Chubanshe, 1984), 162−164.

40 Petr Parfenovich Vladimirov, *The Vladimirov Diaries: Yenan, China, 1942−1945* (New York: Doubleday, 1975), 240.

41 Tong, *Fengyu sishinian*, vol. 2, 253−266; Jin, *Zhou Enlai zhuan, 1898−1949*, 679−693.

42 Barnouin and Yu, *Zhou Enlai*, 92.

43 Jin, *Yan'an Jiaojichu huiyilu*, 89.

44 Interview with Robert Suettinger, July 22, 2019.

45 This section draws on Ling, *Cong Yanan dao Lianheguo*, 21−22, 28−30; Huang, *Qinli yu jianwen*, 48−71; Pomfret, *The Beautiful Country and the Middle Kingdom*, 320−331.

46 Huang, *Qinli yu Jianwen*, 55.

47 Hunt, *The Genesis of Chinese Communist Foreign Policy*, 152.

48 Huang, *Qinli yu jianwen*, 55; Ling, *Cong Yanan dao Lianheguo*, 28−30.

49 Ling, *Cong Yanan dao Lianheguo*, 28−30; Jin, *Yan'an Jiaojichu huiyilu*, 190−197.

50 John S. Service, *Lost Chance in China: The World War II Dispatches of John S. Service* (New York: Random House, 1974), 181.

51 Niu Jun, *From Yan'an to the World: The Origin and Development of Chinese Communist Foreign Policy* (Norwalk, CT: Eastbridge, 2005), 165−167.

52 Daniel Kurtz−Phelan, *The China Mission: George Marshall's Unfinished War, 1945−1947* (New York: W. W. Norton, 2018), eBook; Huang, Qinli yu jianwen, 65−69.

53 "Special Message to the Congress on Greece and Turkey: The Truman Doctrine," March 12, 1947, https://www.trumanlibrary.gov/library/public−papers/56/special−messagecongress−greece−and−turkey−truman−doctrine.

54 Odd Arne Westad, *The Cold War: A World History* (London: Penguin Random House, 2017), 142.

55 Ho Feng−Shan, *My Forty Years as a Diplomat* (Pittsburgh: Dorrance, 2010), 125; Jonathan Clements, *Makers of the Modern World─Wellington Koo, China* (London: Haus Publishing, 2008), 21−22; Xu, *Jiemi Zhongguo waijiao dang'an*, 106−112. 240 Notes

56 Ling, *Cong Yanan dao Lianheguo*, 58−61; Waijiaobu Waijiaoshi Bianjishi, *Xin Zhongguo waijiao fengyun*, Vol. 2 (Beijing: Shije Zhishi Chubanshe, 1994), 163−164; Xu, Lingqi luzao, 36.

57 Ling, *Cong Yanan dao Lianheguo*, 58−61.

58 Ling, *Cong Yanan dao Lianheguo*, 64−65.

59 Huang, *Qinli yu jianwen*, 72−88; Xu, *Jiemi Zhongguo waijiao dang'an*, 22−23.

60 Interview with Sidney Rittenberg, March 2017.

61 Kenneth T. Young, *Negotiating with the Chinese Communists: The United States Experience*, 1953－1967 (New York: McGraw－Hill, 1968), 30.

62 China Daily, "Former Mao Translator, Diplomat Huang Dies," *People's Daily online*, November 25, 2010, http://en.people.cn/90001/90782/90873/7210273.html.

63 Huang, *Qinli yu Jianwen*, 72－88; Xu, *Jiemi Zhongguo waijiao dang'an*, 22－23.

64 Xu, *Jiemi Zhongguo waijiao dang'an*, 78; Ling Qing, *Cong Yanan dao Lianheguo*, 66; Zhang Rong "Zhou Enlai de 'erduo he zuiba'—Wang Bingnan," in *Kaiqi guomen: Waijiaoguan de fengcai*, eds. Fu Hao and Li Tongcheng (Beijing: Zhongguo Huaqiao Chubanshe, 1995), 120－122, 127; Luo Yisu, "Wang Bingnan tieshi: Yi waijiaojia Wang Bingnan," in *Dangdai hongguo shijie waijiao shengya*, ed. Waijiaobu Waijiaoshi Yanjiushi (Beijing: Shijie Zhishi Chubanshe, 1994), Vol. VI, 30－31.

65 Xu, Jiemi *Zhongguo waijiao dangan*, 76－81; Ruan Hong, *Han Xu zhuan* (Beijing: Shijie Zhishi Chubanshe, 2004), 40.

66 Yi, *Fengyun jidang*, 5; Hao Rui, *Huang tudi shang zoulai de waijiaojia: Fu Hao* (Beijing: Jiefangjun Chubanshe, 2001), 38－39.

제3장　다른 수단을 통한 전쟁

1 Pieced together from Zong Daoyi, *Zhou Nan koushu: Yaoxiang dangnian yu shan lun jin* (Jinan: Qilu Shushe, 2007), 103; Zhou Yihuang, "Jiangjun Dashimen," in *Zhongguo waijiaoguan shouji*, ed. Li Tongcheng, Vol. 2 (Xiamen: Lujiang Chubanshe, 2001), 704; Pei Monong, "Ciya dalu shang de teming quanquan dashi: Xin Zhongguo di yi dai waijiaojia Yuan Zhongxian," in *Kaiqi guomen*, eds. Fu and Li, 302－308; Yin Jiamin, "Pingfeng hou biye de jiangjun dashi," in *Shenmi zhi men: Gongheguo waijiao shilu*, ed. Cao Ying (Beijing: Tuanjie Chubanshe, 1993), 296－298.

2 Yi, *Fengyun jidang: Hao, Huang tudi shang zoulai de waijiaojia*, 38－39.

3 Jin Chongji, *Zhou Enlai zhuan*, 1949－1976 (Beijing: Zhongyang Wenxian Chubanshe, 1998), 5; Bo Yibo, *Ruogan zhongda juece yu shijian de huigu* (Beijing: Zhonggong Zhongyang Dangxiao Chubanshe, 1992), 11; the exception was a small group of Nationalist diplomats awarded a purely advisory role.

4 Xu, *Lingqi luzao*, 190－191.

5 Yi, *Fengyun jidang*, 6.

6 Zhang Hanzhi, *Wo yu Qiao Guanhua* (Beijing: Zhongguo Qingnian Chubanshe, 1994), 251.

7 Kai, *Li Kenong*, 364.

8 Ling Qing, *Cong Yan'an dao Lianheguo*, 68.

9 Chen Xiuxia, *Xianshen duiwai jiaoliu: Jiating, liuxue shengya ji duiwai gongzuo*

jiaoliu huodong jishi (Beijing: Shijie Zhishi Chubanshe, 2001), 21−35.

10 Liu, *Chinese Ambassadors*, 14−18.

11 Yi, *Fengyun Jidang*, 5.

12 Zhou, "Jiangjun Dashimen," in *Zhongguo waijiaoguan shouji*, ed. Li, Vol. 2, 701; Zhang Rong, "Huang tudi zou lai de waijiaoguan—Fu Hao," in *Kaiqi guomen*, eds. Fu and Li, 94.

13 Han Nianlong, "Waijiao shengya huigu yu diandi tihui," in *Dangdai Zhongguo shijie waijiao shengya*, ed. Waijiaobu Waijiaoshi Yanjiushi (Beijing: Shijie Zhishi Chubanshe, 1994), 176; Zhou, "Jiangjun dashimen," in *Zhongguo waijiaoguan shouji*, ed. Li, Vol. 2, 701−703.

14 Yi, *Fengyun jidang*, 11−15.

15 Yin, "Pingfeng hou biye de jiangjun dashi," in *Shenmi zhimen*, ed. Cao, 192.

16 Jiang, *Duonaohe zhi bo*, 11.

17 Yi, *Fengyun jidang*, 8.

18 Zong, *Zhou Nan koushu*, 390.

19 Ji, *The Man on Mao's Right*, 122.

20 Esther Cheo Ying, *Black Country to Red China: One Girl's Journey from War−torn England to Revolutionary China* (London: Penguin Random House, 2009), eBook.

21 Shi, *Zai lishi juren shenbian*, 379.

22 Cheo, *Black Country to Red China*, eBook; Luo Yisu, "Wang Bingnan tieshi: Yi waijiaojia Wang Bingnan," *Dangdai Zhongguo shijie waijiao shengya*, ed. Waijiaobu Waijiaoshi Yanjiushi, Vol. VI, 32.

23 Max Weber, "The Meaning of Discipline," *From Max Weber: Essays in Sociology*, eds. Hans Gerth and C. Wright Mills (New York: Oxford University Press, 1958), 253.

24 Michel Foucault, *Discipline and Punish: The Birth of the Prison* (New York: Vintage Books, 1995), 166.

25 Ling, *Cong Yanan dao Lianheguo*, 65; interviews in Beijing.

26 Wang Guoquan, *Wang Guoquan huiyilu* (Beijing: Zhongguo Shehui Chubanshe, 1996), 70; Zhou, "Jiangjun dashimen," in *Zhongguo waijiaoguan shouji*, ed. Li, Vol. 2, 703.

27 Ji Pengfei, "Chushi minzhu Deguo jishi," in *Dangdai Zhongguo shijie waijiao shengya*, ed. Waijiaobu Waijaioshi Yanjiushi, Vol. I, 168.

28 Christopher R. Hughes, *Chinese Nationalism in the Global Era* (London: Routledge, 2006), 40.

29 Li, *Shuo bu jin de waijiao*, 343−344.

30 Susan Thornton interviewed by James Green, US−China Dialogue Podcast, March 31, 2019, https://uschinadialogue.georgetown.edu/podcasts/stapleton−roy.

31 Interview with Susan Thornton, July 9, 2019.

32 Li, *Shuo bu jin de waijiao*, 161−162.

33 Interview with David Mulroney, July 11, 2019.

34 Interview with David Mulroney, July 11, 2019

35 Xu, *Jiemi Zhongguo waijiao dang'an*, 98−101; Zhou, "Jiangjun dashimen," in *Zhongguo waijiaoguan shouji*, ed. Li, Vol. 2, 703. 242 Notes

36 Zong, *Zhou Nan koushu*, 113.

37 Xu, *Jiemi Zhongguo waijiao dang'an*, 98−101; Zhou, "Jiangjun dashimen," in *Zhongguo waijiaoguan shouji*, ed. Li, Vol. 2, 703.

38 Elizabeth McGuire, "Sino−Soviet Romance: An Emotional History of Revolutionary Geopolitics," *Journal of Contemporary History* 52, no. 4 (2017): 867−868.

39 lizabeth McGuire, *Red at Heart: How Chinese Communists Fell in Love with the Russian Revolution* (New York: Oxford University Press, 2018), 285; Cheng, *Zhang Wentian zhuan*, 80.

40 Wang, *Wang Guoquan huiyilu*, 193.

41 Jiang, *Duonaohe zhi bo*, 17.

42 Li, *Shuo bu jin de waijiao*, 317.

43 Yi, Fengyun jidang, 18; Xu, *Jiemi Zhongguo waijiao dang'an*, 98−101; Xu, Lingqi luzao, 268−269.

44 Yin, "Pingfeng hou biye de jiangjun dashi," in *Shenmi zhi men*, ed. Cao, 299−300.

45 Interviews in Beijing.

46 Zhang Guobin, *Waijiaoguan shuo liyi* (Beijing: Huawen Chubanshe, 2009), 37−38, 114, 159, 261−262.

47 Kang Maozhao, *Waijiaoguan huiyilu* (Beijing: Zhongyang wenxian chubanshe, 2001), 21.

48 Shi Shi, "Peng Mingzhi chushi Bolan shiji," in *Dangdai Zhongguo shijie waijiao shengya*, ed. Wiajiaobu Waijiaoshi Yanjiushi, Vol. I, 41.

49 Liu, *Chinese Ambassadors*, 46.

50 Liu Ying, "Bu xunchang de dashi: Yi Zhang Wentian chushi Mosike," in *Dangdai Zhongguo shijie waijiao shengya*, ed. Wiajiaobu Waijiaoshi Yanjiushi, Vol. II (Beijing: Shijie Zhishi Chubanshe, 1994), 6.

51 Cheng, *Mulin Waijiao Sihi Nian*, 15−16.

52 Shi Shi, "Peng Mingzhi chushi Bolan shiji," in *Dangdai Zhongguo shijie waijiao shengya*,

ed. Wiajiaobu Waijiaoshi Yanjiushi, 42.

53 Jiang, *Duonaohe zhi bo*, 21 – 22.

54 Yi, *Fengyun jidang*, 27.

55 Xie Heng, "Zai guowai de rizili," in *Nyu waijiaoguan*, ed. Cheng, 578.

56 Ke, *Xin Zhongguo waijiao qisu Ke Hua 95 sui shuhuai*, 88 – 89.

57 Xu, *Wang Jiaxiang zhuan*, 477; Zhu Zhongli, "Wang Jiaxiang waijiao shengya zongyi," in *Dangdai Zhongguo shijie waijiao shengya*, ed. Wiajiaobu Waijiaoshi Yanjiushi (Beijing: Shijie Zhishi Chubanshe, 1994), 25; Shi Shi, "Peng Mingzhi chushi Bolan jishi," in *Dangdai Zhongguo shijie waijiao shengya*, ed. Wiajiaobu Waijiaoshi Yanjiushi, 41; Zhu Xiangzhong, *Lamei qinliji* (Chengdu: Sichuan Renmin Chubanshe, 2004), 11 – 12.

58 Geng Biao, "waijiao shengya diandi," in *Dangdai Zhongguo shijie waijiao shengya*, ed. Wiajiaobu Waijiaoshi Yanjiushi, Vol. I, 110; Pei Monong, "yingjie Zhong Yi youhao gaochao de shouren dashi Yuan Zhongxian," in *Dangdai Zhongguo shijie waijiao shengya*, ed. Wiajiaobu Waijiaoshi Yanjiushi, Vol. I, 110; Xie, "Zai guowai de rizili," in *Nyu waijiaoguan*, ed. Cheng, 578; Liu, Chinese Ambassadors, 24 – 25.

59 Zong, *Zhou Nan koushu*, 102 – 103.

60 Quoted in Liu, *Chinese Ambassadors*, 102.

61 Shen Jian, "Churen zhu yindu dashi de qianqian houhou," in *Dangdai Zhongguo shijie waijiao shengya*, ed. Wiajiaobu Waijiaoshi Yanjiushi, Vol. III (Beijing: Shijie Zhishi Chubanshe, 1994), 18.

62 Ma Xinghan, "Fengyun tuqi: Liangci jinji zhaojian," in *Waijiao fengyun: Waijiaoguan haiwai miwen*, eds. Fu Hao and Li Tongcheng (Beijing: Zhongguo huaqiao chubanshe), 179.

63 Cheng Yuanxing, *Zhongguo shewai shijian miwen* (Beijing: Zuojia Chubanshe, 2006), 188 – 191.

64 Li Jiazhong, *Cong Weiminghu dao Huanjiahu: Wo yu Yuenan* (Chengdu: Sichuan Renmin Chubanshe, 2004), 9.

65 Dylan M. H. Loh, "Diplomatic Control, Foreign Policy, and Change under Xi Jinping: A Field Theoretic Account," *Journal of Current Chinese Affairs* 47, no. 3 (2018): 126; see also Lyu Congmin, *Waijiao Rensheng: Wo de huiyi he ganwu* (Beijing: Zhongxin Chubanshe, 2009), 205.

66 Liu, *Chinese Ambassadors*, 28.

67 Ji, *The Man on Mao's Right*, 151 – 152.

68 Gu Ji, "Waijiao shengya er san shi," Mi Guojun, "1976 nian 1 yue 9 ri zai Dongjing," in *Dangdai Zhongguo shijie waijiao shengya*, ed. Wiajiaobu Waijiaoshi Yanjiushi, Vol. IV (Beijing: Shijie Zhishi Chubanshe, 1996), 115.

69 Shi, *Wang Jiaxiang zhuan*, 283; Xu, *Wang Jiaxiang zhuan*, 478.

70 Margaret Atwood, *The Handmaid's Tale* (London: Vintage Books, 1996), 71.

71 Li, *Cong Weiminghu dao Huanjiahu*, 11−12.

72 Zhang, *Waijiaoguan shuo liyi*, 26.

73 Interviews in Beijing; see also Loh, "Diplomatic Control, Foreign Policy, and Change under Xi Jinping," 127.

74 Interview in Washington DC, July 2019.

75 Interview in Beijing.

76 Interview with Gao Zhikai, March 19, 2019.

77 Wu, *Tan Waijiao*, 16.

78 Gregg A. Brazinsky, *Winning the Third World: Sino−American Rivalry During the Cold War* (Chapel Hill: University of North Carolina Press, 2017), 50.

79 Byron S. Weng, "Communist China's Changing Attitudes toward the United Nations," *International Organization* 20, no. 4 (Autumn 1966): 684.

80 "Telegram from Zhou Enlai to Wu Xiuquan and Qiao Guanhua," December 3, 1950, History and Public Policy Program Digital Archive, Zhonggong zhongyang wenxian yanjiushi (CPC Central Historical Documents Research Office) and Zhongyang dang'anguan (Central Archives), eds., Jianguo yilai Zhou Enlai wengao (Zhou Enlai's Manuscripts since the Founding of the PRC), vol. 3 (Beijing: Zhongyang wenxian chubanshe, 2008), 575−576. Translated by Jingxia Yang and Douglas Stiffler, https://digitalarchive.wilsoncenter.org/document/114235.

81 Wu Xiuquan, *Zai Waijiaobu ba nian de jingli* (Beijing: Shijie Zhishi Chubanshe, 1983), 52, 41.

82 Wu, *Zai Waijiaobu ba nian de jingli*, 43, 46. 244 Notes

83 Hampton Sides, *On Desperate Ground: The Marines at the Reservoir, the Korean War's Greatest Battle* (New York: Doubleday, 2018), 212.

84 Wu, *Zai Waijiaobu ba nian de jingli*, 52−57; "Chinese Intervention in Korea Has Become Aggression," *Daily Mercury*, November 30, 1950, https://trove.nla.gov.au/newspaper/article/171310405; "The Road to Paris," Time, December 11, 1950, http://content.time.com/time/subscriber/article/0,33009,814060,00.html.

85 Ji, *The Man on Mao's Right*, 92.

86 Yang Guanqun, *Chaotouxishui sanshi nian* (Chengdu: Sichuan Renmin Chubanshe, 2006), 46−47.

87 Zong, *Zhou Nan koushu*, 105.

88 John W. Garver, *China's Quest: The History of the Foreign Relations of the People's*

Republic of China (Oxford: Oxford University Press, 2016), 92−93.

89 Kathryn Weathersby, "Stalin, Mao, and the End of the Korean War," in *Brothers in Arms: The Rise and Fall of the Sino−Soviet Alliance*, ed. Odd Arne Westad (Stanford, CA: Stanford University Press, 1998), 108−109.

90 Westad, *The Cold War*, 233.

91 Hua−yu Li, *Mao and the Economic Stalinization of China, 1948−1953* (Lanham, MD: Rowman & Littlefield, 2006), 155−161.

92 Shi, *Zai lishi juren shenbian*, 516−517; Lin, "Bu xunchang de dashi," in *Dangdai Zhongguo shijie waijiao shengya*, ed. Wiajiaobu Waijiaoshi Yanjiushi, Vol. II, 15; Jin, *Zhou Enlai zhuan, 1949−1976*, 116−117; Bo, *Ruogan Zhongda Juece yu shijian de huigu*, 284−287.

93 Deborah Kaple, "Agents of Change: Soviet Advisers and High Stalinist Management in China, 1949−1960," *Journal of Cold War Studies* 18, no. 1 (2016): 5−30.

94 Geoffrey Roberts, "A Chance for Peace? The Soviet Campaign to End the Cold War, 1953−1955," Cold War International History Project, Woodrow Wilson International Center for Scholars, working paper no. 57 (October 2008).

95 Quoted in Liu, *Chinese Ambassadors*, 6.

제4장 국제사회로부터의 존중의 추구

1 Chen Jian, "China and the First Indo−China War, 1950−54," *The China Quarterly* 133 (March 1993): 85−110.

2 Chen, "China and the First Indo−China War," 107.

3 Kevin Ruane, "Anthony Eden, British Diplomacy and the Origins of the Geneva Conference of 1954," *The Historical Journal* 37, no. 1 (March 1994): 156−172

4 Quoted in Zhai Qiang, "China and the Geneva Conference of 1954," *The China Quarterly* 129 (March 1992): 119.

5 'Preliminary Opinions on the Assessment of and Preparation for the GenevaConference,' Prepared by the PRC Ministry of Foreign Affairs," March 2, 1954, History and Public Policy Program Digital Archive, PRC FMA 206−Y0054. Translatedby Chen Zhihong https://digitalarchive.wilsoncenter.org/document/111963.

6 Wang Bingnan, *Zhongmei huitan jiu nian huigu* (Beijing: Shijie Zhishi Chubanshe,1985), 6; Li Yueran, *Waijiao wutai shang de xin Zhongguo lingxiu* (Beijing: Waiyujiaoxue yu yanjiu chubanshe, 1994), 46.

7 "Transcript, Zhou Enlai's presentation at the meeting of members of the Chinese delegation attending the Geneva Conference (excerpt), 5:00 a.m.," April 20, 1954, History and Public Policy Program Digital Archive, *Zhou Enlai nianpu, 1949−1976*, Vol. 1,

361; Xiong, 19−20. Translated for CWIHP by Chen Jian, https://digitalarchive.wilson center.org/document/121144.

8 Ji, *The Man on Mao's Right*, 123.

9 Kai, *Li Kenong*, 408.

10 Xu, *Jiemi Zhongguo waijiao dang'an*, 254.

11 Wang, *Zhongmei huitan jiu nian huigu*, 6−7

12 Xu, *Jiemi Zhongguo waijiao dang'an*, 253; Qiao, Qiao Guanhua yu Gong Peng, 139; Kai, *Li Kenong*, 409.

13 Xu, Jiemi, *Zhongguo waijiao dang'an*, 256.

14 Yang, *Chaotouxishui sanshi nian*, 67−69.

15 Ruan, *Han Xu zhuan*, 65; Xinhua, "Feature: Villa of Montfleury witnesses New China's emergence on int'l arena," *Xinhua January* 14, 2017, http://www.xinhuanet.com/english/ 2017−01/14/c_135982721.htm.

16 Chen, "China and the First Indo−China War," 108−110.

17 Shi Zhe, "Zhou Enlai chuxi Rineiwa Huiyi de shangceng Neimu," *in Shenmi zhi men*, ed. Cao, 121−123.

18 Qiao, Qiao Guanhua yu Gong Peng, 139; Li, *Waijiao wutai shang de xin Zhongguolingxiu*, 47.

19 ang, *Feijia Taipingyang shangkong de hongqiao*, 187−188; Ruan, *Han Xu zhuan*, 67;Xinhua, "Feature: Villa of Montfleury Witnesses New China's Emergence on int'larena"; John Sbardellati and Tony Shaw, "Booting a Tramp: Charlie Chaplin, the FBI,and the Construction of the Subversive Image in Red Scare America," *The PacificHistorical Review* 72, no. 4 (November 2003): 495−530.

20 Tom Buchanan, *East Wind: China and the British Left*, 1925−1976 (Oxford: OxfordUniversity Press, 2012), 144.

21 Quoted in Zhai, "China and the Geneva Conference of 1954," 121.

22 Xiong Xianghui, *Wo de qingbao yu waijiao shengya* (Beijing: Zhonggong dangshi chubanshe, 1999), 89.

23 Qiao, *Qiao Guanhua yu Gong Peng*, 106−110.

24 Rosemary Foot, "Chinese Power and the Idea of a Responsible State," in *Power and Responsibility in Chinese Foreign Policy*, eds. Yongjin Zhang and Greg Austin(Acton: ANU Press, 2013), 21−47.

25 Michael M. Sheng, "Mao and China's Relations with the Superpowers in the 1950s: ANew Look at the Taiwan Strait Crises and the Sino−Soviet Split," *Modern China* 34, no.4 (October 2008): 480−487; Thomas J. Christensen, *Useful Adversaries: Grand*

Strategy, Domestic Mobilization, and Sino−American Conflict, 1947−1958 (Princeton: Princeton University Press: 1996), 194−195. 246 Notes

26 Kuo−kang Shao, "Zhou Enlai's Diplomacy and the Neutralization of Indo−China, 1954−55," *The China Quarterly* 107 (September 1986): 489.

27 Report by British Embassy in Tokyo cited by Amitav Acharya, "Who Are the NormMakers? The Asian−African Conference in Bandung and the Evolution of Norms," *Global Governance* 20, no. 3 (July−September 2014): 407.

28 "Talk with the American Correspondent Anna Louise Strong," August 6, 1946,History and Public Policy Program Digital Archive, *Mao Zedong xuanji* (Selected Works of Mao Zedong), vol. 4 (Beijing: Renmin chubanshe, 1996), 1191−1192. Translation from the Ministry of Foreign Affairs of the People's Republic of China and the Party Literature Research Center under the Central Committee of the Communist Party of China, eds., Mao Zedong on Diplomacy (Beijing: Foreign Languages Press, 1998), 45−48, https:// digitalarchive.wilsoncenter.org/document/121327.

29 "Report from the Chinese Foreign Ministry, 'Draft of the Tentative Working Plan for Participating in the Asian−African Conference'," January 16, 1955, History and Public Policy Program Digital Archive, PRC FMA 207−00004−03, 22−25, http://digitalarchive. wilsoncenter.org/document/113189; Wang Junyan, "Zhong Rilingdaoren Wanglong Huiyi fijian jinxing zhanhou shouci jiechu," *in Wanlong jingshen puzhao dadi: Jinian Yazhou Huiyi 50 zhounian,* ed. Zhang Yan (Beijing: Shijie Zhishi Chubanshe, 2005), 148.

30 Quoted in Acharya, "Who Are the Norm Makers?," 408.

31 Tsang, "Target Zhou Enlai," 766−782.

32 Supplementary Speech of Premier Zhou Enlai at the Plenary Session of the Asian African−Conference," April 19, 1955, History and Public Policy Program Digital Archive, PRC FMA 207−00006−02, 1−13. Translation from China and the AsianAfrican Conference (Documents) (Peking: Foreign Languages Press, 1955), 21−27, http://digital archive.wilsoncenter.org/document/114673.

33 Yang Gongsu, *Cang sang jiushi nian: Yi ge waijiao teshi de huiyi* (Haikou: Hainan Chubanshe, 1999), 214−215.

34 Ji, *The Man on Mao's Right,* 140.

35 Yinghong Cheng, "Beyond Moscow−Centric Interpretation: An Examination of the China Connection in Eastern Europe and North Vietnam during the Era of DeStalinization," *Journal of World History* 15, no. 4 (December 2004): 493−494.

36 Lucy Hornby, "Xi Harks Back to China's 1950s Foreign Policy," *Financial Times The World Blog,* June 29, 2014, https://www.ft.com/content/5c572122−fcba−3546−bc50− 22aead4148ec; Xi Jinping, "Carry Forward the Five Principles of Peaceful Coexistence to Build a Better World through Win−Win Cooperation," July 7, 2014, http://www.china.

org.cn/world/2014-07/07/content_32876905.htm.

37 Jin, *Zhou Enlai zhuan*, 1949-1976, 213; Huang, *Qinli yu jianwen*, 112; John Kotelawala, *An Asian Prime Minister's Story* (London: George G. Harrap, 1956), 185-187; Nicholas Tarling, "'Ah-Ah': Britain and the Bandung Conference of 1955, *Journal of Southeast Asian Studies* 23, no. 1 (March 1992): 99.

38 Carlos Peña Romulo, *The Meaning of Bandung* (Chapel Hill: University of North Carolina Press, 1956), 11; Lisandro E. Claudio, "The Anti-Communist Third World: Carlos Romulo and the Other Bandung," *Southeast Asian Studies*. 4, no. 1 (April 2015): 141.

39 Tarling, "'Ah-Ah,'" 103.

40 Sally Percival Wood, "'CHOU GAGS CRITICS IN BANDOENG' or How the Media Framed Premier Zhou Enlai at the Bandung Conference, 1955," *Modern Asian Studies* 44, no. 5 (September 2010): 1022.

41 "Upset at Bandung," *Time*, May 2, 1955, http://wilpattuhouse.com/MiscStuff/time_before 66/19550502_UpsetatBandung.html.

42 Cited in Naoko Shimazu, "Diplomacy as Theatre: Staging the Bandung Conference of 1955," *Modern Asian Studies* 48, no. 1 (2013): 225-252.

43 Garver, *China's Quest*, 108-109.

44 Ho, *My Forty Years as a Diplomat*, 154-208.

45 Amanda Lee, "China Refuses to Give Up 'Developing Country' Status at WTO despite US demands," *South China Morning Post*, April 6, 2019, https://www.scmp.com/economy/china-economy/article/3004873/china-refuses-give-developing-countrystatus-wto-despite-us.

46 Liu, *Chinese Ambassadors*, 63.

47 Zhang Hanfu Bianxiezu, *Zhang Hanfu zhuan*, 310.

48 Ke, *Xin Zhongguo waijiao qisu Ke Hua 95 sui shuhuai*, 88-90.

49 Alice Miller, "The CCP Central Committee's Leading Small Groups," *China Leadership Monitor* 26 (Fall 2008), https://media.hoover.org/sites/default/files/documents/CLM26AM. pdf.

50 Beiwai had existed in an earlier incarnation as the foreign affairs school (*waishi xuexiao*) in Shijiazhuang, Hebei, before being put under MFA leadership in 1949 when existing students were sent to recruit others with good political credentials from around the country around the country. See Zong, *Zhou Nan koushu*, 87-93.

51 Cheng, *Zhang Wentian zhuan*, 389-390; David L. Shambaugh, "China's National Security Research Bureaucracy," *The China Quarterly* 110 (June 1987): 291-296.

52 Liu, *Chinese Ambassadors*, 67.

53 Ke, *Xin Zhongguo waijiao qisu Ke Hua 95 sui shuhuai*, 94; Yang, Cang sang jiushinian, 289.

54 Zhu, *Wo de Lamei waijiao shengya*, 23.

55 Hu Shiyan, *Chen Yi zhuan* (Beijing: Dangdai Zhongguo Chubanshe, 1991), 536.

56 Interview with Sidney Rittenberg, August 30, 2017.

57 Han, "Tuoxia wuzhuang huan wenzhuang," in *Kaiqi guomen*, eds. Fu and Li, 180.

58 Gao Yan and Qi lu, "Bu zhi 'quanquan' de 'zhongguo teming quanquan dashi'—Jiao Ruoyu," in *Kaiqi Guomen*, eds. Fu and Li, 258−259.

59 Mao, "Always Keep to the Style of Plain Living and Hard Struggle" (October 26, 1949), *Selected Works of Mao Tse−tung*, 5:23.

60 Wu, *Nantai buliaoqing*, 2; see also Zhu, Wo de lamei waijiao shengya, 23.

61 Zhou Zhendong and Ke Yi, *Yi dui waijiaoguan fufu de rensheng huimou* (Beijing: Shijie Zhishi Chubanshe, 2010), 246−247.

62 Xie Junzhen, *Cong banmendian dao Zhijiage* (Chengdu: Sichuan Renmin Chubanshe, 2006), 87. 248 Notes

63 Wu, *Nantai buliaoqing*, 2−3.

64 Chen, *Xianshen duiwai jiaoliu*, 134−135.

65 Wu, *Zai waijiaobu ba nian de jingli*, 92−94.

66 Tang, *Feijia Taipingyang shangkong de hongqiao*, 12; Li Zhongxiao, *Lianheguo de Zhongguo nyu waijiaoguan* (Beijing: Zhongguo Wenlian Chubanshe, 1997), 79−104.

67 For example, Michael David−Fox, *Showcasing the Great Experiment: Cultural Diplomacy and Western Visitors to the Soviet Union, 1921−1941* (Oxford: Oxford University Press, 2011).

68 Gerry Groot, *Managing Transitions: The Chinese Communist Party, United Front Work, Corporatism and Hegemony* (New York: Routledge, 2004).

69 Wang Jialong, *Huoyue zai renmin waijiao wutai shang: Zhongguo Gonghui guoji huodong de huigu* (Beijing: Zhongyang Wenxian Chubanshe, 1995), 337−346.

70 Henry Pu Yi, *The Last Manchu: The Autobiography of Henry Pu Yi, Last Emperor of China* (New York: Skyhorse Publishing, 2010), eBook.

71 Cheng, *Zhongguo shewai shijian miwen*, 14−98; Sergei I. Kuznetsov and Sergei V. Karasov, "The Last Emperor of China: Internment in the Soviet Union," *Journal of Slavic Military Studies* 18, no. 2 (2005): 207−226.

72 Tang, *Feijia Taipingyang shangkong de hongqiao*, 100−106.

73 Tang, *Feijia Taipingyang shangkong de hongqiao*, 110−111.

74 Li Hongshan, "Building a Black Bridge: China's Interaction with AfricanAmerican Activists during the Cold War," *Journal of Cold War Studies*. 20, no. 3 (2018): 114−152.

75 Buchanan, *East Wind*, 114−178.

76 Lorenz M. Lüthi, "Rearranging International Relations? How Mao's China and de Gaulle's France Recognized Each Other in 1963−1964," *Journal of Cold War Studies* 16, no. 1 (Winter 2014): 119; Donald W. Klein, "Peking's Evolving Ministry of Foreign Affairs," *The China Quarterly* 4 (October−December 1960): 28−39.

77 Wang Guanhua, "'Friendship First': China's Sports Diplomacy during the Cold War," *Journal of American−East Asian Relations* 12, no. 3/4 (Fall−Winter 2003): 133−143.

78 Wang, *Huoyue zai renmin waijiao wutai shang*, 184.

79 Wang Shu, "Ji du feizhou xing: kaipi sahala yinan feizhou de gongzuo," in *Dangdai Zhongguo shijie waijiao shengya*, ed. Waijiaobu Waijiaoshi Yanjiushi, Vol. V, 84; Waijiaobu Waijiaoshi Bianjishi, *Xin Zhongguo waijiao fengyun*, Vol. 2, 64.

80 János Rádvanyi, "The Hungarian Revolution and the Hundred Flowers Campaign," *The China Quarterly* 43 (July−September 1970): 121.

81 Peter Wesley−Smith, "Chinese Consular Representation in British Hong Kong," *Pacific Affairs* 71, no. 3 (Autumn 1998): 371−375; interviews in Beijing.

82 Chen, "China and the First Indo−China War, 1950−54," 105.

83 Garrett Martin, "Playing the China Card? Revisiting France's Recognition of Communist China, 1963−1964," *Journal of Cold War Studies* 10, no. 1 (Winter 2008): 52−55.

84 Garver, *China's Quest*, 225.

85 Peter Van Ness, *Revolution and Chinese Foreign Policy: Peking's Support for Wars of National Liberation* (Berkeley: University of California Press, 1971), 94, 112−113, 169, 193, 207, 193.

86 Anne−Marie Brady, "Magic Weapons: China's Political Influence Activities under Xi Jinping," paper presented at the conference on "The Corrosion of Democracy under China's Global Influence," Arlington, Virginia, USA, September 16−17, 2017, https://www.wilsoncenter.org/sites/default/files/for_website_magicweaponsannemariesbradyseptember2017.pdf.

87 For example, John Garnaut, "How China Interferes in Australia and How Democracies Can Push Back," *Foreign Affairs*, March 9, 2018, https://www.foreignaffairs.com/articles/china/2018−03−09/how−china−interferes−australia.

88 Report of the Working Group on Chinese Influence Activities in the United States, "Chinese Influence & American Interests: Promoting Constructive Vigilance," November 29, 2018, https://asiasociety.org/center−us−china−relations/chinese−influence−american−interests−promoting−constructive−vigilance.

89 Cheng, *Zhang Wentian zhuan*, 377; Lin, "Bu Xunchang de Dashi," in *DangdaiZhongguo shijie waijiao shengya*, ed. Waijiaobu Waijiaoshi Yanjiushi, Vol. II, 24.

90 Wu Xiuquan, *Zai Waijiaobu Ba Nian de Jingli*, 94.

91 Wu Lengxi, *Shi nian lunzhan: Zhong Su guanxi huiyilu* (Beijing: Zhongyang Wenxian Chubanshe, 1999), 1−6.

92 Lorenz M. Lüthi, *The Sino−Soviet Split: Cold War in the Communist World* (Princeton: Princeton University Press, 2010), 76−77; *Wu, Shi Nian Lunzhan*, 138.

93 CIA, "Khrushchev—A Personality Sketch," CIA FOIA, June 5, 1961.

94 Wu, *Shi nian lunzhan*, 6−9.

95 Bo, *Ruogan zhongda juece yu shijian de huigu*, 574−577.

96 Bo, *Ruogan zhongda juece yu shijian de huigu*, 327, 485, 528.

97 Lawrence R. Sullivan, "Leadership and Authority in the Chinese Communist Party: Perspectives from the 1950s," *Pacific Affairs* 59, no. 4 (Winter 1986−1987): 623−627.

98 Ji, *The Man on Mao's Right*, 155−157.

99 Bo, *Ruogan zhongda juece yu shijian de huigu*, 573.

100 Yen−lin Chung, "The Witch−Hunting Vanguard: The Central Secretariat's Roles and Activities in the Anti−Rightist Campaign," *The China Quarterly* 206 (June2011): 391−411; Zong, Zhou Nan koushu, 170−171.

101 Zong, *Zhou Nan koushu*, 170−171.

102 Bo, *Ruogan zhongda juece yu shijian de huigu*, 1041.

103 Ke, *Xin Zhongguo waijiao qisu Ke Hua 95 sui shuhuai*, 114.

104 Ji, *The Man on Mao's Right*, 174−177; Wu, *Zai Waijiaobu ba nian de jingli*, 41; Liu, *Chinese Ambassadors*, 108−109.

105 Ke, *Xin Zhongguo waijiao qisu Ke Hua 95 sui shuhuai*, 114−115.

106 Zong, *Zhou Nan Koushu*, 170.

107 Ji, *The Man on Mao's Right*, 175.

108 Li, *The Private Life of Chairman Mao*, 221. 250 Notes

109 Michael Schoenhals, "Mao Zedong: Speeches at the 1957 'Moscow Conference,'" *Journal of Communist Studies* 2, no. 2 (1986): 109−126.

제5장 진실과 거짓의 사이

1 Li, *Cong Weiminghu dao huanjianhu*, 3−9.

2 Dikotter, *Mao's Great Famine*, xii−xiii.

3 Dikotter, *Mao's Great Famine*, 27.

4 Zhou and Ke, *Yidui waijiaoguan fufu de rensheng huimou*, 19.

5 Michael M. Sheng, "Mao and China's Relations with the Superpowers in the 1950s: A New Look at the Taiwan Strait Crises and the Sino−Soviet Split," *Modern China* 34, no. 4 (October 2008): 498−499; Christensen, *Useful Adversaries*, 217−225.

6 Zhonggong Zhongyang Wenxian Yanjiushi, *Zhou Enlai waijiao wenxuan* (Beijing: Zhongyang Wenxian Chubanshe, 1990), 265.

7 Christensen, *Useful Adversaries*, 217.

8 Dai Bingguo, *Zhanlyue duihua: Dai Bingguo huiyilu* (Beijing: Zhongxin Chubanshe, 2016), 19.

9 Dikotter, *Mao's Great Famine*, 70.

10 Dikotter, *Mao's Great Famine*, 80.

11 Zhu, *Wo de Lamei waijiao shengya*, 27−29.

12 Zong, *Zhou Nan koushu*, 171.

13 Zhu, *Wo de Lamei waijiao shengya*, 28.

14 Wu, *Tan waijiao*, 41.

15 Qiao, *Qiao Guanhua yu Gong Peng*, 197−198.

16 Zong, *Zhou Nan koushu*, 171; Geng Biao, *Geng Biao huiyilu* (Nanjing: Jiangsu Renmin Chubanshe, 1998), 162−167.

17 Zhu, *Wo de Lamei waijiao shengya*, 28.

18 Kang Maozhao, *Waijiaoguan huiyilu*, 89.

19 Thomas P. Bernstein, "Mao Zedong and the Famine of 1959−1960: A Study in Wilfulness," *The China Quarterly* 186 (June 2006): 425−427; Dikotter, *Mao's Great Famine*, 87−89.

20 Wang, *Wang Guoquan huiyilu*, 79; Wang Guoquan, "Wo de Dashi Shengya," in *Dangdai Zhongguo shijie waijiao shengya*, ed. Waijiaobu Waijiaoshi Yanjiushi, Vol. II (Beijing: Shijie Zhishi Chubanshe, 1994), 145−147.

21 Dikotter, *Mao's Great Famine*, eBook.

22 Jin, *Zhou Enlai Zhuan*, 1949−1976, 508.

23 Cheng, *Zhang Wentian zhuan*, 401.

24 Liu, *Shan he hu hai hua Bolan*, 30−32.

25 Dikotter, *Mao's Great Famine*, eBook.

26 Shi, *Zai lishi juren shenbian*, 270.

27 Dikotter, *Mao's Great Famine*, eBook; Cheng, *Zhang Wentian zhuan*, 413−419; Bo, *Ruogan zhongda juece yu shijian de huigu*, 859.

28 Cheng, *Zhang Wentian zhuan*, 139−140.

29 Cheng, *Zhang Wentian zhuan*, 401−413.

30 Liu, *Chinese Ambassadors*, 41.

31 Cheng, *Zhang Wentian zhuan*, 299−300.

32 Shen Zhihua and Xia Yafeng, "The Great Leap Forward, the People's Commune and the Sino−Soviet Split," *Journal of Contemporary China* 20, no. 72 (2011): 876−877.

33 Niu Jun, "1962: The Eve of the Left Turn in China's Foreign Policy," Cold War International History Project, Woodrow Wilson International Center for Scholars, working paper no. 48 (October 2005), 7−8; Wu, *Shi nian lunzhan*, 203−204.

34 Bo, *Ruogan zhongda juece yu shijian de huigu*, 861.

35 Tong, ed., *Fengyu sishinian*, Vol. 2, 378; Zong, *Zhou Nan koushu*, 172.

36 Bo, *Ruogan Zhongda juece yu shijian de huigu*, 863.

37 Wu Xiuquan, *Huiyi yu huainian* (Beijing: Zhonggong Zhongyang Dangxiao Chubanshe, 1991), 328−332.

38 Dikotter, *Mao's Great Famine*, eBook.

39 Gao, *Zhou Enlai*, 187−188.

40 Liu, *Chinese Ambassadors*, 109.

41 Zong, *Zhou Nan Koushu*, 171.

42 Journal of Soviet Ambassador to the DPRK A.M. Puzanov for 29 September 1960," September 29, 1960, History and Public Policy Program Digital Archive, AVPRF fond 0102, opis 16, delo 7, 102−129. Translated by Gary Goldberg, https://digitalarchive.wilsoncenter.org/document/119468.

43 Bo, *Ruogan zhongda juece yu shijian de huigu*, 1143.

44 Ruan, *Han Xu zhuan*, 57.

45 Alexander V. Pantsov with Steven I. Levine, *Deng Xiaoping: A Revolutionary Life* (Oxford: Oxford University Press, 2015), 207.

46 Pantsov with Levine, *Deng Xiaoping*, 207.

47 Yang Jisheng, Tombstone: *The Great Chinese Famine, 1958−1962* (New York: Farrar, Straus & Giroux, 2013), chapter 1.

48 Chen Tao, "East German Pragmatism, China's Policy of Differentiation, and Soviet Miscalculation: Hermann Matern's 1961 Trip to China Revisited," *Cold War History* (2018): 7; Jin, *Zhou Enlai Zhuan*, 1949−1976, 459.

49 Jasper Becker, *Hungry Ghosts: Mao's Secret Famine* (New York: Henry Holt, 1998), 291.

50 Brady, *Making the Foreign Serve China*, 121−122.

51 Lovell, "The Uses of Foreigners in Mao−Era China," 151.

52 Xia Kunbao, *Huanjing waijiaoguan shouji* (Beijing: Zhongguo Huanjingkexue Chubanshe, 2009), 12−13.

53 Jiang, *Duonaohe zhi bo*, 11, 31−35.

54 Edward Wong, "A Trip to Tibet, with My Handlers Nearby," *New York Times*, July 31, 2010, https://www.nytimes.com/2010/08/01/weekinreview/01wong.html.

55 Peter Martin, "How China Is Defending Its Detention of Muslims to the World," *Bloomberg News*, April 19, 2019, https://www.bloomberg.com/news/articles/2019−04−19/how−china−is−defending−its−detention−of−muslims−to−the−world.

56 Interviews in Beijing. 252 Notes

57 Xu, Wang Jiaxiang zhuan, 515; A. Doak Barnett, *The Making of Foreign Policy in China: Structure and Process* (Boulder, CO: Westview Press, 1985), 46.

58 David Shambaugh, "China's 'Quiet Diplomacy': The International Department of the Chinese Communist Party," *China: An International Journal* 5, no. 1 (March 2007): 26−54; Peter Martin and Alan Crawford, "China's Influence Digs Deep into Europe's Political Landscape," *Bloomberg News*, April 4, 2019.

59 Xu, Wang Jiaxiang Zhuan, 554−557; Wu, *Huiyi yu huainian*, 374−375; Zhu Zhongli, *Mao Zedong, Wang Jiaxiang zai wo de shenghuo zhong* (Beijing: Zhonggong Zhongyang Dangxiao Chubanshe, 1995), 209, 216−222.

60 Shi, *Wang Jiaxiang Zhuan*, 246; Xu, *Wang Jiaxiang zhuan*, 375; Zhu, *Mao Zedong, Wang Jiaxiang zai wo de shenghuo zhong*, 60, 120−123.

61 Xu, *Wang Jiaxiang zhuan*, 554−557; Xia Yafeng. "Wang Jiaxiang: New China's First Ambassador and the First Director of the International Liaison Department of the CCP," *American Journal of Chinese Studies* 16, no. 2 (2009): 137−155.

62 Zhu, *Mao Zedong, Wang Jiaxiang zai wo de shenghuo zhong*, 223; Xu, *Wang Jiaxiang zhuan*, 321−323.

63 Wu, *Shi Nian Lunzhan*, 208.

64 Enrico Maria Fardella, "Mao Zedong and the 1962 Cuban Missile Crisis," *Cold War History* 15, no. 1 (2014): 73−88.

65 Fardella, "Mao Zedong and the 1962 Cuban Missile Crisis."

66 Fardella, "Mao Zedong and the 1962 Cuban Missile Crisis."

67 Wu, *Shi nian lunzhan*, 515.

68 Pantsov with Levine, *Deng Xiaoping*, 230.

69 Ylber Marku, "Communist Relations in Crisis: The End of Soviet−Albanian Relations, and the Sino−Soviet Split, 1960−1961," *International History Review*, 42, no. 4 (2020): 813−832.

70 Sun Yixian, *Zai damo nabian: Qinli Lin Biao zhuiji shijian he Zhong Meng guanxi bo zhe* (Beijing: Zhongguo Qingnian Chubanshe, 2001), 38.

71 Cheng Yinghong, "Sino−Cuban Relations during the Early Years of the Castro Regime, 1959−1966," *Journal of Cold War Studies* 9, no. 3 (2007): 78−114.

72 Zhu Xiangzhong, *Lamei qinliji* (Chengdu: Sichuan Renmin Chubanshe, 2004), 39−40; see also Sun, *Zai damo nabian*, 87−88.

73 He Ying, "Dui Yuanjian Tanzan Tielu juece de huigu," in *Xin Zhongguo waijiao fengyun*, ed. Waijiaobu Waijiaoshi Bianjishi, Vol. 3 (Beijing: Shije Zhishi Chubanshe, 1994), 31−42; Wei Song, "Seeking New Allies in Africa: China's Policy towards Africa during the Cold War as Reflected in the Construction of the Tanzania−Zambia Railway," *Journal of Modern Chinese History* 9, no. 1 (2015): 46−65.

74 Martin, "Playing the China Card?," 52−80; Lüthi, "Rearranging International Relations?," 111−145.

75 The Situation Surrounding the Establishment of Diplomatic Relations between China and France and Related Issues," 1964, History and Public Policy Program Digital Archive, PRC FMA 110−01998−01, 27−44. Translated by Fan Chao, https://digitalarchive.wil soncenter.org/document/119197.

76 Wang Guoquan, "Wo de dashi shengya," in *Dangdai Zhongguo shijie waijiao shengya*, ed. Waijiaobu Waijiaoshi Yanjiushi, Vol. II, 152; Ruan, *Han Xu zhuan*, 95.

77 Westad, *The Cold War*, 248−249.

78 "Cable from the Chinese Embassy in Czechoslovakia to the Ministry of Foreign Affairs, 'Our Contacts with Middle−and Lower−Level Personnel'," December 3, 1964, History and Public Policy Program Digital Archive, PRC FMA 109−02736−03, 27−29. Translated by Xi Zhao, https://digitalarchive.wilsoncenter.org/document/119202.

79 Jiang Benliang, Duonaohe zhi bo, 49−50; Liu Fang, "Bu chang de renqi, nanwang de niandai: Chushi Luomaniya de yixie huiyi," in *Dangdai Zhongguo shijie waijiao shengya*, ed. Waijiaobu Waijiaoshi Yanjiushi, Vol. III (Beijing: Shijie Zhishi Chubanshe, 1994), 7−11; see also Cezar Stanciu, "Fragile Equilibrium: Romania and the Vietnam War in the Context of the Sino−Soviet Split, 1966," *Journal of Cold War Studies* 18, no. 1 (2016): 161−187.

80 Ma Jisen, *The Cultural Revolution in the Foreign Ministry of China* (Hong Kong: Chinese University Press: 2004), 3; Zhu, *Wo de Lamei waijiao shengya*, 29.

81 Dai, *Zhanlyue duihua*, 22−23.

82 Liu Xinsheng and Pan Zhengxiu, *Feixiang shiwai taoyuan* (Chengdu: Sichuan Renmin Chubanshe, 2004), 403−405.

83 Lin Song, "Wode waijiao shengya pianduan," in *Dangdai Zhongguo shijie waijiao shengya*, ed. Waijiaobu Waijiaoshi Yanjiushi, Vol. III (Beijing: Shijie Zhishi Chubanshe, 1994), 169−173.

84 Zeng Tao, *Waijiao shengya shiqi nian* (Nanjing: Jiangsu Renmin Chubanshe, 1997), 109−118.

제6장 외교의 후퇴

1 Dai, *Zhanlue duihua*, 24.

2 Ke, *Xin Zhongguo waijiao qisu Ke Hua 95 sui shuhuai*, 126.

3 Ke, *Xin Zhongguo waijiao qisu Ke Hua 95 sui shuhuai*, 126.

4 Ji, *The Man on Mao's Right*, 225.

5 Yang, *Cang sang jiushi nian*, 291.

6 Cheng, *Zhongguo shewai shijian miwen*, 242−243.

7 Qiao, *Qiao Guanhua yu Gong Peng*, 215.

8 Ma, *The Cultural Revolution in the Foreign Ministry of China*, 7−19.

9 Kang, *Waijiaoguan huiyilu*, 171.

10 Wang, *Wang Guoquan huiyilu*, 226−227.

11 Wang, *Wang Guoquan huiyilu*, 228; Wu, *Tan waijiao*, 63; Cheng, *Zhongguo shewai shijian miwen*, 246−247; Ma, *The Cultural Revolution in the Foreign Ministry of China*, 73−75.

12 Wang, *Wang Guoquan huiyilu*, 228; Zeng, *Waijiao shengya shiqi nian*, 110; Sun, *Zai damo nabian*, 95; Cheng, *Zhongguo shewai shijian miwen*, 248.

13 Ke, *Xin Zhongguo waijiao qisu Ke Hua 95 sui shuhuai*, 182. 254 Notes

14 Li Tongcheng, *Zai yiguo xingkongxia* (Chengdu: Sichuan Renmin Chubanshe, 2004), 19, 37.

15 CIA, "Mao's Red Guard Diplomacy: 1967," CIA FOIA, June 21 1968.

16 Li, *Cong Weiminghu dao huanjianhu*, 274.

17 Sun, *Zai Damo nabian*, 95−96.

18 Yuan Jie, "Nan Wang de Waijiao zhi Lyu," in *Nyu waijiaoguan*, ed. Cheng, 376.

19 Yang, *Cang sang jiushi nian*, 291.

20 Yang, *Cang sang jiushi nian*, 291.

21 Zhu, *Lamei qinliji*, 92.

22 Walder, *China Under Mao*, 279.

23 Ji, *The Man on Mao's Right*, 231.

24 "Telegram number 3725−59 from M. Lucien Paye," November 16, 1966, History and Public Policy Program Digital Archive, Documents Diplomatiques Français, 1966 tome 2 (1 Jun−31 Dec) (Bruxelles: Peter Lang, 2006), 874−878. Translated by Garret Martin, https://digitalarchive.wilsoncenter.org/document/116518.

25 "The Polish−Soviet Talks in Moscow: October 10−15, 1966," October 1966, History and Public Policy Program Digital Archive, Andrzej Paczkowski, ed. Tajne Dokumenty Biura Politycznego PRL−ZSRR, 1956−1970. London: Aneks Publishers, 1996. Translated by Malgorzata K. Gnoinska, http://digitalarchive.wilsoncenter.org/document/113556.

26 "The DPRK Attitude Toward the So−called 'Cultural Revolution' in China," March 7, 1967, History and Public Policy Program Digital Archive, AVPRF f. 0102, op. 23, p. 112, d. 24, 13−23. Obtained by Sergey Radchenko and translated by Gary Goldberg, http://digitalarchive.wilsoncenter.org/document/114570.

27 Ji, *The Man on Mao's Right*, 227.

28 Ke, *Xin Zhongguo waijiao qisu Ke Hua 95 sui shuhuai*, 182.

29 Zong, *Zhou Nan koushu*, 140.

30 Chen *Yi Zhuan Bianxiezu, Chen Yi zhuan*, 606.

31 Kang, *Waijiaoguan huiyilu*, 172−173.

32 For example, Wang, *Wang Guoquan huiyilu*, 109−113, 235−236; Hao, *Huang tudi shang zoulai de waijiaojia*, 84−85; Ma, *The Cultural Revolution in the Foreign Ministry of China*, 77−81.

33 Qiao, *Qiao Guanhua yu Gong Peng*, 231.

34 Huang, *Qinli yu jianwen*, 134−139.

35 Yi, *Fengyun jidang*, 235−242. Confusingly, after the author details the unprompted phone call from Beijing, he goes on to blame the listening devices on the CIA.

36 hen Yi Zhuan Bianxiezu, *Chen Yi Zhuan*, 612; Wang, *Wang Guoquan huiyilu*, 111; Ma, *The Cultural Revolution in the Foreign Ministry of China*, 207−212; Interview with Sidney Rittenberg, August 30, 2017.

37 Chen Yi Zhuan Bianxiezu, *Chen Yi zhuan*, 612; Ke, Xin *Zhongguo waijiao qisu Ke Hua 95 sui shuhuai*, 189−191; Ma, *The Cultural Revolution in the Foreign Ministry of China*, 203−204.

38 Qiao, *Qiao Guanhua yu Gong Peng*, 225.

39 Chen Yi Zhuan Bianxiezu, *Chen Yi zhuan*, 612; Wang, *Wang Guoquan huiyilu*, 111.

40 CIA, "China's Foreign Policy—Who Is in Charge?," CIA FOIA, July 20, 1967.

41 Zhang Hanfu Bianxiezu, *Zhang Hanfu zhuan*, 316－321.

42 Hao, *Huang tudi shang zoulai de waijiaojia*, 88.

43 Qian Jiadong, "Haishi Rang Women Tan Zongli Ba," in *Zhou Enlai he ta de mishu men*, ed. Cheng, 250.

44 Zhao Maofeng, "Pingfan Zhong Jian Jingshen," in *Zhou Enlai he ta de mishu men*, ed. Cheng, 319.

45 Ling, *Cong Yanan dao Lianheguo*, 118.

46 Zeng, *Waijiao shengya shiqi nian*, 112.

47 Xu, Wang *Jiaxiang zhuan*, 572－581; Shi, *Wang Jiaxiang zhuan*, 324－325; Zhu, *Mao Zedong, Wang Jiaxiang zai wo de shenghuo zhong*, 231－235.

48 Wu, *Huiyi yu huainian*, 403－439.

49 Zhang "Zhou Enlai de 'erduo he zuiba,' " in *Kaiqi guomen*, eds. Fu and Li, 132－33; Cheng, *Zhongguo shewai shijian miwen*, 200－223.

50 James McGregor, *One Billion Customers: Lessons from the Front Lines of Doing Business in China* (New York: Simon & Schuster, 2005), 213－216.

51 Zhang Hanzhi, *Kuaguo houhou de dahongmen* (Shanghai: Wenhui Chubanshe, 2004), 19－20.

52 CIA, "Mao's Red Guard Diplomacy: 1967," CIA FOIA, June 21, 1968; Liu, *Chinese Ambassadors*, 116.

53 "Red Diplomats Armed with Mao Tse－tung's Thought Are Dauntless," *Peking Review* 37, September 8, 1967, https://www.marxists.org/history/erol/china/pr－1967－37.pdf.

54 Westad, *Restless Empire*, 354－355.

55 Wang, *Wang Guoquan Huiyilu*, 100.

56 "Note from the Ministry of Foreign Affairs of the Czechoslovak Socialist Republic to the Embassy of the People's Republic of China in Prague," February 9, 1967, History and Public Policy Program Digital Archive, National Archives of the Czech Republic (NA), 021/136/67－3. Obtained by East China Normal University, Shanghai, and translated by Mike Kubic, https://digitalarchive.wilsoncenter.org/document/176522.

57 Westad, *Restless Empire*, 334－335.

58 Han Kehua, "Nan wang si guo xing," in *Dangdai Zhongguo shijie waijiao shengya*, ed. Waijiaobu Waijiaoshi Yanjiushi, Vol. VI, 90.

59 Jiang, *Duonaohe zhi bo*, 76- 85; "Telegrams from Romanian Embassy, Beijing, to Romanian Ministry of Foreign Affairs, 22－24 August 1968," August 24, 1968, History and Public Policy Program Digital Archive, Romanian Foreign Ministry Archives AMAE),

fond Telegrams, Pekin 1968, Vol II, pp. 272−274. Republished in Romulus Ioan Budura, coordinator, Relaţiile Româno−Chineze 1880−1974: Documente [Romanian−Chinese Relations 1880−1974: Documents], Bucureşti, Ministerul Afacerilor Externe [Foreign Affairs Ministry], Arhivele Naţionale [National Archives], 2005, 901−902. Translated for CWIHP by Mircea Munteanu, http://digitalarchive.wilsoncenter.org/document/113289.

60 Henry Kissinger, *The White House Years* (New York: Little, Brown, 1979), 183.

61 Song Ke and Zhu Jianfei, "Architecture at a Political Turning Point: Diplomatic Buildings in 1970s Beijing," *ABE Journal* [En ligne], 12 | 2017, mis en ligne le 26 janvier 2018, consulté le 26 décembre 2019, http://journals.openedition.org/abe/3759.

62 Chen Jian, *Mao's China and the Cold War* (Chapel Hill: University of North Carolina Press, 2001), 245.

63 First Inaugural Address of Richard Milhous Nixon, January 20, 1969, https://avalon.law.yale.edu/20th_century/nixon1.asp.

64 Chen, *Mao's China and the Cold War*, 238.

65 See a detailed account from the group's notetaker: Xiong, *Wo de qingbao yu waijiao shengya*, 165−193.

66 Chen *Yi Zhuan Bianxiezu, Chen Yi Zhuan*, 614.

67 Zhu, *Lamei Qinliji*, 3−5.

68 Yang, *Cang Sang Jiushi Nian*, 297.

69 Zhang Huixin, Yang Chengxu, and Xing Geng, "Yi Waijiao Shijie Wang Yutian," in *Dangdai Zhongguo shijie waijiao shengya*, ed. Waijiaobu Waijiaoshi Yanjiushi, Vol. II, 188.

70 Walder, *China under Mao*, 201.

71 Zong, *Zhou Nan Koushu*, 176.

72 Zhang Bing, *Nyu waijiaoguan shouji* (Chengdu: Sichuan Renmin Chubanshe, 2004), 1−3, 327−364.

73 Zhou and Ke, *Yidui waijiaoguan fufu de rensheng huimou*, 223−224.

74 Xia, *Huanjing Waijiaoguan shouji*, 20.

75 Zong, *Zhou Nan koushu*, 177; Barnouin and Yu, *Zhou Enlai*, 245.

76 Xia, *Huanjing waijiaoguan shouji*, 24; Zhang, *Nyu waijiaoguan shouji*, 327−364.

77 Xiong, *Wo de qingbao yu waijiao shengya*, 207.

78 Zhang, *Kuaguo houhou de dahongmen*, 232; Gao, *Zhou Enlai*, 15.

79 Interview with J. Stapleton Roy, July 8, 2019.

80 Jing Zhicheng interviewed on Nixon's China Game, pbs.org, September 1999, http://wwz.html.

81 Henry Kissinger, *On China* (London: Penguin, 2012), 220−221.

82 Kissinger, *On China*, 225−226.

83 Thomas, *Season of High Adventure*, 320−332.

84 Kissinger, *On China*, 225−226.

85 Kissinger, *On China*, 229−231.

86 Gao, *Zhou Enlai*, 15.

87 Kissinger, *On China*, 238.

88 Ruan, *Han Xu Zhuan*, 130.

89 Kissinger, *The White House Years*, 742−745.

90 Peter Martin and Jennifer Jacobs, "What Does Trump Want? China Scours Twitter, Cocktail Parties for Clues," *Bloomberg News*, February 21, 2017, https://www.bloomberg.com/news/articles/2017−02−21/over−twinkies−and−tweetschina−ponders−what−does−trump−want.

91 Interviews with businesspeople and diplomats in Beijing, July 2018.

92 Chen, *Mao's China and the Cold War*, 269.

93 Jin, *Zhou Enlai Zhuan*, 1949−1976, 1083−1085.

94 Xing Jisheng, *Cong Taihangshan dao Jialebihai: Wang Jin dashi de waijiao shengya* (Beijing: Zhongguo Wenlian Chubanshe, 2006), 82.

95 Pieced together from Weng Ming, "'256' hao sanchaji yuejing zhihou," in *Zhongguo waijiaoguan shouji*, ed. Li, Vol. 2, 527−544; Jin, *Zhou Enlai zhuan, 1949−1976*, 1040−1041; Wu Wenyi, "Lishi fuyu wo de yi xiang teshu shiming," in *Xin Zhongguo waijiao fengyun*, ed. Waijiaobu Waijiaoshi Bianjishi, Vol. 1, 153−176; Fu Hao, "Jiu yisan shijian bubai," in *Xin Zhongguo waijiao fengyun*, ed. Waijiaobu Waijiaoshi Bianjishi, Vol. 1, 177−187; Sun Yixian, Chen Qingyi, and Wang Zhongyuan, "Shicha Lin Biao pantao feiji zhuihui xianchang jishi," in *Xin Zhongguo waijiao fengyun*, ed. Waijiaobu Waijiaoshi Bianjishi, Vol. 1, 188−196; Sun, *Zai damo nabian*, 163−285.

96 Guo Jiading, "Chu jin Lianheguo," in *Xin Zhongguo waijiao fengyun*, ed. Waijiaobu Waijiaoshi Bianjishi, Vol. 3 (Beijing: Shije Zhishi Chubanshe, 1994), 98.

97 Chen Jian, Waijiao, *rang shijie geng hexie* (Beijing: Zhongguo Renmin Daxue Chubanshe, 2012), 5−6.

98 Xiong, *Wo de qingbao yu waijiao shengya*, 336.

99 Weng Ming, "Lin xing dian jiang: 'Qiao Lao Ye' shou ci shuai tuan fu Lianda,"in *Jing tian wei di: Waijiaoguan zai Lianheguo*, eds. Fu Hao and Li Tongcheng (Beijing:

Zhongguo Huaqiao Chubanshe, 1995), 8.

100 Zhang, *Kuaguo houhou de dahongmen*, 277−278; Wu Miaofa, *Qiao Guanhua zai Lianheguo de rizi* (Taiyuan: Beiqiu Wenyi Chubanshe, 1998), 29.

101 Xiong, *Wo de qingbao yu waijiao shengya*, 346−350.

102 Xiong, *Wo de qingbao yu waijiao shengya*, 350−353; Wu, *Qiao Guanhua zai Lianheguo de rizi*, p. 30; Guo Jiading, "Chu jin Lianheguo," in *Xin Zhongguo waijiao fengyun*, ed. Waijiaobu Waijiaoshi Bianjishi, Vol. 3, 116−117.

103 Wu, *Qiao Guanhua zai Lianheguo de rizi*, 30−31.

104 Pieced together from Hao, *Huangtudi shang zoulai de waijiaojia*, 104−105; Fu Hao, "Bu mian zhi ye: Mao Zedong mianshou jiyi Zhongnanhai," in *Jing Tian Wei Di*, eds. Fu and Li, 1−6; Xiong, *Wo de qingbao yu waijiao shengya*, 353−356; Guo, "Chu jin Lianheguo," in *Xin Zhongguo waijiao fengyun*, ed. Waijiaobu Waijiaoshi Bianjishi, Vol. 3, 99; Tian Jin and Yu Mengjia, *Zhongguo zai Lianheguo: Gongheguo dizao geng meihao de shijie* (Beijing: Shijie Zhishi Chubanshe, 1998), 35.

105 Wu, *Qiao Guanhua zai Lianheguo de rizi*, 38.

제7장 선택적 통합

1 Zhang, *Kuaguo houhou de dahongmen*, 283−284; Wu, *Qiao Guanhua zai Lianheguo de rizi*, 120−121; He Liliang, "Zai Lianheguo de rizi li," in *Nyu Waijiaoguan*, ed. Cheng, 274−277.

2 Wu Miaofa, "Waijiao dubai: Lianheguo jishi," in *Jing tian wei di: Waijiaoguan zai Lianheguo*, eds. Fu Hao and Li Tongcheng (Beijing: Zhongguo Huaqiao Chubanshe, 1995), 206.

3 Samuel S. Kim, "International Organization Behavior," in *Chinese Foreign Policy*, eds. Robinson and Shambaugh, 405−407.

4 China's *National Defense in 2008*, http://www.china.org.cn/government/whitepaper/node_7060059.htm.

5 United Nations Secretariat, "Assessment of Member States' Contributions to the United Nations Regular Budget for the year 2019," December 24, 2018, https://undocs.org/en/ST/ADM/SER.B/992.

6 "Is China Contributing to the United Nations' Mission?," CSIS ChinaPower, https://chinapower.csis.org/china−un−mission/; David Wainer, "China Is Eyeing a Widening Void at the UN Thanks to Trump," Bloomberg News, February 1, 2019, https://www.bloomberg.com/news/articles/2019−02−01/china−sees−trump−s−america−first−policies−widening−void−at−un.

7 CGTN, "UN Echoes China's Concept of Building 'Community of Shared Future for

Mankind'," http://english.scio.gov.cn/2017−11/09/content_41867418.htm.

8 Guo, "Chu jin lianheguo," in *Xin Zhongguo waijiao fengyun*, ed. Waijiaobu Waijiaoshi Bianjishi, Vol. 3, 120−123; Li Songling, "Yi zhang yi chi: 'Zhongguo xuanfeng' Xijuan Lianheguo," in *Jing tian wei di*, eds. Fu and Li, 16.

9 Wu, *Qiao Guanhua zai Lianheguo de rizi*, 140.

10 Wu, *Tan waijiao*, 79.

11 Zong, *Zhou Nan koushu*, 223.

12 Wu, *Tan waijiao*, 77.

13 Waijiaobu Waijiaoshi Bianjishi, *Xin Zhongguo waijiao fengyun*, Vol. 3, 125.

14 Andrew Scobell and Alireza Nader, *China in the Middle East: The Wary Dragon* (Santa Monica, CA: RAND Corporation, 2016), 4 https://www.rand.org/pubs/research_reports/RR1229.html.

15 FMPRC, "The Third Wave of Establishing Diplomatic Relations with Other Countries," https://www.fmprc.gov.cn/mfa_eng/ziliao_665539/3602_665543/3604_665547/t18014.shtml.

16 Yi, *Fengyun jidang*, 290.

17 Richards J. Heuer Jr., *Psychology of Intelligence Analysis* (Washington, DC: Center for the Study of Intelligence, 1999), 70−71; Frank Watanabe, *15 Axioms for Intelligence Analysts: How to Succeed in the DI* (Washington, DC: Center for the Study of Intelligence, 1997).

18 Interview, July 10, 2019.

19 Dai, *Zhanlue duihua*, 346−347.

20 Ling Qing, *Cong Yanan dao Lianheguo*, 111; Li, *Shuo bu jin de waijiao*, 152−153.

21 Li, *Shuo bu jin de waijiao*, 151−58; Michael Chege, "Economic Relations Between China and Kenya, 1963−2007," in *U.S. and Chinese Engagement in Africa: Prospects for Improving U.S.−China−Africa Cooperation*, ed. Jennifer G. Cooke (Washington, DC: CSIS Press, 2008), 21−22.

22 Ke, *Xin Zhongguo waijiao qisu Ke Hua 95 sui shuhuai*, 207.

23 Chen Yi Zhuan Bianxiezu, Chen Yi zhuan, 620−625; Shishi, "Mao Zedong Poli Chuxi Chenyi Zhuidaohui," in *Xin Zhongguo waijiao fengyun*, ed. Waijiaobu Waijiaoshi Bianjishi. Vol. 3, 10−12; Jin, *Zhou Enlai zhuan, 1949−1976*, 1053; Kang, *Waijiaoguan huiyilu*, 215.

24 Margaret MacMillan, *Seize the Hour: When Nixon Met Mao* (London: John Murray, 2006), 25.

25 MacMillan, *Seize the Hour*, 33.

26 Transcript, Nixon−Mao conversation, Beijing, February 21, 1972, in *The Kissinger*

Transcripts: The Top Secret Talks with Beijing and Moscow, ed. William Burr (New York: New Press, 1998), 59−65.

27 Jiang Chengzong, "Yu xiwei chujian gaoda," in *Zhongguo waijiaoguan shouji*, ed. Li, Vol. 2, 753.

28 Zhang, *Kuaguo houhou de dahongmen*, 256.

29 Peter Martin, "Beijing Puts Its Best Foot Forward for Xi's Summit," *Bloomberg News*, May 14, 2017, https://www.bloomberg.com/news/articles/2017−05−14/beijing−sudden ly−has−blue−skies−clean−air−as−xi−hosts−summit; Interviews with Beijing bar owners, May 2017.

30 Kissinger, *The White House Years*, 1056.

31 Gao, *Zhou Enlai*, 17.

32 Gao, *Zhou Enlai*, 17, 237−238.

33 Zhang, *Kuaguo houhou de dahongmen*, 296.

34 R. W. Apple Jr., "U.S. and China Will Soon Set Up Offices in Capitals for Liaison; Peking to Free Two Americans," *New York Times*, February 23, 1973, https://www.nytimes.com/1973/02/23/archives/us−and−china−will−soon−set−up−offices−in−capitals−for−liaison.html; David Kirkpatrick and Este Bruce, "The U.S. Liaison Chief for Peking," *New York Times*, March 16, 1973, https://www.nytimes.com/1973/03/16/archives/the−us−liaison−chief−for−peking−david−kirkpatrick−este−bruce.html.

35 James Lilley, *China Hands: Nine Decades of Adventure, Espionage, and Diplomacy in Asia* (New York: Public Affairs, 2004), 162; Ivian C. Smith and Nigel West, Historical Dictionary of Chinese Intelligence (Lanham, MD: Scarecrow Press, 2012), 291−292; interviews with five former US intelligence officials.

36 Yi Jiamin, "Jintian shifou tianqing: Leng nuan Huashengdun," in *Lu si shei shou: Waijiaoguan zai Meiguo*, eds. Fu Hao and Li Tongcheng (Beijing: Zhongguo Huaqiao Chubanshe, 1995), 13−14; Ruan, *Han Xu zhuan*, 172, 203.

37 Zong, *Zhou Nan koushu*, 220−221; Zhang, Kuaguo houhou de dahongmen, 299.

38 Guo Jingan and Wu Jun, *Chushi feizhou de suiyue* (Chengdu: Sichuan Renmin Chubanshe, 2006), 201−202.

39 Li, *Zai Yiguo xingkong xia*, 194−199.

40 Shi Shi, "'Woniu' Shijian Shimo," in *Xin Zhongguo waijiao fengyun*, ed. Waijiaobu Waijiaoshi Bianjishi, Vol. 2, pp. 176−180; Zhou and Ke, *Yidui waijiaoguan fufu de rensheng huimou*, 120.

41 Li, *The Private Life of Chairman Mao*, 573; Gao, Zhou Enlai, 236.

42 Li, *Cong Weiminghu dao huanjianhu*, 182−186; Jin, *Zhou Enlai zhuan*, 1949−1976, 1133.

43 SCMP Reporter, "LSE's Role in Guiding China's Budding Diplomats," *South China Morning Post*, December 14, 2010, https://www.scmp.com/article/733308/lses−role−guiding−chinas−budding−diplomats; Zhou Wenzhong, *Dou er bu po: Zhongmei boyi yu shijie zai pingheng* (Beijing: Zhongxin Chuban Jituan, 2017), 106.

44 Li, *Cong Weiminghu dao Huanjianhu*, 182−186.

45 Tong *Xiaopeng, Fengyu sishinian*, Vol. 2 (Beijing: Zhongyang Wenxian Chubanshe, 1997), 521.

46 Li, *The Private Life of Chairman Mao*, 577; Tong, *Fengyu sishinian*, Vol. 2, 520.

47 Gao, *Zhou Enlai*, 257; Xia Yafeng, "Gao, Zhou Enlai: The Last Perfect Revolutionary, A Biography, 2007," H−Diplo Review Essay, July 30, 2009, https://issforum.org/essays/PDF/Xia−Wenqian.pdf.

48 Wu Miaofa, "Huiyi Deng Xiaoping canjia di liu jie tebie Lianda," in *Zhongguo waijiaoguan shouji*, ed. Li, Vol. 1, 61.

49 Wu, *Qiao Guanhua zai Lianheguo de rizi*, 178; Ezra Vogel, *Deng Xiaoping and the Transformation of China* (Cambridge, MA: Harvard University Press, 2011), eBook.

50 Kang, *Waijiaoguan huiyilu*, 226.

51 Yi Jiamin, "Jintian shifou tianqing: Leng nuan huashengdun," in *Lu si shei shou*, eds. Fu and Li, 46.

52 Memorandum of Conversation: Beijing, December 2, 1975, 4:10−6:00 p.m., FRUS 18, 859.

53 Cheng, *Mulin waijiao sihi nian*, 151.

54 ai Yan, *Yi ge putong waijiaoguan de chengzhang licheng* (Beijing: Huiyi Jiujiu Chupin, 2015), 75; Ke, *Xin Zhongguo waijiao qisu Ke Hua 95 sui shuhuai*, 221; Mi Guojun, "1976 nian 1 yue 9 ri zai Dongjing," in *Dangdai Zhongguo shijie waijiao shengya*, ed. Waijiaobu Waijiaoshi Yanjiushi, Vol. IV (Beijing: Shijie Zhishi Chubanshe, 1996), 91−92; Interview with Charles Liu, February 26, 2019.

55 Zhang, *Wo yu Qiao Guanhua*, 88−89; Yi, "Jintian shifou tianqing," in *Lu si shei shou*, eds. Fu and Li, 40; Zong, *Zhou Nan koushu*, 221.

56 Ji, The Man on Mao's Right, 285; Ke, *Xin Zhongguo waijiao qisu Ke Hua 95 sui shuhuai*, 222.

57 Wen−Hsuan Tsai, "Framing the Funeral: Death Rituals of Chinese Communist Party Leaders," *The China Journal* 77 (September, 2016): 58, 68.

58 Wang Chuanbin, *Kuayue shiji de huiyi* (Beijing: Shijie Zhishi Chubanshe, 2010), 265; Mi, "1976 nian 1 yue 9 ri zai Dongjing," in *Dangdai Zhongguo shijie waijiao shengya*, ed. Waijiaobu Waijiaoshi Yanjiushi, Vol. IV, 97; Xie, *Cong Banmendian dao Zhijiage*, 153.

59 James Palmer, *Heaven Cracks, Earth Shakes: The Tangshan Earthquake and the Death*

of Mao's China (New York: Basic Books, 2012), eBook.

60 Zhang, *Nyu waijiaoguan shouji*, 276.

61 Zhang Bing, *Yuanli zuguo de lingtu* (Beijing: Xinhua Chubanshe, 2008), 65.

62 Zhang, *Nyu waijiaoguan shouji*, 275−280; Zhang, *Yuanli zuguo de lingtu*, 67; Wu Deguang, *Cong libinguan dao zonglingshi* (Beijing: Xinhua Chubanshe, 2008), 52.

63 Palmer, *Heaven Cracks, Earth Shakes*, eBook.

64 Zhang, *Nyu waijiaoguan shouji*, 275−280.

65 Li, *The Private Life of Chairman Mao*, 18.

66 Li Tongcheng, *Zai yiguo xingkongxia*, 171.

67 Xing, *Cong Taihangshan dao Jialebihai*, 119−200.

68 Li, *The Private Life of Chairman Mao*, 18.

69 Li, *The Private Life of Chairman Mao*, 20.

70 Lee, *From Third World to First*, 579−586.

71 Han Kehua, "Nan wang si guo xing," in *Dangdai Zhongguo shijie waijiao shengya*, ed. Waijiaobu Waijiaoshi Yanjiushi, Vol. VI, 103; see also Xing, *Cong Taihangshan dao Jialebihai*, 122.

72 Zhou and Ke, *Yidui waijiaoguan fufu de rensheng huimou*, 121; Yi, "Jintian shifou tianqing," in *Lu Si Shei Shou*, eds. Fu and Li, 50; Xing, *Cong Taihangshan dao Jialebihai*, 122.

73 Zhu Xiaodi, *Thirty Years in a Red House: A Memoir of Childhood and Youth in Communist China* (Boston: University of Massachusetts Press, 1999), 170.

74 Ling, *Cong Yanan dao Lianheguo*, 125.

75 Zhang, *Wo yu Qiao Guanhua*, 94−103, 280; Zhang, "Jiechu de nyu waijiaojia Gong Peng," in *Nyu Waijiaoguan*, ed. Cheng, 472

76 Kang, *Waijiaoguan Huiyilu*, 242; Yi, "Jintian Shifou Tianqing" in *Lu Si Shei Shou*, eds. Fu and Li, 50

77 "Notes on Meetings Held in the Great Hall of the People in Peking, on 3 and 4 August 1977 at 3 PM," September 23, 1977, History and Public Policy Program Digital Archive, S−0987−0007−06, United Nations Archives and Records Management Section. Obtained for CWIHP by Charles Kraus, https://digitalarchive.wilsoncenter.org/document/118489.

78 Zhu Xiaodong, "Understanding China's Growth: Past, Present, and Future," *Journal of Economic Perspectives* 26, no. 4 (Fall 2012): 103.

79 Justin Yifu and Zhongkai Shen, "Reform and Development Strategy," in *China's 40 Years of Reform and Development: 1978−2018*, eds. Ross Garnaut, Ligang Song, and

Cai Fang (Acton: ANU Press, 2018), 121.

80 Michael Schoenhals, "The 1978 Truth Criterion Controversy," *The China Quarterly* 126 (1991): 243−268.

81 Huang Jing, *Factionalism in Chinese Communist Politics* (Cambridge, UK: Cambridge University Press, 2000), 363.

82 Pantsov with Levine, *Deng Xiaoping*, 145.

83 Liu Shuqing, "San ren dashi, san zhong ganshou: Dashi shengya pianduan huiyi," in *Dangdai Zhongguo shijie waijiao shengya*, ed. Waijiaobu Waijiaoshi Yanjiushi, Vol. II, 232.

84 Interview with Stapleton Roy, July 8, 2019.

85 Wang, *Kuayue shiji de huiyi*, 278.

86 N.R. Kleinfeld, "Coca-Cola to Go on Sale in China As U.S. and Peking Expand Ties," *New York Times*, Dec. 20, 1978 https://www.nytimes.com/1978/12/20/archives/cocacola−to−go−on−sale−in−china−as−us−and−peking−expand−ties−moves.html?sq=j%2520paul%2520austin&scp=14&st=cse

제8장 자본주의에 대한 재고찰

1 Huang, *Qinli yu jianwen*, 251−256; Chai Zemin, *Zhongmei jianjiao fengyu lu* (Shanghai: Shanghai Cishu Chubanshe, 2010), 115−130; The White House Historical Association, "History of China State Visits to the White House," https://www.whitehousehistory.org/history−of−chinese−state−visits−to−the−white−house.

2 Chen Jian, "From Mao to Deng: China's Changing Relations with the United States," Cold War International History Project, Woodrow Wilson International Center for Scholars, working paper no. 92 (November 2019).

3 Richard Cockett, *Thinking the Unthinkable: Think−tanks and the Economic Counter−revolution, 1931−83* (London: Fontana Press, 1995).

4 US State Department Cable, "Portrait of Vice President Xi Jinping: 'Ambitious Survivor' of the Cultural Revolution," November 16, 2009, https://wikileaks.org/plusd/cables/09BEIJING3128_a.html.

5 Interview with former British official, April 2019.

6 Ke, *Xin Zhongguo waijiao qisu Ke Hua 95 sui shuhuai*, 257−264.

7 Zhong Zhendi, "Dayang Bian: Yi Zhijiage," in *Lu si shei shou*, eds. Fu and Li, 74.

8 Li, *Lianheguo de Zhongguo nyu waijiaoguan*, 40−41.

9 Liu, "San ren dashi, san zhong ganshou," in *Dangdai Zhongguo shijie waijiao shengya*, ed. Waijiaobu Waijiaoshi Yanjiushi, Vol. II, 233.

10 Ruan Hong, "Gongheguo di yi wei nyu dashi," in *Nyu waijiaoguan*, ed. Cheng, 11−13.

11 Ruan Hong, "Waishi shengya liushi nian: Fang Gong Pusheng," in *Nyu waijiaoguan*, ed. Cheng, 449; Wang Mingle, "How Ireland's Free Trade Zone Model Inspired the Shenzhen SEZ," *China Daily*, October 15, 2018, http://www.chinadaily.com.cn/a/2018 10/15/WS5bc4b2b8a310eff3032827b6.html.

12 James Mann, *About Face: A History of America's Curious Relationship with China from Nixon to Clinton* (New York: Alfred Knopf, 1998), 116.

13 Huang, *Qinli yu jianwen*, 260.

14 Mann, *About Face*, 125; Huang, *Qinli yu jianwen*, 262−264; Chai, *Zhongmei jianjiao fengyu lu*, 167−174.

15 Jeffrey A. Bader, *Obama and China's Rise: An Insider's Account of America's Asia Strategy* (Washington, DC: Brookings Institution Press, 2012), 76.

16 Young, *Negotiating with the Chinese Communists*, 30.

17 Nicholas D. Kristof, "Better Relations Depend on U.S., Deng Tells Nixon," *New York Times*, November 1, 1989, https://www.nytimes.com/1989/11/01/world/better−relations−depend−on−us−deng−tells−nixon.html.

18 Huang, *Qinli yu jianwen*, 278, 281, 325.

19 "The State of Foreign Policy," June 8, 1982, History and Public Policy Program Digital Archive, Mongolian Foreign Ministry Archive, Ulaanbaatar, fond 2, dans 1, kh/n 467. Obtained and translated for CWIHP by Sergey Radchenko, https://digitalarchive.wilson center.org/document/113334.

20 "Sino−Soviet Relations: President Brezhnev's Speech, Tashkent, March 24, 1982 (excerpts)," *Survival: Global Politics and Strategy* 24, no. 4 (1982).

21 Huang, *Qinli yu jianwen*, 357−358.

22 Qian Qichen, *Waijiao shiji* (Beijing: Shijie Zhishi Chubanshe, 2003), 205−213.

23 Qian, *Waijiao Shiji*, 3−6; Li, *Shuo bu jin de waijiao*, 61.

24 Zou Jianhua, *Waijiaobu fayanren jiemi* (Beijing: Shizhi Zhishi Chubanshe, 2005), 64.

25 Jin Guihua, "Qiong Ren Jia Zhouchu de Fayanren," in *Ting dashi jiang gushi*, ed. Niu, 132.

26 FMPRC, "Foreign Ministry Spokesperson Hua Chunying's Regular Press Conference," July 29, 2019, http://pk.chineseembassy.org/eng/fyrth/t1684227.htm.

27 Zou, *Waijiaobu fayanren jiemi*, 122−123, 146−151.

28 Wu, *Tan waijiao*, 215.

29 Qian, *Waijiao shiji*, 7−11; Ministry of Foreign Affairs of the People's Republic of

China, "Xi Jinping Pays State Visit to Finland and Travels to Florida, US for China−US Presidents' Meeting," https://www.fmprc.gov.cn/mfa_eng/topics_665678/xjpdfljxgsfwbfmgfl ldjxzmyshw/.

30 Hu Yaobang's Speech at First Plenum of 12th Party Central Committee (September 13, 1982), *Beijing Review* 25, no. 44 (November 1, 1982).

31 Liu, *Chinese Ambassadors*, 156−157.

32 Liu, *Chinese Ambassadors*, 158−159; Straits Times, "9 Chinese embassy staff shot dead," *The Straits Times*, August 1, 1982, https://eresources.nlb.gov.sg/newspapers/Digitised/ Page/straitstimes19820801−1.1.1; AP, "Attache Kills Nine in Shooting at Embassy," *Eugene Register−Guard*, July 31, 1982, https://news.google.com/newspapers?id=GvN VAAAAIBAJ&sjid=R−IDAAAAIBAJ&hl=de&pg=6651%2C7213285.

33 Liu, *Chinese Ambassadors*, 158−159.

34 Sergey Radchenko, *Unwanted Visionaries: The Soviet Failure in Asia at the End of the Cold War* (Oxford: Oxford University Press, 2014), 36−37.

35 Liu, *Chinese Ambassadors*, 159; CIA, "China's Second Revolution," CIA FOIA, May 15, 1986.

36 Martin Childs, "Huang Hua: Politician and Diplomat Who Played a Leading Role in Bringing China Out of International Isolation," *The Independent*, December 7, 2010, https://www.independent.co.uk/news/obituaries/huang−hua−politician−and−diplomat −who−played−a−leading−role−in−bringing−china−out−of−international−21529 57. html; David Barbosa, "Huang Hua, 97, a Diplomat Who Served China, Dies," *New York Times*, November 24, 2010, https://www.nytimes.com/2010/11/25/world/asia/25huan g.html; Xinhua, "Funeral Held in Beijing for Former Chinese Vice Premier Huang Hua," *People's Daily online*, December 2, 2010, http://en.people.cn/90001/90776/90785/72179 60.html.

37 Miller, "The CCP Central Committee's Leading Small Groups."

38 Liu, *Chinese Ambassadors*, 156−159.

39 Liu, *Chinese Ambassadors*, 161−162.

40 Liu, *Chinese Ambassadors*, 160−161.

41 Ma, *The Cultural Revolution in the Foreign Ministry of China*, 84−85.

42 CIA, "China's Diplomats in the United States: The Maturing of an Embassy," CIA FOIA, 5 September 1986.

43 Wang Zhiyun, "Caijun fengyun xiaoji," in *Nyu waijiaoguan*, ed. Cheng, 36−56; Barnett, *The Making of Foreign Policy in China*, 79−81; Alastair Iain Johnston, "Learning versus Adaptation: Explaining Change in Chinese Arms Control Policy in the 1980s and 1990s," *The China Journal* 35 (January 1996): 38−41.

44 Interview with Gao Zhikai, March 19, 2019.

45 CIA, "China's Role in International Organizations," CIA FOIA, May 4, 1984.

46 Interview with Hank Levine, July 24, 2019.

47 Xia, *Huanjing waijiaoguan shouji*, 73; Wang Zhijia, *Zhongguo huanjing waijiao* (Beijing: Zhongguo Huanjing Kexue Chubanshe, 1999), 125−156.

48 Dai, *Yi ge putong waijiaoguan de chengzhang licheng*, 108.

49 Interview with Charles Liu, February 26, 2019.

50 Xie, *Cong Banmendian dao Zhijiage*, 167−170.

51 Margaret Thatcher, "Speech at Dinner for Chinese General Secretary (Hu Yaobang)," June 9, 1986, https://www.margaretthatcher.org/document/106417.

52 Xie, *Cong Banmendian dao Zhijiage,*. 160; Zong, *Zhou Nan Koushu*, 231−233.

53 Zhang Tingyan, "Chaoxian Bandao de banshengyuan," in *Ting dashi jiang gushi*, ed. Niu Li (Beijing: Xinhua Chubanshe, 2009), 155−156.

54 Qian, *Waijiao shiji*, 139−160.

55 Interview, July 19, 2019.

56 Interview with Gao Zhikai, March 19, 2019.

57 Interview with Doug Paal, July 18, 2019.

58 Qian, *Waijiao shiji*, 28−29.

59 Ma, "Bashi niandai Dongou wenti huimou," in *Dangdai Zhongguo shijie waijiao shengya*, ed. Waijiaobu Waijiaoshi Yanjiushi, Vol. V, 167−182.

60 Christopher S. Wren, "China Cracking Down on Progeny of Powerful," *New York Times*, February 17, 1984, https://www.nytimes.com/1984/02/17/world/china−cracking−down−on−progeny−of−powerful.html.

61 Archie Brown, *The Rise and Fall of Communism* (New York: HarperCollins, 2009), 528−533.

62 James Green interview with Stapleton Roy, US−China Dialogue Podcast, April 19, 2019, https://uschinadialogue.georgetown.edu/podcasts/stapleton−roy.

63 Interview with a former US official, July 10, 2019.

64 Liu, *Chinese Ambassadors*, 163−164.

65 Interview with former US official, July 22, 2019.

66 Qian, *Waijiao shiji*, 36; Liu Xinsheng and Zhao Guomin, *Waijiaoguan lishi qinli ji* (Beijing: Jiuzhou Chubanshe, 2013), 23.

67 Bill Keller, "Gorbachev Visits Beijing for Start of Summit Talks," *New York Times*, May 15, 1989, https://www.nytimes.com/1989/05/15/world/gorbachev−visits−beijing−for−start−of−summit−talks.html.

제9장 반격

1 Qian, *Waijiao Shiji*, 165−170.

2 Wang Yusheng, "Yi ge dashi de huanle yu kunao," in *Dangdai Zhongguo shijie waijiao shengya*, ed. Waijiaobu Waijiaoshi Yanjiushi, Vol. II, 303.

3 Ruan Hong, *Han Xu zhuan* (Beijing: Shijie Zhishi Chubanshe, 2004), 370.

4 Orville Schell, *Mandate of Heaven: The Legacy of Tiananmen Square and the Next Generation of China's Leaders* (New York: Simon & Schuster, 1995), 175.

5 Human Rights Watch, "The Persecution of Human Rights Monitors, December 1988 to December 1989: A Worldwide Survey," *Human Rights Watch* (December 1989), 220.

6 Liu, *Chinese Ambassadors*, 163−164; Zong, *Zhou Nan koushu*, 337−339; Wang Yusheng, "Yi ge dashi de huanle yu kunao," in *Dangdai Zhongguo shijie waijiao shengya*, ed. Waijiaobu Waijiaoshi Yanjiushi, Vol. II, 305.

7 Liu, *Chinese Ambassadors*, 163−164.

8 Lyu, *Waijiao Rensheng*, 206.

9 Tillman Durdin, "Defections by Chinese Red Officials Are a Rarity," *New York Times*, February 8, 1969, https://www.nytimes.com/1969/02/08/archives/defections−by−chin ese−red−officials−are−a−rarity−pekings.html.

10 Liu, *Chinese Ambassadors*, 163−164. The one exception was a young diplomat in Paris whose resignation was accepted by the ambassador.

11 Wu Jianmin, *Waijiao anli* (Beijing: Renmin Daxue Chubanshe, 2007), 59−60.

12 Ji, *The Man on Mao's Right*, 328.

13 Wu, *Tan Waijiao*, 54.

14 Ji, *The Man on Mao's Right*, 328.

15 Sun Dagang, "Yi ci nan wang de guoqing zhao dai hui," in *Dangdai zhongguo shijie waijiao shengya*, ed. Waijiaobu Waijiaoshi Yanjiushi, Vol. III, 304; Zhang Zai, "Benboqin guoming kangkai le nan tian: chushi aodaliya jishi," in *Dangdai Zhongguo shijie waijiao shengya*, ed. Waijiaobu Waijiaoshi Yanjiushi, Vol. III, 323.

16 Liu, *Chinese Ambassadors*, 164.

17 Interview with Dick Williams, July 19, 2019.

18 Interviews with multiple former senior US officials, summer 2019.

19 Lilley, *China Hands*, 329.

20 Qian, *Waijiao shiji*, 255−256.

21 Brown, *The Rise and Fall of Communism*, 533−544.

22 Kemal Kirişc, "Beyond the Berlin Wall: The Forgotten Collapse of Bulgaria's 'Wall',"

Brookings Institution, November 5, 2019, https://www.brookings.edu/blog/order−from−chaos/2019/11/05/beyond−the−berlin−wall−the−forgotten−collapse−of−bulgarias−wall/.

23 Emma Graham−Harrison, "'I'm Still Nervous,' Says Soldier Who Shot Nicolae Ceausescu," *The Guardian*, December 6, 2014, https://www.theguardian.com/world/2014/dec/07/nicolae−ceausescu−execution−anniversary−romania.

24 Interview with Doug Paal, July 18, 2019.

25 Michael Yahuda, "Deng Xiaoping: The Statesman," *The China Quarterly* 135 (September 1993): 564.

26 Ma "Bashi Niandai Dongou Wenti Huimou," in *Dangdai Zhongguo shijie waijiao shengya*, ed. Waijiaobu Waijiaoshi Yanjiushi, Vol. V, 179−182.

27 Lee, *From Third World to First*, 635.

28 E. Zev Sufott, *A China Diary: Towards the Establishment of China−Israel Diplomatic Relations* (London: Frank Cass, 1997), 85−86.

29 Li, *Shuo bu jin de waijiao*, 71−72.

30 Wang, "Yi ge dashi de huanle yu kunao," in *Dangdai Zhongguo shijie waijiao shengya*, ed. Waijiaobu Waijiaoshi Yanjiushi, Vol. II, 304.

31 Zhang, *Nyu waijiaoguan shouji*, 146−147.

32 Mann, *About Face*, 246.

33 Kathy Chenault, "Kaifu Tells Chinese That Reform Key to Improving Relations," *AP*, August 12, 1991, https://apnews.com/article/255988a4477db1c560cfee0a3cd2 6c4b.

34 Sheryl Wudunn, "British Visit Breaks Ice with China," *New York Times*, September 3, 1991, https://www.nytimes.com/1991/09/03/world/british−visit−breaks−the−ice−with−china.html.

35 Qian, *Waijiao Shiji*, 75−107; Wu, *Waijiao anli*, 106−143; Tai Huasun, *Chushi lianheguo* (Beijing: Xinhua Chubanshe, 2010), 17.

36 Thomas L. Friedman, "Chinese Official Is Invited to Washington in Response to Gulf Stance," *New York Times*, November 28, 1990, https://www.nytimes.com/1990/11/28/world/mideast−tensions−chinese−official−invited−washington−response−gulf−stance.html.

37 Wu, *Waijiao anli*, 154−177.

38 Robert Benjamin, "China's Prime Minister Regains Face," *Baltimore Sun*, January 30, 1991.

39 David Holley, "Economy Grew 12% in 1992, China Says," *Los Angeles Times*, December 31, 1992, https://www.latimes.com/archives/la−xpm−1992−12−31−mn−4309−story.html.

40 Hu Benyao, "Zhong Ao guanxi shi shang de xin pianzhang," in *Dangdai zhongguo shijie waijiao shengya*, ed. Waijiaobu Waijiaoshi Yanjiushi, Vol. V, 338; Xu Yicong, "Zai Hawana Meihao de Huiyi," in *Dangdai Zhongguo shijie waijiao shengya*, ed. Waijiaobu Waijiaoshi Yanjiushi, Vol. V, 368.

41 Guo Jingan and Wu Jun, *Chushi feizhou de suiyue* (Chengdu: Sichuan Renmin Chubanshe, 2006), 124.

42 Sergei Troush, "China's Changing Oil Strategy and Its Foreign Policy Implications," *Brookings Institution*, September 1, 1999, https://www.brookings.edu/articles/chinas−changing−oil−strategy−and−its−foreign−policy−implications/.

43 Zhang, *Nyu waijiaoguan shouji*, 148−149.

44 Mann, *About Face*, 269.

45 Nicholas D. Kristof, "China Worried by Clinton's Linking of Trade to Human Rights," *New York Times*, October 9, 1992, https://www.nytimes.com/1992/10/09/world/china−worried−by−clinton−s−linking−of−trade−to−human−rights.html.

46 Mann, *About Face*, 292; Winston Lord interview by Charles Stuart Kennedy and Nancy Bernkopf Tucker, Association for Diplomatic Studies and Training Foreign Affairs Oral History Project, Initial Interview, April 28, 1998, 576.

47 Robert L. Suettinger, *Beyond Tiananmen: The Politics of U.S.−China Relations, 1989−2000* (Washington, DC: Brookings Institution Press, 2003), 208; Garver, *China's Quest*, 610.

48 Rone Tempest, "China Threatens U.S. over Taiwan Leader's Visit: Diplomacy: Beijing Recalls Two Delegations, Vows Further Action over Perceived Nod to Taipei," *Los Angeles Times*, May 26, 1995, https://www.latimes.com/archives/la−xpm−1995−05−26−mn−6275−story.html.

49 Thomas J. Christensen, *The China Challenge*, eBook.

50 Lee Teng−hui, "Always in My Heart," speech delivered at Cornell University, June 9, 1995, https://taiwantoday.tw/news.php?post=3961&unit=4,29,31,45.

51 Calder, *Asia in Washington*, 149.

52 FMPRC, "President Jiang Zemin Visited the United States," *FMPRC* https://www.fmprc.gov.cn/mfa_eng/ziliao_665539/3602_665543/3604_665547/t18030.shtml; Seth Faison, "Analysis: U.S. Trip Is Everything Jiang Expected," *New York Times*, November 3, 1997, https://archive.nytimes.com/www.nytimes.com/library/world/110397us−china−assess.html.

53 Allen S. Whiting, "ASEAN Eyes China: The Security Dimension," *Asian Survey* 37, no. 4 (April 1997): 299−322; Ian James Storey, "Creeping Assertiveness: China, the Philippines and the South China Sea Dispute," *Contemporary Southeast Asia* 21, no. 1 (April 1999): 95−118.

54 Michael Laris, "Chinese Openly Debate Whether to Devalue Yuan," *Washington Post*, July 16, 1998, https://www.washingtonpost.com/archive/politics/1998/07/16/chinese−op enly−debate−whether−to−devalue−yuan/ff892f47−ee5e−4d26−ae90−35cac3977221/.

55 David Shambaugh, "China Engages Asia: Reshaping the Regional Order," *International Security* 29, no. 3 (Winter 2004/05): 68; Wang Yusheng, *Qinli APEC: Yi ge Zhongguo gaoguan de ticha* (Beijing: Shijie Zhishi Chubanshe, 2000), 135−157.

56 Evan S. Medeiros and M. Taylor Fravel, "China's New Diplomacy," *Foreign Affairs* 82, no. 6 (November/December 2003): 25; Shambaugh, "China Engages Asia," 68−70.

57 Susan Shirk, *Fragile Superpower: How China's Internal Politics Could Derail Its Peaceful Rise* (Oxford: Oxford University Press, 2007), 128−129; David Shambaugh, *China Goes Global: The Partial Power* (Oxford: Oxford University Press, 2013), 97.

58 Lionel Barber, "Lunch with the FT: Madam Fu Ying," *The Financial Times*, January 30, 2010, https://www.ft.com/content/867f123c−0c78−11df−a941−00144feabdc0.

59 Alastair Iain Johnston, *Social States: China in International Institutions, 1980−2000* (Princeton: Princeton University Press, 2008), 52−55, 67−69.

60 Avery Goldstein, "An Emerging China's Emerging Grand Strategy: A Neo−Bismarckian Turn?" in *International Relations Theory and the Asia−Pacific*, eds. G. John Ikenberry and Michael Mastanduno (New York: Columbia University Press, 2003), 74−83; Rex Li, *A Rising China and Security in East Asia: Identity Construction and Security Discourse* (Abingdon: Routledge, 2009), 180−181.

61 Peter Wood, "China's Foreign Relations," *Ashtray Analytics*, September 18, 2016, https://www.ashtreeanalytics.com/posts/2016/09/18/chinas−foreign−relations.

62 Medeiros and Fravel, "China's New Diplomacy," 26.

63 Guo and Wu, *Chushi Feizhou de suiyue*, 301.

64 Tain Yimin, "Qian qiu zhi guo: Luwangda," in *Dangdai Zhongguo shijie waijiao shengya*, ed. Waijiaobu Waijiaoshi Yanjiushi, Vol. II, 294−295; Wang, "Yi ge dashi de huanle yu kunao," in *Dangdai Zhongguo shijie waijiao shengya*, ed. Waijiaobu Waijiaoshi Yanjiushi, Vol. II, 304; Zhang Ruijie, "Zai sililanka renzhi de rizi li," in *Dangdai Zhongguo shijie waijiao shengya*, ed. Waijiaobu Waijiaoshi Yanjiushi, Vol. III, 283−284; Qian, *Waijiao shiji*, 127, 255−56; Lyu, *Waijiao rensheng*, 38−39.

65 Liu Baolai, *Chushi Zhongdong* (Beijing: Xinhua Chubanshe, 2009), 141.

66 Jiang Xiang, "Nan wang de feizhou suiyue," in *Dangdai Zhongguo Shijie waijiao shengya*, ed. Waijiaobu Waijiaoshi Yanjiushi, Vol. VI, 309−310; Zhang Qingmin, "China's Relations with Developing Countries: Patterns, Principles, Characteristics, and Future Challenges," in *Handbook on China and Developing Countries*, ed. Carla P. Freedman, 59.

67 Julia C. Strauss, "The Past in the Present: Historical and Rhetorical Lineages in China's

Relations with Africa," *The China Quarterly* 199 (September 2009): 789−791.

68 James D. Seymour, "Human Rights in Chinese Foreign Relations," in *China and the World: Chinese Foreign Policy Faces the New Millennium*, ed. Samuel S. Kim (Boulder, CO: Westview Press, 1998), 229.

69 Peter Van Ness, "China and the Third World: Patterns of Engagement and Indifference," in *China and the World*, ed. Kim, 154.

70 Zhang, *Nyu waijiaoguan shouji*, 190.

71 Jiang, *Duonaohe zhi bo*, 299−309.

72 Liu, *Chinese Ambassadors*, 164−167; Barnett, *The Making of Foreign Policy in China*, 75−92.

73 Bonnie S. Glaser, "Chinese Foreign Policy Research Institutes and the Practice of Influence," in *China's Foreign Policy: Who Makes It, and How Is It Made?*, ed. Gilbert Rozman (New York: Palgrave Macmillan, 2012), 113.

74 Lin Yunshi, "Song Tao jieti Wang Jiarui ren Zhonglianbu buzhang," *Caixin*, November 26, 2015, http://china.caixin.com/2015−11−26/100878667.html.

75 Zhu, *Wo de Lamei waijiao shengya*, 30.

76 FMPRC, "Tour the Ministry," https://www.fmprc.gov.cn/mfa_eng/wjb_663304/cgwjb_665383/; Mao Zedong, Willis Barnstone, *The Poems of Mao Zedong* (Berkeley: University of California Press, 2010), 115−116.

77 Interview, June 2020.

78 Edward A. Gargan, "China Resumes Control of Hong Kong, Concluding 156 Years of British Rule," *New York Times*, July 1, 1997, https://www.nytimes.com/1997/07/01/world/china−resumes−control−of−hong−kong−concluding−156−years−of−british−rule.html.

79 Qian, *Waijiao Shiji*, 349.

80 Cited in Avery Goldstein, "The Diplomatic Face of China's Grand Strategy: A Rising Power's Emerging Choice," *The China Quarterly* 168 (December 2001): 838.

81 Li, *Cong Weiminghu dao Huanjianhu*, 258−263.

82 Ma Zhengang, "Ouzhouren kan Zhongguoren," in *Bie yang feng yu*, ed. Zhang, 18.

83 Qiu Bingjun, *Hunqian mengrao Xinxilan* (Changchun: Jilin Renmin Chubanshe, 2000), 262.

84 Zhang, *Nyu waijiaoguan shouji*, 225−227; Liu and Pan, *Feixiang shiwai taoyuan*, 189−191; Dai Ping, "You yi xixin: Waijiao shengya diandi," in *Dangdai Zhongguo shijie waijiao shengya*, ed. Waijiaobu Waijiaoshi Yanjiushi, Vol. III, 190−191; Dai, *Yi ge putong waijiaoguan de chengzhang licheng*, 144−45; Wang, *Qinli APEC*, 193.

85 Maggie Farley, "China Enlists WWII Fervor to Foster National Strength," *Los Angeles Times*, August 12, 1995, https://www.latimes.com/archives/la−xpm−1995−08−12−mn−34201−story.html.

86 Erica Strecker Downs and Phillip C. Saunders, "Legitimacy and the Limits of Nationalism: China and the Diaoyu Islands," *International Security* 23, no. 3 (Winter 1998−1999): 137−138.

87 Jude D. Blanchette, *China's New Red Guards: The Return of Radicalism and the Rebirth of Mao Zedong* (New York: Oxford University Press, 2019), eBook.

88 Peter Hays Gries, *China's New Nationalism: Pride, Politics, and Diplomacy* (Berkeley: University of California Press, 2004), 123−124.

89 Thomas J. Christensen, "More Actors, Less Coordination? New Challenges for the Leaders of a Rising China," in *China's Foreign Policy: Who Makes It, and How Is It Made?*, ed. Gilbert Rozman (New York: Palgrave Macmillan, 2012), 29.

90 Albert Keidel, "China's Social Unrest: The Story behind the Stories," *Carnegie Endowment for International Peace Policy Brief* 28 (September 2006), https://carnegieendowment.org/files/pb48_keidel_final.pdf.

91 Banning Garrett and Bonnie Glaser, "Chinese Apprehensions about Revitalization of the U.S.−Japan Alliance," *Asian Survey* 37, no. 4 (April 1997): 383−401.

92 John F. Burns, "India Sets 3 Nuclear Blasts, Defying a Worldwide Ban," *New York Times*, May 12, 1998, https://www.nytimes.com/1998/05/12/world/india−sets−3−nuclear−blasts−defying−a−worldwide−ban−tests−bring−a−sharp−outcry.html.

93 "International Reactions to US Strikes on Iraq," *James Martin Center for Nonproliferation Studies*, December 17, 1998, https://www.nonproliferation.org/international−reactions− to−us−strikes−on−iraq/.

94 Joseph Fewsmith, "China and the WTO: The Politics behind the Agreement," *NBR Analysis* 10, no. 5, December 1, 1999, https://www.nbr.org/publication/china−and−the−wto−the−politics−behind−the−agreement/.

95 Seth Faison, "10,000 Protesters in Beijing Urge Cult's Recognition," *New York Times*, April 26, 1999, http://movies2.nytimes.com/library/world/asia/042699china−protest.html.

96 Tang, *Jin yu xu feng*, 166−193.

97 The common understanding in Washington is that these three members of staff were intelligence officials from the Ministry of State Security.

98 Later investigations would show that a B−2 stealth bomber had dropped five precision−guided missiles on the building.

99 BBC, "China Stealth Fighter 'Copied Parts from Downed US Jet'," *BBC News*, January 24, 2011, https://www.bbc.com/news/world−asia−pacific−12266973.

100 Cited in Rebecca MacKinnon et al., "Chinese in Belgrade, Beijing Protest NATO Embassy Bombing," *CNN*, May 9, 1999, http://edition.cnn.com/WORLD/asiapcf/9905/09/china.protest.03/.

101 Quoted in Bates Gill, *Rising Star: China's New Security Diplomacy* (Washington, DC: Brookings Institution, 2010), 113.

102 Quoted in Westad, *Restless Empire*, 397.

103 Madeleine Albright, *Madam Secretary: A Memoir*, eBook; Interviews in Washington, DC, July 2019; Interviews in Shanghai.

104 David M. Lampton, *Same Bed, Different Dreams: Managing U.S.−China Relations, 1989−2000* (Berkeley: University of California Press, 2002), 61.

105 Tang Jiaxuan, *Jin yu xu feng*, 192.

106 Jim Mann, "China's Tiger Is a Pussycat to Bushes," *Los Angeles Times*, December 20, 2000, https://www.latimes.com/archives/la−xpm−2000−dec−20−mn−2466−story.html.

107 Wu, *Waijiao anli*, 327.

108 Zhou, *Dou er bu po*, 15−16.

109 Tang, *Jin yu xu feng*, 266−287; Zhou, *Dou er bu po*, 17−18.

110 Wu, *Qiao Guanhua zai Lianheguo de rizi*, 143−144.

111 CNN, "White House Announces Arms Sale to Taiwan," *CNN*, April 24, 2001, https://edition.cnn.com/2001/ALLPOLITICS/04/24/us.taiwan.arms/index.html.

112 Kelly Wallace, "Bush Pledges Whatever It Takes to Defend Taiwan," *CNN*, April 25, 2001, https://edition.cnn.com/2001/ALLPOLITICS/04/24/bush.taiwan.abc/index.html.

113 "Bush's Taiwan Comments a Move on 'Dangerous Road'— FM Spokeswoman," http://www.china.org.cn/english/11913.htm.

114 Tang, *Feijia taipingyang shangkong de hongqiao*, 48.

115 Wang, "'Friendship First'," 147.

116 Yuan Tao, "Aoyun qinghuai," in *jianzheng Aolinpike*, eds. Tang Mingxin, Feng Guijia, and Zhang Bing (Beijing: Xinhua Chubanshe, 2007), 102.

117 Zhou Xiaopei, "Shensheng de yi piao," in *Jianzheng Aolinpike*, eds. Tang, Feng, and Zhang, 280.

118 Wu and Shi, *Zai Faguo de waijiao shengya*, 248.

119 Tang, *Feijia Taipingyang shangkong de hongqiao*, 45−46.

120 Jere Longman, "Beijing Wins Bid for 2008 Olympic Games," *New York Times*, July 14, 2001, https://www.nytimes.com/2001/07/14/sports/olympics−beijing−wins−bid−for−2008−olympic−games.html.

121 Nic Hopkins, "Beijing Celebrates Olympic Vote," *CNN*, July 13, 2001, https://edition. cnn.com/2001/fyi/news/07/13/beijing.olympics/index.html; Guardian Unlimited Sport, "Reaction to Beijing's Olympic success," *The Guardian*, July 13, 2001, https://www. theguardian.com/sport/2001/jul/13/1.

제10장 노출된 야심

1 Zhang Hongxi, "Muni '9.11'," in *Bie yang feng yu*, ed. Zhang, 205−207.

2 Wu, *Waijiao Anli*, 342−343; Yoichi Funabashi, *The Peninsula Question: A Chronicle of the Second Korean Nuclear Crisis* (Washington, DC: Brookings Institution Press, 2007), 266−267.

3 Tang, *Jin yu xu feng*, 297.

4 Cited in Funabashi, *The Peninsula Question*, 267.

5 Zhang, "Muni '9.11'," in *Bie yang feng yu*, ed. Zhang, 209.

6 Andrew Small, *The China−Pakistan Axis: Asia's New Geopolitics* (London: Hurst & Co, 2015), 131−132; Willy Wo−Lap Lam, "Smoke Clears over China's U.S. Strategy," *CNN*, September 26, 2001, https://edition.cnn.com/2001/WORLD/asiapcf/east/09/25/willy.column/.

7 Small, *The China−Pakistan Axis*, 130; Michael D. Swaine, *America's Challenge: Engaging a Rising China in the Twenty−First Century* (Washington, DC: Carnegie Endowment for International Peace, 2011), 231−232.

8 "US opens FBI office in Its Beijing embassy," October 25, 2002, http://www.china− embassy.org/eng/sgxx/sggg/fyrth/t34936.htm.

9 Alex Frew McMillan and Major Garrett, "U.S. Wins Support from China," *CNN*, October 19, 2001, https://www.cnn.com/2001/WORLD/asiapcf/east/10/19/bush.jiang.apec/index. html.

10 National Security Council, *The National Security Strategy of the United States* (Washington, DC: The White House, 2002), https://georgewbush−whitehouse.archives. gov/nsc/nss/ 2002/.

11 Xu Jian, "Rethinking China's Period of Strategic Opportunity," *China International Studies*, March/April 2014, 51−70; Cui Liru, "China's 'Period of Historic Opportunities'," *China−U.S. Focus*, February 1, 2018, https://www.chinausfocus.com/foreign−policy/ chinas−period−of−historic−opportunities.

12 "Full Text of Jiang Zemin's Report at 16th Party Congress," December 10, 2002, http:// en.people.cn/200211/18/eng20021118_106983.shtml.

13 Tang, *Jin yu xu feng*, 461.

14 Funabashi, *The Peninsula Question*, 277.

15 Funabashi, *The Peninsula Question*, 275−276.

16 This account draws extensively from Funabashi's meticulously researched *The Peninsula Question*, 262–266.

17 Qian, *Waijiao shiji*, 157–159.

18 Funabashi, *The Peninsula Question*, 337–345.

19 Victor Cha, *The Impossible State: North Korea, Past and Future*, eBook.

20 Shirk, *Fragile Superpower*, 125.

21 Cited in Bonnie S. Glaser and Liang Wang, "The North Korea Nuclear Crisis and U.S.–China Cooperation," in *China and the United States: Cooperation and Competition in Northeast Asia*, ed. Suisheng Zhao (New York: Palgrave Macmillan, 2008), 143.

22 Condoleezza Rice, *No Higher Honor: A Memoir of My Years in Washington* (New York: Random House, 2011), 474.

23 Cited in Joseph Fewsmith, *China Since Tiananmen: From Deng Xiaoping to Hu Jintao*, 2nd ed. (Cambridge, UK: Cambridge University Press, 2008), 2.

24 Evan S. Medeiros, *China's International Behavior: Activism, Opportunism, and Diversification* (Santa Monica: RAND Corporation, 2009), 72–77.

25 Tang, *Jin yu xu feng*, 357–358; Wu and Shi, *Zai faguo de waijiao shengya*, 306; Wu Jianmin, *Waijiao anli* (Beijing: Renmin Daxue Chubanshe, 2007), 206–218; Willy Wo–Lap Lam, "China's Hu Set for Global Debut," *CNN*, May 27, 2003, https://edition.cnn.com/2003/WORLD/asiapcf/east/05/25/china.hu/index.html.

26 Robert L. Suettinger, "The Rise and Descent of 'Peaceful Rise,'" *China Leadership Monitor*, no. 12 (Fall 2004), https://media.hoover.org/sites/default/files/documents/clm 12_rs.pdf.

27 Wu and Shi, *Zai Faguo de waijiao shengya*, 209–210.

28 Anne–Marie Brady, *Marketing Dictatorship: Propaganda and Thought Work in Contemporary China* (Lanham, MD: Rowman and Littlefield, 2008), 87.

29 Joshua Kurlantzich, *Charm Offensive: How China's Soft Power Is Transforming the World* (New Haven, CT: Yale University Press, 2007), 68–69, 83, 103.

30 Glaser, "Chinese Foreign Policy Research Institutes and the Practice of Influence," in *China's Foreign Policy*, ed. Rozman, 101.

31 Tang, *Jin yu xu feng*, 443–445.

32 Joseph Kahn, "China Opens Summit for African Leaders," *New York Times*, November 2, 2006.

33 Michal Meidan, "China's Africa Policy: Business Now: Politics Later," *Asian Perspective* 30, no. 4 (2006): 69–70.

34 Jonathan Watts, "Chavez Says China Deal 'Great Wall' against US," *Guardian*, August

26, 2006, https://www.theguardian.com/world/2006/aug/26/china.venezuela.

35 Stephen Blank, "Islam Karimov and the Heirs of Tiananmen," *Eurasia Daily Monitor* 2, no. 115, June 14, 2005.

36 Daniel Large, "China's Sudan Engagement: Changing Northern and Southern Political Trajectories in Peace and War," *The China Quarterly* 199 (September 2009): 610−626.

37 Stephanie Kleine−Ahlbrandt and Andrew Small, "China's New Dictatorship Diplomacy: Is Beijing Parting with Pariahs?," *Foreign Affairs* (January/February 2008).

38 Peter Sanders and Geoffrey A. Fowler, "Spielberg Severs Olympics Tie," *Wall Street Journal*, February 13, 2008, https://www.wsj.com/articles/SB120285499475363491.

39 Hu Calls for Enhancing 'Soft Power' of Chinese Culture," *Xinhua*, October 15, 2007, http://www.china.org.cn/english/congress/228142.htm.

40 Jiang Zemin, "Build a Well−off Society in an All−Round Way and Create a New Situation in Building Socialism with Chinese Characteristics," November 8, 2002, http://www.china.org.cn/english/2002/Nov/49107.htm.

41 David M. Lampton, "The Faces of Chinese Power," *Foreign Affairs* 86, no. 1 (January/February 2007): 122.

42 Jonas Parello−Plesner and Mathieu Duchatel, *China's Strong Arm: Protecting Citizens and Assets Abroad* (London: IISS/Routledge, 2015), 37−40.

43 Kurlantzich, *Charm Offensive*, 23.

44 Parello−Plesner and Duchatel, *China's Strong Arm*, 33.

45 Parello−Plesner and Duchatel, *China's Strong Arm*, 41−42.

46 Josh Chin, "China's Other Problem with Protests Abroad," *Wall Street Journal, China Real Time Report*, February 23, 2011, https://blogs.wsj.com/chinarealtime/2011/02/23/chinas−other−problem−with−protests−abroad/.

47 Parello−Plesner and Duchatel, *China's Strong Arm*, 38.

48 Parello−Plesner and Duchatel, *China's Strong Arm*, 12−13.

49 Parello−Plesner and Duchatel, *China's Strong Arm*, 11.

50 Ian Tyrrell, *Reforming the World: The Creation of America's Moral Empire* (Princeton: Princeton University Press, 2010).

51 Hu Jintao, "Firmly March on the Path of Socialism with Chinese Characteristics and Strive to Complete the Building of a Moderate Prosperous Society in all Respects," November 8, 2012, http://www.china.org.cn/china/18th_cpc_congress/2012−11/16/content_27137540.htm.

52 Parello−Plesner and Duchatel, *China's Strong Arm*, 41−60; Lucy Corkin, "Redefining Foreign Policy Impulses toward Africa: The Roles of the MFA, the MOFCOM and China

Exim Bank," *Journal of Current Chinese Affairs* 40, no. 4 (2011): 61−90.

53 Linda Jakobson and Dean Knox, "China's New Foreign Policy Actors," Stockholm Peace Research Institute, Stockholm SIPRI policy paper no. 26 (2010).

54 Liu, *Chinese Ambassadors*, 206−207.

55 Shirk, *Fragile Superpower*, 224.

56 Shambaugh, *China Goes Global*, 69.

57 Ken Jowitt, *New World Disorder: The Leninist Extinction* (Berkeley: University of California Press, 1992), 134−136.

58 Rana, *Asian Diplomacy*, 38−39.

59 Interview with Robert Suettinger, July 22, 2019.

60 Bates Gill and Martin Kleiber, "China's Space Odyssey: What the Antisatellite Test Reveals about Decision−Making in Beijing," *Foreign Affairs* 86, no. 3 (May−June 2007), 2−6.

61 Interviews in Beijing; Shirk, *Fragile Superpower*, 101−102; Zou, *Waijiaobu fayanren jiemi*, 38.

62 Li, *Shuo bu jin de waijiao*, 24.

63 Joseph Kahn, "China Angered by Reported Orgy Involving Japanese Tourists," *New York Times*, September 30, 2003, https://www.nytimes.com/2003/09/30/world/china−angered− by−reported−orgy−involving−japanese−tourists.html.

64 China Daily, "Japan Urged to Be Aware of China's Laws," *China Daily*, October 10, 2003, http://www.chinadaily.com.cn/en/doc/2003−10/10/content_270604.htm.

65 Joseph Kahn, "China Is Pushing and Scripting Anti−Japanese Protests," *New York Times*, April 15, 2005, https://www.nytimes.com/2005/04/15/world/asia/china−is− pushing−and−scripting−antijapanese−protests.html.

66 US State Department Cable, "Japanese Readout: Dai Bingguo Uncompromising on Yasukuni Seeks 'Positive' Signals from Japan," February 13, 2006, https://wikileaks.org/ plusd/cables/06TOKYO775_a.html.

67 Dai, *Zhanlue duihua*, 320.

68 Li, *Shuo bu jin de waijiao*, 139; John Aglionby, "The Art of Toilet Diplomacy," *The Guardian*, July 27, 2006, https://www.theguardian.com/world/2006/jul/27/worlddispatch. johnaglionby.

69 Dai, *Zhanlyue duihua*, 118, 301.

70 Kerry Dumbaugh, "China−U.S. Relations: Current Issues and Implications for U.S. Policy," *CRS Report for Congress*, June 14, 2007, https://china.usc.edu/sites/default/ files/legacy/AppImages/crs−us−china−relations−07.pdf.

71 US Department of the Treasury, "Fact Sheet: Creation of the U.S.−China Strategic Economic Dialogue," September 20, 2006, https://www.treasury.gov/press−center/press−releases/Pages/hp107.aspx.

72 Claire Reade, "The U.S.−China S&ED: Time to Tinker, Not to Toss," *CSIS*, June 27, 2016, https://www.csis.org/analysis/us−china−sed−time−tinker−not−toss.

73 Bo Zhiyue, *China's Elite Politics: Political Transition and Power Balancing* (Singapore: World Scientific, 2007), 163−164; Cheng Li, *China's Leaders: The New Generation* (Lanham, MD: Rowman & Littlefield, 2001), 138.

74 CCTV, "China's New Cabinet Members Approved," *CCTV*, March 18, 2008, http://www.china.org.cn/government/NPC_CPPCC_sessions2008/2008−03/18/content_12899026.htm.

75 Hillary Rodham Clinton, *Hard Choices* (London: Simon & Schuster, 2014), 61−62.

76 Dai, *Zhanlyue duihua*, 367−368.

77 Yi Wang, "Yang Jiechi: Xi Jinping's Top Diplomat Back in His Element," *China Brief* 17, no. 16, December 8, 2017, https://jamestown.org/program/yang−jiechi−xis−top−diplomat−back−element/; Li Xing and Lyndon Cao, "Yang a Popular Choice as FM," *China Daily*, April 28, 2007, http://www.chinadaily.com.cn/china/2007−04/28/con\−tent_862385.htm.

78 Clinton, *Hard Choices*, 62.

79 Wang, "Yang Jiechi"; Li and Cao, "Yang a Popular Choice as FM."

80 Interview with former US official, July 2019.

81 Interviews in Beijing, March 2018; Interview with former US official, July 2019.

82 U.S. State Department Cable, "Codel Ackerman Meeting with Assistant Minister of Foreign Affairs Yang Jiechi, January 28," January 31, 1997, https://wikileaks.org/plusd/cables/97BEIJING3816_a.html.

83 Clinton, *Hard Choices*, 62−63.

84 Interview with former US official, July 2019.

85 Zhang, *Waijiaoguan shuo liyi*, 2−8.

86 Shambaugh, *China Goes Global*, 66.

87 Zhang, *Waijiaoguan shuo liyi*, 26.

88 Interviews.

89 Li, *Shuo bu jin de waijiao*, 342.

90 Dai, *Zhanlyue duihua*, 114.

91 Preeti Bhattacharji and Carin Zissis, "Olympic Pressure on China," *CFR*, June 17, 2008, https://www.cfr.org/backgrounder/olympic−pressure−china; Lindsay Beck, "Beijing to

Evict 1.5 Million for Olympics," *Reuters*, June 5, 2007, https://uk.reuters.com/article/uk−olympics−beijing−housing/beijing−to−evict−1−5−million−for−olympics−idUKSP31431820070605; Wang Nan and Nick Mulvenney, "Olympics—Beijing Stops Cars for Games Clean Air Test," *Reuters*, August 17, 2007, https://www.reuters.com/article/idUSPEK207929; Jim Yardley, "No Spitting on the Road to Olympic Glory, Beijing Says," *New York Times*, April 17, 2007, https://www.nytimes.com/2007/04/17/world/asia/17 manners.html.

92 Nicholas J. Cull, "The Public Diplomacy of the Modern Olympic Games and China's Soft Power Strategy," in *Owning the Olympics: Narratives of the New China*, eds. Monroe E. Price and Dayan Daniel (Ann Arbor: University of Michigan Press, 2008), 136.

93 Jim Yardley, "Violence in Tibet as Monks Clash with the Police," *New York Times*, March 15, 2008, https://www.nytimes.com/2008/03/15/world/asia/15tibet.html.

94 Candida Ng, "Timeline: Olympic Torch Protests around the World," *Reuters*, April 28, 2008, https://www.reuters.com/article/us−olympics−torch−disruptions−idUSSP1707092 0080428.

95 Bethany Allen−Ebrahimian and Zach Dorfman, "China Has Been Running Global Influence Campaigns for Years," *The Atlantic*, May 14, 2019, https://www.theatlantic.com/international/archive/2019/05/beijing−olympics−china−influence−campaigns/589 186/; NBC, "Pro−Beijing Crowds Drown Torch Protesters," *NBC*, April 24, 2008, http://www.nbcnews.com/id/24268336/ns/beijing_olympics−beijing_olympics_news/t/pro−beij ing−crowds−drown−out−torch−protesters/#.XoLuP5MzbsF; Jon Herskovitz, Jack Kim, and Ben Blanchard, "S. Korea Probes Chinese Violence at Torch Relay," *Reuters*, April 29, 2008, https://www.reuters.com/article/us−olympics−torch−korea/s−korea−probes −chinese−violence−at−torch−relay−idUSSEO12376920080429; James Jiann Hua To, *Qiaowu: Extra−Territorial Policies for the Overseas Chinese* (Leiden: Brill Academic, 2014), 31−34.

96 Fu Ying, "Western Media Has Demonized China," *The Daily Telegraph*, April 13, 2008, https://www.telegraph.co.uk/comment/personal−view/3557186/Chinese−ambassador−Fu−Ying−Western−media−has−demonised−China.html.

97 White House photo by Eric Draper, President George W. Bush attends the US Olympic Men's Basketball Team's game against China with his father, former President George H. W. Bush and China's Foreign Minster Yang Jiechi Sunday, Aug. 10, 2008, https://georgewbush−whitehouse.archives.gov/news/releases/2008/08/images/20080810_d−128 7−515h.html.

98 David M. Herszenhorn, Carl Hulse, and Sheryl Gay Stolberg, "Talks Implode during a Day of Chaos; Fate of Bailout Remains Unresolved," *New York Times*, September 25, 2008, https://www.nytimes.com/2008/09/26/business/26bailout.html.

99 Peter S. Goodman, "U.S. Unemployment Rate Hits 10.2%, Highest in 26 Years," *New York Times*, November 6, 2009, https://www.nytimes.com/2009/11/07/busi\−ness/eco nomy/07jobs.html.

100 Dai, *Zhanlue duihua*, 350.

101 David Barboza, "China Unveils Sweeping Plan for Economy," *New York Times*, November 9, 2008, https://www.nytimes.com/2008/11/10/world/asia/10china.html.

102 Albert Keidel, "China's Stimulus Lesson for America," Carnegie Endowment for International Peace, November 2008, http://carnegieendowment.org/files/chinas_stimulus_ lesson_for_america.pdf.

103 Henry M. Paulson Jr., *Dealing with China: An Insider Unmasks the New Economic Superpower* (New York: Machete, 2015), 259.

104 Reuters Staff, "Clinton Says Appreciates China Confidence in US Debt," *Reuters*, February 21, 2009, https://uk.reuters.com/article/china−clinton−treasuries/clinton− says−appreciates−china−confidence−in−us−debt−idUSNPEK32176320090221.

105 Josh Rogin, "The End of the Concept of 'Strategic Reassurance'?," *Foreign Policy*, November 6, 2009, https://foreignpolicy.com/2009/11/06/the−end−of−the−concept− of−strategic−reassurance/.

106 Ruan Zongze, *Yi ge Waijiaoguan de Meiguo Mitan* (Nanjing: Jiangsu Renmin Chubanshe, 2012), 14.

107 Chen, *Waijiao, rang shijie geng hexie*, 83−84.

108 Bonnie S. Glaser and Benjamin Dooley, "China's 11th Ambassadorial Conference Signals Continuity and Change in Foreign Policy," *Jamestown China Brief* 9, no. 22 (November 4, 2009).

109 Bader, *Obama and China's Rise*, 54−61; Clinton, *Hard Choices*, 65−66.

110 Bader, *Obama and China's Rise*, 61−68; Clinton, *Hard Choices*, 415−425.

111 John Vidal, "Ed Miliband: China Tried to Hijack Copenhagen Climate Deal," *The Guardian*, December 20, 2009, https://www.theguardian.com/environment/2009/dec/ 20/ed−miliband−china−copenhagen−summit.

112 Michael Green, Kathleen Hicks, Zack Cooper, John Schaus, and Jake Douglas, "Counter−coercion Series: Harassment of the USNS Impeccable," *CSIS*, May 9, 2017, https://amti.csis.org/counter−co−harassment−usns−impeccable/.

113 Andrew Browne and Jay Solomon, "China Threatens U.S. Sanctions over Arms Sale to Taiwan," *Wall Street Journal*, January 31, 2010, https://www.wsj.com/articles/SB10 0014240527487033890045750342403038838892.

114 Michael D. Swaine, "China's Assertive Behavior Part One: On 'Core Interests'," *China Leadership Monitor*, no. 34, 4, https://carnegieendowment.org/files/CLM34MS_FINAL.pdf.

115 Interviews, summer 2019; Bader, *Obama and China's Rise*, 104−106; Clinton, *Hard Choices*, 70−71.

116 Bader, *Obama and China's Rise*, 123.

117 Interview with former US official, July 11, 2019.

118 Chen, *Waijiao, Rang shijie geng hexie*, 50.

119 Linda Jackobson, "Domestic Actors and the Fragmentation of China's Foreign Policy," in *China in the Era of Xi Jinping*, eds. Robert S. Ross and Jo Inge Bekkevold, eBook; Manuel Mogato, "China Angers Neighbors with Sea Claims on New Passports," *Reuters*, November 22, 2012, https://www.reuters.com/article/us−china−southchinasea/china−angers−neighbors−with−sea−claims−on−new−passports−idUSBRE8AL09Q20121122.

120 Jackobson, "Domestic Actors and the Fragmentation of China's Foreign Policy," in *China in the Era of Xi Jinping*, eds. Ross and Bekkevold, eBook; John Ruwitch, "As China's Clout Grows, Sea Policy Proves Unfathomable," *Reuters*, December 9, 2012, https://uk.reuters.com/article/china−sea−policy/analysis−as−chinas−clout−grows−sea−policy−proves−unfathomable−idUKL4N09H0OZ20121209.

121 Kenneth Lieberthal and Wang Jisi, "Addressing U.S.−China Strategic Distrust," Brookings Institution, John L. Thornton China Center Monograph Series, No. 4, March 2012, https://www.brookings.edu/wp−content/uploads/2016/06/0330_china_lieberthal.pdf.

제11장 과욕

1 Karen Barlow, "Australia Expresses Concern over China Air Defence Zone," *ABC*, November 26, 2013, https://www.abc.net.au/news/2013−11−26/an−aust−calls−in−china−ambassador−over−air−defence−zone−announc/5117974.

2 John Kerry, "Statement on the East China Sea Air Defense Identification Zone," U.S. Department of State, November 23, 2013, https://2009−2017.state.gov/secretary/remarks/2013/11/218013.htm; Catherine McGrath, "China, Australia Spat over Air Defence Identification Zone Highlights 'Troubled Relations' in Region," *ABC*, November 28, 2013, https://www.abc.net.au/news/2013−11−28/australia−taking−sides−in−china−defence−zone−stoush/5122756.

3 Stephen McDonnell and Jane Cowan, "China Warns Julie Bishop's 'Irresponsible' Criticism of New Air Zone Could Hurt Relations," *ABC*, November 28, 2013, https://www.abc.net.au/news/2013−11−27/china−rejects−australian−criticism−of−new−air−zone/5120920.

4 Stephen McDonell, "East China Sea Row Escalates, as Wang Yi Tells Julia Bishop That Australia Has 'Jeopardised Trust'," *ABC*, December 7, 2013, https://www.abc.net.au/news/2013−12−07/east−sea−dispute−between−china−and−australia−escalates/5142080; Michael Martina, "Australia Foreign Minister Downplays China Air Defense

Zone Tension in Visit," *Reuters*, December 7, 2013, https://in.reuters.com/article/us−australia−china−idUSBRE9B603620131207; FMPRC, "Wang Yi: China and Australia Should Nurture Rather Than Damage Mutual Trust," FMPRC, December 6, 2013, https://www.fmprc.gov.cn/ce/cgjb/eng/zxxx/t1107386.htm; Jade Macmillan, "Julie Bishop Recalls Meeting with Her Chinese Counterparts after Diplomatic Dispute," *ABC*, August 14, 2019, https://www.abc.net.au/news/2019−08−14/julie−bishop−recalls−meeting−with−her−chinese−counterpart/11411462.

5 David Wroe, "China's Rebuke of Julie Bishop 'Rudest' Conduct Seen in 30 Years, Says Senior Foreign Affairs Official," *SMH*, February 27, 2014, https://www.smh.com.au/politics/federal/chinas−rebuke−of−julie−bishop−rudest−conduct−seen−in−30−years−says−senior−foreign−affairs−official−20140227−33jid.html.

6 Stephen FitzGerald, "Australia's Baffling Dealings with China," *The China Story Journal*, January 30, 2014, https://www.thechinastory.org/2014/01/australias−baffling−dealings−with−china/.

7 "Transcript—Media Doorstop in Beijing," https://www.foreignminister.gov.au/min\−ister/julie−bishop/transcript−eoe/transcript−media−doorstop−beijing; ABC News, "Julie Bishop Downplays Diplomatic Spat with China over New Air Defence Zone," *ABC*, December 7, 2013, https://www.abc.net.au/news/2013−12−07/bishop−downplays−diplomatic−spat−with−china−over−air−defence/5142548.

8 Macmillan, "Julie Bishop Recalls Meeting with Her Chinese Counterparts after Diplomatic Dispute."

9 U.S. State Department Cable, "Portrait of Vice President Xi Jinping: 'Ambitious Survivor' of the Cultural Revolution," November 16, 2009, https://wikileaks.org/plusd/cables/09BEIJING3128_a.html.

10 Interview with former US official, July 2019.

11 Xiao Gang, "Xi Jinping on Foreigners 'Pointing Fingers' at China (with Video)," *China Digital Times*, February 12, 2009, https://chinadigitaltimes.net/2009/02/xi−jinping−%E4%B9%A0%E8%BF%91%E5%B9%B3−on−foreigners−pointing−fingers−at−china−with−video/.

12 Austin Ramzy, "A Chinese Leader Talks Tough to Foreigners," *Time*, February 13, 2009, https://world.time.com/2009/02/13/a−chinese−leader−talks−tough−to−foreigners/; Willy Lam, "Xi Jinping: China's Conservative Strongman−in−Waiting," *Jamestown China Brief* 11, no. 16, September 2, 2011, https://jamestown.org/wp−content/uploads/2011/09/cb_11_39.pdf?x73213.

13 U.S. State Department Cable, "Chinese VP Trip to Mexico— Journey Begins with a Five−Step Proposal," March 10, 2009, https://wikileaks.org/plusd/cables/09MEXICO701_a.html.

14 Interviews in Beijing.

15 Peter Martin and Daniel Ten Kate, "Biden Championed Close China Ties and Then Xi Came Along," *Bloomberg Businessweek*, April 23, 2020, https://www. bloomberg.com/news/articles/2020−04−23/a−biden−presidency−wouldn−t−mean−better−u−s−china−relations.

16 Xi Jinping, "Work Together for a Bright Future of China−US Cooperative Partnership," FMPRC, February 15, 2012, https://www.fmprc.gov.cn/mfa_eng/wjdt_665385/zyjh_665391/t910351.shtml.

17 Peter Ford, "The New Face of Chinese diplomacy: Who Is Wang Yi?" *Christian Science Monitor*, March 18, 2013, https://www.csmonitor.com/World/Asia−Pacific/2013/0318/The−new−face−of−Chinese−diplomacy−Who−is−Wang−Yi.

18 "Wang Yi," *China Vitae*, http://www.chinavitae.com/biography/Wang_Yi%7C416/bio.

19 Cheng Li, *Chinese Politics in the Xi Jinping Era: Reassessing Collective Leadership* (Washington, DC: Brookings Institution Press, 2016), 270; Fengmian Xinwen, "Waijiaobu 12 wei lingdao quanbu gongbu yinyu zhuangkuang," *Fengmian Xinwen*, November 12, 2016, http://politics.gmw.cn/2016−11/12/content_22949065.htm.

20 Interviews in Beijing.

21 Ben Blanchard and Christian Shepherd, "China's Confident 'Silver Fox Steps into Diplomatic Limelight," *Reuters*, August 25, 2017, https://www.reuters.com/article/us−china−congress−wang−idUSKCN1B50GU.

22 FMPRC, "Wei shixian waijiao bao guomeng er nuli fendou," FMPRC, August, 23, 2013, https://www.fmprc.gov.cn/ce/cohk/chn/xwdt/wsyw/t1069032.htm.

23 Chris Buckley, "China Takes Aim at Western Ideas," *New York Times*, August 19, 2013, https://www.nytimes.com/2013/08/20/world/asia/chinas−new−leadership−takes−hard−line−in−secret−memo.html?_r=0.

24 Tom Phillips, "'It's Getting Worse': China's Liberal Academics Fear Growing Censorship," *The Guardian*, August 6, 2015, https://www.theguardian.com/world/2015/aug/06/china−xi−jinping−crackdown−liberal−academics−minor−cultural−revolution.

25 Interviews in Beijing.

26 Elizabeth Economy, "The Xi−Obama Summit: As Good as Expected— and Maybe Even Better," *The Atlantic*, June 11, 2013, https://www.theatlantic.com/china/archive/2013/06/the−xi−obama−summit−as−good−as−expected−and−maybe−even−better/276733/.

27 Interview with former US official, August 2019.

28 Xi Jinping, "Promote Friendship between Our People Work Together to Build a Bright Future," *FMPRC*, September 7, 2013, https://www.fmprc.gov.cn/ce/cebel/eng/zxxx/t1078088.htm.

29 Wu Jiao, "President Xi Gives Speech to Indonesia's Parliament," *China Daily*, October 2, 2013, https://www.chinadaily.com.cn/china/2013xiapec/2013−10/02/content_17007915_

2.htm.

30 Xi Jinping, "Let the Sense of Common Destiny Take Deep Root in Neighboring Countries," *FMPRC*, October 25, 2013, https://www.fmprc.gov.cn/mfa_eng/wjb_663304/ wjbz_663308/activities_663312/t1093870.shtml; Timothy Heath, "Diplomacy Work Forum: Xi Steps Up Efforts to Shape a China—Centered Regional Order, *Jamestown China Brief* 13, no. 22, November 7, 2013, https://jamestown.org/program/diplomacy—work— forum—xi—steps—up—efforts—to—shape—a—china—centered—regional—order/; Michael D. Swaine, "Chinese Views and Commentary on Periphery Diplomacy," *China Leadership Monitor*, no. 44 (Summer 2014), https://www.hoover.org/sites/default/files/ research/docs/clm44ms.pdf.

31 Interviews with former US officials, July and August, 2019.

32 Ritchie B. Tongo, "China's Land Reclamation in South China Sea Grows: Pentagon Report," *Reuters*, August 21, 2015, http://www.reuters.com/article/us—southchinasea— china—pentagon—idUSKCN0QQ0S920150821.

33 "Xi Jinping Looks Ahead to New Era of China—France Ties," CCTV.com, March 28, 2014, http://english.cntv.cn/2014/03/28/VIDE1395981962032239.shtml.

34 Xi Jinping, "New Asian Security Concept for New Progress in Security Cooperation," *FMPRC*, May 21, 2014, https://www.fmprc.gov.cn/mfa_eng/zxxx_662805/t1159951. shtml.

35 Interview, February 2020.

36 Interview with former US official, August 2019.

37 Interview with former US official, August 2019.

38 Peter Martin, "The Humbling of the NDRC: China's National Development and Reform Commission Searches for a New Role Amid Restructuring," *Jamestown China Brief* 14, no. 5, March 6, 2014, https://jamestown.org/program/the—humbling—of—the—ndrc— chinas—national—development—and—reform—commission—searches—for—a—new—r ole—amid—restructuring/.

39 Interview with Susan Thornton, July 2019.

40 Interview with two former US officials, July 2019.

41 "Xi Jinping Chuxi Zhongyang Waishi Gongzuo Huiyi Bing Fabiao Zhongyao Jianghua," *Xinhua*, November 29, 2014, http://www.xinhuanet.com//politics/2014—11/29/c_1113 457723.htm; Michael D. Swaine, "Xi Jinping's Address to the Central Conference on Work Relating to Foreign Affairs: Assessing and Advancing Major Power Diplomacy with Chinese Characteristics," *China Leadership Monitor*, no. 46 (Winter 2015), https:// carnegieendowment.org/files/Michael_Swaine_CLM_46.pdf.

42 Chen Xianggang, "A Diplomatic Manifesto to Secure the Chinese Dream," China—US Focus, December 31, 2014, https://www.chinausfocus.com/foreign—policy/a—diplomatic —manifesto—to—secure—the—chinese—dream/.

43 Guanchazhewang, "Waijiaobu lingdao: gei waijiaobu ji gaipian de ren yue lai yue shao," *Guangchawang*, December 9, 2014, https://www.guancha.cn/strategy/2014_12_ 09_302831.shtml?luicode=10000011&lfid=1076031956994364&u=http%3A%2F%2Fwww. guancha.cn%2Fstrategy%2F2014_12_09_302831.shtml.

44 Maya Wang, "China's New Foreign NGO Law Will Help Silence Critics," *Human Rights Watch*, April 13, 2015, https://www.hrw.org/news/2015/04/13/chinas−new−foreign− ngo−law−will−help−silence−critics.

45 Andrew Jacobs and Chris Buckley, "China Targeting Rights Lawyers in a Crackdown," *New York Times*, July 22, 2015, https://www.nytimes.com/2015/07/23/world/asia/ china−crackdown−human−rights−lawyers.html; Amnesty International, "China's Crackdown on Human Rights Lawyers: A Year On," July 9, 2016, https://www.am\ −nesty.org/en/latest/campaigns/2016/07/one−year−since−chinas−crackdown−on−h uman−rights−lawyers/.

46 Interview with former US official, July 2019.

47 Xu Yangjingjing and Simon Denyer, "Six Charts That Explain Why U.S. Companies Feel Unwelcome in China," *Washington Post WorldViews*, January 20, 2016, https://www. washingtonpost.com/news/worldviews/wp/2016/01/20/six−charts−that−explain−why −u−s−companies−feel−unwelcome−in−china/.

48 Philip Ewing, "How Tough Will Obama Be with Xi?" *Politico*, September 23, 2015, https://www.politico.com/story/2015/09/president−obama−xi−jinping−state−visit−21 3997.

49 Interview with former US official, August 2019.

50 Ashifa Kassam and Tom Philips, "Chinese Minister Vents Anger When Canadian Reporter Asks about Human Rights," *The Guardian*, June 2, 2016, https://www.theguardian. com/law/2016/jun/02/chinese−foreign−minister−canada−angry−human−rights−ques tion.

51 Blanchard and Shepherd, "China's Confident 'Silver Fox' Steps into Diplomatic Limelight."

52 Beimeng Fu, "People Are Super Thirsty over This Diplomat And It's Kinda Weird," *BuzzFeed News*, July 20, 2016, https://www.buzzfeednews.com/article/beimengfu/ these−diplomats−are−now−basically−pop−stars−and−its−super−we.

53 "International Law Dishonored by Illegal Award on South China Sea Arbitration: Interview with Ambassador Wu Ken," http://nl.china−embassy.org/eng/xwdt/t1380919. htm.

54 Elizabeth C. Economy, *The Third Revolution: Xi Jinping and the New Chinese State* (New York: Oxford University Press, 2018), 90.

55 Wu, *Tan Waijiao*, 147.

56 Interview, November 2017.

57 Keith Zhai, Ken Wills, Jeff Kearns, and Kevin Hamlin, "China Cites 'The Art of War' as Trump Signals Trade Battle," *Bloomberg News*, November 28, 2016, https://www.bloomberg.com/news/articles/2016－11－28/china－turns－to－the－art－of－war－as－trump－signals－battle－on－trade.

58 Peter Martin, Jennifer Jacobs, and Steven Yang, "What Does Trump Want? China Scours Twitter, Cocktail Parties for Clues," *Bloomberg News*, February 21, 2017, https://www.bloomberg.com/news/articles/2017－02－21/over－twinkies－and－tweets－china－ponders－what－does－trump－want.

59 Selina Wang, "Alibaba's Ma Meets with Trump to Talk about Creating Jobs," *Bloomberg News*, January 10, 2017, https://www.bloomberg.com/news/articles/2017－01－09/alibaba－s－jack－ma－meets－with－trump－in－pledge－to－create－new－jobs; Interviews in Beijing.

60 Jennifer Jacobs and Peter Martin, "China Woos Ivanka, Jared Kushner to Smooth Ties with Trump," *Bloomberg News*, February 7, 2017, https://www.bloomberg.com/news/articles/2017－02－07/china－courts－ivanka－jared－kushner－to－smooth－ties－with－trump.

61 Teddy Ng, "China's Top Diplomat on Two－Day Mission to US," *SCMP*, February 26, 2017, https://www.scmp.com/news/china/diplomacy－defence/article/2074209/chinas－top－diplomat－two－day－mission－us; Interviews in Washington, July 2019.

62 Interviews in Beijing and Washington.

63 Noah Barkin and Elizabeth Piper, "In Davos, Xi Makes Case for Chinese Leadership Role," *Reuters*, January 17, 2017, https://www.reuters.com/article/us－davos－meeting－china－idUSKBN15118V.

64 Interview in Beijing.

65 Schiavello Construction, "Commonwealth Parliament Offices," https://www.schiavello.com/construction/projects/commercial/commonwealth－parliament－office.

66 Primrose Riordan, "China's Veiled Threat to Bill Shorten on Extradition Treaty," *The Australian*, December 4, 2017, https://www.theaustralian.com.au/nation/foreign－affairs/chinas－veiled－threat－to－bill－shorten－on－extradition－treaty/news－story/ad793a4366ad2f94694e89c92d52a978.

67 Primrose Riordan, "China's Veiled Threat to Bill Shorten on Extradition Treaty," *The Australian*, December 4, 2017, https://www.theaustralian.com.au/nation/foreign－affairs/chinas－veiled－threat－to－bill－shorten－on－extradition－treaty/news－story/ad793a4366ad2f94694e89c92d52a978.

68 ohn Garnaut, "Chinese Spies Keep Eye on Leading Universities," *Sydney Morning Herald*, April 21, 2014, https://www.smh.com.au/national/chinese－spies－keep－eye－on－leading－universities－20140420－36yww.html; John Garnaut, "China Spreads Its

Watching Web of Surveillance across Australia," *Sydney Morning Herald*, April 26, 2014, https://www.smh.com.au/national/china−spreads−its−watching−web−of−surveillance −across−australia−20140425−379om.html.

69 Nick McKenzie, James Massola, and Richard Baker, "Labor Senator Sam Dastyari Warned Wealthy Chinese Donor Huang Xiangmo His Phone Was Bugged," *Sydney Morning Herald*, November 29, 2017, https://www.smh.com.au/politics/federal/labor− senator−sam−dastyari−warned−wealthy−chinese−donor−huang−xiangmo−his−ph one−was−bugged−20171128−gzu14c.html; Nick McKenzie, James Massola, and Richard Baker, "All at Sea: 'Shanghai Sam' Dastyari, the 'Whale' and the 'Lost' Tape Recording," *Sydney Morning Herald*, November 30, 2017, https://www.smh.com.au/ national/all−at−sea−shanghai−sam−dastyari−the−whale−and−the−lost−tape−rec ording−20171127−gztmwc.html.

70 Malcolm Turnbull, "Speech Introducing the National Security Legislation Amendment (Espionage and Foreign Interference) Bill 2017," December 7, 2017, https://www. malcolmturnbull.com.au/media/speech−introducing−the−national−security−legislation −amendment−espionage−an.

71 Peter Hartcher, "Australia Has 'Woken Up' the World on China's Influence: US Official," *SMH*, February 27, 2018, https://www.smh.com.au/politics/federal/australia−has−woken− up−the−world−on−china−s−influence−us−official−20180226−p4z1un.html.

72 Jim Mattis, *Summary of the 2018 Defense Strategy of the United States of America: Sharpening the American Military's Competitive Edge* (Washington, DC: Department of Defense, 2018), 2, https://dod.defense.gov/Portals/1/Documents/pubs/2018−National− Defense−Strategy−Summary.pdf.

73 Charles Parton, "China−UK Relations: Where to Draw the Border Between Influence and Interference?" *RUSI Occasional Papers*, 20 February 2019, https://rusi.org/ publication/occasional−papers/china−uk−relations−where−draw−border−between −influence−and; Thorsten Benner, Jan Weidenfeld, Mareike Ohlberg, Lucrezia Poggetti, and Kristin Shi−Kupfer, "Authoritarian Advance: Responding to China's Growing Political Influence in Europe," Report by MERICS and GPP, February 2, 2018, https://merics.org/en/report/authoritarian−advance−responding−chinas−growing−poli tical−influence−europe.

74 James Mayger and Jiyeun Lee, "China's Missile Sanctions Are Taking a Heavy Toll on Both Koreas," *Bloomberg News*, August 29, 2017, https://www.bloomberg.com/news/ arti\−cles/2017−08−29/china−s−missile−sanctions−are−taking−a−heavy−toll−on −both−koreas.

75 Peter Martin, "Diplomatic Outbursts Mar Xi's Plan to Raise China on the World Stage," *Bloomberg News*, March 7, 2019, https://www.bloomberg.com/news/articles/2019− 03−06/diplomatic−outbursts−mar−xi−s−plan−to−raise−china−on−world−stage.

76 I attended one such event in New Delhi in 2015. See also FMPRC, "Xi Jinping, The Governance of China Was Launched in London," Chinese Embassy in London, April, 16, 2015, http://www.chinese−embassy.org.uk/eng/ambassador/dshd/2015year/t1257353. htm.

77 Chris Buckley, "Xi Jinping May Delay Picking China's Next Leader, Stoking Speculation," *New York Times*, October 4, 2016, https://www.nytimes.com/2016/10/05/world/asia/china−president−xi−jinping−successor.html.

78 Shi Jiangtao, "The Man behind the Xi−Trump Summit," *SCMP*, April 1, 2017, https://www.scmp.com/news/china/diplomacy−defence/article/2083810/man−behind−xi−trump−summit.

79 Yang Jiechi, "Study and Implement General Secretary Xi Jinping's Thought on Diplomacy in a Deep−going Way and Keep Writing New Chapters of Major−Country Diplomacy with Distinctive Chinese Features," *Xinhua*, July 17, 2017, http://www.xinhuanet.com/english/2017−07/19/c_136456009.htm.

80 Interview in Washington, DC, July 2019.

81 Michael Martina, "China Says Xi Transcends West as a Diplomatic 'Pioneer'," *Reuters*, September 1, 2017, https://www.reuters.com/article/us−china−congress−diplomacy/china−says−xi−transcends−west−as−a−diplomatic−pioneer−idUSKCN1BC4KQ.

82 Shi Jiangtao, "Diplomat's Rise a Sign of Xi's Global Ambitions," *SCMP*, October 25, 2017, https://www.scmp.com/news/china/policies−politics/article/2116978/its−good−day−chinas−diplomats−foreign−policy−chief.

83 Ting Shi, "Xi Plans to Turn China into a Leading Global Power by 2050," *Bloomberg News*, October 18, 2017, https://www.bloomberg.com/news/articles/2017−10−17/xi−to−put−his−stamp−on−chinese−history−at−congress−party−opening.

84 Ting Shi, Keith Zhai, and Peter Martin, "Xi's Key Milestone Positions Him to Rule China for Decades," *Bloomberg News*, October 24, 2017, https://www.bloomberg.com/news/articles/2017−10−24/xi−s−new−milestone−positions−him−to−rule−china−f or−decades−more.

85 Peter Martin, Ting Shi, and Keith Zhai, "Xi's Iron Grip on Power Adds Pressure to Deliver on Reforms," *Bloomberg News*, October 26, 2017, https://www. bloomberg.com/news/articles/2017−10−25/xi−s−iron−grip−on−power−adds−pressure−to−d eliver−china−reforms.

86 Xinhuawang, "Wei xinshidai zhongguo waijiao puxie xin de huacai yuezhang: wo zhuwaishijie shenru xuexi xi Jinping zai zhuwaishijie gongzuo huiyi shang de zhongyao jianghua," Xinhua, January 4, 2018, http://www.xinhuanet.com/2018−01/04/c_112221 2110.htm.

87 Peter Martin, Keith Zhai, and Ting Shi, "As U.S. Culls Diplomats, China Is Empowering

Its Ambassadors," *Bloomberg News*, February 7, 2018, https://www.bloomberg.com/news/articles/2018−02−07/as−u−s−culls−diplomats−china−is−empowering−its−ambassadors.

88 Zhai and Shi, "China Uses Annual Congress to Tout Xi's Global Leadership Role."

89 Interviews in Beijing.

90 Interview in Beijing, spring 2018.

91 Christian Shepherd, "China Makes 'Silver Fox' Top Diplomat, Promoted to State Councilor," *Reuters*, March 19, 2018, https://www.reuters.com/article/us−china−parlia ment−diplomacy/china−makes−silver−fox−top−diplomat−promoted−to−state−co uncilor−idUSKBN1GV044.

92 Li Datong, "Li Datong's Open Letter," translated by David Bandurski, February 28, 2018, https://chinamediaproject.org/2018/02/28/li−datongs−open−letter/.

93 Interview in Beijing, February 2019.

94 Charlotte Greenfield and Tom Westbrook, "Nauru Demands China Apologize for 'Disrespect' at Pacific Forum," *Reuters*, September 6, 2018, https://www.reuters.com/article/us−pacific−forum−china/nauru−demands−china−apologize−for−disresp ect−at−pacific−forum−idUSKCN1LM0HM; Ben Doherty and Helen Davidson, "Chinese Envoy Walks Out of Meeting after Row with Nauru President amid 'Bullying' Claims," *The Guardian*, September 5, 2018, https://www.theguardian.com/world/2018/sep/05/chinese−envoy−walks−out−of−meeting−after−row−with−nauru−president −amid−bullying−claims.

95 Natalie Whiting and Stephen Dziedzic, "APEC 2018: Chinese Officials Barge Into PNG Foreign Minister's Office after Being Denied Meeting," *ABC*, November 18 2018, https://www.abc.net.au/news/2018−11−18/chinese−officials−create−diplomatic−stor m−at−apec/10508812; AFP, "Police Called after Chinese Diplomats Attempt to 'Barge In' to APEC Host's Office," *Agence France−Presse*, November 18, 2018, https://www.yahoo.com/news/police−called−diplomats−apec−summit−tensions−boil−over−0504 20060.html; Josh Rogin, "Inside China's 'Tantrum Diplomacy' at APEC," *Washington Post*, November 20, 2018, https://www.washingtonpost.com/news/josh−rogin/wp/2018/11/20/inside−chinas−tantrum−diplomacy−at−apec/?utm_term=.5e61b31e4a0b.

96 RSF, "Chinese Diplomat Lu Shaye, the Bane of Canadian Media, Appointed Ambassador to France," *Reporters Without Borders*, June 17, 2019, https://rsf.org/en/news/chinese−diplomat−lu−shaye−bane−canadian−media−appointed−ambassador−france.

97 FMPRC, "Elements of Remarks by H.E. Ambassador Lin Songtian at South African National Editors Forum (SANEF)," *Chinese Embassy in South Africa*, August 22, 2018, http://za.china−embassy.org/eng/sgxw/t1587417.htm.

98 Björn Jerdén and Viking Bohman, "China's Propaganda Campaign in Sweden, 2018−

2019," Swedish Institute for International Affairs, April 2019, https://www. ui.se/globa lassets/ui.se−eng/publications/ui−publications/2019/ui−brief−no.−4−2019.pdf.

99 AFP, "Sweden Summons Chinese Ambassador over Criticism of Country and Media," *AFP*, January 22, 2020, https://hongkongfp.com/2020/01/22/sweden−summons−chinese−ambassador−criticism−country−media/.

100 The Economist, "Shotgun Diplomacy: How Sweden Copes with Chinese Bullying," *The Economist*, February 20, 2020, https://www.economist.com/europe/2020/02/20/how−sweden−copes−with−chinese−bullying.

101 Jun Mai, "Deng Xiaoping's Son Urges China to 'Know Its Place' and Not Be 'Overbearing'," *South China Morning Post*, October 30, 2018, https://www.scmp.com/news/china/politics/article/2170762/deng−xiaopings−son−uses−unpublicised−speech−urge−china−know−its.

102 Frank Tang, "China's Former Chief Trade Negotiator Criticizes Beijing's 'Unwise' Tactics in US Tariff War," *South China Morning Post*, November 18, 2018, https://www.scmp.com/economy/china−economy/article/2173779/chinas−former−chief−trade−negotiator−criticises−beijings.

103 David Bandurski says the term first appeared in a BBC Chinese−language commen\−tary: David Bandurski, "Xi Jinping: Leader of the Wolf Pack," *Global Asia* 15, no. 3 (September 2020), https://www.globalasia.org/v15no3/focus/xi−jinping−leader−of−the−wolf−pack_david−bandurski.

104 Ben Westcott and Steven Jiang, "China Is Embracing a New Brand of Foreign Policy. Here's What Wolf Warrior Diplomacy Means," *CNN*, May 29, 2020, https://edition.cnn.com/2020/05/28/asia/china−wolf−warrior−diplomacy−intl−hnk/index.html.

105 Interview in Beijing.

106 Interview in Beijing, December 2018.

107 Shi Jiangtao, "Diplomatic Novice Picked for Top Communist Party Job at China's Foreign Ministry amid Deteriorating Relations with US," *SCMP*, January 30, 2019, https://www.scmp.com/news/china/diplomacy/article/2184367/diplomatic−novice−picked−top−communist−party−job−chinas−foreign.

108 Interview in Beijing, February 2019.

109 Interview in Beijing, spring 2019.

110 Ananth Krishnan, "China Diplomat in Pakistan Changes Twitter Name after 'Muhammad Ban'," *India Today*, April 28, 2017, https://www.indiatoday.in/world/story/chinese−diplomat−zhao−lijian−islamic−names−banned−muhammad−974035−2017−04−28.

111 Laura Zhou, "Susan Rice Calls Chinese Diplomat Zhao Lijian 'a Racist Disgrace' after Twitter Tirade," *SCMP*, July 15, 2019, https://www.scmp.com/news/china/diplomacy/article/3018676/susan−rice−calls−chinese−diplomat−zhao−lijian−racist−disgrace.

112 Ben Smith, "Meet the Chinese Diplomat Who Got Promoted for Trolling the US on Twitter," *BuzzFeed News*, December 2, 2019, https://www.buzzfeednews.com/ar\−ticle/bensmith/zhao−lijian−china−twitter.

113 "Discovering Twitter: China Finds a Use Abroad for Twitter, a Medium It Fears at Home," *The Economist*, February 20, 2020, https://www.economist.com/china/2020/02/20/china−finds−a−use−abroad−for−twitter−a−medium−it−fears−at−home.

114 Owen Churchill, "Chinese Diplomat Zhao Lijian, Known for His Twitter Outbursts, Is Given Senior Foreign Ministry Post," *SCMP*, August 24, 2019, https://www.scmp.com/news/china/diplomacy/article/3024180/chinese−diplomat−zhao−lijian−known−his−twitter−outbursts−given.

115 Zhai and Yew, "In China, a Young Diplomat Rises as Aggressive Foreign Policy Takes Root."

116 CGTN, "China's Foreign Ministry Spokeswoman Hua Chunying Promoted to Department Head," *CGTN*, July 22, 2019, https://news.cgtn.com/news/2019−07−22/China−s−FM−spokeswoman−Hua−Chunying−promoted−to−department−head−IxiFNBXmhO/index.html.

117 Keegan Elmer, "China's 'Outspoken' Lu Shaye Leaves Canada to Become Ambassador to France," *SCMP*, August 9, 2019, https://www.scmp.com/news/china/diplomacy/article/3022175/chinas−outspoken−lu−shaye−leaves−canada−become−ambassador.

118 Zhai and Yew, "In China, a Young Diplomat Rises as Aggressive Foreign Policy Takes Root."

119 Zhaoyin Feng, "China and Twitter: The Year China Got Louder on Social Media," *BBC*, December 29, 2019, https://www.bbc.com/news/world−asia−china−50832915.

120 Jing Xuan Teng, "'LOL!': China's Informal, Confrontational Twitter Diplomacy," *AFP*, January 14, 2020, https://news.yahoo.com/lol−chinas−informal−confrontational−twitter−diplomacy−020225229.html.

121 https://twitter.com/MFA_China/status/1202221440646336513?s=20.

122 Yuliya Talmazan, "China Criticizes U.S. Border Closure as Coronavirus Death Toll Rises," *NBC*, February 1, 2020, https://www.nbcnews.com/news/world/china−criticizes−u−s−border−closure−coronavirus−death−toll−rises−n1128161.

123 Daniel Ten Kate and Peter Martin, "The Death of a Doctor Poses the Greatest Threat to China's Xi Yet," *Bloomberg Businessweek*, February 13, 2020, https://www.bloomberg.com/news/articles/2020−02−13/the−death−of−a−doctor−poses−the−greatest−threat−to−china−s−xi−yet.

124 Javier C. Hernández, "China Spins Coronavirus Crisis, Hailing Itself as a Global Leader," *New York Times*, February 28, 2020, https://www.nytimes.com/2020/02/28/world/asia/china−coronavirus−response−propaganda.html.

125 FMPRC, "Foreign Ministry Spokesperson Zhao Lijian's Regular Press Conference on March 5, 2020," *FMPRC*, March 5, 2020, https://www.fmprc.gov.cn/mfa_eng/xwfw_665399/s2510_665401/t1752564.shtml.

126 Keith Zhai and Huizhong Wu, "As Outbreak Goes Global, China Seeks to Reframe Narrative," *Reuters*, March 6, 2020, https://www.reuters.com/article/us−health−coronavirus−china−diplomacy−an−idUSKBN20T14C.

127 "Discovering Twitter."

128 Tom Phillips, "Bolsonaro's Son Enrages Beijing by Blaming China for Coronavirus Crisis," *The Guardian*, March 19, 2020, https://www.theguardian.com/world/2020/mar/19/coronavirus−bolsonaro−son−china−row.

129 Shashank Bengali and Alice Su, "'Put On a Mask and Shut Up': China's New 'Wolf Warriors' Spread Hoaxes and Attack a World of Critics," *Los Angeles Times*, May 4, 2020, https://www.latimes.com/world−nation/story/2020−05−04/wolf−warrior−diplomats−defend−china−handling−coronavirus.

130 Ben Westcott and Steven Jiang, "Chinese Diplomat Promotes Conspiracy Theory That US Military Brought Coronavirus to Wuhan," *CNN*, March 14, 2020, https://edition.cnn.com/2020/03/13/asia/china−coronavirus−us−lijian−zhao−intl−hnk/index.html; interviews in Beijing.

131 Jason Scott and Iain Marlow, "Chinese Official Pushes Conspiracy Theory U.S. Spread Virus," *Bloomberg News*, March 13, 2020, https://www.bloomberg.com/news/articles/2020−03−13/chinese−official−pushes−conspiracy−theory−u−s−army−behind−virus.

132 Bob Davis, Kate O'Keeffe, and Lingling Wei, "U.S.'s China Hawks Drive Hard−Line Policies after Trump Turns on Beijing," *Wall Street Journal*, October 16, 2020, https://www.wsj.com/articles/u−s−s−china−hawks−drive−hard−line−policies−after−trump−turns−on−beijing−11602867030.

133 Quint Forgey, "Trump on 'Chinese Virus' Label: 'It's Not Racist at All'," *Politico*, March 18, 2020, https://www.politico.com/news/2020/03/18/trump−pandemic−drumbeat−coronavirus−135392.

134 Jonathan Swan and Bethany Allen−Ebrahimian, "Top Chinese Official Disowns U.S. Military Lab Coronavirus Conspiracy," *Axios*, March 22, 2020, https://www.axios.com/china−coronavirus−ambassador−cui−tiankai−1b0404e8−026d−4b7d−8290−98076f95df14.html.

135 Interviews in Beijing, March 2020; see also Wendy Wu, "Is It Time for China to Leash Its Wolf Warrior Diplomats?," *South China Morning Post*, August 12, 2020, https://www.scmp.com/news/china/diplomacy/article/3097134/it−time−china−leash−its−wolf−warrior−diplomats?mc_cid=ebbb2a3033&mc_eid=911ee2620b.

136 Zhai and Yew, "In China, a Young Diplomat Rises as Aggressive Foreign Policy Takes Root."

137 Interview in Beijing, March 2020.

138 Sharon Chen, Jing Li, and Dandan Li, "China Spokesman Defends Virus Tweets Criticized by Trump," *Bloomberg News*, April 7, 2020, https://www. bloomberg.com/ news/articles/2020－04－07/china－spokesman－defends－virus－tweets－criticized－by －trump.

139 John Irish, "Outraged French Lawmakers Demand Answers on 'Fake' Chinese Embassy Accusations," *Reuters*, April 16, 2020, https://www.reuters.com/article/us－health－ coronavirus－france－china/outraged－french－lawmakers－demand－answers－on－fak e－chinese－embassy－accusations－idUSKCN21X30C.

140 Alan Crawford and Peter Martin, "China's Coronavirus Diplomacy Has Finally Pushed Europe Too Far," *Bloomberg News*, April 22, 2020, https://www. bloomberg.com /news/articles/2020－04－21/china－s－coronavirus－diplomacy－has－finally－pushed －europe－too－far.

141 Georgia Hitch and Jordan Hayne, "Federal Government Calls Chinese Ambassador on Trade Boycott over Coronavirus Inquiry," *ABC News*, April 28, 2020, https://www. abc.net.au/news/2020－04－28/government－calls－chinese－ambassador－boycott－cor onavirus－inquiry/12191984.

142 Edward Wong and Paul Mozur, "China's 'Donation Diplomacy' Raises Tensions with U.S.," *New York Times*, April 14, 2020, https://www.nytimes.com/2020/04/14/us/ politics/coronavirus－china－trump－donation.html.

143 Andreas Rinke, "Germany Says China Sought to Encourage Positive COVID－19 Comments," *Reuters*, April 26, 2020, https://www.reuters.com/article/us－health－ coronavirus－germany－china/germany－says－china－sought－to－encourage－positive －covid－19－comments－idUSKCN2280JW.

144 Reuters Staff, "Internal Chinese Report Warns Beijing Faces Tiananmen－like Global Backlash over Virus," *Reuters*, May 4, 2020, https://www.reuters.com/article/us－health －coronavirus－china－sentiment－ex－idUSKBN22G19C.

145 Kevin Rudd, "The Coming Post－COVID Anarchy," *Foreign Affairs*, May 6, 2020, https://www.foreignaffairs.com/articles/united－states/2020－05－06/coming－post－covi d－anarchy.

146 Global Times, "West Feels Challenges by China's New 'Wolf Warrior' Diplomacy," *Global Times*, April 16, 2020, https://www.globaltimes.cn/content/1185776.shtml.

147 Huang Lanlan, "Young Chinese Idolize FM Spokespersons, Welcome 'Wolf Warrior' Diplomats," *Global Times*, May 21, 2020, https://www.globaltimes.cn/content/1189118. shtml.

148 Westcott and Jiang, "China Is Embracing a New Brand of Foreign Policy."

149 Beijing Ribao, "Zhuying dashi: yinwei shijie shang you lang, zhongguo waijiaoguan cai yao zuo lang zhan," *Beijing Ribao*, May 24, 2020, http://www.bjd.com.cn/a/202005/24/WS5eca85fde4b00aba04d1e437.html.

150 Kinling Lo, "Beijing Should Contain 'Extreme Conationalism,' Ex-Diplomat Warns," *South China Morning Post*, September 30, 2020, https://www.scmp. com/news/china/diplomacy/article/3103550/us-china-relations-beijing-should-contain-extreme-nationalism.

151 Samson Ellis and Cindy Wang, "Taiwan Diplomat Hurt in Scuffle With China Officials in Fiji," *Bloomberg News*, October 19, 2020, https://www.bloomberg.com/news/articles/2020-10-19/taiwanese-diplomat-hurt-in-scuffle-with-china-officials-in-fiji; Ben Boherty, Sheldon Chanel, Helen Davidson, and Lily Kuo, "Taiwan Official in Hospital after Alleged 'Violent Attack' by Chinese Diplomats in Fiji," *The Guardian*, October 19, 2020, https://www.theguardian.com/world/2020/oct/19/taiwan-official-in-hospital-after-alleged-violent-attack-by-chinese-diplomats-in-fiji; Amber Wang, "Cake Fight: Taiwan, China Officials Scuffle at Fiji Soiree," *AFP*, October 19, 2020, https://news.yahoo.com/taiwan-says-chinese-diplomats-assaulted-051404468. html; Will Glasgow, "China Blames Flag Cake as Diplomats Brawl with Taiwan Embassy Staff," *The Australian*, October 20, 2020, https://www.theaustralian.com. au/world/china-blames-flag-cake-as-diplomats-brawl-with-taiwan-embassy-staff/news-story/32b08c91203ffc2b389b6382e0b6458b.

152 Javier C. Hernández, "Latest Clash between China and Taiwan: A Fistfight in Fiji," October 19, 2020, https://www.nytimes.com/2020/10/19/world/asia/china-taiwan-fiji-fight.html.

결론

1 Interview in Beijing, 2017. "Wang Li" is a pseudonym. Lyu, Waijiao Rensheng, 200, 205.

2 Lyu, *Waijiao Rensheng*, 200, 205.

3 Li Jiazhong, "Qinli Yuezhan de Zhongguo Waijiaoguan," in *Ting Dashi Jiang Gushi*, ed. Niu, 38-39.

4 Chen, *Waijiao, rang shijie geng hexie*, 119.

[저자 약력]

피터 마틴(Peter Martin)

이 책의 저자인 피터 마틴(Peter Martin)은 현재 블룸버그 뉴스에 정치 전문 기자로 활동하고 있다. 중국 특파원으로 오랜 기간 재직하며, 미중관계, 북중 접경지대, 신장 지역 등에 대한 많은 기고문 및 탐사 보도 기사를 작성하였다. 피터 마틴의 글은 Foreign Affairs, the National Interest, the Guardian 등 유수 매체에 게재되었다. 옥스퍼드대에서 정치학·사학 학사를, 베이징대와 런던정경대에서 국제관계학 석사학위를 취득하고, APCO Worldwide에서 컨설턴트 및 CEO 보좌역 등을 역임하였다.

[역자 약력]

김유철

이 책의 역자인 김유철은 현재 덕성여자대학교 조교수로 재직 중이다. 미중관계, 국제법·국제기구, 외교정책 등이 주요 연구 주제이며, 다수의 관련 연구 프로젝트에 참여하였다. 뉴욕주립대(올버니교)에서 정치학 박사를 취득하고, 외교부 국립외교원 전문경력관, 연세대·고려대 연구교수, 통일연구원 부연구위원 등을 역임하였다.

김영욱

이 책의 역자인 김영욱은 현재 외교부 국립외교원 미주연구부의 연구원으로 재직중이다. 미국 외교정책 등이 주요 연구 주제이며, 다수의 관련 연구 프로젝트에 참여하였다. 캐나다 토론토대에서 국제관계학 학사를, 연세대학교에서 정치학 석사를 취득하고, GR Korea 등에서 Public Policy Analyst로 재직하였다.

한국해양전략연구소 총서 100
중국의 시민 군대-전랑 외교군의 탄생

초판발행	2023년 1월 5일
지은이	Peter Martin
엮은이	김유철·김영욱
펴낸이	안종만·안상준
편 집	김선민
기획/마케팅	김한유
표지디자인	벤스토리
제 작	우인도·고철민·조영환
펴낸곳	㈜ **박영사**
	서울특별시 금천구 가산디지털2로 53, 210호(가산동, 한라시그마밸리)
	등록 1959. 3. 11. 제300-1959-1호(倫)
전 화	02)733-6771
f a x	02)736-4818
e-mail	pys@pybook.co.kr
homepage	www.pybook.co.kr
ISBN	979-11-303-1647-5 93340

* 파본은 구입하신 곳에서 교환해 드립니다. 본서의 무단복제행위를 금합니다.
* 역자와 협의하여 인지첩부를 생략합니다.

정 가	21,000원